# 최신 관광법규

이 종 한 편

觀光法規

KIMOONSA 기문사
www.kimoonsa.co.kr

# 머리말

관광산업은 지식·정보통신산업, 환경산업과 더불어 21세기의 최대 중추 산업으로 성장할 것이라 학자들은 주장한다. 우리나라는 21세기 뉴밀레니엄 시대를 대비하여 관광법규의 내용이 대폭 개정되었다. 이러한 관광법규의 개정이유를 살펴보면 관광산업의 경쟁력을 강화하고 관광사업자에 대한 규제를 철폐 또는 완화하여 관광산업의 변화와 발전에 관광사업의 종류를 개편하고, 관광객 보호 및 관광서비스의 질적 향상을 위한 제도개선 사항을 반영한 것이다.

본 저서는 이러한 관광법규의 최신 개정 내용을 수록 하였으며 제1편 관광법규 일반 이론과 제2부 관광법규해설을 중심으로 구성 되었다.

제1편 관광법규 일반론에서는 관광법규의 의미, 목적, 특성, 종류에 대하여 서술하였으며 제2편에서는 관광 기본법, 관광 진흥법, 관광 진흥개발 기금법, 한국관광 공사법, 관광관련 법규로서 여권법, 출입국관리법, 공중위생관리법, 식품위생법, 체육시설의 설치·이용에 관한 법률, 국제회의 산업육성에 관한 법률안 및 시행령, 시행규칙 등을 수록하여 상세히 다루고 부록을 첨부하여 참고 하도록 배려하였다.

따라서 본 저서는 대학교재로서 뿐만 아니라 관광사업자, 관광행정가, 관광연구자 등 관광관련 종사자들의 참고 서적이 되도록 저술 되었다.

모쪼록 본서를 이용하는 독자들에게 조금이나마 보탬이 되었으면 하는 간절한 마음이다. 출판에 많은 도움을 주신 기문사 한인환 사장님을 비롯하여 편집위원님들께 진심으로 감사의 말씀을 드린다.

2007. 2.
저자 씀

# 차 례

## 1 편 관광법규 일반론


**제1편 관광법규 일반론 ······ 3**

1. 관광법규의 의미 ······ 3
2. 관광법규의 목적 ······ 3
3. 관광법규의 특성 ······ 4
   1) 행정법적 특성 ······ 4
      (1) 강행성 ······ 4
      (2) 평등성 ······ 4
      (3) 기술성 ······ 4
      (4) 명령성 ······ 4
   2) 전문법적 특성 ······ 4
      (1) 임무법 ······ 4
      (2) 조성법 ······ 4
      (3) 질서법 ······ 4
4. 관광법규의 종류 ······ 5
   1) 관광 기본법 ······ 5

2) 관광 진흥법 …… 5
3) 관광 진흥 개발 기금법 …… 5
4) 한국 관광 공사법 …… 5
5) 관광 관련 법규 …… 5
(1) 여권법 …… 5
(2) 출입국 관리법 …… 5
(3) 공중위생법 …… 6
(4) 식품 위생법 …… 6
(5) 체육 시설의 설치, 이용에 관한 법률 …… 6
(6) 국제회의 산업 육성에 관한 법률 …… 6

# 2편 관광법규 해설

**제2편 관광법규 해설 …… 9**

1. 관광기본법 …… 9
부 칙 …… 10
2. 관광 진흥법 …… 10
제1장 총 칙 …… 10
제2장 관광사업 …… 12
제1절 통 칙 …… 12
제2절 여행업 …… 16
제3절 관광숙박업 및 관광객 이용시설업 …… 16
제4절 카지노업 …… 20

제5절 유원시설업 …… 23
제6절 영업에 대한 지도·감독 …… 24
제7절 관광종사원 …… 26
제3장 관광사업자단체 …… 27
제4장 관광의 진흥과 홍보 …… 28
제5장 관광지 등의 개발 …… 29
제1절 관광지 및 관광단지의 개발 …… 29
제2절 관광특구 …… 38
제6장 보 칙 …… 39
제7장 벌 칙 …… 41
부 칙 …… 44
2.1. 관광 진흥법 시행령 …… 44
부 칙 …… 69
관광사업의 등록기준(제7조 관련) …… 70
행정처분의 기준(제34조 제1항 관련) …… 75
2.2 관광 진흥법 시행규칙 …… 84
부 칙 …… 115
부 칙 …… 116
3. 관광 진흥개발 기금법[觀光振興開發基金法] …… 136
부 칙 …… 139
3.1 관광 진흥 개발 기금법 시행령 …… 139
부 칙 …… 144
3.2 관광 진흥 개발 기금법 시행규칙 …… 144
부 칙 …… 145
4. 한국관광 공사법[韓國觀光公社法] …… 146
부 칙 …… 149

4.1. 한국 관광 공사법 시행령 ……149
부 칙 …… 151

5. 관광관련법규 ……152

5.1 여권법[旅券法] ……152
부 칙 …… 155

5.1.1. 여권법 시행령 ……155
부 칙 …… 158

5.1.2. 여권법 시행규칙 ……158
부 칙 …… 161

5.2 출입국 관리법[出入國 管理法] ……161
제1장 총 칙 …… 162
제2장 국민의 출입국 …… 163
제3장 외국인의 입국 및 상륙 …… 163
제4장 외국인의 체류와 출국 …… 165
제5장 외국인의 등록 등 …… 166
제6장 강제퇴거 …… 166
제7장 선박 등의 검색 …… 168
제8장 선박 등의 장 및 운수업자의 책임 …… 169
제8장의2 난민의 인정 등 …… 169
제9장 보 칙 …… 170
제10장 벌 칙 …… 171
제11장 고발과 통고처분 …… 172
부 칙 …… 172

5.2.1 출입국 관리법 시행령 ……172
제1장 국민의 출입국 …… 172
제2장 외국인의 입국 및 상륙 …… 174
제3장 외국인의 체류와 출국 …… 177

제4장 외국인의 등록 ········· 181
제5장 강제퇴거 ········· 183
제6장 선박 등의 검색 ········· 187
제7장 선박 등의 장 및 운수업자의 책임 ········· 188
제7장의2 난민의 인정 등 ········· 188
제8장 보 칙 ········· 190
제9장 과태료 ········· 192
제10장 고발과 통고처분 ········· 192
부 칙 ········· 193

5.2.2. 출입국 관리법 시행규칙 ········· 197
제1장 국민의 출입국 ········· 197
제2장 외국인의 입국 및 상륙 ········· 198
제3장 외국인의 체류와 출국 ········· 203
제4장 외국인의 등록 ········· 206
제5장 강제퇴거 ········· 208
제6장 선박 등의 검색 ········· 209
제7장 보 칙 ········· 212
제8장 통고처분 ········· 215
부 칙 ········· 215

5.3. 공중위생관리법 ········· 225
부 칙 ········· 229

5.3.1. 공중위생 관리법 시행령 ········· 229
부 칙 ········· 230

5.3.2. 공중위생관리법 시행규칙 ········· 233
부 칙 ········· 234

5.4. 식품위생법[食品衛生法] ········· 257
제1장 총 칙 ········· 257

제2장 식품 및 식품첨가물 ········· 258
제3장 기구와 용기·포장 ········· 258
제4장 표 시 ········· 258
제5장 식품 등의 공전 ········· 258
제7장 영 업 ········· 259
제8장 조리사 및 영양사 ········· 259
제9장 식품위생심의위원회 ········· 260
제10장 식품위생단체 ········· 260
제11장 시정명령·허가취소 등 행정제재 ········· 260
제12장 보 칙 ········· 261
제13장 벌 칙 ········· 261
부칙[2005.3.31 제7450호] ········· 261

5.4.1. 식품위생법 시행령 ········· 262
부칙[2005.7.27 대통령령 제18978호] ········· 264

5.4.2. 식품위생법 시행규칙 ········· 268
부 칙 ········· 272

5.5. 체육시설의 설치 · 이용에 관한 법률 ········· 344
제1장 총 칙 ········· 344
제2장 공공체육시설 ········· 345
제3장 체육 시설업 ········· 345
제4장 보 칙 ········· 348
제5장 벌 칙 ········· 348
부 칙 ········· 348
부 칙 ········· 349

5.5.1. 체육시설의 설치 · 이용에 관한 법률 시행규칙 ········· 349
제1장 총 칙 ········· 349
제2장 공공체육시설 ········· 349

제3장 체육시설업 …… 349
제4장 보 칙 …… 351
5.6. 국제회의 산업육성에 관한 법률 …… 366
부 칙 …… 368
5.6.1. 국제회의 산업 육성에 관한 법률 시행령 …… 369
부 칙 …… 370
5.6.2. 국제회의 산업 육성에 관한 법률 시행규칙 …… 370

## 3편 부 록

**제3편 부 록 …… 373**

<부록 1> 호텔업 등급결정 기관등록 및 등급결정에 관한 요령 …… 375
<부록 2> 종합관광 호텔업 등록정보 …… 382
<부록 3> 일반 여행업 등록정보 …… 386
<부록 4> 국내여행 표준약관 …… 390
<부록 5> 국외여행 표준약관 …… 395
<부록 6> 국내여행업 소비자 피해보상 규정 …… 401

# Part 1

# 관광법규 일반론

# 제1편 관광법규 일반론

## 1. 관광법규의 의미

사회질서를 유지하기 위해서는 법을 비롯한 여러 가지 규범이 있어야 하는데, 관광과 연관되는 분야의 질서를 유지하기 위해서도 마찬가지로 관광활동과 관련되는 여러 현상을 규율하는 법이 필요하다. 즉, 아무리 관광이 자유로운 행동에서 출발한다고 하지만 관광객 상호간의 안전을 위해서, 관광산업의 발전을 위해서, 그리고 건전한 관광환경을 조성하기 위해서라도 관광은 질서 속에서 행해져야 한다.

따라서 관광법은 관광객의 관광활동이 쾌적한 환경에서 이루어질 수 있도록 보장하고, 관광자원을 효율적으로 보호·개발하는 한편 관광사업을 적극적으로 지도·육성함으로써 원활한 관광진흥을 도모하기 위한 법이라고 볼 수 있다.

## 2. 관광법규의 목적

관광은 생활에 변화를 구하고 멀리 있는 것, 미지의 것에 대한 외경심을 가지고 있는 인간의 본성에 근본을 두고, 일상 생활권을 떠나 새로운 변화를 본질로 한다고 할 수 있다. 현대에 있어서의 관광은 일부의 계층에 한정된 좁은 것이 아니며 일반 국민의 생활에 있어서의 긴장완화의 필요성과 여가의 적극적 활용의 요구에서 발생한다는 점에서 특별한 의의가 있다.

이러한 국민관광시대에 돌입하게 되어 정부는 사회복지차원에서 국민복지를 향상시키고 건전한 국민관광을 정착시키기 위하여 관광진흥 시책을 펴나가고 있으며 관광법은 이러한 관광진흥의 방향과 시책의 기본을 규정하고, 그에 따른 국제친선의 증진과 국민경제의 향상을 기하여, 건전한 국민관광의 발전을 도모함을 목적으로 제정되었다

## 3. 관광법규의 특성

### 1) 행정법적 특성

#### (1) 강행성

관광을 진흥하기 위한 행정적 목적을 달성하기 위하여 강제성을 지닌다.

#### (2) 평등성

관광에 관련된 모든 행정법은 평등하게 적용된다.

#### (3) 기술성

관광 홍보, 관광 사업의 지도, 육성, 관광지 조성 등 기술적이고 전문적인 분야를 규정한다.

#### (4) 명령성

금지나 단속 등의 명령 규정을 하고 있다. 위반시 사업의 정지나 취소, 과징금 부과, 벌칙제도 등을 두고 있다.

### 2) 전문법적 특성

#### (1) 임무법

관광 진흥을 위하여 국가와 지방 자치 단체 등 관광 행정의 주체가 우선적으로 행하여야 할 책무나 의무를 정하는  내용으로 이루어져 있다.

#### (2) 조성법

관광 진흥에 필요한 관광 환경과 여건이 조성될 수 있도록 일을 규정하고 외국인 관광객 유치를 촉진, 해외 선전의 강화, 관광시설의 개선, 관광 자원의 보호 개발, 관광 종사원의 자질 향상, 관광 진흥을 위한 계정을 지원한다.

#### (3) 질서법

관광의 수요와 공급에 관련하여 관광사업을 구성한다.

## 4. 관광법규의 종류

### 1) 관광 기본법

(1) 관광진흥의 방향과 시책의 기본을 정한 관광 분야의 최상위 법이다.
(2) 관광진흥에 필요한 국가와 지방 자치 단체의 임무를 선언적으로 규정한다.

### 2) 관광 진흥법

(1) 관광자원의 효율적인 개발을 촉진한다.
(2) 관광사업의 지도와 육성한다.
(3) 외국관광객을 유치한다.

### 3) 관광 진흥 개발 기금법

(1) 관광사업의 효율적인 발전과 관광 외화 수입의 증대에 기여하기 위함이다.
(2) 관광진흥에 필요한 기금의 설치 및 재원 조달에 관한 사항을 관리한다.

### 4) 한국 관광 공사법

관광사업의 진흥, 관광 자원의 개발, 관광 요원의 양성과 훈련, 기타 관광 산업의 발전에 필요한 선도적인 사업을 담당한다.

### 5) 관광 관련 법규

출입국 절차, 여행 관련 제도와 시설, 관광 기반 시설, 관광 개발, 관광사업의 보호 및 특전 등을 관장한다.

#### (1) 여권법

외국으로 여행하고자 하는 국민에게 여권의 발급, 여권의 효력과 발급 절차, 그 밖의 여권에 관하여 필요한 사항등을 규정함을 목적으로 하고 있다.

#### (2) 출입국 관리법

우리나라에 입국하거나 출국하는 모든 사람의 출입국과 관련된 문제를 관리한다.

### (3) 공중위생법

숙박 시설을 비롯한 위생접객 시설, 기타 위생 관련 시설의 영업 및 운영, 공중 이용시설, 음료수 및 위생용품의 위생관리등 국민의 공공복리 증진을 도모한다.

### (4) 식품 위생법

식품으로 인한 위생상의 위해를 방지, 식품의 질적 향상을 위하여 제정되었다.

### (5) 체육 시설의 설치, 이용에 관한 법률

체육 시설을 경영하는 사업을 건전하게 발전시켜 국민의 건강 증진과 여가 선용에 이바지하는 것을 그 목적으로 하고 있다. 동적인 형태의 관광 휴양 활동에 필요한 각종 스포츠 및 체육시설에 관한 사항이다.

### (6) 국제회의 산업 육성에 관한 법률

국제회의 시설의 종류와 규모, 국제회의 유치, 개최, 지원사항, 국제회의 도시 지정기준 및 우선 지원 규정, 국제회의 시설 건립시 인허가 절차등에 관한 법률이다.

Part 2

# 관광법규 해설

# 제2편 관광법규 해설

## 1. 관광기본법

관광 진흥의 방향과 시책의 기본을 정한 법률를 말하며 1조부터 14조와 부칙으로 구성되어 있다. 관광 진흥의 방향과 시책의 기본을 규정함으로써 국제친선의 증진과 국민경제[1]의 향상을 기하고 건전한 국민관광의 발전을 도모함을 목적으로 하는 법률이다(1975. 12. 31. 법률 제2877호).

제1조 (목적) 이 법은 관광 진흥의 방향과 시책에 관한 사항을 규정함으로써 국제친선의 증진과 국민경제 및 국민복지의 향상을 기하고 건전한 국민관광의 발전을 도모함을 목적으로 한다. [개정 2000·1·12]

제2조 (정부의 시책) 정부는 이 법의 목적을 달성하기 위하여 관광 진흥에 관한 기본적이고 종합적인 시책을 강구하여야 한다.

제3조 (관광 진흥 계획 수립) ①정부는 관광 진흥 장기계획 및 연도별계획을 수립하여야 한다. ②삭제 [2000·1·12]

제4조 (연차보고) 정부는 매년 관광 진흥에 관한 시책과 동향에 대한 보고서를 정기국회 개시 전까지 국회에 제출하여야 한다.

제5조 (법제상의 조치) 국가는 제2조의 규정에 의한 시책을 실시하기 위하여 법제상 재정상 기타 필요한 행정상의 조치를 강구하여야 한다.

제6조 (지방자치단체의 협조) 지방자치단체는 관광에 관한 국가시책에 관하여 필요한 시책을 강구하여야 한다.

제7조 (외국관광객의 유치) 정부는 외국관광객의 유치를 촉진하기 위하여 해외선전의 강화 및 출입국절차의 개선 기타 필요한 시책을 강구하여야 한다.

제8조 (시설의 개선) 정부는 관광객이 이용할 숙박·교통·휴식시설 등의 개선 및 확충을 위하여 필요한 시책을 강구하여야 한다.

---

1) 경제활동 전체를 국가단위로 하여 종합적으로 파악한 것.

제9조 (관광자원의 보호 등) 정부는 관광자원을 보호하고 개발하는데 필요한 시책을 강구하여야 한다.

제10조 (관광사업의 지도육성) 정부는 관광 사업을 육성하기 위하여 지도·감독 기타 필요한 시책을 강구하여야 한다.

제11조 (관광종사자의 자질향상) 정부는 관광종사자의 자질을 향상하기 위하여 교육훈련 기타 필요한 시책을 강구하여야 한다.

제12조 (관광지의 지정 및 개발) 정부는 관광에 적합한 지역을 관광지로 지정하여 필요한 개발을 하여야 한다.

제13조 (국민관광의 발전) 정부는 관광에 대한 국민의 이해를 촉구하여 건전한 국민관광을 발전시키는데 필요한 시책을 강구하여야 한다.

제14조 (관광진흥 개발기금) 정부는 관광진흥을 위하여 관광진흥 개발기금을 설치하여야 한다.

제15조 삭제 [2000·1·12]

**부칙**

이 법은 공포한 날로부터 시행한다.

부칙 [2000·1·12] 이 법은 공포한 날로부터 시행한다.

## 2. 관광 진흥법

관광진흥을 위하여 관광자원을 개발하고 관광사업을 육성하는 데에 필요한 사항을 정한 법률를 말한다. 관광여건을 조성하고 관광자원을 개발하며 관광사업을 육성함으로써 관광진흥에 이바지함을 목적으로 하는 법률이다(1999. 1. 21. 법률 제5654호).

「법률 제2878호 신규제정 1975. 12. 31.~ 법률 제7678호(산림자원의 조성 및 관리에 관한 법률) 일부개정 2005. 08. 04., 제1조 목적~제81조 과태료, 부칙」

### 제1장 총칙

제1조 (목적) 이 법은 관광여건을 조성하고 관광자원을 개발하며 관광사업을 육성함으로써 관광진흥에 이바지함을 목적으로 한다.

제2조 (정의) 이 법에서 사용하는 용어의 정의는 다음과 같다. [개정 2004.10.16] [시행일 2005.4.16]

1. "관광사업"이라 함은 관광객을 위하여 운송·숙박·음식·운동·오락·휴양 또는 용역을 제공 하거나 기타 관광에 부수되는 시설을 갖추어 이를 이용하게 하는 업을 말한다.

2. "관광사업자"라 함은 관광 사업을 경영하기 위하여 등록·허가 또는 지정(이하 "등록등" 이라한다)을 받거나 신고를 한 자를 말한다.

3. "기획여행"이라 함은 여행업을 경영하는 자가 국외여행을 하고자 하는 여행자를 위하여 여행의 목적지·일정, 여행자가 제공받을 운송 또는 숙박 등의 서비스 내용과 그 요금 등에 관한 사항을 미리 정하고 이에 참가하는 여행자를 모집하여 실시하는 여행을 말한다.

4. "회원"이라 함은 관광사업의 시설을 일반이용자보다 우선적으로 이용하거나 유리한 조건으로 이용하기로 당해 관광사업자(제14조제1항 및 제2항의 규정에 의한 사업계획의 승인을 얻은 자를 포함한다)와 약정한 자를 말한다.

5. "공유자"라 함은 단독소유 또는 공유의 형식으로 관광사업의 일부시설을 관광사업자(제14조 제1항 및 제2항의 규정에 의한 사업계획의 승인을 얻은 자를 포함한다)로부터 분양받은 자를 말한다.

6. "관광지"라 함은 자연적 또는 문화적 관광자원을 갖추고 관광객을 위한 기본적인 편의시설을 설치하는 지역으로서 이 법에 의하여 지정된 곳을 말한다.

7. "관광단지"라 함은 관광객의 다양한 관광 및 휴양을 위하여 각종 관광시설을 종합적으로 개발하는 관광거점지역으로서 이 법에 의하여 지정된 곳을 말한다.

8. "민간개발자"라 함은 관광단지를 개발하고자 하는 개인이나 상법 또는 민법에 의하여 설립된 법인을 말한다.

9. "조성계획"이라 함은 관광지 또는 관광단지의 보호 및 이용을 증진하기 위하여 필요한 관광시설의 조성과 관리에 관한 계획을 말한다.

10. "지원시설"이라 함은 관광지 또는 관광단지의 운영 및 기능유지에 필요한 관광지 또는 관광단지 내외의 시설을 말한다.

11. "관광특구"라 함은 외국인 관광객의 유치촉진 등을 위하여 관광활동과 관련된 관계 법령의 적용이 배제되거나 완화되고, 관광활동과 관련된 서비스·안내체계 및 홍보 등 관광 여건을 집중적으로 조성할 필요가 있는 지역으로서 이 법에 의하여 지정된 곳을 말한다.

# 제2장 관광사업

## 제1절 통칙

제3조 (관광사업의 종류)

① 관광사업의 종류는 다음 각 호와 같다.

1. 여행업 : 여행자 또는 운송시설·숙박시설 기타 여행에 부수되는 시설의 경영자 등을 위하여 당해 시설이용의 알선이나 계약체결의 대리, 여행에 관한 안내 기타 여행의 편의를 제공하는 업

2. 관광숙박업 : 다음 각목에서 규정하는 업

가. 호텔업 : 관광객의 숙박에 적합한 시설을 갖추어 이를 관광객에게 제공하거나 숙박에 부수되는 음식·운동·오락·휴양·공연 또는 연수에 적합한 시설 등을 함께 갖추어 이를 이용하게 하는 업

나. 휴양콘도미니엄업 : 관광객의 숙박과 취사에 적합한 시설을 갖추어 이를 당해 시설의 회원·공유자 기타 관광객에게 제공하거나 숙박에 부수되는 음식·운동·오락·휴양·공연 또는 연수에 적합한 시설 등을 함께 갖추어 이를 이용하게 하는 업

3. 관광객 이용시설업 : 다음 각목에서 규정하는 업

가. 관광객을 위하여 음식·운동·오락·휴양·문화·예술 또는 레저 등에 적합한 시설을 갖추어 이를 관광객에게 이용하게 하는 업

나. 대통령령이 정하는 2종이상의 시설과 관광숙박업의 시설 등을 함께 갖추어 이를 회원 기타 관광객에게 이용하게 하는 업

4. 국제회의업 : 대규모 관광수요를 유발하는 국제회의(세미나·토론회·전시회 등을 포함한다. 이하 같다)를 개최할 수 있는 시설을 설치·운영하거나 국제회의의 계획·준비·진행 등의 업무를 위탁받아 대행하는 업

5. 카지노업 : 전용영업장을 갖추고 주사위·트럼프·슬러트머신 등 특정한 기구 등을 이용하여 우연의 결과에 따라 특정인에게 재산상의 이익을 주고 다른 참가자에게 손실을 주는 행위 등을 하는 업

6. 유원 시설업 : 유기시설 또는 유기기구를 갖추어 이를 관광객에게 이용하게 하는 업(다른 영업을 경영하면서 관광객의 유치 또는 광고 등을 목적으로 유기시설 또는 유기기구를 설치하여 이를 이용하게 하는 경우를 포함한다)

7. 관광편의 시설업 : 제1호 내지 제6호의 규정에 의한 관광사업 외에 관광진흥에 이바지 할 수 있다고 인정되는 사업이나 시설 등을 운영하는 업

② 제1항 제1호 내지 제4호·제6호 및 제7호의 규정에 의한 관광 사업은 대통령령

이 정하는 바에 의하여 이를 세분할 수 있다.

제4조 (등록)

① 제3조 제1항 제1호의 규정에 의한 여행업을 경영하고자 하는 자는 대통령령이 정하는 구분에 따라 특별시장·광역시장·도지사(이하 "시·도지사"라 한다) 또는 시장·군수·구청장(자치구의 구청장에 한한다. 이하 같다)에게 등록하여야 한다. [개정 2004.10.16] [시행일 2005.4.16]

② 제3조 제1항 제2호 내지 제4호의 규정에 의한 관광숙박업·관광객 이용시설업 및 국제회의업을 경영하고자 하는 자는 시장·군수·구청장에게 등록하여야 한다. [개정 2004.10.16] [시행일 2005.4.16]

③ 제1항 및 제2항의 규정에 의하여 등록한 사항 중 대통령령이 정하는 중요사항을 변경하고자 하는 때에는 변경등록을 하여야 한다.

④ 제1항 내지 제3항의 규정에 의한 등록 또는 변경등록의 기준·절차 등에 관하여 필요한 사항은 대통령령으로 정한다.

제5조 (허가 및 신고)

① 제3조 제1항 제5호의 규정에 의한 카지노업을 경영하고자 하는 자는 전용영업장등 문화관광부령이 정하는 시설 및 기구를 갖추어 문화관광부장관의 허가를 받아야 한다.

② 제3조 제1항제6호의 규정에 의한 유원시설업 중 대통령령이 정하는 유원시설업을 경영하고자 하는 자는 문화관광부령이 정하는 시설 및 설비를 갖추어 시장·군수·구청장의 허가를 받아야 한다. [개정 2004.10.16] [시행일 2005.4.16]

③ 제1항 및 제2항의 규정에 의하여 허가받은 사항중 문화관광부령이 정하는 중요사항을 변경하고자 하는 때에는 변경허가를 받아야 한다. 다만, 경미한 사항을 변경하고자 하는 때에는 변경신고를 하여야 한다.

④ 제2항의 규정에 의하여 대통령령이 정하는 유원시설업을 제외한 유원시설업을 경영하고자 하는 자는 문화관광부령이 정하는 시설 및 설비를 갖추어 시장·군수·구청장에게 신고하여야 한다. 신고한 사항 중 문화관광부령이 정하는 중요사항을 변경하고자 하는 때에도 또한 같다.

⑤ 제1항 내지 제4항의 규정에 의한 허가 및 신고의 절차 등에 관하여 필요한 사항은 문화관광부령으로 정한다.

제6조 (지정) 제3조 제1항 제7호의 규정에 의한 관광편의 시설업을 경영하고자 하

는 자는 문화관광부령이 정하는 바에 따라 시·도지사의 지정을 받을 수 있다. [개정 2004.10.16] [시행일 2005.4.16]

제7조 (결격사유)

① 다음 각 호의 1에 해당하는 자는 관광사업의 등록 등을 받거나 신고를 할 수 없으며 제14조 제1항 및 제2항의 규정에 의한 사업계획의 승인을 얻을 수 없다. 법인의 경우 그 임원중 다음 각 호의 1에 해당하는 자가 있는 때에도 또한 같다. [개정 2004.10.16] [시행일 2005.4.16]

1. 금치산자·한정치산자
2. 파산자로서 복권되지 아니한 자
3. 이 법에 의하여 등록 등 또는 사업계획의 승인이 취소되거나 제34조 제1항의 규정에 의하여 영업소가 폐쇄된 후 2년이 경과되지 아니한 자
4. 이 법을 위반하여 징역이상의 실형을 선고받고 그 집행이 종료되거나 집행을 받지아니 하기로 확정된 후 2년이 경과되지 아니한 자 또는 형의 집행유예의 기간 중에 있는 자

② 관광사업의 등록 등을 받거나 신고를 한 자 또는 사업계획의 승인을 얻은 자가 제1항 각호의 1에 해당하게 된 때에는 문화관광부장관, 시·도지사 또는 시장·군수· 구청장(이하 "등록기관등의장"이라 한다)은 3월 이내에 당해 등록 등 또는 사업계획의 승인을 취소하거나 영업소를 폐쇄하여야 한다. 다만, 법인의 임원 중 그 사유에 해당하는 자가 있는 경우 3월 이내에 그 임원을 개임한 때에는 그러하지 아니하다.

제8조 (관광사업의 양수 등)

① 관광 사업을 양수한 자 또는 관광 사업을 경영하는 법인의 합병이 있는 경우 합병 후 존속하거나 설립되는 법인은 그 관광사업의 등록 등 또는 신고에 따른 권리·의무(제19조 제1항의 규정에 의하여 분양 또는 회원모집을 한 경우에는 그 관광사업자와 공유자 또는 회원 간에 약정한 사항을 포함한다)를 승계한다.

② 민사집행법에 의한 경매, 파산법에 의한 환가나 국세징수법·관세법 또는 지방세법에 의한 압류재산의 매각 기타 이에 준하는 절차에 따라 문화관광부령이 정하는 주요한 관광사업시설의 전부를 인수한 자는 그 관광사업자의 지위(제19조제1항의 규정에 의하여 분양 또는 회원모집을 한 경우에는 그 관광사업자와 공유자 또는 회원 간에 약정한 권리 및 의무사항을 포함한다)를 승계한다. [개정 2002.1.26 제6627호(민사집행법)] [시행일 2002.7.1]

③ 관광사업자가 제33조 제1항 및 제2항의 규정에 의한 취소·정지처분 또는 개선명령을 받은 경우 그 처분 또는 명령의 효과는 제1항의 규정에 따라 관광사업자의 지위를 승계한 자에게 승계되며, 그 절차가 진행 중인 때에는 이를 속행할 수 있다. 다만, 그 승계한 자가 양수 또는 합병 당시 그 처분·명령 또는 위반사실을 알지 못하였음을 증명하는 때에는 그러하지 아니하다. [신설 2004.10.16] [시행일 2005.4.16]

④ 제1항 및 제2항의 규정에 의하여 관광사업자의 지위를 승계한 자는 승계한 날부터 1월 이내에 관할 등록기관 등의 장에게 신고하여야 한다.

⑤ 제1항 내지 제4항의 규정은 제14조 제1항 및 제2항의 규정에 의한 사업계획의 승인을 얻은 자의 지위승계에 관하여 이를 준용한다. [개정 2004.10.16] [시행일 2005.4.16]

⑥ 제7조의 규정은 제1항 및 제2항의 규정에 의하여 관광사업자의 지위를 승계하는 자에 관하여 이를 준용한다.

⑦ 관광사업자가 그 사업의 전부 또는 일부를 휴업 또는 폐업한 때에는 관할 등록기관등의장에게 통보하여야 한다.

제9조 (보험가입 등) 관광사업자는 당해 사업과 관련하여 사고가 발생하거나 관광객에게 손해가 발생한 경우에는 문화관광부령이 정하는 바에 따라 피해자에게 보험금을 지급할 것을 내용으로 하는 보험 또는 공제에 가입하거나 영업보증금을 예치하여야 한다. [개정 2004.10.16] [시행일 2005.4.16]

제10조 (관광표지의 부착)

① 관광사업자는 사업장에 문화관광부령이 정하는 관광표지를 붙일 수 있다.

② 관광사업자가 아닌 자는 제1항의 규정에 의한 관광표지를 사업장에 붙이지 못하며, 관광사업자로 잘못 알아 볼 우려가 있는 경우에는 제3조의 규정에 의한 관광사업의 명칭 중 전부 또는 일부가 포함되는 상호를 사용할 수 없다. [개정 2002.1.26.] [시행일 2002.4.27.]

③ 제2항의 규정에 의하여 관광사업자가 아닌 자가 사용할 수 없는 상호에 포함되는 관광사업의 명칭 중 전부 또는 일부의 구체적인 범위에 관하여는 대통령령으로 정한다.[신설 2002.1.26.] [시행일 2002.4.27.]

제11조 (관광시설의 타인경영) 관광사업자는 관광사업의 시설 중 문화관광부령이 정하는 시설을 제외한 부대시설에 대하여는 타인으로 하여금 경영하게 할 수 있다.

## 제2절 여행업

제12조 (기획여행의 실시) 제4조 제1항 및 제2항의 규정에 의하여 여행업의 등록을 한 자(이하 "여행업자"라 한다)는 문화관광부령이 정하는 요건을 갖추어 문화관광부령이 정하는 바에 따라 기획여행을 실시할 수 있다.

제13조 (국외여행 인솔자) 여행업자가 내국인의 국외여행을 실시할 경우 여행자의 안전 및 편의제공을 위하여 당해 여행을 인솔하는 자를 둘 때에는 문화관광부령이 정하는 요건에 적합한 자를 두어야 한다.

제13조의2 (여행계약서의 교부) 여행업자는 여행자와 여행계약을 체결하는 때에는 당해 서비스에 관한 내용을 기재한 계약서(약관을 정하여 사용하는 경우로서 약관의 내용이 계약서에 기재되어 있지 아니한 경우에는 그 약관을 기재한 서면을 포함한다)를 교부하여야 한다. [본조신설 2002.1.26.] [시행일 2002.4.27.]

## 제3절 관광숙박업 및 관광객 이용시설업

제14조 (사업계획의 승인)

① 관광숙박업을 경영하고자 하는 자는 제4조 제2항의 규정에 의한 등록을 하기 전에 당해 사업에 대한 사업계획을 작성하여 시장·군수·구청장의 승인을 얻어야 한다. 승인을 얻은 사업계획 중 부지·대지면적·건축연면적의 일정규모 이상의 변경 등 대통령령이 정하는 사항을 변경하고자 하는 경우에도 또한 같다.[개정 2002.1.26, 2004.10.16] [시행일 2005.4.16]

② 대통령령이 정하는 관광객 이용시설업·국제회의업을 경영하고자 하는 자는 제4조 제2항의 규정에 의한 등록을 하기 전에 당해 사업에 대한 사업계획을 작성하여 시장·군수·구청장의 승인을 얻을 수 있다. 승인을 얻은 사업계획 중 부지·대지면적·건축 연면적의 일정규모 이상의 변경 등 대통령령이 정하는 사항을 변경하고자 하는 경우에도 또한 같다. [개정 2002.1.26, 2004.10.16] [시행일 2005.4.16]

③ 제1항 및 제2항의 규정에 의한 사업계획의 승인 또는 변경승인의 기준·절차 등에 관하여 필요한 사항은 대통령령으로 정한다.

제15조 (사업계획 승인시의 인·허가 의제 등)

① 제14조 제1항 및 제2항의 규정에 의한 사업계획의 승인을 얻은 때에는 다음 각 호의 허가 또는 해제를 받거나 신고를 한 것으로 본다.[개정 99·2·8 제5914호(공유수면관리법), 2002.1.26, 2002.12.30 제6841호(산지관리법), 2004.10.16] [시행일 2005.4.16]

1. 농지법 제36조 제1항의 규정에 의한 농지전용의 허가
2. 산지관리법 제14조·제15조의 규정에 의한 산지전용허가 및 산지전용신고와 산림법 제62조 제1항·제90조 제1항의 규정에 의한 입목벌채 등의 허가·신고[시행일 2003. 10. 01]
3. 사방사업법 제20조의 규정에 의한 사방지 지정의 해제
4. 초지법 제23조의 규정에 의한 초지전용의 허가
5. 하천법 제30조의 규정에 의한 하천공사 등의 허가 및 실시계획의 인가와 동법 제33조의 규정에 의한 점용허가 및 실시계획의 인가
6. 공유수면관리법 제5조의 규정에 의한 공유수면의 점·사용허가 및 동법 제8조의 규정에 의한 실시계획의 인가 또는 신고
7. 사도법 제4조의 규정에 의한 사도개설의 허가
8. 국토의 계획 및 이용에 관한법률 제56조의 규정에 의한 개발행위의 허가
9. 장사 등에 관한 법률 제23조의 규정에 의한 분묘의 개장허가

② 시장·군수·구청장은 제1항 각호의 1의 사항이 포함되어 있는 사업계획을 승인하고자 하는 때에는 미리 소관 행정기관의 장과 협의하여야 하며, 그 사업계획을 승인한 때에는 지체 없이 소관 행정기관의 장에게 그 내용을 통보하여야 한다. [개정 2004.10.16] [시행일 2005.4.16]

③ 시장·군수·구청장은 제14조 제1항 및 제2항의 규정에 의한 사업계획의 변경승인을 하고자 하는 경우 건축물의 용도변경이 포함되어 있을 때에는 미리 소관 행정기관의 장과 협의하여야 한다. [개정 2004.10.16] [시행일 2005.4.16]

④ 관광사업자(관광숙박업의 경우에 한한다)가 제14조 제1항 후단의 규정에 의하여 사업계획의 변경승인을 얻은 경우에는 건축법에 의한 용도변경의 허가를 받거나 신고를 한 것으로 본다.

⑤ 제14조 제1항의 규정에 의한 사업계획의 승인 또는 변경승인을 얻은 경우 그 사업계획에 의한 관광숙박시설 및 그 시설안의 위락시설로서 국토의 계획 및 이용에 관한 법률에 의하여 지정된 다음 각 호의 용도지역 안의 시설에 대하여는 동법 제76조 제1항을 적용하지 아니한다. 다만, 주거지역에 있어서는 주거환경의 보호를 위하여 대통령령이 정하는 사업계획 승인기준에 적합한 경우에 한한다. [개정 2004.10.16, 2004.10.16] [시행일 2005.4.16]

1. 상업지역
2. 주거지역·공업지역 및 녹지지역 중 대통령령이 정하는 지역

제16조 (관광숙박업 등의 등록 심의위원회)

① 제4조 제2항의 규정에 의한 관광숙박업 및 대통령령이 정하는 관광객 이용시설업·국

제회의업의 등록(등록사항의 변경을 포함한다. 이하 이 조에서 같다)에 관한 사항을 심의하기 위하여 시장·군수·구청장(권한이 위임된 경우에는 그 위임을 받은 기관을 말한다. 이하 이 조 및 제17조에서 같다) 소속하에 관광숙박업 및 관광객 이용시설업 등록 심의위원회(이하 "위원회"라 한다)를 둔다. [개정 2004.10.16] [시행일 2005.4.16]

② 위원회는 위원장 및 부위원장 각 1인을 포함한 위원 10인 이내로 구성하되, 위원장은 시·군·구(자치구에 한한다. 이하 같다)의 부시장· 부군수·부구청장이 되고, 부위원장은 위원 중에서 위원장이 지정하는 자가 되며, 위원은 제17조 제1항 각호의 규정에 의한 신고 또는 인·허가 등의 소관기관의 직원이 된다. [개정 2004.10.16] [시행일 2005.4.16]

③ 위원회는 다음 각 호의 사항을 심의한다.

1. 관광숙박업 및 대통령령이 정하는 관광객 이용 시설업·국제회의업의 등록기준 등에 관한 사항
2. 제17조 제1항 각호에 정한 사업이 관계 법령상의 신고 또는 인·허가 등의 요건에 해당하는지 여부에 관한 사항
3. 기타 대통령령이 정하는 사항

④ 시장·군수·구청장은 제1항의 규정에 의한 관광숙박업·관광객 이용시설업·국제회의업 의 등록을 하고자 하는 때에는 미리 위원회의 심의를 거쳐야 한다. 다만, 대통령령이 정하는 경미한 사항의 변경에 관하여는 위원회의 심의를 거치지 아니할 수 있다. [개정 2004.10.16] [시행일 2005.4.16]

⑤ 위원회의 구성·운영 기타 위원회에 관하여 필요한 사항은 대통령령으로 정한다.

제17조 (등록시의 신고·허가 의제 등)

① 시장·군수·구청장이 위원회의 심의를 거쳐 등록을 한 때에는 당해 관광사업자는 다음 각 호의 신고를 하였거나 인·허가 등을 받은 것으로 본다.[개정 2001. 4.7, 2002.1.26, 2004.10.16] [시행일 2005.4.16]

1. 공중위생관리법 제3조의 규정에 의한 숙박업·목욕장업·이용업·미용업 또는 세탁업의 신고
2. 식품위생법 제21조의 규정에 의한 식품 접객업으로서 대통령령이 정하는 영업의 허가 또는 신고
3. 주세법 제8조의 규정에 의한 주류판매업의 면허 또는 신고
4. 외국환거래법 제8조 제3항의 규정에 의한 환전업무의 등록
5. 담배사업법 제16조의 규정에 의한 담배소매인의 지정
6. 학교보건법 제6조의 규정에 의한 유흥시설 설치의 인정(학교 환경위생 정화구역 안에서 관광숙박 업 및 관광객 이용 시설업을 경영하고자 하는 경우에 한한다)

7. 체육시설의 설치·이용에 관한 법률 제10조의 규정에 의한 신고 체육 시설업으로서 동 법 제22조의 규정에 의한 체육시설업의 신고
8. 해상교통 안전법 제50조의2 제3항의 규정에 의한 해상레저 활동의 허가
9. 의료법 제31조의 규정에 의한 부속의료기관의 개설신고 또는 개설허가

② 시장·군수·구청장은 제1항의 규정에 의하여 관광숙박업·관광객 이용시설업 및 국제회의업의 등록을 한 때에는 지체 없이 제1항 각호에 규정한 신고 또는 인·허가 등의 소관 행정기관의 장에게 그 내용을 통보하여야 한다. [개정 2004.10.16] [시행일 2005.4.16]

제18조 (관광숙박업의 등급)

① 문화관광부장관은 관광숙박시설 이용자의 편의를 도모하고, 관광숙박시설 및 서비스의 수준을 효율적으로 유지·관리하기 위하여 관광숙박업에 대한 등급을 정할 수 있다.

② 제1항의 규정에 의한 관광숙박업의 등급에 관하여 필요한 사항은 대통령령으로 정한다.

제19조 (분양 및 회원모집)

① 관광숙박업 또는 관광객 이용시설업으로서 대통령령이 정하는 종류의 관광 사업을 등록한 자 또는 그 사업계획의 승인을 얻은 자가 아니면 당해 관광사업의 시설에 대하여 분양(휴양콘도미니엄에 한한다. 이하 같다) 또는 회원 모집을 하여서는 아니 된다.

② 누구든지 다음 각 호의 1의 행위를 하여서는 아니 된다.

1. 휴양콘도미니엄 또는 이와 유사한 명칭을 사용하여 휴양콘도미니엄이 아닌 숙박시설의 분양 또는 회원모집을 하는 행위
2. 휴양콘도미니엄의 시설과 휴양콘도미니엄이 아닌 숙박시설을 혼합 또는 연계하여 이를 이용 할 수 있는 회원을 모집하는 행위
3. 분양 또는 회원모집으로 오인될 수 있는 행위로서 대통령령이 정하는 행위

③ 제1항의 규정에 의하여 분양 또는 회원모집을 하고자 하는 자가 사용하는 약관에는 제5항 각호에 규정하는 사항이 포함되어야 한다.

④ 제1항의 규정에 의하여 분양 또는 회원모집을 하고자 하는 자는 대통령령이 정하는 분양·회원모집의 기준 및 절차에 따라 분양 또는 회원모집을 하여야 한다.

⑤ 분양 또는 회원모집을 한 자는 공유자·회원의 권익보호를 위하여 다음 각 호의 사항에 관하여 대통령령이 정하는 사항을 지켜야 한다.

1. 공유 지분 또는 회원자격의 양도·양수
2. 시설의 이용

3. 시설의 유지·관리에 필요한 비용의 징수
4. 회원 입회금의 반환
5. 회원증의 발급 및 확인
6. 공유자·회원의 대표기구 구성
7. 기타 공유자·회원의 권익보호를 위하여 대통령령이 정하는 사항

## 제4절 카지노업

제20조 (허가요건 등)

① 문화관광부장관은 제5조 제1항의 규정에 의한 카지노업(이하 "카지노업"이라 한다)의 허가신청을 받은 때에는 다음 각 호의 1에 해당하는 경우에 한하여 이를 허가할 수 있다.

1. 국제공항 또는 국제여객선터미널이 있는 특별시·광역시 또는 도(이하 "시·도"라 한다)안에 있거나 관광특구 안에 있는 관광숙박업 중 호텔업시설(관광숙박업의 등급 중 최상등급을 받은 시설에 한하며, 시·도안에 최상등급의 시설이 없는 경우에는 그 다음 등급의 시설에 한한다) 또는 대통령령이 정하는 국제회의업 시설의 부대시설 안에서 카지노업을 하고자 하는 경우로서 대통령령이 정하는 요건에 적합한 경우
2. 우리나라와 외국 간을 왕래하는 여객선 안에서 카지노업을 하고자 하는 경우로서 대통령령이 정하는 요건에 적합한 경우

② 문화관광부장관은 공공의 안녕, 질서유지 또는 카지노업의 건전한 발전을 위하여 필요하다 고 인정하는 때에는 대통령령이 정하는 바에 의하여 제1항의 규정에 의한 허가를 제한할 수 있다.

제21조 (결격사유)

① 다음 각 호의 1에 해당하는 자는 카지노업의 허가를 받을 수 없다.[개정 2002.1.26.] [시행일 2002.4.27.]

1. 19세미만의 자
2. 폭력행위 등 처벌에 관한 법률 제4조의 규정에 의한 단체 또는 집단을 구성하거나 그 단체 또는 집단에 자금을 제공하여 금고 이상의 형의 선고를 받고 형이 확정된 자
3. 조세포탈 또는 외국환 거래법의 위반행위로 금고이상의 형의 선고를 받고 형이 확정된 자
4. 금고이상의 실형의 선고를 받고 그 집행이 종료되거나 집행을 받지 아니하기로 확정된 후 2년이 경과되지 아니한 자
5. 금고이상의 형의 집행유예의 선고를 받고 그 유예기간 중에 있는 자

6. 금고이상의 형의 선고유예를 받고 그 유예기간 중에 있는 자
7. 임원중 제1호 내지 제6호에 해당하는 자가 있는 법인

② 카지노업의 허가를 받은 자(이하 "카지노사업자"라 한다)가 제1항 각호의 1에 해당하게 된 때에는 문화관광부장관은 허가를 취소하여야 한다. 다만, 법인의 임원중 그 사유에 해당하는 자가 있는 경우 3월 이내에 그 임원을 개임한 때에는 그러하지 아니하다.

제22조 (카지노업의 시설기준 등)

① 카지노업의 허가를 받고자 하는 자는 문화관광부령이 정하는 시설 및 기구를 갖추어야 한다.

② 카지노사업자에 대하여는 문화관광부령이 정하는 바에 의하여 제1항의 규정에 의한 시설 중 일정시설에 대하여 문화관광부장관이 지정·고시하는 검사기관의 검사를 받게 할 수 있다.

③ 카지노사업자는 제1항의 규정에 의한 시설 및 기구를 유지·관리하여야 한다.

제23조 (조건부 영업허가)

① 문화관광부장관은 카지노업의 허가를 함에 있어서 대통령령이 정하는 기간 내에 제22조 제1항의 규정에 의한 시설 및 기구를 갖출 것을 조건으로 허가할 수 있다.

② 문화관광부장관은 제1항의 규정에 의한 허가를 받은 자가 정당한 사유 없이 허가조건을 이행하지 아니하는 경우에는 그 허가를 취소하여야 한다.

제24조 (카지노기구의 규격 및 기준 등)

① 문화관광부장관은 카지노업에 이용되는 기구(이하 "카지노기구"라 한다)의 형상·구조·재질 및 성능 등에 관한 규격 및 기준(이하 "공인기준 등"이라 한다)을 정하여야 한다.

② 문화관광부장관은 문화관광부령이 정하는 바에 의하여 문화관광부장관이 지정하는 검사기관의 검정을 받은 카지노기구의 규격 및 기준을 공인기준 등으로 인정할 수 있다.

③ 카지노사업자가 카지노기구를 영업장소(그 부대시설 등을 포함한다)에 반입·사용하는 때에는 문화관광부령이 정하는 바에 의하여 당해 카지노기구가 공인기준 등에 적합한지의 여부에 관하여 문화관광부장관의 검사를 받아야 한다.

④ 제3항의 규정에 의한 검사에 합격된 카지노기구에는 문화관광부령이 정하는 바에 의하여 검사 합격필 증을 붙이거나 이를 표시하여야 한다.

제25조 (카지노업의 영업종류 및 영업방법 등)

① 카지노업의 영업종류는 문화관광부령으로 정한다.

② 카지노사업자는 문화관광부령이 정하는 바에 의하여 제1항의 규정에 의한 카지노업의 영업종류별 영업방법 및 배당금 등에 관하여 문화관광부장관에게 미리 신고하여야 한다. 신고한 사항을 변경하고자 하는 때에도 또한 같다.

제26조 (지도 및 명령) 문화관광부장관은 과도한 사행심 유발의 방지 기타 공익상 필요하다고 인정하는 경우에는 카지노사업자에 대하여 필요한 지도와 명령을 할 수 있다.

제27조 (카지노사업자 등의 준수사항)

① 카지노사업자(대통령령이 정하는 종사원을 포함한다. 이하 이 조에서 같다)는 다음 각 호의 1의 행위를 하여서는 아니 된다. [개정 2004.10.16] [시행일 2005.4.16]

1. 법령에 위반되는 카지노기구를 설치하거나 사용하는 행위
2. 법령에 위반하여 카지노기구 또는 시설을 변조하거나 변조된 카지노기구 또는 시설을 사용하는 행위
3. 허가받은 전용영업장외에서 영업을 하는 행위
4. 내국인(해외 이주법 제2조의 규정에 의한 해외 이주자를 제외한다)을 입장하게 하는 행위
5. 과도한 사행심을 유발하는 등 선량한 풍속을 해할 우려가 있는 광고 또는 선전을 하는 행위
6. 제25조 제1항의 규정에 의한 영업 종류에 해당하지 아니하는 영업을 하거나 영업 방법 및 배당금 등에 관한 신고를 하지 아니하고 영업하는 행위

6의2. 총매출액을 누락시켜 제29조 제1항의 규정에 의한 관광 진흥 개발기금 납부금액을 감소시키는 행위

7. 19세미만의 자를 입장하게 하는 행위
8. 정당한 사유 없이 당해 연도 안에 60일 이상 휴업하는 행위

② 카지노사업자는 카지노업의 건전한 육성·발전을 위하여 필요하다고 인정하여 문화관광부령이 정하는 영업준칙을 준수하여야 한다. 이 경우 당해 영업 준칙에는 카지노업의 영업 및 회계 등에 관한 사항이 포함되어야 한다.

제28조 (카지노영업소 이용자의 준수사항) 카지노 영업소에 입장하는 자는 카지노사업자가 외국인(해외 이주법 제2조의 규정에 의한 해외 이주자를 포함한다)임을 확

인하기 위하여 신분확인에 필요한 사항을 묻는 때에는 이에 응하여야 한다.

第29조 (기금에의 납부)

① 카지노사업자는 총매출액의 100분의 10의 범위 안에서 일정비율에 상당하는 금액을 관광 진흥개발 기금법에 의한 관광 진흥개발 기금에 납부하여야 한다.

② 카지노사업자가 제1항의 규정에 의한 납부금을 납부기한까지 납부하지 아니하는 때에는 문화관광부장관은 10일이상의 기간을 정하여 이를 독촉하여야 한다. 이 경우 체납된 납부금에 대하여는 100분의 3에 상당하는 가산금을 부과하여야 한다.

③ 제2항의 규정에 의하여 독촉을 받은 자가 그 기간 내에 납부금을 납부하지 아니한 때에는 국세체납처분의 예에 따라 이를 징수한다.

④ 제1항의 규정에 의한 총매출액, 징수비율 및 부과·징수절차 등에 관하여 필요한 사항은 대통령령으로 정한다.

## 제5절 유원시설업

第29조의2 (조건부 영업허가)

① 시장·군수·구청장은 유원시설업의 허가를 함에 있어서 대통령령이 정하는 기간 내에 제5조 제2항의 규정에 의한 시설 및 설비를 갖출 것을 조건으로 허가할 수 있다.

② 시장·군수·구청장은 제1항의 규정에 의한 허가를 받은 자가 정당한 사유 없이 허가조건을 이행하지 아니하는 경우에는 그 허가를 취소하여야 한다. [본조신설 2004.10.16] [시행일 2005.4.16]

第30조 (유원시설 등의 관리) 제5조 제2항 또는 제4항의 규정에 의하여 유원시설업의 허가를 받거나 신고를 한 자(이하 "유원시설업자"라 한다)는 문화관광부령이 정하는 기준에 따라 그 시설·설비 및 영업에 관한 관리를 하여야 한다.

第31조 (안전성검사 등)

① 유원시설업자는 문화관광부령이 정하는 안전성 검사대상 유기시설 또는 유기기구에 대하여 문화관광부령이 정하는 바에 따라 문화관광부장관이 실시하는 안전성검사를 받아야 하며, 안전성 검사대상이 아닌 유기시설 또는 유기기구에 대하여는 안전성 검사대상에 해당되지 아니함을 확인하는 검사를 받아야 한다. [개정 2004.10.16] [시행일 2005.4.16]

② 제1항의 규정에 의하여 안전성 검사를 받아야 하는 유원시설업자는 유기시설 및 유기기구에 대한 안전관리를 위하여 사업장에 안전 관리자를 상시 배치하

여야 한다. [신설 2002.1.26] [시행일 2002.10.27]

③ 제2항의 규정에 의한 안전관리자의 자격·배치기준 및 임무 등에 관하여 필요한 사항은 문화관광부령으로 정한다. [신설 2002.1.26.] [시행일 2002.4.27.]

제32조 (영업질서의 유지 등)

① 유원시설업자는 영업질서의 유지를 위하여 문화관광부령이 정하는 사항을 지켜야 한다.

② 유원시설업자는 법령에 위반하여 제조된 유기시설·유기기구 또는 유기기구의 부분품을 설치하거나 사용하여서는 아니 된다.

## 제6절 영업에 대한 지도 · 감독

제33조 (등록취소 등)

① 관할 등록기관 등의 장은 관광사업의 등록 등을 받거나 신고를 한 자 또는 사업계획의 승인을 얻은 자가 다음 각 호의 1에 해당하는 때에는 그 등록 등 또는 사업계획의 승인을 취소하거나 6월 이내의 기간을 정하여 그 사업의 전부 또는 일부의 정지를 명하거나 시설·운영의 개선을 명할 수 있다.[개정 2002.1.26, 2004.10.16] [시행일 2005.4.16]

1. 제11조의 규정에 위반하여 관광사업의 시설 중 부대시설을 제외한 시설을 타인으로 하여금 경영하게 한 때
2. 제14조 제1항 및 제2항의 규정에 의하여 사업계획의 승인을 얻은 자가 정당한 사유없이 대통령령이 정하는 기간 내에 착공 또는 준공을 하지 아니한 때
3. 관광사업의 경영 또는 사업계획을 추진함에 있어서 사위 기타 부정한 방법을 사용하거나 부당한 금품을 수수한 때, 3의2. 고의로 계약 또는 약관을 위반한 때(여행업자에 한 한다)

3의3. 제27조 제1항 제8호의 규정을 위반하여 정당한 사유 없이 당해 연도 안에 60 일 이상 휴업한 때

4. 이 법 또는 이 법에 의한 명령이나 처분에 위반한 때

② 제1항의 규정에 의한 취소·정지처분 및 시설·운영개선 명령의 세부적인 기준은 그 사유와 위반정도를 감안하여 대통령령으로 정한다.[개정 2002.1.26.] [시행일 2002.4.27.]

③ 관할 등록기관등의장은 관광사업에 사용할 것을 조건으로 관세법등에 의하여 관세의 감면을 받은 물품을 보유하고 있는 관광사업자로부터 당해 물품의 수입면허를 받은 날부터 5년 이내에 당해 사업의 양도·폐업의 신고 또는 통보를 받거나 등록 등의 취소를 한 때에는 관할 세관장에게 그 사실을 즉시 통보하여야 한다.

④ 관할 등록기관 등의 장은 관광사업자에 대하여 제1항의 규정에 의하여 등록 등을 취소하거나 사업의 전부 또는 일부의 정지를 명한 때에는 제17조 제2항의 규정에 의한 소관 행정기관의 장(외국인투자기업인 경우에는 재정경제부장관을 포함한다)에게 그 사실을 통보할 수 있다.

⑤ 관할 등록기관장외의 소관 행정기관의 장이 관광사업자에 대하여 그 사업의 정지·취소 또는 시설의 이용을 금지·제한하고자 하는 때에는 미리 관할 등록기관 등의 장과 협의하여야 한다.

⑥ 제1항 각호의 1에 해당하는 관광숙박업자의 위반행위가 공중위생관리법 제11조제1항의 규정에 의한 위반행위에 해당하는 경우에는 공중위생관리법의 규정에 불구하고 이 법을 적용한다.[개정 2002.1.26.] [시행일 2002.4.27.]

제34조 (폐쇄조치 등)

① 관할 등록기관 등의 장은 제5조 제1항·제2항 또는 제4항의 규정에 의한 허가 또는 신고 없이 영업을 하거나 제23조 제2항·제29조의2 제2항 또는 제33조의 규정에 의한 허가의 취소 또는 사업의 정지명령을 받고 계속하여 영업을 하는 때에는 관계 공무원으로 하여금 당해 영업소를 폐쇄하기 위한 다음 각 호의 조치를 하게 할 수 있다. [개정 2004.10.16] [시행일 2005.4.16]

1. 당해 영업소의 간판 기타 영업표지물의 제거·삭제
2. 당해 영업소가 위법한 것임을 알리는 게시물 등의 부착
3. 영업을 위하여 꼭 필요한 시설물 또는 기구 등을 사용할 수 없게 하는 봉인

② 제1항 제3호의 규정에 의한 봉인을 한 후 봉인을 계속할 필요가 없다고 인정하거나 사업자 또는 그 대리인이 정당한 사유로 봉인의 해제를 요청하는 때에는 그 봉인을 해제할 수 있다. 제1항 제2호의 규정에 의한 게시물 등의 부착을 제거하는 경우에도 또한 같다.

③ 제1항의 규정에 의한 조치를 함에 있어서는 미리 당해 사업자나 그 대리인에게 서면으로 이를 알려 주어야 한다. 다만, 급박한 사유가 있는 경우에는 그러하지 아니하다.

④ 제1항의 규정에 의한 조치는 영업을 할 수 없게 함에 필요한 최소한의 범위에 그쳐야 한다.

⑤ 제1항의 경우에 관계 공무원은 그 권한을 표시하는 증표를 관계인에게 내보여야 한다.

제35조 (과징금의 부과)

① 관할 등록기관 등의 장은 관광사업자가 제33조 제1항 각호의 1에 해당하여 사업의 정지를 명하여야 하는 경우로서 그 사업의 정지가 당해 사업의 이용자 등에게

심한 불편을 주거나 기타 공익을 해할 우려가 있는 때에는 그 사업정지에 갈음하여 2천만원이하의 과징금을 부과할 수 있다. [개정 2004.10.16] [시행일 2005.4.16]

② 제1항의 규정에 의하여 과징금을 부과하는 위반행위의 종별·정도 등에 따른 과징금의 금액 기타 필요한 사항은 대통령령으로 정한다.

③ 관할 등록기관 등의 장은 제1항의 규정에 의한 과징금을 납부하여야 할 자가 납부기한까지 이를 납부하지 아니한 때에는 국세 또는 지방세 체납처분의 예에 따라 이를 징수한다.

## 제7절 관광종사원

제36조 (관광종사원의 자격 등)

① 관할 등록기관 등의 장은 대통령령이 정하는 관광 업무에 대하여는 관광종사원의 자격을 가진 자가 종사하도록 당해 관광사업자에게 권고할 수 있다.

② 제1항의 규정에 의한 관광종사원의 자격을 취득하고자 하는 자는 문화관광부령이 정하는 바에 의하여 문화관광부장관이 실시하는 시험에 합격한 후 문화관광부장관에게 등록하여야 한다. 다만, 문화관광부령이 따로 정하는 자의 경우에는 시험의 전부 또는 일부를 면제할 수 있다.

③ 문화관광부장관은 제2항의 규정에 의하여 등록을 한 자에게는 관광종사원자격증을 교부하여야 한다.

④ 관광종사원자격증을 가진 자는 그 자격증을 잃어버리거나 못쓰게 된 경우에는 문화관광부장관에게 그 자격증의 재교부를 신청할 수 있다.

⑤ 제7조 제1항 각호의 1에 해당하는 자는 제1항의 규정에 의한 관광 업무에 종사하지 못한다.

제37조 (교육)

① 관광종사원은 문화관광부령이 정하는 바에 의하여 문화관광부장관이 실시하는 교육을 받아야 한다.

② 관광사업자는 관광종사원이 제1항의 규정에 의한 교육을 받도록 문화관광부령이 정하는 바에 따라 협조하여야 한다.

③ 제1항의 규정에 의하여 교육을 받은 관광종사원은 공중위생관리법 제17조 제1항 및 식품위생법 제27조 제1항의 규정에 의한 위생교육을 각각 받은 것으로 본다.[개정 2002.1.26.] [시행일 2002.4.27.]

제38조 (자격취소 등) 문화관광부장관(관광종사원 중 대통령령이 정하는 관광종사

원에 대하여는 시·도지사)은 제36조 제1항의 규정에 의한 자격을 가진 관광종사원이 다음 각 호의 1에 해당하는 때에는 문화관광부령이 정하는 바에 의하여 그 자격을 취소 하거나 6월 이내의 기간을 정하여 자격의 정지를 명할 수 있다. 다만, 제1호에 해당하는 때에는 그 자격을 취소하여야 한다. [개정 2004.10.16] [시행일 2005.4.16]

1. 사위 기타 부정한 방법으로 자격을 취득한 때
2. 제7조 제1항 각호의 1에 해당하게 된 때
3. 관광종사원으로서 직무를 수행함에 있어 부정 또는 비위 사실이 있는 때
4. 이 법 또는 이 법에 의한 명령이나 처분에 위반한 때

## 제3장 관광사업자단체

제39조 (한국관광협회중앙회의 설립)

① 제43조의 규정에 의한 지역별 관광협회 및 업종별 관광협회는 관광사업의 건전한 발전을 위하여 관광업계를 대표하는 한국관광협회중앙회(이하 "협회"라 한다)를 설립할 수 있다.

② 협회를 설립하고자 하는 자는 대통령령이 정하는 바에 의하여 문화관광부장관의 허가를 받아야 한다.

③ 협회는 법인으로 한다.

④ 협회는 설립등기를 함으로써 성립한다.

제40조 (정관) 협회의 정관에는 다음 각 호의 사항을 기재하여야 한다.

1. 목적
2. 명칭
3. 사무소의 소재지
4. 회원 및 총회에 관한 사항
5. 임원에 관한 사항
6. 업무에 관한 사항
7. 회계에 관한 사항
8. 해산에 관한 사항
9. 기타 운영에 관한 중요사항

제41조 (업무)

① 협회는 다음 각 호의 업무를 행한다.

1. 관광사업의 발전을 위한 업무
2. 관광사업진흥에 필요한 조사·연구 및 홍보
3. 관광통계
4. 관광종사원의 교육 및 사후관리
5. 회원의 공제사업
6. 정부 또는 지방자치 단체로 부터의 수탁업무
7. 관광안내소의 운영
8. 제1호 내지 제7호의 업무에 부수되는 수익사업

② 제1항 제5호의 규정에 의한 공제사업은 문화관광부장관의 허가를 받아야 한다.

③ 제2항의 규정에 의한 공제사업의 내용 및 운영에 관하여 필요한 사항은 대통령령으로 정한다.

제42조 (민법의 준용) 협회에 관하여 이 법에 규정된 것을 제외하고는 민법 중 사단법인에 관한 규정을 준용한다.

제43조 (지역별 및 업종별 관광협회)

① 관광사업자는 지역별 또는 업종별로 당해 분야의 관광사업의 건전한 발전을 위하여 대통령령이 정하는 바에 따라 지역별 또는 업종별 관광협회를 설립할 수 있다.

② 제1항의 규정에 의한 업종별 관광협회는 문화관광부장관의 설립허가를 지역별 관광협회는 시·도지사의 설립허가를 받아야 한다. [개정 2004.10.16] [시행일 2005.4.16]

제44조 (협회에 관한 규정의 준용) 제39조 내지 제42조의 규정은 지역별 관광협회 및 업종별 관광협회의 설립·운영 등에 관하여 이를 준용한다.

## 제4장 관광의 진흥과 홍보

제45조 (관광정보의 활용 등)

① 문화관광부장관은 관광에 관한 정보의 활용과 관광을 통한 국제친선을 도모하기 위하여 관광과 관련된 국제기구와의 협력관계를 증진하여야 한다.

② 문화관광부장관은 제1항의 규정에 의한 업무를 원활히 수행하기 위하여 관광사업자·관광사업자단체 또는 한국관광공사(이하 "관광사업자 등"이라 한다)에게 필요한 사항을 권고·조정할 수 있다.

③ 관광사업자등은 특별한 사유가 없는 한 제2항의 규정에 의한 문화관광부장관

의 권고·조정에 협조하여야 한다.

제46조 (관광홍보 및 관광자원 개발)

① 문화관광부장관 또는 시·도지사는 국제관광의 촉진과 국민관광의 건전한 발전을 위하여 국내외 관광홍보 활동을 조정하거나 관광 선전물의 심사 기타 필요한 사항을 지원할 수 있다.

② 문화관광부장관 또는 시·도지사는 제1항의 규정에 의한 관광홍보를 원활히 추진하기 위하여 필요한 때에는 문화관광부령이 정하는 바에 따라 관광사업자 등에게 해외관광시장에 대한 정기적인 조사, 관광 홍보물의 제작, 관광 안내소의 운영 등에 관하여 필요한 사항을 권고·지도할 수 있다.

③ 지방자치단체의 장, 관광사업자 또는 제52조 제1항의 규정에 의하여 관광지·관광단지의 조성계획 승인을 얻은 자는 관광지·관광단지·관광특구·관광시설 등 관광자원을 안내·홍보하는 내용의 옥외 광고물을 옥외 광고물 등 관리법의 규정에 불구하고 대통령령이 정하는 바에 따라 설치할 수 있다.

④ 문화관광부장관 및 지방자치단체의 장은 관광객의 유치, 관광복지의 증진 및 관광진흥을 위하여 대통령령이 정하는 바에 따라 다음 각 호의 사업을 추진할 수 있다.

1. 문화, 체육, 레저 및 산업시설 등의 관광자원화 사업
2. 해양관광의 개발사업 및 자연생태의 관광자원화 사업
3. 관광 상품의 개발에 관한 사업
4. 국민의 관광복지 증진에 관한 사업

## 제5장 관광지 등의 개발

### 제1절 관광지 및 관광단지의 개발

제47조 (관광개발 기본계획 등)

① 문화관광부장관은 관광자원을 효율적으로 개발·관리하기 위하여 전국을 대상으로 하여 다음과 같은 사항을 포함하는 관광개발 기본계획(이하 "기본계획"이라 한다)을 수립하여야 한다.

1. 전국의 관광여건 및 관광동향에 관한 사항
2. 전국의 관광수요 및 공급에 관한 사항
3. 관광자원의 보호·개발·이용·관리 등에 관한 기본적인 사항
4. 관광권역의 설정에 관한 사항
5. 관광권역별 관광개발의 기본방향에 관한 사항

6. 기타 관광개발에 관한 사항

② 시·도지사는 기본계획에 의하여 구분된 권역을 대상으로 하여 다음 각 호의 사항을 포함하는 권역별 관광개발계획(이하 "권역계획"이라 한다)을 수립하여야 한다.

1. 권역의 관광여건 및 관광동향에 관한 사항
2. 권역의 관광수요 및 공급에 관한 사항
3. 관광자원의 보호·개발·이용·관리 등에 관한 사항
4. 관광지 및 관광단지의 조성·정비·보완 등에 관한 사항
5. 관광지 연계에 관한 사항
6. 관광사업의 추진에 관한 사항
7. 환경보전에 관한 사항
8. 기타 그 권역의 관광자원의 개발과 관리를 위하여 필요한 사항

第48조 (기본계획)

① 시·도지사는 기본계획의 수립에 필요한 관광 개발 사업에 관한 요구서를 문화관광부장관에게 제출하여야 하며, 문화관광부장관은 이를 종합·조정하여 기본계획을 수립·공고하여야 한다.

② 문화관광부장관은 수립된 기본계획을 확정하여 공고하고자 하는 때에는 관계부처의 장과 협의하여야 한다.[개정 2002.1.26.] [시행일 2002.4.27.]

③ 제1항 및 제2항의 규정은 확정된 기본계획을 변경하는 경우에 이를 준용한다.

④ 문화관광부장관은 관계기관의 장에게 기본계획의 수립에 필요한 자료의 요구 또는 협조를 요청할 수 있으며, 그 요구 또는 협조요청을 받은 관계기관의 장은 정당한 사유가 없는 한 이에 응하여야 한다.

第49조 (권역계획)

① 권역계획은 당해 지역을 관할하는 시·도지사가 수립하여야 한다. 다만, 2개 이상의 시·도에 걸치는 지역이 하나의 권역계획에 포함되는 경우에는 관계되는 시·도지사와의 협의에 의하여 수립하되, 협의가 성립되지 아니한 경우에는 문화관광부장관이 지정하는 시·도지사가 수립하여야 한다.

② 시·도지사는 제1항의 규정에 의하여 수립한 권역계획에 대하여 문화관광부장관의 조정과 관계부처의 장과의 의결을 거쳐 이를 확정하여야 한다.[개정 2002.1.26.] [시행일 2002.4.27.]

③ 시·도지사는 권역계획이 확정된 때에는 그 요지를 공고하여야 한다.

④ 제1항 내지 제3항의 규정은 확정된 권역계획을 변경하는 경우에 이를 준용한

다. 다만, 대통령령이 정하는 경미한 사항의 변경에 대하여는 관계부처의 장과의 협의에 갈음하여 문화관광부장관의 승인을 얻어야 한다.[개정 2002.1.26.] [시행일 2002.4.27.]

第50조 (관광지의 지정 등)

① 관광지 및 관광단지(이하 "관광지등"이라 한다)는 문화관광부령이 정하는 바에 따라 시장·군수·구청장의 신청에 의하여 기본계획 및 권역계획을 기준으로 하여 시·도지사가 지정한다. [개정 2004.10.16] [시행일 2005.4.16]

② 시·도지사는 제1항의 규정에 의한 관광지 등을 지정하고자 하는 때에는 관계행정기관의 장과 협의하여야 한다. 다만, 국토의 계획 및 이용에 관한 법률 제30조의 규정에 따라 동법 제36조 제1항 제2호 다 목의 규정에 의한 계획관리지역(동법의 규정에 따라 도시관리 계획으로 결정되지 아니한 지역의 경우에는 종전의 국토이용관리법 제8조의 규정에 따라 준도시지역으로 결정·고시된 지역을 말한다)으로 결정·고시된 지역을 관광지 등으로 지정하고자 하는 때에는 그러하지 아니하다. [개정 2004.10.16] [시행일 2005.4.16]

③ 관광지 등의 지정의 취소 또는 그 면적의 변경은 관광지 등의 지정에 관한 절차에 따라야 한다. 이 경우 대통령령이 정하는 경미한 면적의 변경은 제2항 본문의 규정에 의한 협의를 하지 아니할 수 있다.

④ 시·도지사는 제1항 또는 제3항의 규정에 의하여 지정, 지정의 취소 또는 그 면적변경을 한 때에는 이를 고시하여야 한다. [개정 2004.10.16] [시행일 2005.4.16]

第51조 (조사·측량실시)

① 시·도지사는 기본계획 및 권역계획을 수립하거나 관광지 등의 지정을 받기 위하여 필요한 때에는 해당 지역에 대한 조사와 측량을 실시할 수 있다.

② 제1항의 규정에 의한 조사와 측량을 위하여 필요한 때에는 타인이 점유하는 토지에 출입할 수 있다.

③ 국토의 계획 및 이용에 관한법률 제130조 및 제131조의 규정은 제2항의 규정에 의한 타인이 점유하는 토지에의 출입에 관하여 이를 준용한다.[개정 2004.10.16] [시행일 2005.4.16]

第52조 (조성계획의 수립 등)

① 관광지 등을 관할하는 시장·군수·구청장은 조성계획을 작성하여 시·도지사의 승인을 얻어야 한다. 이를 변경(대통령령이 정하는 경미한 사항의 변경을 제외한다)하고자 하는 때에도 또한 같다. 다만, 관광단지의 경우에는 관광단지를 개발하고

자 하는 정부투자기관 등 문화관광부령이 정하는 공공법인 또는 민간개발자(이하 "관광단지개발자"라 한다)가 조성계획을 작성하여 대통령령이 정하는 바에 따라 시·도지사의 승인을 얻을 수 있다.[개정 2002.1.26, 2004.10.16] [시행일 2005.4.16]

② 시·도지사는 제1항의 규정에 의한 조성계획을 승인하고자 하는 때에는 관계 행정기관의 장과 협의하여야 한다. 이를 변경하고자 하는 때에도 또한 같다. [개정 2002.1.26, 2004.10.16] [시행일 2005.4.16]

③ 시·도지사가 제1항의 규정에 따라 조성계획을 승인한 때에는 지체 없이 이를 고시하여야 한다. [개정 2002.1.26, 2004.10.16] [시행일 2005.4.16]

④ 민간개발자가 관광단지를 개발하는 경우 제55조 제13호, 제58조 및 제59조의 규정은 이를 적용하지 아니한다. 다만, 조성계획상의 조성 대상 토지면적중 사유지의 3분의 2 이상을 취득한 경우 잔여사유지에 대하여는 그러하지 아니하다. [개정 2002.1.26.] [시행일 2002.4.27.]

第53조 (조성계획의 시행)

① 조성계획을 시행하기 위한 사업(이하 "조성사업"이라 한다)은 이 법 또는 다른 법령에 특별한 규정이 있는 경우를 제외하고는 조성계획의 승인을 얻은 자(이하 "사업시행자"라 한다)가 행한다.

② 사업시행자가 관광지 등의 개발촉진을 위하여 조성계획의 승인 전에 시·도지사의 승인을 얻어 당해 조성사업에 필요한 토지를 매입한 경우에는 사업 시행자로서 토지를 매입한 것으로 본다. [개정 2004.10.16] [시행일 2005.4.16]

③ 사업 시행자가 아닌 자로서 조성사업을 행하고자 하는 자는 대통령령이 정하는 기준과 절차에 따라 사업 시행자가 시장·군수·구청장인 경우에는 시장·군수·구청장의 허가를 받아, 사업 시행자가 관광단지개발자인 경우에는 관광단지개발자와 협의하여 조성사업을 행할 수 있다. [개정 2004.10.16] [시행일 2005.4.16]

④ 사업 시행자가 아닌 자로서 조성사업(시장·군수·구청장이 조성계획의 승인을 얻은 사업에 한한다. 이하 이 항에서 같다)을 시행하고자 하는 자가 제14조 제1항 및 제2항의 규정에 의하여 사업계획의 승인을 얻은 때에는 제3항의 규정에 불구하고 시장·군수·구청장의 허가를 받지 아니하고 당해 조성사업을 시행할 수 있다. [개정 2004.10.16] [시행일 2005.4.16]

⑤ 관광단지를 개발하고자 하는 정부투자기관 등 문화관광부령이 정하는 관광단지개발자는 필요한 경우 용지의 매수업무와 손실보상업무(민간개발자의 경우에는 제52조 제4항 단서의 규정에 의하여 잔여 사유지를 수용 또는 사용하는 경우에 한한다)를 대통령령이 정하는 바에 의하여 관할 지방자치 단체의 장에

게 위탁할 수 있다.[개정 2002.1.26.] [시행일 2002.4.27.]

제53조의2 (관광지 지정 등의 실효 및 취소 등)

① 제50조의 규정에 따라 관광지로 지정·고시된 관광지에 대하여 그 고시일 부터 2년 이내에 제52조 제1항의 규정에 의한 조성계획의 승인신청이 없는 경우에는 그 고시일 부터 2년이 경과한 다음날에 그 관광지 지정은 효력을 상실한다. 제2항의 규정에 따라 조성계획의 효력이 상실된 관광지에 대하여 그 조성계획의 효력이 상실된 2년 이내에 새로운 조성계획의 승인신청이 없는 경우에도 또한 같다.

② 제52 조제1항의 규정에 따라 조성계획의 승인을 얻은 관광지의 사업시행자(제53조 제3항의 규정에 따라 조성사업을 행하는 자를 포함한다)가 동조 제3항의 규정에 의한 조성계획의 승인 고시일 부터 2년 이내에 사업을 착수하지 아니하는 경우에는 조성계획의 승인 고시일 부터 2년이 경과한 다음날에 그 조성계획의 승인은 효력을 상실한다.

③ 시·도지사는 제52조 제1항의 규정에 따라 조성계획의 승인을 얻은 민간개발자가 사업 중단 등으로 환경·미관을 크게 저해할 경우에는 조성계획의 승인을 취소하거나 이의 개선을 명할 수 있다.

④ 시·도지사는 제1항 및 제2항의 규정에 불구하고 행정절차의 이행 등 부득이한 사유로 조성계획 승인신청 또는 사업 착수 기한의 연장이 불가피하다고 인정하는 경우에는 1년 이내의 범위에서 1회에 한하여 그 기한을 연장할 수 있다.

⑤ 시·도지사는 제1항 또는 제2항의 규정에 따라 지정 또는 승인의 효력이 상실된 경우 및 제3항의 규정에 따라 승인이 취소된 경우에는 지체 없이 그 사실을 고시하여야 한다.[전문개정 2004.10.16] [시행일 2005.4.16]

제54조 (공공시설의 우선설치) 국가·지방자치단체 또는 사업 시행자는 관광지 등의 조성사업과 그 운영에 관련되는 도로, 전기, 상·하수도등 공공시설을 우선하여 설치하도록 노력하여야 한다.

제55조 (인·허가 등의 의제) 제52조 제1항의 규정에 의하여 조성계획의 승인을 얻은 때에는 다음 각 호의 인·허가 등을 받거나 신고를 한 것으로 본다. [개정 2002.1.26, 2002.2.4 제6656호(공익사업을 위한 토지 등의 취득 및 보상에 관한 법률, 2002.12.30 제6841호(산지관리법), 2004.10.16] [시행일 2005.4.16]

1. 국토의 계획 및 이용에 관한 법률 제30조의 규정에 의한 도시 관리 계획(동법 제2조 제4호 다목의 계획 중 대통령령이 정하는 시설 및 동호마목의 계획 중 동

법 제49조 제2호의 규정에 의한 제2종 지구단위계획에 한한다)의 결정, 동법 제32조 제2항의 규정에 의한 지형도면의 승인, 동법 제86조의 규정에 의한 도시계획시설사업 시행자의 지정 및 동법 제88조의 규정에 의한 실시계획의 인가

2. 수도법 제12조의 규정에 의한 일반수도사업의 인가 및 동법 제36조의 규정에 의한 전용 상수도설치의 인가
3. 하수도법 제13조의 규정에 의한 공공하수도 공사시행 등의 허가
4. 공유수면매립법 제9조의 규정에 의한 매립의 면허, 동법 제15조의 규정에 의한 실시 계획의 인가 및 동법 제38조의 규정에 의하여 국가 등이 시행하는 매립의 협의 또는 승인
5. 공유수면관리법 제5조의 규정에 의한 점·사용허가 및 동법 제8조의 규정에 의한 실시계획의 인가 또는 신고
6. 하천법 제30조의 규정에 의한 하천공사 등의 허가 및 실시계획의 인가와 동법 제33조의 규정에 의한 점용허가 및 실시계획의 인가
7. 도로법 제34조의 규정에 의한 도로공사시행의 허가 및 동법 제40조의 규정에 의한 도로 점용의 허가
8. 항만법 제9조 제2항의 규정에 의한 항만공사 시행의 허가 및 동법 제10조 제2항의 규정에 의한 항만공사 실시계획의 승인
9. 사도법 제4조의 규정에 의한 사도개설의 허가
10. 산지관리법 제14조 ·제15조의 규정에 의한 산지 전용허가 및 산지 전용신고와 산림법 제62조 제1항·제90조 제1항의 규정에 의한 입목벌채 등의 허가·신고 [시행일 2003.10.01]
11. 농지법 제36조 제1항의 규정에 의한 농지전용허가
12. 자연공원법 제20조의 규정에 의한 공원사업시행 및 공원시설관리의 허가와 동법 제23조의 규정에 의한 행위허가
13. 공익사업을 위한 토지 등의 취득 및 보상에 관한 법률 허가, 동조 제1항의 규정에 의한 사업인정
14. 초지법 제23조의 규정에 의한 초지전용의 허가
15. 사방사업법 제20조의 규정에 의한 사방지 지정의 해제
16. 장사등에 관한 법률 제23조의 규정에 의한 분묘의 개장허가
17. 폐기물관리법 제30조의 규정에 의한 폐기물처리시설의 설치승인 또는 신고
18. 온천법 제7조의 규정에 의한 온천개발계획의 승인 [본조제목개정 2004.10.16] [시행일 2005.4.16]

第56조 (관광지 등의 처분)

① 사업 시행자는 조성된 토지, 개발된 관광시설 및 지원시설의 전부 또는 일부를 매각 또는 임대하거나 타인에게 위탁하여 경영하게 할 수 있다.

② 제1항의 규정에 의하여 토지·관광시설 또는 지원시설을 매수·임차하거나 그 경영을 수탁한 자는 당해 토지나 관광시설 또는 지원시설에 관한 권리·의무를 승계한다.

第57조 (국토의 계획 및 이용에 관한 법률의 준용) 조성계획의 수립, 조성사업의 시행 및 관광지 등의 처분에 관하여는 이 법에 규정되어 있는 것을 제외하고는 국토의 계획 및 이용에 관한 법률 제90조·제100조·제130조 및 제131조의 규정을 준용한다. 이 경우 "건설교통부장관 또는 시·도지사"는 "시·도지사"로, "실시계획"은 "조성계획"으로, "인가"는 "승인"으로, "도시계획시설사업의 시행지구"는 "관광지등"으로, "도시계획시설사업의 시행자"는 "사업시행자"로, "도시계획시설사업"은 "조성사업"으로, "건설교통부장관"은 "문화관광부장관"으로, "광역도시계획 또는 도시계획"은 "조성계획"으로 본다. [개정 2004.10.16] [시행일 2005.4.16]

第58조 (수용 및 사용)

① 사업 시행자는 제53조의 규정에 의한 조성사업의 시행에 필요한 토지와 다음 각 호의 물건 또는 권리를 수용 또는 사용할 수 있다. 다만, 농업 용수권 기타 농지개량 시설을 수용 또는 사용하고자 하는 때에는 미리 농림부장관의 승인을 얻어야 한다.

1. 토지에 관한 소유권외의 권리
2. 토지에 정착한 입목·건물 기타 물건 및 이에 관한 소유권외의 권리
3. 물의 사용에 관한 권리
4. 토지에 속한 토석 또는 모래와 조약돌

② 제1항의 규정에 의한 수용 또는 사용에 관한 협의가 성립되지 아니하거나 협의를 할 수 없는 때에는 사업시행자는 공익사업을 위한 토지 등의 취득 및 보상에 관한 법률 제28조 제1항의 규정에 불구하고 조성사업의 시행기간 내에 재결을 신청할 수 있다. [개정 2002.2.4.법률 제6656호] [시행일 2003.1.1.]

③ 제1항의 규정에 의한 수용 또는 사용의 절차, 그 보상 및 재결신청에 관하여 이 법에 규정되어 있는 것을 제외하고는 공익사업을 위한 토지 등의 취득 및 보상에 관한 법률을 적용한다. [개정 2002.2.4.법률 제6656호] [시행일 2003.1.1.]

第59조 (보상금의 지급 등)

① 사업 시행자가 제58조의 규정에 의한 토지·물건 또는 권리에 대한 보상금을 지

급함에 있어서 소유권의 이전등기 또는 보존등기가 되어 있지 아니한 토지 등이 있는 때에는 대통령령이 정하는 바에 의하여 당해 시장(구가 설치되지 아니한 시의 시장을 말하며, 도농복합형태의 시에 있어서는 동지역에 한한다. 이하 이 조에서 같다)·구청장(자치구가 아닌 구의 구청장을 포함하며, 도농복합형태의 시에 있어서는 동지역에 한한다. 이하 이 조에서 같다) 또는 읍·면장이 확인한 정당한 권리자에게 보상금을 지급할 수 있다.

② 제1항의 규정에 의한 정당한 권리자 확인의 신청을 받은 시장·구청장 또는 읍·면장은 대통령령이 정하는 바에 의하여 30일간 그 사실을 공고한 후 확인서를 발급하여야 한다.

③ 제1항의 규정에 의한 확인서의 발급에 이의가 있는 자는 제2항의 공고 기간 중에 불복의 사유를 시장·구청장 또는 읍·면장에게 서면으로 제출할 수 있다.

④ 시장·구청장 또는 읍·면장은 제3항의 규정에 의한 이의신청이 있는 때에는 그 신청이 접수된 날부터 20일내에 해당 사실을 조사·확인한 후 확인서를 발급하거나 신청을 기각한다.

⑤ 사업시행자는 제1항의 규정에 의하여 보상금을 지급하고 토지·물건 또는 권리를 취득하고자 하는 경우 소유권의 이전등기 또는 보존등기의 신청을 함에 있어서 부동산 등기법 제40조 제1항 제2호의 규정에 의한 등기원인을 증명하는 서면의 제출은 다음 각 호의 서류의 제출로써 갈음하고, 동조동항 제3호의 규정에 의한 등기 의무자의 권리에 관한 등기필증의 제출은 이를 생략한다.

1. 제1항의 규정에 의하여 시장·구청장 또는 읍·면장이 확인한 내용을 기재한 서류
2. 보상금의 지급을 증명하는 서류

⑥ 제5항의 규정에 의한 소유권이전 등기는 부동산 등기법 제28조의 규정에 불구하고 등기 권리자가 단독으로 이를 신청할 수 있다.

제60조 (선수금) 사업 시행자는 그가 개발하는 토지 또는 시설을 분양받거나 시설물을 이용하고자 하는 자로부터 그 대금의 전부 또는 일부를 대통령령이 정하는 바에 의하여 미리 받을 수 있다.

제61조 (이용자 분담금 및 원인자 부담금)

① 사업 시행자는 지원시설의 건설비용의 전부 또는 일부를 대통령령이 정하는 바에 의하여 그 이용자에게 분담하게 할 수 있다.

② 지원시설 건설의 원인이 되는 공사 또는 행위가 있는 경우에는 사업시행자는 대통령령이 정하는 바에 의하여 당해 공사 또는 행위의 비용을 부담하여야 할

자에게 그 비용의 전부 또는 일부를 부담하게 할 수 있다.

③ 사업 시행자는 관광지 등의 안에 있는 공동시설의 유지·관리 및 보수에 소요되는 비용의 전부 또는 일부를 대통령령이 정하는 바에 의하여 관광지 등에서 사업을 경영하는 자에게 분담하게 할 수 있다.

제62조 (강제징수)

① 제61조의 규정에 의하여 이용자 분담금·원인자 부담금 또는 유지·관리 및 보수에 소요되는 비용을 납입할 의무가 있는 자가 이를 이행하지 아니한 때에는 사업시행자는 대통령령이 정하는 바에 의하여 당해 지역을 관할하는 시장·군수·구청장에게 그 징수를 위탁할 수 있다.

② 제1항의 규정에 의하여 징수의 위탁을 받은 시장·군수·구청장은 지방세 체납처분의 예에 의하여 이를 징수할 수 있다. 이 경우 시장·군수·구청장에게 징수의 위탁을 한 자는 시장·군수·구청장이 징수한 금액의 100분의 10에 해당하는 금액을 그 시·군·구에 납부하여야 한다.

제63조 (이주대책)

① 사업 시행자는 조성사업의 시행에 따라 토지·물건 또는 권리를 제공함으로써 생활의 근거를 잃게 되는 자를 위하여 대통령령이 정하는 내용이 포함된 이주대책을 수립·실시하여야 한다.

② 공익사업을 위한 토지 등의 취득 및 보상에 관한 법률 제78조 제2항·제3항 및 제81조의 규정은 제1항의 규정에 의한 이주대책의 수립에 관하여 이를 준용한다. [개정 2002.2.4.법률 제6656호] [시행일 2003.1.1.]

제64조 (입장료 등의 징수 및 사용)

① 관광지 등에서 조성사업을 하거나 건축 기타 시설을 한 자는 관광지 등에 입장하는 자로부터 입장료를 징수할 수 있으며, 관광시설을 관람 또는 이용하는 자로부터 관람료 또는 이용료를 징수할 수 있다.

② 제1항의 규정에 의한 입장료·관람료 또는 이용료의 징수대상의 범위와 그 금액은 시장·군수·구청장이 정한다. [개정 2004.10.16] [시행일 2005.4.16]

③ 지방자치단체는 제1항의 규정에 의하여 입장료·관람료 또는 이용료를 징수한 경우에는 이를 관광지 등의 보존·관리와 그 개발에 필요한 비용에 충당하여야 한다.

제65조 (관광지 등에서의 금지행위) 누구든지 관광지 등에서는 다음 각 호의 1에

해당하는 행위를 하여서는 아니 된다.

1. 유해물 또는 오물을 버리는 행위
2. 확성기를 사용하는 등 소음으로 타인에게 불쾌감을 주는 행위
3. 과다한 대금을 받는 등의 부당한 상행위

제66조 (관광지 등의 관리)

① 사업 시행자는 관광지 등의 관리·운영에 필요한 조치를 하여야 한다.

② 사업 시행자는 필요한 경우 관광 사업자단체 등에게 관광지 등의 관리·운영을 위탁할 수 있다.

## 제2절 관광특구

제67조 (관광특구의 지정)

① 관광특구는 대통령령이 정하는 요건에 적합한 지역 중에서 시장·군수·구청장의 신청에 의하여 시·도지사가 지정한다. [개정 2004.10.16] [시행일 2005.4.16]

② 제50조 제2항 내지 제4항의 규정은 관광특구의 지정·취소·면적변경 및 고시에 관하여 이를 준용한다.

제68조 (관광특구의 진흥계획)

① 시장·군수·구청장은 관할 구역내 관광특구를 방문하는 외국인 관광객의 유치촉진 등을 위하여 관광특구 진흥계획을 수립·시행하여야 한다.[개정2004.10.16] [시행일 2005.4.16]

② 제1항의 규정에 의한 관광특구 진흥계획에 포함될 사항 등 관광특구 진흥계획의 수립·시행에 관하여 필요한 사항은 대통령령으로 정한다.

제68조의2 (관광특구에 대한 지원)

① 국가 및 지방자치단체는 관광특구를 방문하는 외국인 관광객의 관광활동을 위한 편의증진 등 관광특구의 진흥을 위하여 필요한 지원을 할 수 있다.

② 문화관광부장관은 관광특구를 방문하는 관광객의 편리한 관광활동을 위하여 관광특구안의 문화·체육·숙박·상가시설로서 관광객 유치를 위하여 특히 필요하다고 인정하는 시설에 대하여 관광진흥 개발 기금법에 의한 관광진흥 개발 기금을 보조 또는 융자할 수 있다.[본조신설 2004.10.16] [시행일 2005.4.16]

제68조의3 (관광특구에 대한 평가 등)

① 문화관광부장관 및 시·도지사는 대통령령이 정하는 바에 따라 제68조의 규정에 의한 관광특구 진흥계획의 집행상황을 평가하고 우수한 관광특구에 대하여는 필요한 지원을 할 수 있다.

② 시·도지사는 제1항의 규정에 의한 평가의 결과 제67조의 규정에 의한 관광특구 지정요건에 적합하지 아니하거나 추진실적이 미흡한 관광특구에 대하여는 대통령령이 정하는 바에 따라 관광특구의 지정취소·면적조정·개선권고 등 필요한 조치를 할 수 있다. [본조신설 2004.10.16] [시행일 2005.4.16]

제69조 (다른 법률의 적용배제) 관광특구 안에서는 다음 각 호의 규정을 적용하지 아니한다. [개정 2002.1.26.] [시행일 2002.4.27.]

## 제6장 보칙

제70조 (관광복권의 발행)

① 문화관광부장관은 외국인 관광객의 유치촉진 및 수용여건 개선에 필요한 재원을 마련하기 위하여 대통령령이 정하는 바에 따라 외국인 관광객을 대상으로 판매하는 관광복권을 발행할 수 있다.

② 제1항의 규정에 의한 관광복권의 판매 수익금은 관광진흥 개발 기금법에 의한 관광진흥 개발기금(이하 이 조에서는 "기금"이라 한다)에 귀속되며, 관광복권의 발행에 소요되는 경비는 기금에서 사용할 수 있다.

③ 제1항의 규정에 의한 관광복권의 당첨금을 받을 권리는 지급일 부터 3월간 행사하지 아니하면 소멸시효가 완성하며, 소멸시효가 완성된 당첨금은 기금에 귀속된다.

④ 제1항의 규정에 의한 관광복권의 발행에 관하여는 사행행위 등 규제 및 처벌특례법을 적용하지 아니한다.

제71조 (재정지원)

① 문화관광부장관은 관광에 관한 사업을 하는 지방자치단체· 관광사업자단체 또는 관광 사업자에게 대통령령이 정하는 바에 의하여 보조금을 지급할 수 있다.

② 지방자치단체는 그 관할구역 안에서 관광에 관한 사업을 하는 관광사업자단체 또는 관광 사업자에게 조례가 정하는 바에 의하여 보조금을 지급할 수 있다.

제72조 (청문) 관할 등록기관 등의 장은 다음 각 호의 1에 해당하는 처분을 하고자 하는 경우에는 청문을 실시하여야 한다. [개정 2004.10.16] [시행일 2005.4.16]

1. 제23조 제2항·제29조의2 제2항 또는 제33조 제1항의 규정에 의한 관광사업의 등록 등 사업계획 승인의 취소
2. 제38조의 규정에 의한 관광종사원 자격의 취소
3. 제53조의2 제3항의 규정에 의한 조성계획 승인의 취소

제73조 (보고·검사)

① 지방자치단체의 장은 문화관광부령이 정하는 바에 의하여 관광진흥 정책의 수립·집행에 필요한 사항과 기타 이 법의 시행에 관하여 필요한 사항을 문화관광부장관에게 보고하여야 한다.

② 관할 등록기관 등의 장은 관광진흥 시책의 수립·집행 및 이 법의 시행을 위하여 필요한 때에는 관광 사업자단체 또는 관광 사업자에 대하여 그 사업에 관한 보고를 하게 하거나 서류의 제출을 명할 수 있다.

③ 관할 등록기관 등의 장은 관광진흥 시책의 수립·집행 및 이 법의 시행을 위하여 필요한 때에는 소속 공무원으로 하여금 관광 사업자단체나 관광 사업자의 사무소· 사업장 또는 영업소 등에 출입하여 장부·서류 기타 물건을 검사하게 할 수 있다.

④ 제3항의 경우 해당 공무원은 그 권한을 표시하는 증표를 관계인에게 내보여야 한다.

제74조 (수수료) 다음 각 호의 1에 해당하는 자는 문화관광부령이 정하는 바에 의하여 수수료를 납부하여야 한다.[개정 2002.1.26, 2004.10.16] [시행일 2005.4.16]

1. 제4조 제1항 내지 제3항의 규정에 의하여 여행업·관광숙박업·관광객 이용 시설업 및 국제회의업의 등록 또는 변경등록을 신청하는 자
2. 제5조 제1항 및 제3항의 규정에 의하여 카지노업의 허가 또는 변경 허가를 신청하는 자
3. 제5조 제2항 내지 제4항의 규정에 의하여 유원시설업의 허가 또는 변경허가를 신청하거나 유원 시설업의 신고 또는 변경신고를 하는 자
4. 제6조의 규정에 의하여 관광편의시설업의 지정을 신청하는 자
5. 제8조 제4항 및 제5항의 규정에 의하여 지위승계를 신고하는 자
6. 제14조 제1항 및 제2항의 규정에 의하여 관광숙박업·관광객 이용 시설업 및 국제회의업에 대한 사업계획의 승인 또는 변경승인을 신청하는 자
7. 제18조의 규정에 의하여 관광숙박업의 등급결정을 신청하는 자
8. 제22조 제2항의 규정에 의하여 카지노시설의 검사를 받고자 하는 자
9. 제24조 제2항의 규정에 의하여 카지노기구의 검정을 받고자 하는 자
10. 제24조 제3항의 규정에 의하여 카지노기구의 검사를 받고자 하는 자

10의2. 제31조 제1항의 규정에 의한 안전성검사 또는 안전성검사 대상에 해당되지 아니함을 확인하는 검사를 받고자 하는 자
11. 제36조 제2항의 규정에 의하여 관광종사원자격시험에 응시하고자 하는 자
12. 제36조 제2항의 규정에 의하여 관광종사원의 등록을 신청하는 자
13. 제36조 제4항의 규정에 의한 관광종사원자격증의 재교부를 신청하는 자

제75조 (권한의 위임·위탁 등)

① 문화관광부장관은 이 법의 규정에 의한 권한의 일부를 대통령령이 정하는 바에 의하여 시·도지사에게 위임할 수 있다.
② 시·도지사는 제1항의 규정에 의하여 문화관광부장관으로부터 위임받은 권한의 일부를 문화관광부장관의 승인을 얻어 시장·군수·구청장에게 재위임할 수 있다.
③ 문화관광부장관 또는 시·도지사는 다음 각 호의 권한을 대통령령이 정하는 바에 의하여 한국관광공사, 협회, 지역별·업종별 관광협회 및 대통령령이 정하는 전문 연구·검사기관에 위탁할 수 있다. [개정 2004.10.16] [시행일 2005.4.16]

1. 제6조의 규정에 의한 관광편의 시설업의 지정 및 제33조의 규정에 의한 지정 취소
2. 제18조 제1항의 규정에 의한 관광숙박업의 등급결정
3. 제24조 제3항의 규정에 의한 카지노기구의 검사
4. 제31조 제1항의 규정에 의한 안전성검사 또는 안전성검사 대상에 해당되지 아니함을 확인하는 검사
5. 제36조 제2항의 규정에 의한 관광종사원의 자격시험 및 등록
6. 제37조 제1항의 규정에 의한 관광종사원의 교육
7. 제70조 제1항의 규정에 의한 관광복권의 발행

④ 제3항의 규정에 의하여 위탁받은 업무를 수행하는 한국관광공사, 협회, 지역별·업종별 관광협회 및 전문 연구·검사기관의 임원 및 직원과 제22조 제2항· 제24조 제2항의 규정에 의한 검사기관의 검사·검정업무를 수행하는 임원 및 직원은 형법 제129조 내지 제132조의 적용에 있어서는 이를 공무원으로 본다.

## 제7장 벌칙

제76조 (벌칙) 다음 각 호의 1에 해당하는 자는 5년 이하의 징역 또는 5천만원이하의 벌금에 처한다. 이 경우 징역과 벌금은 병과 할 수 있다.

1. 제5조 제1항의 규정에 의한 카지노업의 허가를 받지 아니하고 카지노업을 경영한 자
2. 제27조 제1항 제1호 또는 제2호의 규정에 위반한 자

제77조 (벌칙) 다음 각 호의 1에 해당하는 자는 3년 이하의 징역 또는 3천만원이하의 벌금에 처한다. 이 경우 징역과 벌금은 병과 할 수 있다.

1. 제4조 제1항 및 제2항의 규정에 의한 등록을 하지 아니하고 여행업· 관광숙박업(제14조 제1항의 규정에 의하여 사업계획의 승인을 얻은 관광숙박업에 한한다)· 국제회의업 및 제3조 제1항 제3호 나목의 관광객 이용 시설업을 경영하는 자
2. 제5조 제2항의 규정에 의한 허가를 받지 아니하고 유원 시설업을 경영한 자
3. 제19조 제1항 및 제2항의 규정에 위반하여 시설을 분양하거나 회원을 모집한 자

제78조 (벌칙) 다음 각 호의 1에 해당하는 카지노사업자(제27조 제1항 본문의 규정에 의한 종사원을 포함한다)는 2년 이하의 징역 또는 2천만원이하의 벌금에 처한다. 이 경우 징역과 벌금은 병과 할 수 있다. [개정 2004.10.16] [시행일 2005.4.16]

1. 제5조 제3항의 규정에 의한 변경허가를 받지 아니 하거나 변경신고를 하지 아니하고 영업을 한 자
2. 제8조 제4항의 규정에 위반하여 지위승계신고를 하지 아니하고 영업을 한 자
3. 제11조의 규정에 위반하여 관광사업의 시설 중 부대시설을 제외한 시설을 타인으로 하여금 경영하게 한 자
4. 제22조 제2항의 규정에 의한 검사를 받아야 하는 시설을 검사를 받지 아니하고 이를 이용하여 영업을 한 자
5. 제24조 제3항의 규정에 의한 검사를 받지 아니 하거나 검사결과 공인 기준 등에 적합하지 아니한 카지노기구를 이용하여 영업을 한 자
6. 제24조 제4항의 규정에 의한 검사 합격 필증을 훼손 하거나 제거한 자
7. 제27조 제1항 제3호 내지 제7호의 규정에 위반한 자
8. 제33조 제1항 본문의 규정에 의한 사업정지 처분에 위반하여 사업 정지기간 중에 영업을 한 자
9. 제33조 제1항 본문의 규정에 의한 개선명령에 위반한 자
10. 제33조 제1항 제3호의 규정에 위반한 자
11. 제73조 제2항의 규정에 의한 보고 또는 서류의 제출을 하지 아니 하거나 허위보고를 한 자나 동조 제3항의 규정에 의한 관계 공무원의 출입·검사를 거부·방해 또는 기피한 자

제79조 (벌칙) 다음 각 호의 1에 해당하는 자는 1년 이하의 징역 또는 1천만원이하의 벌금에 처한다.[개정 2002.1.26.] [시행일 2002.4.27.]

1. 제5조 제3항의 규정에 의한 유원시설업의 변경허가를 받지 아니 하거나 변경

신고를 하지 아니하고 영업을 한 자

2. 제5조 제4항 전단의 규정에 의한 유원 시설업의 신고를 하지 아니 하고 영업을 한 자
3. 제31조의 규정에 위반하여 안전성검사를 받지 아니 하고 유기시설 또는 유기기구를 설치 한자
4. 제32조 제2항의 규정에 위반하여 유기시설·유기기구 또는 유기기구의 부분품을 설치 또는 사용한 자

4의2. 제33조 제1항 제3호의2에 해당되어 발한 개선명령에 위반한 자 [신설 2002.1.26.] [시행일 2002.4.27.]

5. 제53조 제3항의 규정에 위반하여 조성사업을 한 자

제80조 (양벌규정) 법인의 대표자나 법인 또는 개인의 대리인·사용인 기타 종업원이 그 법인 또는 개인의 업무에 관하여 제76조 내지 제79조의 위반행위를 한 때에는 그 행위자를 벌하는 외에 그 법인 또는 개인에 대하여도 각 해당 조의 벌금형을 과한다.

제81조 (과태료)

① 다음 각 호의 1에 해당하는 자는 100만원 이하의 과태료에 처한다. [개정 2004.10.16] [시행일 2005.4.16]

1. 제8조 제4항 또는 제5항의 규정에 위반하여 지위승계 신고를 하지 아니하고 영업을 하거나 동조 제7항의 규정에 위반한 자(제78조 제2호에 해당하는 카지노사업자를 제외한다)
2. 제10조 제2항의 규정에 위반한 자
3. 제11조의 규정에 위반하여 관광사업의 시설 중 부대시설을 제외한 시설을 타인으로 하여금 경영하게 한 자(제78조제3호에 해당하는 카지노사업자를 제외한다)
4. 제27조 제2항 전단의 규정에 위반하여 영업 준칙을 준수하지 아니한 자
5. 제65조의 규정에 위반한 자

② 제1항의 규정에 의한 과태료는 대통령령이 정하는 바에 의하여 관할 등록기관 등의 장이 부과·징수한다.

③ 제2항의 규정에 의한 과태료처분에 불복이 있는 자는 그 처분의 고지를 받은 날부터 30일 이내에 관할 등록기관 등의 장에게 이의를 제기할 수 있다.

④ 제2항의 규정에 의한 과태료처분을 받은 자가 제3항의 규정에 의하여 이의를 제기 한때에는 관할 등록기관 등의 장은 지체 없이 관할 법원에 그 사실을 통보하여야 하며, 그 통보를 받은 관할 법원은 비송사건 절차법에 의한 과태료의 재판을 한다.

⑤ 제3항의 규정에 의한 기간 내에 이의를 제기하지 아니하고 과태료를 납부하지

아니한 때에는 국세 또는 지방세 체납처분의 예에 의하여 이를 징수한다.

**부칙**

부칙 [2005.8.4 제7678호(산림자원의 조성 및 관리에 관한 법률)]

제1조 (시행일) 이 법은 공포 후 1년이 경과한 날부터 시행한다.

제2조 내지 제10조 생략

제11조 (다른 법률의 개정)

①내지 ⑦생략

⑧ 관광 진흥법 일부를 다음과 같이 개정한다.

제15조 제1항 제2호 및 제55조 제10호 중 "산림법 제62조 제1항·제90조 제1항"을 각각 "「산림자원의 조성 및 관리에 관한 법률」 제36조 제1항·제4항 및 제45조 제1항·제2항"으로 한다.

⑨내지 <87>생략

제12조 생략

## 2.1. 관광 진흥법 시행령

제1조 (목적) 이 영은 관광 진흥법에서 위임된 사항과 그 시행에 관하여 필요한 사항을 규정함을 목적으로 한다.

제2조 (관광사업의 종류)

① 관광 진흥법(이하 "법"이라 한다) 제3조 제2항의 규정에 의하여 관광사업의 종류를 다음과 같이 세분한다. <개정 2002.4.27, 2003.8.18>

1. 여행업의 종류

가. 일반여행업 : 국내 또는 국외를 여행하는 내국인 및 외국인을 대상으로 하는 여행업(여권 및 사증을 받는 절차를 대행하는 행위를 포함한다)

나. 국외여행업 : 국외를 여행하는 내국인을 대상으로 하는 여행업(여권 및 사증을 받는 절차를 대행하는 행위를 포함한다)

다. 국내여행업 : 국내를 여행하는 내국인을 대상으로 하는 여행업

2. 호텔업의 종류

가. 관광호텔업 : 관광객의 숙박에 적합한 시설을 갖추어 이를 관광객에게 이용하게

하고 숙박에 부수되는 음식·운동·오락·휴양·공연 또는 연수에 적합한 시설 등(이하 "부대시설"이라 한다)을 함께 갖추어 이를 관광객에게 이용하게 하는 업

나. 수상관광호텔업 : 수상에 구조물 또는 선박을 고정하거나 계류시켜 놓고 관광객의 숙박에 적합한 시설을 갖추거나 부대시설을 함께 갖추어 이를 관광객에게 이용하게하는 업

다. 한국전통호텔업 : 한국전통의 건축물에 관광객의 숙박에 적합한 시설을 갖추거나 부대시설을 함께 갖추어 이를 관광객에게 이용하게 하는 업

라. 가족호텔업 : 가족단위 관광객의 숙박에 적합하도록 숙박시설 및 취사도구를 갖추어 이를 관광객에게 이용하게 하거나 숙박에 부수되는 음식·운동·휴양 또는 연수에 적합한 시설을 함께 갖추어 이를 관광객에게 이용하게 하는 업

### 3. 관광객 이용시설업의 종류

가. 전문 휴양업

관광객의 휴양이나 여가선용을 위하여 숙박업 시설(공중위생 관리법 시행령 제2조 제1항 제1호 및 제2호의 시설을 포함하며, 이하 "숙박시설"이라 한다)이나 식품 위생법 시행령 제7조 제8호 가목 또는 나목의 규정에 의한 휴게음식점영업·일반음식점영업의 신고에 필요한 시설(이하 "음식점시설"이라 한다)을 갖추고 별표1 제4호 가목(2) (가) 내지 (거)의 규정에 의한 시설(이하 "전문휴양시설"이라 한다)중 1종류의 시설을 갖추어 이를 관광객에게 이용하게 하는 업

나. 종합 휴양업

(1) 제1종 종합 휴양업 : 관광객의 휴양이나 여가선용을 위하여 숙박시설 또는 음식점시설을 갖추고 전문휴양 시설 중 2종류 이상의 시설을 갖추어 이를 관광객에게 이용하게 하는 업이나, 숙박시설 또는 음식점 시설을 갖추고 전문휴양 시설 중 1종류 이상의 시설과 종합 유원 시설업의 시설을 갖추어 이를 관광객에게 이용하게 하는 업

(2) 제2종 종합 휴양업 : 관광객의 휴양이나 여가선용을 위하여 관광숙박업 등록에 필요한 시설과 제1종 종합 휴양업 등록에 필요한 전문휴양 시설 중 2종류 이상의 시설 또는 전문 휴양시설 중 1종류 이상의 시설과 종합유원 시설업의 시설을 함께 갖추어 이를 관광객에게 이용하게 하는 업

다. 자동차 야영장업

자동차를 이용하는 여행자의 야영·취사 및 주차에 적합한 시설을 갖추어 이를 관광객에게 이용하게 하는 업

라. 관광 유람선업

해운법에 의한 해상 여객운송 사업면허를 받은 자 또는 유선 및 도선 사업법에 의한 유선사업의 면허를 받거나 신고한 자로서 선박을 이용하여 관광객에게 관광을 할 수 있도록 하는 업

마. 관광 공연장업

관광객을 위하여 공연시설을 갖추고 한국전통 가무가 포함된 공연물을 공연하면서 관광객에게 식사와 주류를 판매하는 업

바. 외국인 전용 관광 기념품판매업

외국인 관광객에게 물품을 판매하기에 적합한 시설을 갖추어 국내에서 생산되는 주원료를 이용하여 제조 또는 가공된 물품을 판매하는 업

### 4. 국제회의업의 종류

가. 국제회의 시설업

대규모 관광수요를 유발하는 국제회의를 개최할 수 있는 시설을 설치·운영하는 업

나. 국제회의 기획업

대규모 관광수요를 유발하는 국제회의의 계획·준비·진행 등의 업무를 위탁받아 대행하는 업

### 5. 유원 시설업의 종류

가. 종합유원 시설업

유기시설 또는 유기기구를 갖추어 이를 관광객에게 이용하게 하는 업으로 대규모의 대지 또는 실내에서 법 제31조의 규정에 의한 안전성검사 대상 유기기구 6종류 이상을 설치·운영하는 업

나. 일반유원 시설업

유기시설 또는 유기기구를 갖추어 이를 관광객에게 이용하게 하는 업으로서 법 제31조의 규정에 의한 안전성검사 대상 유기기구 1종류이상을 설치·운영하는 업

다. 기타 유원시설업

유기시설 또는 유기기구를 갖추어 이를 관광객에게 이용하게 하는 업으로서 법 제31조의 규정에 의한 안전성 검사의 대상이 아닌 유기기구를 설치·운영하는 업

### 6. 관광편의 시설업의 종류

가. 관광 유흥음식점업

식품위생 법령에 의한 유흥주점 영업의 허가를 받은 자로서 관광객의 이용에 적합한 시설을 갖추어 이를 이용하는 자에게 주류 기타 음식을 제공하고 노래와

춤을 감상하게 하거나 춤을 추게 하는 업(문화관광부령이 정하는 바에 의하여 그 종류를 세분한다)

나. 외국인전용 유흥음식점업

식품위생 법령에 의한 유흥주점 영업의 허가를 받은 자로서 외국인 이용에 적합한 시설을 갖추어 이를 이용하는 자에게 주류 기타 음식을 제공하고 노래와 춤을 감상하게 하거나 춤을 추게 하는 업

다. 관광 식당업

식품위생 법령에 의한 일반음식점 영업의 허가를 받은 자로서 관광객의 이용에 적합한 음식제공 시설을 갖추고 이들에게 특정 국가의 음식을 전문적으로 제공하는 업

라. 시내순환 관광업

여객자동차 운수사업법에 의한 여객자동차 운송사업의 면허를 받거나 등록을 한 자로서 버스를 이용하여 관광객에게 시내 및 그 주변 관광지를 정기적으로 순회하면서 관광할 수 있도록 하는 업

마. 관광 사진업

외국인 관광객을 대상으로 이들과 동행하며 기념사진을 촬영하여 판매하는 업

바. 여객 자동차 터미널 시설업

여객자동차 운수사업법에 의한 여객자동차 터미널사업의 면허를 받은 자로서 관광객의 이용에 적합한 여객자동차 터미널시설을 갖추고 이들에게 휴게시설·안내시설 등 편익시설을 제공하는 업

사. 관광 토속주판매업

주세법에 의한 주류제조·판매의 면허를 받은 자로서 관광객의 이용에 적합한 시설을 갖추고 이들에게 직접 제조한 토속주를 판매하는 업

아. 관광 펜션업

숙박시설을 운영하고 있는 자로서 자연·문화체험관광에 적합한 시설을 갖추어 이를 관광객에게 이용하게 하는 업

② 제1항 제6호 아목의 규정은 제주 국제자유도시 특별법의 적용을 받는 지역에 대하여는 이를 적용하지 아니한다. <신설 2003.8.6>

제3조 (문화관광부장관에게 등록하는 여행업) 법 제4조 제1항에서 "대통령령이 정하는 여행업"이라 함은 제2조 제1항 제1호 가목의 규정에 의한 일반여행업을 말한다. <개정 2003.8.6>

제4조 (등록절차)

① 법 제4조 제1항 및 제2항의 규정에 의하여 등록을 하고자 하는 자는 문화관광부령이 정하는 바에 따라 관광사업 등록신청서를 문화관광부장관, 특별시장·광역시장 또는 도지사(이하 "등록관청"이라 한다)에게 제출하여야 한다.

② 등록관청(문화관광부장관을 제외한다)은 법 제16조의 규정에 의한 관광숙박업 및 관광객 이용시설업 등록심의 위원회의 심의를 거쳐야 할 관광사업의 경우에는 그 심의를 거쳐 등록여부를 결정한다.

제5조 (등록증의 교부)

① 제4조의 규정에 의하여 등록신청을 받은 등록관청은 신청한 사항이 제7조의 규정에 의한 등록기준에 적합한 경우에는 문화관광부령이 정하는 등록증을 신청인에게 교부하여야 한다.

② 등록관청(문화관광부장관을 제외한다)은 제1항의 규정에 의한 등록증을 교부하고자 하는 때에는 법 제17조 제1항의 규정에 의하여 의제되는 인·허가증을 일괄하여 교부할 수 있도록 당해 인·허가기관의 장에게 인·허가증의 송부를 요청할 수 있다.

③ 등록관청은 제1항 및 제2항의 규정에 의하여 등록증을 교부한 때에는 문화관광부령이 정하는 바에 따라 관광사업자 등록대장을 작성하고 이를 비치·관리하여야 한다.

④ 등록관청은 등록한 관광사업자가 제1항의 규정에 의하여 교부한 등록증이 헐어 못쓰게 되거나 이를 잃어버린 경우에는 문화관광부령이 정하는 바에 따라 이를 다시 발급하여야 한다.

제6조 (변경 등록) 법 제4조 제3항의 규정에 의한 변경등록 사항은 다음 각 호와 같다. <개정 2003.8.6>

1. 사업계획 변경승인을 얻은 사항(사업계획 승인을 얻은 관광 사업에 한한다)
2. 상호 또는 대표자의 변경
3. 객실 수 및 형태의 변경(휴양콘도미니엄업을 제외한 관광숙박업에 한한다)
4. 부대시설의 위치·면적 및 종류의 변경(관광숙박업에 한한다)
5. 사무실 소재지의 변경 및 영업소의 신설(여행업에 한한다)

② 제1항의 규정에 의한 변경 등록을 하고자 하는 자는 그 변경 사유가 발생한 날부터 30일 이내에 문화관광부령이 정하는 바에 따라 변경 등록 신청서를 등록관청에 제출하여야 한다.

제7조 (등록기준) 법 제4조 제4항의 규정에 의한 관광사업의 등록기준은 별표 1과 같다.

제8조 (허가대상 유원시설업) 법 제5조 제2항에서 "대통령령이 정하는 유원 시설업"이라 함은 종합 유원시설업 및 일반 유원시설업을 말한다.

제8조의2 (상호의 사용제한) 법 제10조 제2항 및 제3항의 규정에 의하여 관광사업자가 아닌 자는 다음 각 호의 업종 구분에 따른 명칭을 포함하는 상호를 사용할 수 없다. <개정 2003.8.6>

1. 호텔업과 유사한 영업의 경우 관광호텔
2. 관광 유람선업과 유사한 영업의 경우 관광유람
3. 관광 공연장업과 유사한 영업의 경우 관광공연
4. 외국인 전용 관광기념품 판매업과 유사한 영업의 경우 관광 기념품
5. 관광 유흥 음식점업·외국인 전용 유흥 음식점업 또는 관광 식당업과 유사한 영업의 경우 관광식당
6. 관광펜션업과 유사한 영업의 경우 관광펜션[본조신설 2002.4.27]

제9조 (사업계획 변경승인)

① 법 제14조 제1항 후단의 규정에 의하여 관광숙박업의 사업계획 변경에 관한 승인을 얻어야 하는 경우는 다음 각 호와 같다.

1. 부지 및 대지 면적의 변경으로서 그 변경하고자 하는 연면적이 당초의 승인을 얻은 계획 면적의 100분의 10 이상이 되는 경우
2. 건축 연면적의 변경으로서 그 변경하고자 하는 연면적이 당초의 승인을 얻은 계획 면적의 100분의 10 이상이 되는 경우
3. 객실 수 또는 객실면적을 변경하고자 하는 경우(휴양 콘도미니엄업에 한한다)

② 법 제14조 제2항 후단의 규정에 의하여 관광객 이용 시설업·국제회의업의 사업계획 변경에 관한 승인을 얻을 수 있는 경우는 다음 각 호와 같다. <개정 2003.8.6>

1. 전문 휴양업 또는 종합 휴양업의 경우 부지·대지면적 또는 건축 연면적의 변경으로서 그 변경하고자 하는 면적이 당초의 승인을 얻은 계획 면적의 100분의 10 이상이 되는 경우
2. 국제회의업의 경우 국제회의 시설 중 다음 각목의 1에 해당하는 변경을 하고자 하는 경우

가. 국제회의 산업육성에 관한 법률 시행령 제3조 제2항의 규정에 의한 전문회의 시설의 회의실 수 또는 옥내전시 면적의 변경으로서 그 변경 하고자 하는 회의실 수

또는 옥내전시 면적이 당초의 승인을 얻은 계획의 100분의 10 이상이 되는 경우

나. 국제회의 산업육성에 관한 법률 시행령 제3조 제4항의 규정에 의한 전문전시시설의 회의실 수 또는 옥내전시 면적의 변경으로서 그 변경하고자 하는 회의실 수 또는 옥내전시 면적이 당초의 승인을 얻은 계획의 100분의 10 이상이 되는 경우[전문개정 2002.4.27]

제10조 (사업계획의 승인신청 등)

① 법 제14조 제1항 및 제2항의 규정에 의하여 관광호텔업·수상관광호텔업·한국전통호텔업·가족호텔업·휴양콘도미니엄업 및 제12조 각호의 1에 해당하는 관광사업의 사업계획(이하 "사업계획"이라 한다) 승인을 얻고자 하는 자는 문화관광부령이 정하는 바에 따라 사업계획 승인신청서를 특별시장·광역시장 또는 도지사(이하 "시·도지사"라 한다)에게 제출하여야 한다.

② 제9조의 규정에 따라 사업계획의 변경승인을 얻고자 하는 자는 문화관광부령이 정하는 바에 따라 사업계획 변경승인 신청서를 시·도지사에게 제출하여야 한다. <개정 2003.8.6>

③ 제1항 및 제2항의 규정에 의하여 사업계획 승인 또는 변경승인 신청서를 접수한 시·도지사는 당해 관광사업이 법 제15조 제1항의 규정에 의한 인·허가 등이 의제되는 사업인 경우에는 법 제15조 제2항의 규정에 의하여 소관 행정기관의 장과 협의하여야 한다.

④ 제3항의 규정에 의하여 협의 요청을 받은 소관 행정기관의 장은 협의 요청을 받은 날부터 30일 이내에 그 의견을 제출하여야 한다.

제11조 (사업계획 승인서의 교부) 시·도지사는 제10조의 규정에 따라 신청한 사업계획 또는 사업계획의 변경을 승인하는 때에는 문화관광부령이 정하는 바에 따라 사업계획 승인서 또는 변경 승인서를 교부하여야 한다. <개정 2003.8.6>

제12조 (사업계획 승인대상 관광객 이용시설업·국제회의업) 법 제14조 제2항 전단에서 "대통령령이 정하는 관광객 이용시설업·국제회의업"이라 함은 다음 각호의 관광사업을 말한다.

1. 전문 휴양업
2. 종합 휴양업
3. 관광 유람선업
4. 국제회의 시설업

제13조 (사업계획 승인기준)

① 법 제14조의 규정에 의한 사업계획 승인 및 사업계획 변경승인의 기준은 다음 각 호와 같다. <개정 2003.8.6>

1. 사업계획의 내용이 관계법령의 규정에 적합할 것
2. 사업계획의 시행에 필요한 자금을 조달할 능력 및 방안이 있을 것
3. 일반 주거지역안의 관광숙박시설 및 그 시설안의 위락시설은 주거환경의 보호를 위하여 다음 각목의 기준에 적합하여야 하고, 준 주거지역안의 경우에는 다목의 기준에 적합할 것

가. 대지는 다음의 조건에 적합할 것(사업계획 변경승인의 경우를 제외한다. 다만, 신축 또는 기존 건축물의 전부를 철거하는 개축을 하는 경우에는 그러하지 아니하다)

(1) 특별시 및 광역시의 경우 : 대지가 폭 15미터 이상의 도로에 20미터 이상 연접할 것

(2) 기타 지역의 경우 : 대지가 폭 12미터 이상의 도로에 연접할 것

나. 건축물의 각 부분의 높이는 그 부분으로 부터 당해 건물의 채광을 위하여 설치하는 개구부가 향하는 방향으로 인접된 대지의 경계선(대지와 대지사이가 공원·광장·도로 또는 하천 기타 건축이 허용되지 아니하는 공지인 경우에는 그 인접된 대지의 반대편 경계선을 말한다)까지의 수평거리의 2배를 초과하지 아니할 것

다. 소음공해를 유발하는 시설은 지하층에 설치하거나 기타 방법으로 주변의 주거환경을 저해하지 아니하도록 할 것

라. 대지안의 조경은 대지면적의 20퍼센트 이상으로 하되, 대지 경계선 주위에는 성목을 식수하여 인접대지와 차단하는 수림대를 조성할 것

② 시·도지사는 휴양콘도미니엄업의 규모를 축소하는 사업계획에 대한 변경 승인신청을 받은 때에는 다음 각 호의 1의 감소비율이 당초 승인한 분양 및 회원모집 계획상의 피분양자 및 회원(이하 이 항에서 "회원 등"이라 한다) 총수에 대한 사업계획변경 승인예정일 현재 실제로 미분양 및 모집 미달이 되고 있는 잔여 회원 등 총수의 비율(이하 이 항에서 "미분양율"이라 한다)을 초과하지 아니하는 한도 내에서 그 변경승인을 하여야 한다. 다만, 사업자가 이미 분양받거나 회원권을 취득한 회원 등에 대하여 그 대지면적 및 객실면적(전용 및 공유면적을 말하며, 이하 이 항에서 같다)의 감소분에 비례하여 분양가격 또는 회원모집 가격을 인하하여 당해 회원 등에게 통보한 때에는 미분양율을 초과하여 변경승인을 할 수 있다. <신설 2002.4.27>

1. 당초 계획(승인한 사업계획을 말한다. 이하 이 항에서 같다)상의 대지면적에 대한 변경 계획상의 대지면적의 감소비율
2. 당초 계획상의 객실 수에 대한 변경 계획상의 객실 수의 감소비율

3. 당초 계획상의 전체 객실면적에 대한 변경계획상의 비율

제14조 (관광숙박시설 건축지역) 법 제15조 제5항 제2호에서 "대통령령이 정하는 지역"이라 함은 다음 각 호의 지역을 말한다.

1. 일반 주거지역
2. 준 주거지역
3. 준 공업지역
4. 자연 녹지지역

제15조 (위원장의 직무 등)

① 법 제16조 제1항의 규정에 의한 관광숙박업 및 관광객 이용시설업 등록 심의위원회(이하 " 위원회"라 한다) 위원장은 위원회를 대표하고, 위원회의 직무를 총괄한다.
② 부위원장은 위원장을 보좌하고, 위원장이 부득이한 사유로 직무를 수행할 수 없는 때에는 그 직무를 대행한다.

제16조 (회의)

① 위원장은 위원회의 회의를 소집하고 그 의장이 된다.
② 회의는 재적위원 3분의 2 이상의 출석과 출석위원 3분의 2 이상의 찬성으로 의결한다.

제17조 (의견청취) 위원장은 위원회의 심의사항과 관련하여 필요하다고 인정하는 때에는 관계인 또는 안전・소방 등에 대한 전문가를 출석시켜 그 의견을 들을 수 있다.

제18조 (간사) 위원회의 서무를 처리하기 위하여 위원회에 간사 1인을 둔다.

제19조 (운영세칙) 이 영에 규정된 사항 외에 위원회의 운영에 관하여 필요한 사항은 위원회의 의결을 거쳐 위원장이 정한다.

제20조 (등록심의 대상 관광사업)

① 법 제16조 제1항 및 제3항 제1호에서 "대통령령이 정하는 관광객 이용시설업・국제회의업"이라 함은 제12조 각호의 1에 해당하는 관광사업을 말한다.
② 법 제16조 제4항 단서에서 "대통령령이 정하는 경미한 사항의 변경"이라 함은 법 제16조 제3항의 규정에 의한 심의사항의 변경 중 관계되는 기관이 2이하인

경우의 심의사항의 변경을 말한다.

제21조 (인·허가 등을 받은 것으로 보는 영업)

① 법 제17조 제1항 제2호에서 "대통령령이 정하는 영업"이라 함은 식품위생법 시행령 제7조 제8호 가목 내지 라목의 규정에 의한 휴게음식점영업·일반음식점영업·단란주점영업 및 유흥주점영업을 말한다.

② 법 제17조 제1항 제7호에서 "대통령령이 정하는 영업"이라 함은 체육시설의 설치·이용에 관한 법률 제10조 제1항 제2호의 규정에 의한 신고 체육시설업을 말한다.

제22조 (호텔업의 등급결정 <개정 2003.8.6>)

① 법 제18조의 규정에 의한 관광숙박업 중 호텔업의 등급은 특1등급·특2등급·1등급·2등급 및 3등급으로 구분한다. <개정 2003.8.6>

② 문화관광부장관은 제1항의 규정에 의한 등급결정을 위하여 필요한 경우에는 관계 전문가에게 호텔업의 시설 및 운영실태의 조사를 의뢰할 수 있다. <개정 2003.8.6>

③ 제1항의 규정에 의한 등급결정 기준 및 절차 등에 관하여 필요한 사항은 문화관광부령으로 정한다.

제23조 (분양 및 회원모집 관광사업) 법 제19조 제1항에서 "대통령령이 정하는 종류의 관광사업"이라 함은 다음 각 호의 사업을 말한다.

1. 관광 숙박업 중 휴양 콘도미니엄업 및 가족호텔업
2. 관광객 이용시설업 중 제2종 종합휴양업

제24조 (분양·회원모집 오인행위) 법 제19조 제2항 제3호에서 "대통령령이 정하는 행위"라 함은 공유자 또는 회원으로부터 당해 시설의 이용 권리를 양도받아 이를 이용할 수 있는 회원을 모집하는 행위를 말한다.

제25조 (분양 및 회원모집의 기준 및 시기)

① 법 제19조 제4항의 규정에 의한 휴양콘도미니엄업 시설의 분양 및 회원모집 기준과 가족호텔업 및 제2종 종합휴양업 시설의 회원모집 기준은 다음 각 호와 같다. 다만, 제2종 종합휴양업 시설 중 등록 체육시설업 시설에 대한 회원모집에 관하여는 체육시설의 설치·이용에 관한 법률이 정하는 바에 의한다.

1. 휴양콘도미니엄업 및 가족호텔업의 경우에는 당해 휴양콘도미니엄 및 가족호텔이 건설 되는 대지의 소유권을, 제2종 종합휴양업의 경우에는 회원모집대상인

당해 제2종 종합휴양업 시설이 건설되는 부지의 소유권 또는 사용권을 확보하여야 하며, 분양 및 회원모집 당시 당해 휴양콘도미니엄업·가족호텔업 및 제2종 종합휴양업의 건물이 사용 승인된 경우에는 당해 건물의 소유권도 확보할 것

2. 제1호의 규정에 의한 대지·부지 및 건물이 저당권의 목적물로 되어 있는 경우에는 그 저당권을 말소할 것. 다만, 공유제일 경우에는 분양받은 자의 명의로 소유권 이전등기를 마칠 때까지, 회원제일 경우에는 저당권이 말소될 때까지 분양 또는 회원모집과 관련한 사고로 인하여 분양을 받은 자 또는 회원에게 피해를 주는 경우 그 손해를 배상할 것을 내용으로 저당권 설정금액에 해당하는 보증보험에 가입한 때에는 그러하지 아니하다.

3. 1개의 객실 당 분양 또는 회원모집의 인원은 2인 이상일 것. 다만, 공유자 또는 회원이 법인인 경우에는 그러하지 아니하다.

4. 1개의 객실에 공유제 또는 회원제를 혼합하여 분양하거나 회원모집을 하지 아니할 것

5. 공유자 또는 회원의 연간 이용일수는 365일을 객실 당 분양 또는 회원모집계획인원수로 나눈 범위 내일 것

② 제1항의 규정에 의하여 휴양콘도미니엄업·가족호텔업 및 제2종 종합휴양업의 분양 또는 회원을 모집하는 경우 그 시기는 다음 각 호와 같다.

1. 휴양콘도미니엄업 및 제2종 종합휴양업의 경우

가. 당해시설 공사의 총 공사공정이 문화관광부령이 정하는 공정률 이상 진행된 때부터 분양 또는 회원모집을 하되, 분양 또는 회원을 모집하고자 하는 총객실 중 공정률에 해당하는 객실을 대상으로 분양 또는 회원을 모집할 것

나. 공정률에 해당하는 객실 수를 초과하여 분양 또는 회원을 모집하고자 하는 때에는 분양 또는 회원모집과 관련한 사고로 인하여 분양을 받은 자나 회원에게 피해를 주는 경우 그 손해를 배상할 것을 내용으로 공정률을 초과하여 분양 또는 회원을 모집하고자 하는 금액에 해당하는 보증보험에 관광사업의 등록시까지 가입할 것

2. 가족호텔업의 경우

관광사업의 등록 후부터 회원을 모집할 것. 다만, 제2종 종합휴양업에 포함된 가족호텔업의 경우에는 제1호 가목 및 나목의 규정을 적용한다.

제26조 (분양 또는 회원모집 계획서의 제출)

① 제25조의 규정에 의하여 분양 또는 회원을 모집하고자 하는 자는 문화관광부령이 정하는 바에 따라 분양 또는 회원모집 계획서를 시·도지사에게 제출하여야 한다.

② 제1항의 규정에 의하여 제출한 분양 또는 회원모집 계획서의 내용이 사업계획

승인내용과 다른 때에는 사업계획 변경 승인신청서를 함께 제출하여야 한다.

③ 제1항 및 제2항의 규정에 의하여 분양 또는 회원모집 계획서를 제출받은 시·도지사는 이를 검토한 후 지체 없이 그 결과를 상대방에게 통지하여야 한다.

④ 제1항 내지 제3항의 규정은 분양 또는 회원모집 계획을 변경하는 경우에 관하여 이를 준용한다

第27조 (공유자 또는 회원의 보호) 분양 또는 회원모집을 한 자는 법 제19조 제5항의 규정에 의하여 공유자 또는 회원의 권익보호를 위하여 다음 각 호의 사항을 준수하여야 한다. <개정 2003.8.6>

1. 공유지분 또는 회원자격의 양도·양수 : 공유지분 또는 회원자격의 양도·양수를 제한 하지 아니할 것
2. 시설의 이용 : 공유자 또는 회원이 이용하지 아니하는 객실에 한하여 공유자 또는 회원이 아닌 자에게 이용하게 할 것. 이 경우 객실 이용계획을 수립하여 제6호의 규정에 의한 공유자·회원의 대표기구와 미리 협의하여야 하며, 객실 이용내역을 작성하여 공유자·회원의 대표기구에 통보하여야 한다.
3. 시설의 유지·관리에 필요한 비용의 징수

가. 당해시설을 선량한 관리자로서의 주의 의무를 다하여 관리하되, 시설의 유지·관리에 소요되는 비용외의 비용을 징수하지 아니할 것

나. 가목의 규정에 의한 시설유지·관리비용의 징수에 관한 사항을 변경 하고자 하는 경우에는 공유자·회원의 대표기구와 협의하고, 그 사용내역을 매년 공유자·회원의 대표기구에 공개할 것

4. 회원의 입회금(회원자격을 부여받은 대가로 회원을 모집하는 자에게 지불하는 비용을 말한다)의 반환 : 회원의 입회기간 및 입회금의 반환은 관광사업자 또는 사업계획승인을 얻은자와 회원 간에 체결한 계약에 따르되, 회원의 입회기간이 만료되어 입회금을 반환하여야 하는 때에는 입회금 반환요구가 있는 날부터 10일 이내에 반환할 것
5. 회원증의 발급 : 문화관광부령이 정하는 바에 따라 공유자 또는 회원에게 당해시설의 공유자 또는 회원임을 증명하는 회원증을 발급할 것
6. 공유자·회원의 대표기구 구성 : 20인 이상의 공유자·회원으로 대표기구(그 분양 또는 회원모집을 한 자, 그 대표자 및 임·직원은 대표기구에 참여할 수 없다)를 구성하여야 하며, 제3호 나목 이외의 공유자·회원의 권익에 관한 사항은 대표기구와 협의 할 것
7. 기타 공유자·회원의 권익보호에 관한 사항 : 분양 또는 회원모집 계약서에 사

업계획의 승인 번호·일자(관광사업으로 등록된 경우에는 등록번호·일자), 시설물의 현황·소재지, 연간 이용일수 및 회원의 입회기간을 명시할 것

제28조 (카지노업의 허가요건 등)

① 법 제20조 제1항 제1호에서 "대통령령이 정하는 국제회의업 시설"이라 함은 제2조 제1항 제4호 가목의 국제회의시설업의 시설을 말한다. <개정 2003.8.6>

② 법 제20조 제1항의 규정에 의한 카지노업의 허가요건은 다음 각 호와 같다. <개정 2003.8.6>

1. 관광호텔업 또는 국제회의 시설업의 부대시설안에서 카지노업을 하고자 하는 경우

가. 당해 관광호텔업 또는 국제회의 시설업의 전년도 외래 관광객 유치실적이 문화관광부장관이 공고하는 기준에 적합할 것

나. 외래 관광객 유치계획 및 장기수지 전망 등을 포함한 사업계획서가 적정할 것

다. 나목에 규정된 사업계획의 수행에 필요한 재정능력이 있을 것

라. 현금 및 칩의 관리 등 영업거래에 관한 내부통제 방안이 수립되어 있을 것

마. 기타 카지노업의 건전한 육성을 위하여 문화관광부장관이 공고하는 기준에 적합할 것

2. 우리나라와 외국 간을 왕래하는 여객선 안에서 카지노업을 하고자 하는 경우

가. 여객선이 1만톤급 이상일 것

나. 여객선의 전년도 외국인 수송실적이 문화관광부장관이 공고하는 기준에 적합할 것

다. 제1호 나목 내지 마목의 규정에 적합할 것

③ 문화관광부장관은 법 제20조 제2항의 규정에 의하여 최근 신규허가를 행한 날 이후에 외래관광객이 30만인이상 증가한 경우에 한하여 신규허가를 할 수 있되, 다음 각 호의 사항을 고려하여 그 증가인원 30만, 인당 2개 사업 이하의 범위 안에서 이를 행할 수 있다.

1. 외래 관광객의 증가추세
2. 카지노 이용객의 증가추세
3. 기존 카지노 사업자의 총수용 능력
4. 기존 카지노 사업자의 총 외화획득 실적
5. 기타 카지노업의 건전한 발전을 위하여 필요한 사항

④ 문화관광부장관은 제3항의 규정에 의하여 신규허가를 행하고자 하는 경우에는 미리 다음 각 호의 사항을 정하여 공고하여야 한다.

1. 제2항 제1호 가목·마목 및 동항 제2호 나목의 세부허가 기준
2. 허가가능 업체 수
3. 허가신청 기간 및 요령

제29조 (조건부 영업허가의 기간 등)

① 법 제23조 제1항에서 "대통령령이 정하는 기간"이라 함은 조건부 영업허가를 받은 날부터 1년 이내를 말한다. 다만, 부득이한 사정이 있다고 인정되는 경우에는 1회에 한하여 6월을 넘지 아니하는 범위 내에서 그 기간을 연장할 수 있다.

② 법 제23조 제1항의 규정에 의한 조건부 영업허가를 받은 자는 제1항의 기간 내에 그 허가에 필요한 시설 및 기구를 갖춘 때에는 그 내역을 문화관광부장관에게 신고하여야 한다.

제30조 (카지노업의 종사원의 범위) 법 제27조 제1항 본문에서 "대통령령이 정하는 종사원"이라 함은 그 직위 및 명칭 여하를 불문하고 카지노사업자를 대리하거나 그 지시를 받아 상시 또는 일시적으로 카지노영업에 종사하는 자를 말한다.

제31조 (관광진흥 개발기금에의 납부금 등)

① 법 제29조 제1항의 규정에 의한 총매출액은 카지노영업과 관련하여 고객으로부터 받은 총 금액에서 고객에게 지불한 총금액을 공제한 금액을 말한다.

② 법 제29조 제4항의 규정에 의한 관광진흥 개발기금 납부금(이하 "납부금"이라 한다)의 징수 비율은 다음 각 호의 1과 같다.

1. 연간 총매출액이 10억원 이하인 경우 : 총매출액의 100분의 1
2. 연간 총매출액이 10억원 초과 100억원 이하인 경우 : 1천만원+총매출액 중 10억원을 초과하는 금액의 100분의 5
3. 연간 총매출액이 100억원을 초과하는 경우 : 4억6천만원+총매출액중 100억원을 초과하는 금액의 100분의 10

③ 카지노 사업자는 매년 3월말까지 공인회계사의 감사보고서가 첨부된 전년도의 재무제표를 문화관광부장관에게 제출하여야 한다.

④ 문화관광부장관은 매년 4월말까지 제2항의 규정에 의하여 전년도의 총매출액에 대하여 산출한 납부금을 서면으로 명시하여 2월 이내의 기한을 정하여 한국은행에 개설된 관광진흥 개발기금의 출납관리를 위한 계정에 납부할 것을 통지하여야 한다. 이 경우 당해 납부금을 4회 분할하여 납부하게 할 수 있되, 납부기한은 다음 각 호와 같다.

1. 제1회 : 당해 연도 6월말까지
2. 제2회 : 당해 연도 8월말까지
3. 제3회 : 당해 연도 10월말까지
4. 제4회 : 당해 연도 12월 20일까지

⑤ 카지노 사업자는 천재·지변 기타 이에 준하는 사유로 인하여 납부금을 그 기한 내에 납부할 수 없는 때에는 그 사유가 없어진 날부터 7일 이내에

제32조 (안전성검사 대상 유원 시설업) 법 제31조의 규정에 의하여 안정성검사를 받아야 하는 유원 시설업은 다음 각 호와 같다.

1. 종합 유원시설업
2. 일반 유원시설업

제33조 (사업계획 승인시설의 착공 및 준공기간) 법 제33조 제1항 제2호에서 "대통령령이 정하는 기간"이라 함은 다음 각 호의 기간을 말한다.

1. 착공기간 : 사업계획의 승인을 얻은 날부터 2년
2. 준공기간 : 착공한 날부터 5년

제34조 (행정처분의 기준 등)

① 법 제33조 제1항의 규정에 의하여 문화관광부장관, 시·도지사 또는 시장·군수·구청장(이하 "등록기관등의장"이라 한다)이 행정처분을 하기 위한 위반행위의 종별과 그 처분기준은 별표 2와 같다.

② 등록기관 등의 장이 제1항의 규정에 의하여 행정처분을 한 때에는 문화관광부령이 정하는 행정처분 기록대장에 그 처분내용을 기록·유지하여야 한다.

제35조 (과징금을 부과할 위반행위의 종별과 과징금의 금액)

① 법 제35조 제2항의 규정에 의하여 과징금을 부과하는 위반행위의 종별과 정도에 따른 과징금의 금액은 별표 3과 같다.

② 등록기간 등의 장은 사업자의 사업규모, 사업지역의 특수성과 위반행위의 정도 및 위반 횟수 등을 참작하여 제1항의 규정에 의한 과징금의 금액의 2분의 1의 범위 안에서 가중 또는 감경할 수 있다. 다만, 가중하는 경우에도 과징금의 총액은 500만원을 초과할 수 없다.

제36조 (과징금의 부과 및 납부)

① 등록기관 등의 장은 법 제35조의 규정에 의하여 과징금을 부과하고자 하는 때에는 그 위반행위의 종별과 해당 과징금의 금액 등을 명시하여 이를 납부할 것을 서면으로 통지하여야 한다.

② 제1항의 규정에 의하여 통지를 받은 자는 20일 이내에 과징금을 등록기관 등의

장이 정하는 수납기관에 납부하여야 한다. 다만, 천재·지변 기타 부득이한 사유로 인하여 그 기간 내에 과징금을 납부할 수 없는 때에는 그 사유가 없어진 날부터 7일 이내에 납부하여야 한다.

③ 제2항의 규정에 의하여 과징금의 납부를 받은 수납기관은 영수증을 납부자에게 교부하여야 한다.

④ 과징금의 수납기관은 제2항의 규정에 의하여 과징금을 수납한 때에는 지체없이 그 사실을 등록기관 등의 장에게 통보하여야 한다.

⑤ 과징금은 이를 분할하여 납부할 수 없다.

제37조 (자격을 요하는 관광업무 자격기준) 법 제36조 제1항의 규정에 의하여 등록기관 등의 장이 관광종사원의 자격을 가진 자가 종사 하도록 권고할 수 있는 관광업무 및 업무별 자격기준은 별표 4와 같다.

제38조 (한국관광협회중앙회의 설립요건)

① 법 제39조 제2항의 규정에 의하여 한국관광협회중앙회(이하 "협회"라 한다)를 설립하고자 하는 때에는 제41조의 규정에 의한 지역별 관광협회 및 업종별 관광협회의 대표자 3분의 1이상으로 구성되는 발기인이 정관을 작성하여 지역별 관광협회 및 업종별 관광협회의 대표자 과반수로 구성되는 창립총회의 의결을 거쳐야 한다.

② 협회의 설립 후 임원이 선임될 때까지의 필요한 업무는 발기인이 이를 행한다.

제39조(공제사업의 허가 등)

① 법 제41조 제2항의 규정에 의하여 협회가 공제사업의 허가를 받고자 하는 때에는 공제 규정을 첨부하여 문화관광부장관에게 이를 신청하여야 한다.

② 제1항의 규정에 의한 공제 규정에는 사업의 실시방법·공제계약·공제분담금 및 책임 준비금의 산출방법에 관한 사항이 포함되어야 한다.

③ 제1항의 규정에 의한 공제 규정을 변경하고자 하는 때에는 문화관광부장관의 승인을 얻어야 한다.

④ 공제사업을 하는 자는 공제 규정이 정하는 바에 의하여 매 사업연도 말에 그 사업의 책임 준비금을 계상하고 이를 적립하여야 한다.

⑤ 공제사업에 관한 회계는 협회의 다른 사업에 관한 회계와 구분하여 정리하여야 한다.

제40조 (공제사업의 내용) 법 제41조제3항의 규정에 의한 공제사업의 내용은 다음 각 호와 같다.

1. 관광 사업자의 관광사업 행위와 관련된 사고로 인한 대물 및 대인배상에 대비

하는 공제 및 배상업무
2. 관광사업 행위에 따른 사고로 인하여 재해를 입은 종사원에 대한 보상업무
3. 기타 회원 상호간의 경제적 이익을 도모하기 위한 업무

제41조 (지역별 또는 업종별 관광협회의 설립) 법 제43조 제1항의 규정에 의하여 지역별 관광협회 또는 업종별 관광협회를 설립할 수 있는 범위는 다음 각 호와 같다.
1. 지역별 관광협회는 특별시·광역시 및 도를 단위로 설립하되, 필요하다고 인정되는 지역에는 지부를 둘 수 있다.
2. 업종별 관광협회는 업종별로 업무의 특수성을 고려하여 전국을 단위로 설립할 수 있다.

제42조 (관광개발계획의 수립시기) 법 제47조 제1항의 규정에 의한 관광개발기본계획은 10년마다, 동조 제2항의 규정에 의한 권역별 관광개발계획은 5년마다 이를 수립한다.

제43조 (경미한 권역계획의 변경) 법 제49조 제4항 단서에서 "대통령령이 정하는 경미한 사항의 변경"이라 함은 다음 각 호의 1에 해당하는 것을 말한다. <개정 2003.8.6>
1. 관광개발기본계획의 범위 안에서 행하는 법 제47조 제2항 제1호·제2호 또는 제6호 내지 제8호에 관한 사항의 변경
2. 법 제47조 제2항 제3호 내지 제5호에 관한 사항 중 다음 각목의 변경
가. 관광자원의 보호·이용 및 관리 등에 관한 사항
나. 관광지 또는 관광단지(이하 "관광지등"이라 한다)의 면적(권역계획상의 면적을 말한다. 이하 다목 및 라목에서 같다)의 축소
다. 관광지등의 면적의 100분의 30이내의 확대
라. 지형여건 등에 따른 관광지 등의 구역조정(그 면적의 100분의 30이내의 조정에 한한다)이나 명칭변경

제44조 (경미한 면적변경) 법 제50조 제3항 후단에서 "대통령령이 정하는 경미한 면적의 변경"이라 함은 다음 각 호의 것을 말한다. <개정 2002.4.27>
1. 지적조사 또는 지적측량의 결과에 의한 면적의 정정 등으로 인한 면적의 변경
2. 관광지등 지정면적의 100분의 30이내의 면적(농지법 제30조의 규정에 의한 농업진흥지역의 농지가 1만 제곱미터이상, 농업진흥지역이 아닌 지역의 농지가 6만 제곱미터이상 추가로 포함되는 경우를 제외한다)의 변경

제45조 (관광지 등의 지정·고시 등)

① 법 제50조 제4항의 규정에 의한 문화관광부장관의 고시에는 다음 각 호의 사항이 포함되어야 한다.
1. 고시연월일
2. 관광지등의 위치 및 면적
3. 관광지등의 구역이 표시된 축척 2만5천분의 1이상의 지형도
② 문화관광부장관은 관광지 등을 지정·고시하는 때에는 그 지정내용을 관계 시·도지사에게 통지하여야 한다.
③ 제2항의 규정에 의한 통지를 받은 시·도지사는 당해 시장·군수·구청장(자치구의 구청장을 말한다. 이하 같다)으로 하여금 관광지 등의 지번·지목·지적 및 소유자가 표시된 토지조서를 비치하여 일반인이 열람할 수 있도록 하여야 한다.

제46조 (조성계획의 승인신청)
① 법 제52조 제1항의 규정에 의하여 관광지 등 조성계획의 승인 또는 변경승인을 얻고자 하는 자는 다음 각 호의 서류를 첨부하여 조성계획의 승인 또는 변경승인을 신청하여야 한다. 다만, 조성계획의 변경승인을 신청하는 경우에는 변경과 관계되지 아니하는 사항에 대한 서류는 이를 첨부하지 아니하고, 제4호의 규정에 의한 국·공유지에 대한 소유권 또는 사용권을 증명할 수 있는 서류는 이를 조성계획 승인 후 공사 착공 전에 제출할 수 있다. <개정 2002.4.27, 2003.8.6>
1. 문화관광부령이 정하는 내용을 포함하는 관광시설계획서·투자계획서 및 관광지등 관리 계획서
2. 지번·지목·지적·소유자 및 시설별 면적이 표시된 토지조서
3. 조감도
4. 법 제2조 제8호의 민간개발자가 개발하는 경우에는 당해 토지의 소유권 또는 사용권을 증명할 수 있는 서류. 다만, 민간개발자가 개발하는 경우로서 당해 토지 중 사유지의 3분의2 이상을 취득한 경우에는 취득한 토지에 대한 소유권을 증명할 수 있는 서류와 국·공유지에 대한 소유권 또는 사용권을 증명할 수 있는 서류
② 법 제52조 제1항 단서의 규정에 의하여 관광단지개발자가 조성계획의 승인 또는 변경승인을 신청하는 때에는 관할 시·도지사에게 조성계획 승인 또는 변경승인 신청서를 제출하여야 하며, 조성계획 승인 또는 변경승인 신청서를 제출받은 시·도지사는 제출받은 날부터 20일 이내에 검토 의견서를 첨부하여 이를 문화관광부장관에게 제출하여야 한다.

제47조 (경미한 조성계획의 변경)

① 법 제52조 제1항 후단에서 "경미한 사항의 변경"이라 함은 다음 각 호의 1에 해당하는 것을 말한다. <개정 2002.4.27, 2003.8.6>

1. 관광시설 계획면적의 100분의 20이내의 변경
2. 관광시설 계획 중 시설지구별 토지이용 계획면적(조성계획의 변경승인을 얻은 경우에는 그 변경승인을 얻은 토지이용 계획면적을 말한다)의 100분의 30이내의 변경(시설지구별 토지이용 계획면적이 2천200제곱미터 미만인 경우에는 660제곱미터 이내의 변경)
3. 관광시설 계획 중 시설지구별 건축 연면적(조성계획의 변경승인을 얻은 경우에는 그 변경승인을 얻은 건축 연면적을 말한다)의 100분의 30이내의 변경(시설지구별 건축 연면적이 2천200제곱미터 미만인 경우에는 660제곱미터 이내의 변경)

② 관광지 등 조성계획의 승인을 얻은 자는 제1항의 규정에 의하여 경미한 조성계획의 변경을 하는 경우에는 관계 행정기관의 장과 조성계획 승인권자에게 각각 이를 통보하여야 한다.

제48조 (조성사업의 시행허가 등)

① 법 제53조 제3항의 규정에 의하여 조성사업의 시행허가를 받거나 협의를 하고자 하는 자는 문화관광부령이 정하는 바에 따라 시・도지사 또는 조성계획 승인을 얻은 자(이하 "사업시행자"라 한다)에게 각각 이를 신청하여야 한다.

② 시・도지사 또는 사업시행자가 제1항의 규정에 의한 허가 또는 협의를 하고자 하는 때에는 당해 조성사업에 대하여 다음 각 호의 사항을 검토하여야 한다.

1. 조성계획에의 저촉여부
2. 관광지 등의 자연경관 및 특성에의 적합여부

제49조 (용지매수 및 보상업무의 위탁)

① 관광단지개발자가 법 제53조 제5항의 규정에 의하여 조성사업을 위한 용지의 매수업무와 손실보상업무를 관할 지방자치단체의 장에게 위탁하고자 하는 때에는 그 위탁내용에 다음 각 호의 사항을 명시하여야 한다. <개정 2002.4.27>

1. 위탁업무의 시행지 및 시행기간
2. 위탁업무의 종류・규모・금액
3. 위탁업무 수행에 필요한 비용과 그 지급방법
4. 기타 위탁업무를 수행하는 데 필요한 사항

② 지방자치단체의 장은 제1항의 규정에 의하여 위탁을 받은 때에는 문화관광부령이 정하는 바에 따라 그 업무를 위탁한 자에게 수수료를 청구할 수 있다.

제50조 (보상금의 신청 등)

① 법 제59조 제1항의 규정에 의하여 정당한 권리자임을 확인 받고자 하는 자는 당해 토지·물건 또는 권리(이하 "토지 등"이라 한다)가 소재하는 지역을 관할하는 시장(구가 설치되지 아니한 시의 시장을 말하며, 도농복합형태의 시에 있어서는 동지역에 한한다. 이하 이 조에서 같다)·구청장(자치구가 아닌 구의 구청장을 포함하며, 도농복합형태의 시에 있어서는 동지역에 한한다. 이하 이 조에서 같다) 또는 읍·면장에게 확인신청을 하여야 한다.

② 시청·구청장 또는 읍·면장은 법 제59조 제2항의 규정에 의하여 다음 각 호의 사항을 당해 시·구·읍·면사무소와 토지 등이 소재하는 이·동사무소의 게시판 기타 보기 쉬운 곳에 공고하여야 한다.

1. 공고의 목적
2. 확인서발급 신청인의 성명(법인인 경우에는 그 명칭과 대표자의 성명)·주민등록번호·주소
3. 토지 등의 표시
4. 등기부·임야대장·토지대장 기타 공부상의 명의인
5. 이의신청의 방법 및 기간

③ 시청·구청장 또는 읍·면장은 법 제59조 제2항의 규정에 의하여 확인서를 발급하는 때에는 확인서 발급대장에 이를 기재하고 신청인의 날인을 받아야 한다.

제51조 (선수금) 사업 시행자는 법 제60조의 규정에 의하여 선수금을 받고자 하는 때에는 그 금액 및 납부방법에 대하여 토지 또는 시설을 분양 받거나 시설물을 이용하고자 하는 자와 협의하여야 한다.

제52조 (이용자 분담금)

① 사업 시행자는 법 제61조 제1항의 규정에 의하여 지원시설의 이용자에게 분담금을 부담하게 하고자 하는 때에는 지원시설의 건설사업명·건설비용 ·부담금액·납부방법 및 납부기한을 명시한 서면으로 그 이용자에게 분담금의 납부를 요구하여야 한다.

② 제1항의 규정에 의한 지원시설의 건설비용은 다음 각 호의 비용을 합산한 금액으로 한다.

1. 공사비(조사 측량비·설계비 및 관리비를 제외한다)
2. 보상비(감정비를 포함한다)

③ 제1항의 규정에 의한 분담금액은 지원시설의 이용자의 수 및 이용횟수 등을 고

려하여 사업시행자가 이용자와 협의하여 이를 산정한다.

제53조 (원인자 부담금) 제52조의 규정은 사업시행자가 법 제61조 제2항의 규정에 의하여 원인자 부담금을 부담하게 하고자 하는 경우에 관하여 이를 준용한다.

제54조 (유지·관리 및 보수비의 분담)

① 사업 시행자는 법 제61조 제3항의 규정에 의하여 공동시설의 유지·관리 및 보수의 비용을 분담하게 하고자 하는 때에는 공동시설의 유지·관리·보수현황, 분담금액, 납부방법, 납부기한 및 산출내역을 기재한 서류를 첨부하여 관광지 등에서 사업을 경영하는 자에게 그 납부를 요구하여야 한다.

② 제1항의 규정에 의한 공동시설의 유지·관리 및 보수의 비용의 분담비율은 시설사용에 따른 수익의 정도에 따라 사업 시행자가 사업을 경영하는 자와 협의하여 이를 결정한다.

③ 사업 시행자는 유지·관리·보수의 비용의 분담 및 사용 현황을 매년 결산하여 비용 분담자에게 통보하여야 한다.

제55조 (이용자 분담금 및 원인자 부담금의 징수위탁) 사업 시행자는 법 제62조 제1항의 규정에 의하여 시장·군수·구청장에게 법 제61조의 규정에 의한 이용자분담금·원인자부담금 또는 유지·관리 및 보수의 비용(이하 이 조에서 "분담금 등"이라 한다)의 징수를 위탁하고자 하는 때에는 그 위탁 내용에 다음 각 호의 사항을 명시하여야 한다.

1. 분담금 등의 납부 의무자의 성명·주소
2. 분담금 등의 금액
3. 분담금 등의 납부사유 및 납부기간
4. 기타 분담금 등의 징수에 필요한 사항

제56조 (이주대책의 내용) 사업 시행자가 법 제63조 제1항의 규정에 의하여 수립하는 이주대책에는 다음 각 호의 사항이 포함되어야 한다.

1. 택지 및 농경지의 매입
2. 택지조성 및 주택의 건설
3. 이주보상금
4. 이주방법 및 이주시기
5. 이주대책에 따른 비용
6. 기타 필요한 사항

第56조의2 (관광특구의 지정요건) 법 第67조의 규정에 의하여 관광특구로 지정될 수 있는 지역은 다음 각 호의 요건을 모두 갖춘 지역으로 한다.

1. 문화관광부령이 정하는 바에 따라 접객시설, 상가시설, 휴양·오락시설, 숙박시설, 공공 편익 시설 및 관광안내 시설이 분포되어 있어 외국인 관광객의 관광수요를 충족시킬 수 있는 지역일 것
2. 문화관광부장관이 고시하는 기준을 갖춘 통계 전문기관의 통계 결과 당해 지역의 최근 1년간 외국인 관광객이 10만명(서울특별시는 50만명) 이상일 것
3. 임야·농지·공업용지 또는 택지 등 관광활동과 직접적인 관련성이 없는 토지가 관광특구 전체 면적의 10퍼센트를 초과하지 아니할 것
4. 제1호 내지 제3호의 요건을 갖춘 지역이 서로 분리되어 있지 아니할 것[본조신설 2005.4.22]

第57조 (관광특구 진흥계획의 수립·시행)

① 시장·군수·구청장은 법 第68조의 규정에 의한 관광특구 진흥계획(이하 "진흥계획"이라 한다)을 수립하기 위하여 필요한 경우에는 당해 시·군·구 주민의 의견을 들을 수 있다.

② 시장·군수·구청장은 다음 각 호의 사항이 포함된 진흥계획을 수립·시행한다.

1. 외국인 관광객을 위한 관광편의 시설의 개선에 관한 사항
2. 특색 있고 다양한 축제, 행사 그 밖에 홍보에 관한 사항
3. 관광객 유치를 위한 제도개선에 관한 사항
4. 관광특구를 중심으로 주변지역과 연계한 관광코스의 개발에 관한 사항
5. 그 밖에 관광 질서 확립 및 관광서비스 개선 등 관광객 유치를 위하여 필요한 사항으로서 문화관광부령이 정하는 사항

③ 시장·군수·구청장은 수립된 진흥계획에 대하여 5년마다 그 타당성 여부를 검토하고 진흥계획의 변경 등 필요한 조치를 하여야한다 [전문개정 2005.4.22]

第57조의2 (관광특구의 평가 및 조치)

① 시·도지사는 법 第68조의3 제1항의 규정에 의하여 진흥계획의 집행상황을 연 1회 평가하여야 하며, 평가시에는 관광 관련 학계·기관 및 단체의 전문가와 지역주민, 관광관련업계 종사자가 포함된 평가단을 구성하여 평가하여야 한다.

② 시·도지사는 제1항의 규정에 의한 평가결과를 평가가 종료한 날부터 1월 이내에 문화관광부장관에게 보고하여야 하며, 문화관광부장관은 시·도지사가 보고한 사항 외에 추가로 평가가 필요하다고 인정되는 경우에는 진흥계획의 집행

상황을 직접 평가할 수 있다.

③ 법 제68조의3 제2항의 규정에 의하여 시·도지사는 진흥계획의 집행상황에 대한 평가결과에 따라 다음 각 호의 구분에 따른 조치를 할 수 있다.

1. 관광특구의 지정요건에 3년 연속 미달하여 개선될 여지가 없다고 판단되는 경우에는 관광특구 지정 취소
2. 진흥계획의 추진실적이 미흡한 관광특구로서 제3호의 규정에 의한 개선권고를 3회 이상 이행하지 아니한 경우에는 관광특구 지정 취소
3. 진흥계획의 추진실적이 미흡한 관광특구에 대하여는 지정 면적의 조정 또는 투자 및 사업계획 등의 개선 권고[본조신설 2005.4.22]

제58조 (국고보조금의 지급신청)

① 법 제71조 제1항의 규정에 의한 보조금의 지급을 받고자 하는 자는 문화관광부령이 정하는 바에 따라 이를 문화관광부장관에게 신청하여야 한다.

② 문화관광부장관은 제1항의 규정에 의한 신청을 받은 경우 필요하다고 인정하는 때에는 관계공무원의 현지조사 등을 통하여 그 신청의 내용과 조건을 심사할 수 있다.

제59조 (보조금의 지급결정 등)

① 문화관광부장관은 제58조의 규정에 의한 신청이 타당하다고 인정되는 때에는 보조금의 지급을 결정하고 이를 신청인에게 통지하여야 한다.

② 제1항의 규정에 의한 보조금은 사업완료 전에 지급함을 원칙으로 하되, 필요한 경우 사업완료 후에 이를 지급할 수 있다.

③ 보조금을 지급받은 자(이하 "보조사업자"라 한다)는 문화관광부장관이 정하는 바에 따라 그 사업추진 실적을 문화관광부장관에게 보고하여야 한다.

제60조 (사업계획의 변경 등)

① 보조 사업자는 사업계획을 변경 또는 폐지하거나 그 사업을 중지하고자 하는 때에는 미리 문화관광부장관의 승인을 얻어야 한다.

② 보조 사업자는 다음 각 호의 1에 해당하는 사실이 발생한 때에는 지체 없이 이를 문화관광부장관에게 신고하여야 한다. 다만, 사망한 때에는 그 상속인이, 합병한 때에는 그 합병으로 존속되거나 새로 설립된 법인의 대표자가, 해산한 때에는 그 청산인이 이를 신고하여야 한다.

1. 성명(법인인 경우에는 그 명칭 또는 대표자의 성명)·주소를 변경한 때
2. 정관 또는 규약을 변경한 때

3. 해산 또는 파산한 때
4. 사업을 개시 또는 종료한 때

제61조 (보조금의 사용제한 등)

① 보조 사업자는 보조금을 지급받은 목적 외의 용도로 이를 사용할 수 없다.

② 문화관광부장관은 보조금의 지급결정을 받은 자 또는 보조 사업자가 다음 각 호의 1에 해당하는 때에는 보조금의 지급결정의 취소, 보조금의 지급정지 또는 이미 지급한 보조금의 전부 또는 일부의 반환을 명할 수 있다.

1. 허위 기타 부정한 방법으로 보조금의 지급을 신청하였거나 지급받은 때
2. 보조금의 지급조건에 위반한 때

제62조 삭제 [2005.4.22]

제63조 (권한의 위탁)

① 문화관광부장관 또는 시·도지사는 법 제75조 제3항의 규정에 의하여 다음 각 호의 권한을 한국관광공사, 협회, 지역별·업종별 관광협회 또는 전문 연구·검사기관에 각각 위탁한다. [개정 2002.4.27, 2003.08.06, 2005.4.22]

1. 법 제6조 및 법 제33조의 규정에 의한 관광 편의 시설업 중 관광식당업·관광사진업·여객자동차터미널 시설업 및 관광토속주판매업의 지정 및 지정취소에 관한 권한은 이를 지역별 관광협회에 위탁한다.
2. 법 제24조 제3항의 규정에 의한 카지노기구의 검사에 관한 권한은 이를 법 제24조 제2항의 규정에 의하여 문화관광부장관이 지정하는 검사기관(이하 "카지노기구검사기관"이라 한다)에 위탁한다.
3. 법 제31조 제1항의 규정에 의한 유기시설 또는 유기기구의 안전성검사 및 안전성검사 대상에 해당되지 아니함을 확인하는 검사에 관한 권한은 이를 문화관광부령이 정하는 인력과 시설 등을 갖추고 문화관광부령이 정하는 바에 따라 문화관광부장관에게 등록한 업종별 관광협회 또는 전문 연구·검사기관(이하 "안전성검사 등록기관"이라 한다)에 각각 위탁한다. 이 경우 문화관광부장관은 안전성검사 등록기관의 명칭·주소 및 대표자 등을 고시 하여야 한다.

3의2. 제3호 전단의 규정에 불구하고 문화관광부령이 정하는 검사는 안전성검사 등록기관 중에서 문화관광부장관이 지정하여 고시하는 업종별 관광협회 또는 전문 연구·검사기관에 위탁한다. [신설 2003.08.06.]

4. 법 제36조의 규정에 의한 관광종사원 중 관광 통역 안내사·호텔경영사 및 호텔

관리사의 자격시험, 등록 및 자격증의 교부에 관한 권한은 이를 한국관광공사에 위탁한다. [시행일 2004.01.01.]

5. 법 제36조의 규정에 의한 관광 종사원 중 국내여행 안내사 및 호텔서비스사의 자격시험, 등록 및 자격증의 교부에 관한 권한은 이를 협회에 위탁한다. [시행일2004.01.01.]
6. 법 제37조 제1항의 규정에 의한 관광종사원 중 유원 시설업 종사자의 안전교육에 관한 권한은 이를 안전교육을 행할 수 있는 인력과 시설을 갖춘 단체 및 전문 연구·검사기관 중에서 문화관광부장관이 지정하여 고시하는 자에게 위탁한다.

② 제1항 제1호의 규정에 의하여 위탁받은 업무를 행한 지역별 관광협회는 이를 시·도지사에게 보고하여야 한다.

③ 시·도지사는 제2항의 규정에 의하여 지역별 관광협회로부터 보고받은 사항을 매월 종합하여 다음달 10일까지 문화관광부장관에게 보고하여야 한다.

④ 제1항 제2호의 규정에 의하여 위탁받은 업무를 행한 카지노기구 검사기관은 문화관광부령이 정하는 바에 따라 제1항 제2호의 검사에 관한 업무규정을 정하여 문화관광부장관의 승인을 얻어야 한다. 이를 변경하는 때에도 또한 같다.

⑤ 제1항 제3호 및 제6호의 규정에 의하여 위탁받은 업무를 행한 업종별 관광협회 또는 전문 연구·검사기관은 그 업무를 수행함에 있어서 법령 위반사항을 발견한 때에는 지체 없이 관할 시장·군수·구청장에게 이를 보고하여야 한다. [개정 2005.4.22]

⑥ 제1항 제4호 및 제5호의 규정에 의하여 위탁받은 업무를 행한 한국관광공사 및 협회는 관광종사원의 자격시험, 등록 및 자격증의 교부에 관한 업무를 행한 때에는 이를 분기별로 종합하여 다음 분기 10일까지 문화관광부장관에게 보고하여야 한다.

제64조 (등급결정 권한의 위탁)

① 문화관광부장관은 법 제75조 제3항 제2호의 규정에 의하여 법 제18조 제1항의 규정에 의한 호텔업의 등급 결정권을 다음 각 호의 요건을 갖춘 법인 중 문화관광부장관에게 등록한 법인에게 위탁 한다. 이 경우 문화관광부장관은 등급 결정권을 위탁한 법인의 명칭·주소 및 대표자 등을 고시하여야 한다.[개정 2003.08.06.][시행일 2003.11.07.]

1. 비영리법인일 것
2. 관광숙박업의 육성과 서비스 개선 등에 관한 연구 및 계몽활동 등을 하는 법인일 것
3. 문화관광부령이 정하는 기준에 적합한 자격을 가진 평가요원을 평가요소별로 10인 이상 확보하고 있을 것

② 제1항의 규정에 의한 수탁기관의 등록 및 등록취소에 관한 사항은 문화관광부

장관이 정하여 고시한다. [개정 2003.08.06.][시행일 2003.11.07.]

제65조 (복권발행 권한의 위탁)

① 문화관광부장관은 법 제75조 제3항 제7호의 규정에 의하여 법 제70조 제1항의 규정에 의한 관광복권의 발행에 관한 권한을 협회에 위탁한다.

② 제1항의 규정에 의하여 관광복권의 발행권한을 위탁받은 협회는 관광복권을 발행·판매함에 있어서 관광복권발행의 종류·조건·금액 및 방법 등에 대하여 미리 문화관광부장관의 승인을 얻어야 한다.

③ 협회는 관광복권의 발행과 관련된 자금을 협회의 다른 회계와 구분하여 계리하여야 한다.

④ 문화관광부장관은 관광복권의 발행·판매 업무를 협회에 위탁하는 경우 위탁 수수료를 지급할 수 있다.

⑤ 협회는 필요한 경우 관광복권의 발행·판매에 소요되는 자금을 자체예산으로 미리 충당할 수 있다.

제66조 (과태료의 부과·징수절차)

① 등록기관 등의 장은 법 제81조 제1항의 규정에 의하여 과태료를 부과하는 때에는 당해 위반행위를 조사·확인한 후 위반사실·과태료의 금액 등을 서면으로 명시하여 이를 납부할 것을 과태료처분 대상자에게 통지하여야 한다.

② 등록기관 등의 장은 제1항의 규정에 의하여 과태료를 부과하고자 하는 때에는 10일이상의 기간을 정하여 과태료처분 대상자에게 구술 또는 서면에 의한 의견진술의 기회를 부여하여야 한다. 이 경우 지정된 기일까지 의견진술이 없는 경우에는 의견이 없는 것으로 본다.

③ 등록기관 등의 장은 과태료의 금액을 정함에 있어서는 당해 위반행위의 동기와 그 결과 등을 참작하되, 그 부과기준은 별표 5와 같다.

④ 과태료의 징수절차는 문화관광부령으로 정한다.

## 부칙

부칙 [2006.2.2 제19312호]

① (시행일) 이 영은 공포한 날부터 시행한다.

② (회원모집 관광사업에 관한 경과조치) 이 영 시행 당시 사업계획승인을 받은 관광호텔업·수상관광 호텔업 및 한국전통 호텔업의 경우에는 제23조 제1호의 개정규정에 불구하고 종전의 규정에 의한다.

[별표 1] <개정 2002.4.27, 2003.8.6, 2006.2.2>

## 관광사업의 등록기준(제7조 관련)

1. 여행업

가. 일반 여행업

(1) 자본금(개인의 경우에는 자산평가액) : 3억 5천만원 이상일 것

(2) 사무실 : 소유권 또는 사용권이 있을 것

나. 국외 여행업

(1) 자본금(개인의 경우에는 자산평가액) : 1억원 이상일 것

(2) 사무실 : 소유권 또는 사용권이 있을 것

다. 국내 여행업

(1) 자본금(개인의 경우에는 자산평가액) : 5천만원 이상일 것

(2) 사무실 : 소유권 또는 사용권이 있을 것

2. 호텔업

가. 관광 호텔업

(1) 욕실 또는 샤워시설을 갖춘 객실을 30실 이상 갖추고 있을 것

(2) 외국인에게 서비스 제공이 가능한 체제를 갖추고 있을 것

(3) 부동산의 소유권 또는 사용권을 확보하고 있을 것

나. 수상관광 호텔업

(1) 수상관광 호텔이 위치하는 수면은 공유수면 관리법 또는 하천법에 의하여 관리청으로부터 점용허가를 받을 것

(2) 욕실 또는 샤워시설을 갖춘 객실이 30실 이상일 것

(3) 외국인에게 서비스제공이 가능한 체제를 갖추고 있을 것

(4) 수상오염을 방지하기 위한 오수저장·처리시설 및 폐기물 처리시설을 갖추고 있을 것

(5) 부동산의 소유권 또는 사용권이 있을 것

다. 한국전통 호텔업

(1) 건축물의 외관은 전통가옥의 형태를 갖추고 있을 것

(2) 이용자의 불편이 없도록 욕실 또는 샤워시설을 갖추고 있을 것
(3) 외국인에게 서비스 제공이 가능한 체제를 갖추고 있을 것
(4) 부동산의 소유권 또는 사용권이 있을 것

라. 가족 호텔업
(1) 가족단위 관광객이 이용할 수 있는 취사시설이 객실별로 설치되어 있거나 매 층별로 공동취사장이 설치되어 있을 것
(2) 욕실 또는 샤워시설을 갖춘 객실이 30실 이상일 것
(3) 객실별 면적이 19제곱미터 이상일 것
(4) 외국인에게 서비스 제공이 가능한 체제를 갖추고 있을 것
(5) 부동산의 소유권 또는 사용권이 있을 것(다만, 회원을 모집하는 경우에는 소유권이 있어야 한다)

### 3. 휴양 콘도미니엄업
가. 객실
(1) 동일단지 안에 객실이 50실 이상일 것
(2) 관광객의 취사 · 체재 및 숙박에 필요한 설비를 갖추고 있을 것
나. 매점 등 매점 또는 간이 매장이 있을 것. 다만, 수개의 동으로 단지를 구성할 경우에는 공동으로 설치할 수 있다.
다. 문화 체육 공간
공연장 · 전시관 · 미술관 · 박물관 · 수영장 · 테니스장 · 축구장 · 농구장 기타 관광객의 이용에 적합한 문화체육 공간을 1개소 이상 갖출 것. 다만, 수개의 동으로 단지를 구성할 경우에는 공동으로 설치할 수 있으며, 관광지 · 관광단지 또는 종합휴양업의 시설 안에 소재할 경우에는 이를 설치하지 아니할 수 있다.

### 4. 관광객 이용 시설업
가. 전문 휴양업
(1) 공통기준
(가) 숙박시설 또는 음식점 시설이 있을 것
(나) 주차시설 · 급수시설 · 공중 화장실 등의 편의시설과 휴게시설이 있을 것

(2) 개별기준
(가) 민속촌

한국고유의 건축물(초가집 및 기와집)이 20동 이상으로서 각 건물에는 전래되어 온 생활도구가 비치되어 있거나 한국 또는 외국의 고유문화를 소개할 수 있는 50점 이상의 축소된 건축물 모형이 적정한 장소에 배치되어 있을 것

(나) 해수욕장

1) 수영을 하기에 적합한 조건을 갖춘 해변이 있을 것

2) 수용인원에 상응한 간이목욕시설·탈의장 등이 있을 것

3) 인명구조용 구명정·망루대 및 응급 처리시 설비 등의 시설이 있을 것

4) 담수욕장 시설을 갖추고 있을 것

5) 인명 구조원을 배치하고 있을 것

(다) 수렵장

조수보호 및 수렵에 관한 법률의 규정에 의한 시설을 갖추고 있을 것

(라) 동물원

1) 박물관 및 미술관 진흥법 시행령 별표 2의 규정에 의한 시설을 갖추고 있을 것

2) 사파리공원이 있을 것

(마) 식물원

1) 박물관 및 미술관 진흥법시행령 별표 2의 규정에 의한 시설을 갖추고 있을 것

2) 온실면적은 2,000제곱미터 이상일 것

3) 식물 종류 수는 1,000종 이상일 것

(바) 수족관

1) 박물관 및 미술관 진흥법 시행령 별표 2의 규정에 의한 시설을 갖추고 있을 것

2) 건축연면적은 2,000제곱미터 이상일 것

3) 어종 수(어류외의 것을 제외한다)는 100종 이상일 것

4) 객석 100석 이상의 해양 동물 쇼 장이 있을 것

(사) 온천장

1) 온천수를 이용한 대중목욕시설이 있을 것

2) 실내 수영장이 있을 것

3) 정구장·탁구장·볼링장·활터·미니골프장·배드민턴장·롤러스케이트장·보트장 등의 레크레이션 시설 중 2종 이상의 시설을 갖추거나 제2조 제5호의 규정에 의한 유원 시설업 시설이 있을 것

(아) 동굴자원

관광객의 관람에 이용될 수 있는 천연동굴이 있고 관람에 용이한 시설이 있을 것

(자) 수영장

신고 체육 시설업 중 수영장시설 등을 갖추고 있을 것

(차) 농 · 어촌휴양시설

1) 농어촌 정비법의 규정에 의한 관광농원 또는 농어촌 휴양단지의 시설을 갖추고 있을 것

2) 관광객의 관람이나 휴식에 이용될 수 있는 특용작물 · 나무 등을 재배하거나 어류 · 희귀동물 등을 기르고 있을 것

3) 재배지 또는 양육장 면적은 10,000제곱미터 이상일 것

(카) 활공장

1) 활공을 할 수 있는 장소(이륙장 및 착륙장)가 있을 것

2) 인명 구조원을 배치하고 응급처리를 할 수 있는 설비를 갖추고 있을 것

3) 행글라이더 · 패러글라이더 또는 열기구 기타 초경량비행기 등 2종 이상의 관광비행사업용 활공장비를 갖추고 있을 것

(타) 등록 및 신고 체육 시설업 시설

스키장·요트장·골프장·조정장·카누장·빙상장·자동차 경주장·승마장 또는 종합체육시설 등 9종의 등록 및 신고 체육 시설업에 해당되는 체육 시설을갖추고 있을 것

(파) 산림휴양시설

산림법의 규정에 의한 자연 휴양림 또는 수목원의 시설을 갖추고 있을 것

(하) 박물관

박물관 및 미술관 진흥법 시행령 별표 2 제1호 중 종합 박물관 또는 전문 박물관의 시설을 갖추고 있을 것

(거) 미술관

박물관 및 미술관 진흥법 시행령 별표 2의 규정에 의한 제1종 미술관의 시설을 갖추고 있을 것

나. 종합 휴양업의 등록기준

(1) 제1종 종합 휴양업

숙박시설 또는 음식점 시설을 갖추고 전문 휴양시설 중 2종류 이상의 시설을 갖추고 있거나, 숙박시설 또는 음식점 시설을 갖추고 전문 휴양시설 중 1종류 이상의 시설과 종합유원 시설업의 시설을 갖추고 있을 것

(2) 제2종 종합 휴양업

(가) 면적

단일부지로서 500,000제곱미터 이상일 것

(나) 시설

관광숙박업 등록에 필요한 시설과 제1종 종합 휴양업 등록에 필요한 전문 휴양시설 중 2종류 이상의 시설 또는 전문 휴양시설 중 1종류 이상의 시설과 종합 유원시설업의 시설을 함께 갖추고 있을 것

다. 자동차 야영장업

(1) 규모

차량 1대당 80제곱미터 이상의 주차 및 휴식공간을 확보할 것

(2) 편의시설

주차 · 야영에 불편이 없도록 수용인원에 적합한 상 · 하수도시설, 전기시설, 통신시설, 공중화장실, 공동 취사시설 등을 갖추고 있을 것

(3) 진입로

진입로는 2차선 이상으로 할 것

라. 관광유람선업

(1) 구조

선박 안전법의 규정에 의한 구조 및 설비를 갖춘 선박일 것

(2) 선상시설

이용객의 숙박 또는 휴식에 적합한 시설을 갖추고 있을 것

(3) 위생시설

수세식 화장실과 냉 · 난방 설비를 갖추고 있을 것

(4) 편의시설 등

식당 · 매점 · 휴게실 등 편의시설을 갖추고 있을 것

(5) 수질오염방지 시설

수질오염을 방지하기 위한 오수저장 · 처리시설과 폐기물 처리시설을 갖추고 있을 것

마. 관광 공연장업

(1) 설치장소

관광지 · 관광단지 또는 관광특구 안에 있거나 이 법에 의한 관광사업 시설 안에 있을 것

(2) 시설기준

(가) 실내관광 공연장

1) 150제곱 미터 이상의 무대를 갖추고 있을 것

2) 출연자가 연습하거나 대기 또는 분장할 수 있는 공간을 갖추고 있을 것

3) 비상시에 관람객이 공연장을 손쉽게 탈출할 수 있도록 3개 이상의 출입구를 갖추고 있을 것
4) 남녀용으로 구분된 수세식 화장실을 갖추고 있을 것
5) 공연으로 인한 소음이 밖으로 전달되지 아니하도록 방음시설을 갖추고 있을 것

(나) 실외관광 공연장
1) 비가 올 경우에 대비하여 지붕이 있는 300제곱 미터 이상의 무대를 갖추고 있을 것
2) 남녀용으로 구분된 수세식 화장실을 갖추고 있을 것
3) 공연기준 : 우리나라의 전통가무 공연이 총 공연시간의 3분의 1 이상일 것
4) 일반음식점 영업허가 : 식품위생법 제7조의 규정에 의한 식품접객업 중 일반음식점 영업허가를 받을 것

바. 외국인 전용 관광기념품 판매업
(1) 판매물품 : 국내에서 생산되는 재료를 주원료로 하여 제조 또는 가공한 물품일 것
(2) 주차시설 : 주차시설을 갖추고 있을 것
(3) 종사원 : 외국어 구사능력이 있는 종사원을 고용할 것

### 5. 국제 회의업

(가) 국제회의 시설업
(1) 국제회의 산업 육성에 관한 법률 시행령 제3조의 규정에 의한 회의시설 및 전시시설의 요건을 갖추고 있을 것
(2) 국제회의 개최 및 전시의 편의를 위하여 부대시설로 주차시설, 쇼핑·휴식시설을 갖추고 있을 것

(나) 국제회의 기획업
(1) 자본금 : 5천만원 이상일 것
(2) 사무실 : 소유권 또는 사용권이 있을 것

**[별표 2] <개정 2002.4.27, 2005.4.22>**

## 행정처분의 기준(제34조 제1항 관련)

### 1. 일반기준

가. 위반행위가 2이상일 때에는 그중 중한 처분기준(중한 처분기준이 동일할 때

에는 그 중 하나의 처분기준을 말한다. 이하 이 목에서 같다)에 의하며, 2이상의 처분기준이 동일한 사업정지일 경우에는 중한 처분기준의 2분의 1까지 가중 처분할 수 있되, 각 처분기준을 합산한 기간을 초과할 수 없다.

나. 법 제8조 제1항의 규정에 의하여 관광사업을 타인에게 양도한 경우 양도 전에 당해 사업에 대하여 행하여진 처분(이미 처분기간이 경과한 처분, 처분기간이 진행 중인 처분을 포함한다)의 효과는 양수인이 이를 승계한다.

다. 개별적 행정처분의 기준은 1차·2차·3차 및 4차라 함은 최근 1년간 같은 위반행위로 인하여 행정처분을 받은 것을 말한다.

## 2. 개별기준

| 위 반 사 항 | 근거법령 | 행 정 처 분 기 준 | | | |
|---|---|---|---|---|---|
| | | 1차 위반 | 2차 위반 | 3차 위반 | 4차 위반 |
| 1. 법 제4조(등록) 위반 | 법 제33조 | | | | |
| 가. 관광사업의 변경 등록기간을 위반한 때 | | 경고 | 사업정지 15일 | 사업정지 2월 | 취소 |
| 2. 법 제5조(허가 및 신고)위반 | 법 제33조 | | | | |
| 가.카지노업 | | | | | |
| (1) 문화관광부령이 정하는 중요사항에 대하여 변경허가를 받지 아니하고 변경한 때 | | 사업정지 10일 | 사업정지 1월 | 사업정지 3월 | 취소 |
| (2) 문화관광부령이 정하는 경미한 사항에 대하여 변경 신고를 하지 아니하고 변경한 때 | | 사업정지 5일 | 사업정지 10일 | 사업정지 20일 | 취소 |
| 나. 유원시설업 | | | | | |
| (1) 허가대상 유원시설업의 경우 문화 관광부령이 정하는 중요사항에 대하여변경허가를 받지 아니하고 변경한 때 | | 사업정지 5일 | 사업정지 10일 | 사업정지 20일 | 취소 |
| (2) 허가대상 유원시설업의 경우 문화관광부령이 정하는 경미한 사항에 대하여 변경신고를 하지 아니하고 변경한 때 | | 경고 | 사업정지 5일 | 사업정지 10일 | 취소 |
| (3) 신고대상 유원시설업의 경우 문화관광부령이 정하는 중요사항에 대하여 변경신고를 하지 아니하고 변경한 때 | | 경고 | 사업정지 5일 | 사업정지 10일 | 영 업 소 폐쇄명령 |
| 3. 법 제7조(결격사유)에 해당하게 된 때 | 법 제33조 | 취소 (신고업종의 | | | |

| | | | | | |
|---|---|---|---|---|---|
| | | 경우에는 영업소 폐쇄명령) | | | |
| 4. 법 제8조(관광사업의 양수 등)위반 | 법 제33조 | | | | |
| 가. 관광사업자 또는 사업계획승인을 얻은 자의 지위를 승계한 후 승계신고를 하지 아니한 때 | | 경고 | 사업정지 1월 또는 사업계획 승인취소 | 취소(신고업종의 경우에는 사업정지 3월) | 신고업종의 경우에는 사업정지 6월 |
| 나. 관광사업의 휴업 또는 폐업을 하고 통보를 하지 아니한 때 | | 경고 | 취소(신고업종의 경우에는 사업정지 1월) | 신고업종의 경우에는 사업정지 3월 | 신고업종의 경우에는 사업정지 6월 |
| 5. 법 제9조의 규정에 의한 보험 또는 공제에 가입하지 아니하거나 영업보증금을 예치하지 아니한 때 | 법 제33조 | 경고 | 사업정지 1월 | 취소(신고업종의 경우에는 사업정지 3월) | 신고업종의 경우에는 사업정지 6월 |
| 6. 법 제11조의 규정에 위반하여 타인경영이 금지된 시설을 타인으로 하여금 경영하게 한 때 | 법 제33조 | 사업정지 1월 | 사업정지 3월 | 사업정지 5월 | 취소(신고업종의 경우에는 사업정지 6월) |
| 7. 법 제12조의 규정에 의한 기획여행의 실시요건 또는 실시방법에 위반하여 기획여행을 실시한 때 | 법 제33조 | 사업정지 15일 | 사업정지 1월 | 사업정지 3월 | 취소 |
| 8. 법 제13조의 규정에 위반하여 요건에 적합하지 아니한 자가 국외여행을 인솔한 때 | 법 제33조 | 사업정지 10일 | 사업정지 20일 | 사업정지 1월 | 사업정지 3월 |
| 8의2. 법 제13조의2의 규정에 위반하여 여행업자가 여행자에게 여행계약서(약관의 내용이 계약서에 기재되어 있지 아니한 경우에는 그 약관을 기재한 서면을 포함한다)를 교부하지 아니한 때 | 법 제33조 | 경고 | 사업정지 10일 | 사업정지 20일 | 취소 |
| 9. 법 제14조의 규정에 위반하여 관광숙박업의 사업계획승인을 얻은 자가 그 승인을 얻은 사업계획(경미사항제외)을 임의로 변경한 때 | 법 제33조 | 경고 | 사업계획 승인취소 | | |
| 10. 법 제19조(분양 및 회원모집)위반 | 법 제33조 | | | | |
| 가. 분양 또는 회원모집을 할 수 없는 자가 분양 또는 회원모집을 | | 경고 | 사업정지 1월 또는 | 사업정지 3월 | 취소 |

| | | | | | |
|---|---|---|---|---|---|
| 한 때 | | | 사업계획 승인취소 | | |
| 나. 분양 또는 회원모집 약관에 공유자·회원의 권익보호에 관한 사항을 포함시키지 아니한 때 | | 경고 | 사업정지 1월 또는 사업계획 승인취소 | 사업정지 2월 | 취소 |
| 다. 분양 또는 회원 모집기준 및 절차를 위반한 때 | | 경고 | 사업정지 1월 또는 사업계획 승인취소 | 사업정지 3월 | 취소 |
| 라. 공유자·회원의 권익보호에 관한사항을 지키지 아니 한때 | | 경고 | 사업정지 1월 또는 사업계획 승인취소 | 사업정지 2월 | 사업정지 3월 |
| 11. 법 제20조의 규정에 의한 카지노업 허가요건을 흠결한 때 | 법 제33조 | 개선명령 | 사업정지 1월 | 사업정지 3월 | 취소 |
| 12. 법 제21조의 규정에 의한 카지노업 결격 사유에 해당하게 된때 | 법 제33조 | 취소 | | | |
| 13. 법 제22조제3항의 규정에 위반하여 허가 받은 카지노 시설 및 기구를 유지·관리하지 아니한 때 | 법 제33조 | 사업정지 1월 | 사업정지 3월 | 취소 | |
| 14. 법 제26조의 규정에 의한 문화관광부장관의 지도와 명령을 카지노 사업자가 이행하지 아니한 때 | 법 제33조 | 경고 | 사업정지 10일 | 사업정지 20일 | 사업정지 1월 |
| 15. 법 제27조(카지노사업자 등의 준수사항)위반 | 법 제33조 | | | | |
| 가. 법령에 위반되는 카지노기구를 설치하거나 사용한 때 | | 사업정지 1월 | 사업정지 3월 | 취소 | |
| 나. 법령에 위반하여 카지노기구 또는 시설을 변조하거나 변조된 카지노기구 또는 시설을 사용한 때 | | 사업정지 1월 | 사업정지 3월 | 취소 | |
| 다. 허가받은 전용 영업장외에서 영업한 때 | | 사업정지 1월 | 사업정지 3월 | 취소 | |
| 라. 카지노영업소에 내국인을 입장시킨 때 | | | | | |
| (1) 고의로 입장시킨 때 | | 사업정지 10일 | 사업정지 1월 | 사업정지 3월 | 취소 |
| (2) 과실로 입장시킨 때 | | 경고 | 경고 | 사업정지 5일 | 사업정지 10일 |
| 마. 과도한 사행심을 유발하는 등 선량한 풍속을 해할 우려가 있는 광고 또는 선전을 한 때 | | 경고 | 사업정지 10일 | 사업정지 1월 | 사업정지 3월 |

| | | | | | |
|---|---|---|---|---|---|
| 바. 법 제25조제1항의 규정에 의한 영업 종류에 해당하지 아니하는 영업을 하거나 영업방법 및 배당금 등에 관한 신고를 하지 아니하고 영업을 한 때 | | 사업정지 1월 | 사업정지 3월 | 취소 | |
| 사. 카지노영업소에 19세미만의 자를 입장시킨 때 | | 경고 | 사업정지 10일 | 사업정지 1월 | 사업정지 3월 |
| 아. 문화관광부령으로 정하는 영업준칙을 준수하지 아니한 때 | | 경고 | 사업정지 10일 | 사업정지 1월 | 사업정지 3월 |
| 16. 법 제29조(기금에의 납부) 위반 | 법 제33조 | | | | |
| 가. 기금납부를 1월미만 지연한 때 | | 경고 | 사업정지 10일 | 사업정지 1월 | |
| 나. 기금납부를 1월이상 지연한 때 | | 사업정지 10일 | 사업정지 1월 | 사업정지 3월 | |
| 다. 기금납부를 3월이상 지연한 때 | | 사업정지 1월 | 사업정지 3월 | 취소 | |
| 라. 기금납부를 6월이상 지연한 때 | | 사업정지 3월 | 취소 | | |
| 마. 기금납부를 1년이상 지연한 때 | | 취소 | | | |
| 17. 법 제30조의 규정에 의한 유원시설업의 관리기준에 따라 그 시설·설비 및 영업에 관한 관리를 하지 아니한 때 | 법 제33조 | 개선명령 | 사업정지 10일 | 사업정지 1월 | 취소 (신고업종의 경우에는 사업정지 3월) |
| 18. 법 제31조제1항의 규정에 의한 유기시설 또는 유기기구의 안전성검사를 받지 아니한 때 | 법 제33조 | 사업정지 10일 | 사업정지 20일 | 사업정지 1월 | 취소 (신고업종의 경우에는 사업정지 3월) |
| 18의2. 법 제31조제2항의 규정에 의한 안전관리자를 상시 배치하지 아니한 때 | 법 제33조 | 사업정지 5일 | 사업정지 10일 | 사업정지 20일 | 취소 |
| 19. 법 제32조(영업질서의 유지 등) 위반 | 법 제33조 | | | | |
| 가. 영업질서를 유지하기위하여 문화관광부령이 정하는 사항 을 지키지 아니한 때 | | 경고 | 사업정지 10일 | 사업정지 20일 | 사업정지 1월 |
| 나. 법령에 위반하여 제조된 유기시설·유기기구 또는 유기기구의 부분품을 설치하거나 사용한 때 | | 사업정지 15일 | 사업정지 1월 | 사업정지 2월 | 취소(신고업종의 경우에는 사업정지 3월) |
| 20. 법 제33조(등록취소등) 위반 | 법 제33조 | | | | |
| 가. 사업계획의 승인을 얻은 자가 정당한 사유없이 사업계획 승인을 | | 경고 | 사업계획 승인취소 | | |

| | | | | | |
|---|---|---|---|---|---|
| 얻은 후 2년이내에 착공하지 아니하거나 착공후 5년이내에 준공을 하지 아니한 때 | | | | | |
| 나. 관광사업의 경영 또는 사업계획을 추진함에 있어 사위 기타 부정한 방법을 사용하거나 부당한 금품을 수수한 때 | | 경고 | 사업정지 10일 또는 사업계획 승인 취소 | 사업정지 20일 | 취소(신고업종의 경우에는 사업정지 1월) |
| 다. 고의로 계약 또는 약관을 위반한 때(여행업자에 한한다) | 법 제33조 | 경고 | 사업정지 10일 | 사업정지 20일 | 취소 |
| 21. 법 제37조의 규정에 의하여 관광종사원이 교육을 받도록 협조하지 아니한 때 | 법 제33조 | 경고 | 사업정지 5일 | 사업정지 10일 | 사업정지 1월 |
| 22. 법 제73조(보고·검사) 위반 | 법 제33조 | | | | |
| 가. 사업에 관한 보고 또는 서류의 제출 명령을 이행하지 아니한 때 | | 사업정지 10일 | 사업정지 1월 | 취소(신고업종의 경우에는 사업정지 3월) | |
| 나. 관계공무원의 장부·서류 기타 물건의 검사를 방해한 때 | | 사업정지 10일 | 사업정지 1월 | 취소(신고업종의 경우에는 사업정지 3월) | |

## [별표 3] <개정 2005.4.22>위반행위별 과징금 부과 기준(제35조 제1항 관련)

(단위 : 만원)

| 위반행위 | 해당법조문 | 업종별과징금액 | | | | | | | | | | | | | | | | | | | | | |
|---|---|---|---|---|---|---|---|---|---|---|---|---|---|---|---|---|---|---|---|---|---|---|---|
| | | 여행업 | | | 관광숙박업 | | | | | | | 관광객 이용 시설업 | | | | | | 국제회의업 | | 카지노업 | 유원시설업 | | |
| | | | | | 관광호텔업 | | | 수상관광호텔업 | 가족호텔업 | 한국전통호텔업 | 휴양콘도미니엄 | | | | | | | | | | | | |
| | | 일반여행업 | 국외여행업 | 국내여행업 | 특1, 특2등급 | 1등급 | 2등급 | | | | | 전문휴양업 | 종합휴양업 | 자동차야영업장 | 관광유람선업 | 외국인전용관광기념품판매업 | 관광공연장업 | 국제회의시설업 | 국제회의기획업 | | 종합유원시설업 | 일반유원시설업 | 기타유원시설업 |
| 1. 관광사업의등록<br>가. 관광사업의변경등록기간을 위반한 | 법 제4조 | 120 | 80 | 80 | 200 | 120 | 80 | 80 | 80 | 80 | 120 | 80 | 120 | 80 | 80 | 80 | 80 | 120 | 80 | | | | |

| 때 | | | | | | | | | | | | | | | | | | | | | | | |
|---|---|---|---|---|---|---|---|---|---|---|---|---|---|---|---|---|---|---|---|---|---|---|---|
| 나. 등록한 영업범위를 벗어난 때 | | 800 | 800 | 400 | | | | | | | | | | | | 200 | | | | | | | |
| 2. 허가 및 신고<br>가. 허가대상유원시설업의경우 문화관광부령이 정하는 중요사항에대하여 변경허가를 받지 아니하고변경한 때<br>나. 허가대상유원시설업의경우 문화관광부령이 정하는 경미한사항에대하여변경신고를하지 아니하고 변경한 때<br>다. 신고대상유원시설업의경우 문화관광부령이 정하는 중요사항에대하여 변경신고를하지 아니하고 변경한 때 | | | | | | | | | | | | | | | | | | | | | | | |
| 3. 관광사업자또는 사업계획승인을얻은 자의 지위를 승계한 후승계신고를 하지 아니한 때 | 법 제 8조 | 400 | 200 | 200 | 800 | 400 | 200 | 200 | 200 | 200 | 400 | 200 | 400 | 120 | 120 | 120 | 100 | 400 | 200 | 300 | 400 | 320 | 120 |
| 4. 기획여행의실시요건 또는 실시방법에위반하여기획여행을 실시한때 | 법 제 12조 | 800 | 400 | | | | | | | | | | | | | | | | | | | | |
| 5. 문화관광부령이정하는요건에적합하지아니한자가국외여행을인솔한때 | 법 제 13조 | 400 | 200 | | | | | | | | | | | | | | | | | | | | |
| 6. 여행업자가여행자에게 여행계약서(약관의 내용이 계약서에 기재되어있지 아니 한 경우에는 그 약관을 기재한 서면을 포함한다)를 교부하지 아니한 때 | 법 제 13조의 2 | 800 | 400 | 200 | | | | | | | | | | | | | | | | | | | |

| | | | | | | | | | | | | | | | | | | | | | | | |
|---|---|---|---|---|---|---|---|---|---|---|---|---|---|---|---|---|---|---|---|---|---|---|---|
| 7. 분양 및 회원모집 위반<br>가. 분양 또는 회원 모집을 할 수 없는 자가 분양 또는 회원모집을 한 때 | 제19조 | | | | | | | | 400 | | 800 | | 800 | | | | | | | | | | |
| 나. 분양 또는 회원 모집약관에 공유자 회원의 권익 보호에 관한 사항을 포함시키지 아니한 때 | | | | | | | | | 200 | | 400 | | 400 | | | | | | | | | | |
| 다. 분양 또는 회원 모집기준 및 절차를 위반한 때 | | | | | | | | | 400 | | 800 | | 800 | | | | | | | | | | |
| 라. 공유자회원의 권익보호에 관한 사항을 지키지 아니한 때 | | | | | | | | | 400 | | 800 | | 800 | | | | | | | | | | |
| 8. 카지노사업자준수 사항<br>가. 과도한 사행심을 유발하는 등선량한 풍속을 해할 우려가 있는 광고 또는 선전을 한 때<br>나. 카지노영업소에 19세미만의 자를 입장시킨 때<br>다. 문화관광부령이 정하는 영업준칙을 준수하지 아니한 때 업자 | 법제27조 | | | | | | | | | | | | | | | | | | | | | | |
| 9. 카지노사업자가 관광진흥개발기금 납부금의 납부를지연한 때(업정10일에 갈음하는경우에 한한다) | 법제29조 | | | | | | | | | | | | | | | | | | | | | | |
| 10. 문화관광부령이정하는 유원시설업의관리기준에따라 그시설설비및영업에관한 관리를하지아니한 때 | 법제30조 | | | | | | | | | | | | | | | | | | | | | | |
| 11. 유기시설 또 는유 | 법 | | | | | | | | | | | | | | | | | | | | | | |

| | | | | | | | | | | | | | | | | | | | | | | | |
|---|---|---|---|---|---|---|---|---|---|---|---|---|---|---|---|---|---|---|---|---|---|---|---|
| 기기구의안전성검사를받지아니한때 | 제31조제1항 | | | | | | | | | | | | | | | | | | | | | | |
| 12. 유원시설업소에안전관리 자를 상시 배치하지아니한때 | 법제31조제2항 | | | | | | | | | | | | | | | | | | | | | | |
| 13. 유원시설업자의 영업질서유지<br>가. 영업질서를 유지하기위하여 문화광부령이 정하는 사항을 지키지아니 한 때<br>나. 법령에 위반하여 제조된유기시설·유기기구 또는 유기기구의부분품을설치하거나 사용한 때 | 법제32조 | | | | | | | | | | | | | | | | | | | | | | |
| 14. 고의로계약또는약관을위반한때(여행업자에한한다) | 법제33조 | 800 | 400 | 200 | | | | | | | | | | | | | | | | | | | |
| 15. 관광종사원이교육을받도록협조하지아니한 때 | 법제37조 | 120 | 80 | 80 | 200 | 120 | 80 | 80 | 80 | 80 | 120 | 80 | 200 | 40 | 80 | 80 | 80 | 200 | 120 | | 200 | 120 | 80 |
| 16. 보고·검사<br>가. 사업에관한 보고 또는서류의제출명령을이행하지 아니한때 | 법제73조 | 800 | 400 | 400 | 1200 | 800 | 400 | 400 | 400 | 400 | 800 | 400 | 800 | 200 | 200 | 200 | 200 | 1200 | 800 | 500 | 800 | 400 | 80 |
| 나. 관계공무원의 장부·서류기타 물건의검사를거부·방해·기피한 때 | | 800 | 400 | 400 | 1200 | 800 | 400 | 400 | 400 | 400 | 800 | 400 | 800 | 200 | 200 | 200 | 200 | 1200 | 800 | 300 | 800 | 400 | 80 |

**[별표 4] <개정 2003.8.6>**

관광업무별 자격기준(제37조 관련)

| 업 종 | 업 무 | 종사할 수 있는 자 |
|---|---|---|
| 1.여행업 | 가. 외국인관광객의 국내여행을 위한 안내 | 관광통역 안내사자격을 취득한 자 |
| | 나. 내국인의 국내여행을 위한 안내 | 국내여행 안내사자격을 취득한 자 |
| 2.관광 숙박업 | 가. 특2등급 이상의 관광호텔업의 총괄 관리 및 경영업무 | 호텔경영사자격을 취득한 자 |
| | 나. 특2등급 이상의 관광호텔업의 객실관리 책임자 업무 | 호텔경영사 또는 호텔관리사 자격을 취득한 자 |
| | 다. 1등급 이하의 관광호텔업과 한국전통호텔업·수상관광호텔업·휴양콘도미니엄업 및가족호텔업의 총괄 관리 및 경영업무 | 호텔경영사 또는 호텔관리사 자격을 취득한 자 |
| | 라. 현관·객실·식당의 접객업무 | 호텔서비스사 자격을 취득한 자 |

**[별표 5]**

위반행위의 종류별 과태료의 금액(제66조 제3항 관련)

| 위 반 행 위 | 해당 법조문 | 과태료 |
|---|---|---|
| 1. 법 제8조하지 아니하고 영업을 하거나 제3항 또는 제4항의 규정에 위반하여 지위승계신고를 하지 아니하고 영업을 하거나 동조 제6항의 규정에 위반한 자 (법 제78조제2호에 해당하는 카지노사업자를 제외한다) | 법 제81조 제1항제1호 | 20만원 |
| 2. 법 제10조제2항의 규정에 위반 하여 관광을 포함하는 상호를 사용하거나 관광표지를 사업장에 붙인 자 | 법 제81조 제1항 제2호 | 30만원 |
| 3. 법 제11조의 규정에 위반하여 관광사업의 시설중 부대시설을 제외한 시설을 타인으로 하여금 경영하게 한 자(제78조제3호에 해당하는 카지노사업자를 제외한다) | 법 제81조 제1항 제3호 | 100만원 |
| 4. 법 제27조제2항 전단의 규정에 위반하여 영업준칙을 준수하지 아니한 자 | 법 제81조 제1항 제4호 | 100만원 |
| 5. 법 제65조의 규정에 위반한 자<br>가. 유해물 또는 오물을 버린 자 | 법 제81조 제1항 제5호 | 50만원 |
| 나. 확성기를 사용하는 등 소음으로 타인에게 불쾌감을 주는 행위를 한 자 | 법 제81조 제1항 제5호 | 20만원 |
| 다. 과다한 대금을 받는 등의 부당한 상행위를 한 자 | 법 제81조 제1항 제5호 | 20만원 |

## 2.2 관광 진흥법 시행규칙

제1조 (목적) 이 규칙은 관광진흥법 및 동법 시행령에서 위임된 사항과 그 시행에 관하여 필요한 사항을 규정함을 목적으로 한다.

제2조 (관광사업의 등록신청)

①「관광진흥법시행령」(이하 "영"이라 한다) 제4조 제1항의 규정에 의하여 관광사업의 등록을 하고자 하는 자는 별지 제1호 서식의 관광사업 등록 신청서에 다음 각 호의 서류를 첨부하여 특별시장 · 광역시장 · 도지사 또는 시장 · 군수 · 자치구의 구청장(이하 "등록관청"이라 한다)에게 제출하여야 한다. [개정 2005.05.06, 2006.4.14]

1. 사업계획서
2. 신청인 (법인의 경우에는 대표자 및 임원)의 성명 및 주민등록번호를 기재한 서류(외국인의 경우에는 「관광진흥법」(이하 "법"이라 한다) 제7조 제1항 각호에 해당하지 아니함을 증명하는 당해 국가의 정부 기타 권한 있는 기관이 발행한 서류 또는 공증인이 공증한 신청인의 진술서로서 「재외공관 공증법」에 의하여 당해 국가에 주재하는 대한민국공관의 영사관이 확인한 서류)
3. 법인등기부등본(법인의 경우에 한한다)
4. 부동산의 소유권 또는 사용권을 증명하는 서류(가족호텔업·휴양콘도미니엄업의 경우에는 신청인 소유의 부동산 등기부등본을 제출하되, 각 부동산에 저당권이 설정되어 있는 경우에는 영 제25조 제1항 제2호 단서의 규정에 의한 보증보험 가입 증명서류를 함께 제출하여야 한다)
5. 「외국인투자 촉진법」에 의한 외국인투자를 증명하는 서류(외국인투자기업의 경우에 한 한다)

② 여행업 및 국제회의 기획업의 등록을 하고자 하는 자는 제1항의 규정에 의한 서류 외에 공인회계사 또는 세무사가 확인한 등록신청 당시의 대차대조표(개인의 경우에는 영업용 자산명세서 및 그 증빙서류)를 첨부하여야 한다. [개정 2003.10.06.] [시행일 2003.11.07.]

③ 관광숙박업·관광객 이용 시설업 및 국제회의 시설업의 등록을 하고자 하는 자는 제1항의 규정에 의한 서류 외에 다음 각 호의 서류를 첨부하여야 하며, 사업계획 승인된 내용에 변경이 없는 사항의 경우에는 제1항 각호의 서류 중 그와 관련된 서류를 제출하지 아니한다. [개정 2005.05.06]

1. 법 제14조의 규정에 의하여 승인을 얻은 사업계획(이하 "사업계획"이라 한다)에 포함된 부대영업을 하기 위하여 다른 법령의 규정에 의하여 소관관청에 신고를 하였거나 인·허가 등을 받은 경우에는 각각 이를 증명하는 서류(제2호 또는 제3호의 서류에 의하여 증명되는 경우에는 이를 제외한다)
2. 법 제17조 제1항의 규정에 의하여 신고를 하였거나 인·허가 등을 받은 것으로 의제 되는 경우에는 각각 그 신고서 또는 신청서와 그 첨부서류
3. 법 제17조 제1항 각호에 규정된 신고를 하였거나 인·허가 등을 받은 경우에는 각각 이를 증명하는 서류

4. 시설의 평면도 및 배치도
5. 다음 각목의 구분에 따른 시설별 일람표
   가. 관광숙박업 : 별지 제2호 서식의 시설별 일람표
   나. 전문휴양업 및 종합휴양업 : 별지 제3호 서식의 시설별 일람표
   다. 국제회의 시설업 : 별지 제4호 서식의 시설별 일람표

④ 제1항 내지 제3항의 규정에 불구하고 「체육시설의 설치·이용에 관한 법률 시행령」 제20조의 규정에 의하여 등록한 등록 체육시설업의 경우에는 등록증사본으로 첨부서류에 갈음할 수 있다. [개정 2005.5.6]

⑤ 등록관청은 제1항의 규정에 의한 관광사업 등록 신청을 받은 경우 그 신청내용이 등록기준에 적합하다고 인정되는 때에는 별지 제5호 서식의 관광사업 등록증을 신청인에게 교부하여야 한다.

제3조 (관광사업의 변경등록)

① 제2조의 규정에 의하여 관광사업을 등록한 자가 법 제4조 제3항의 규정에 의하여 등록사항을 변경하고자 하는 경우에는 그 변경사유가 발생한 날부터 30일 이내에 별지 제6호 서식의 관광사업 변경등록 신청서에 변경사실을 증명하는 서류를 첨부하여 등록관청에 제출하여야 한다.

② 제2조 제4항의 규정은 제1항의 규정에 의한 변경등록증 교부에 관하여 이를 준용한다.

제4조 (관광사업자 등록대장)영 제5조 제3항의 규정에 의하여 비치·관리하는 관광사업자 등록대장에는 관광사업자의 상호 또는 명칭, 대표자의 성명·주소 및 사업장의 소재지와 사업별로 다음 각 호의 사항이 기재되어야 한다. [개정 2003.10.06, 2006.4.14]

1. 여행업 및 국제회의 기획업 : 자본금
2. 관광숙박업
   가. 객실수
   나. 대지면적 및 건축연면적(폐 선박을 이용하는 수상관광호텔업의 경우에는 폐선박의 총톤수·전장 및 전폭)
   다. 법 제17조 제1항의 규정에 의하여 신고를 하였거나 인·허가 등을 받은 것으로 의제되는 사항
   라. 사업계획에 포함된 부대영업을 하기 위하여 다른 법령의 규정에 의하여 인·허가등을 받았거나 신고 등을 한 사항
   마. 등급(호텔업에 한한다) [시행일 2003.11.07.]
   바. 운영의 형태(분양 또는 회원모집을 하는 휴양콘도미니엄업 및 호텔업에 한한다)

3. 전문휴양업 및 종합휴양업
  가. 부지면적 및 건축연면적
  나. 시설의 종류
  다. 제2호 다목 및 동호 라목의 사항
  라. 운영의 형태(제2종 종합휴양업에 한한다)
4. 자동차 야영장업
  가. 부지면적 및 건축연면적
  나. 시설의 종류
5. 관광유람선업
  가. 선박의 척수
  나. 선박의 제원
6. 관광 공연장업
  가. 관광 공연장업이 설치된 관광사업 시설의 종류
  나. 무대면적 및 좌석수
  다. 공연장의 총면적
  라. 일반음식점 영업허가번호·허가연월일·허가기관
7. 외국인 전용 관광기념품 판매업
  가. 판매장의 면적
  나. 판매하는 기념품의 종류
8. 국제회의 시설업
  가. 대지면적 및 건축연면적
  나. 회의실별 동시수용인원
  다. 제2호 다목 및 라목의 사항

제5조 (등록증의 재교부)영 제5조 제4항의 규정에 의하여 등록증의 재교부를 받고자 하는 자는 별지 제7호 서식의 등록증 등 재교부신청서(등록증이 헐어 못쓰게 된 경우에는 등록증을 첨부하여야 한다)를 등록관청에 제출하여야 한다. [개정 2006.4.14]

제6조 (카지노업의 허가 등)

① 법 제5조 제1항의 규정에 의하여 카지노업의 허가를 받고자 하는 자는 별지 제8호 서식의 카지노업 허가신청서에 다음 각 호의 서류를 첨부하여 문화관광부장관에게 제출하여야 한다. [개정 2005.05.06]

1. 신청인(법인의 경우에는 대표자 및 임원)의 성명·주민등록번호를 기재한 서류(외국인의 경우에는 법 제7조 제1항 각호 및 법 제21조 제1항 각호에 해당하지 아니함을 증명하는 당해 국가의 정부 기타 권한 있는 기관이 발행한 서류 또는 공증인이 공증한 신청인의 진술서로서 「재외공관 공증법」에 의하여 당해 국가에 주재하는 대한민국 공관의 영사관이 확인한 서류)
2. 정관 및 법인 등기부등본(법인의 경우에 한한다)
3. 사업계획서
4. 건축물 관리대장 등본(타인 소유의 부동산을 사용하는 경우에는 그 사용권을 증명하는 서류를 포함한다)
5. 법 제20조 제1항 및 영 제28조 제2항의 규정에 의한 허가요건에 적합함을 증명하는 서류

② 제1항 제3호의 규정에 의한 사업계획서에는 다음 각 호의 사항이 포함되어야 한다.
1. 카지노영업소 이용객 유치계획
2. 장기수지 전망
3. 인력수급 및 관리계획
4. 영업시설의 개요(제29조의 규정에 의한 시설 및 영업종류별 카지노기구에 관한 사항이 포함되어야 한다)

③ 「제주국제자유도시 특별법」 제55조의2 제2항의 규정에 따라 카지노업의 허가를 받고자 하는 자는 별지 제8호의2 서식의 외국인 투자자 카지노업 허가 신청서(전자문서에 의한 신청서를 포함한다)에 다음의 서류(전자문서를 포함한다)를 첨부하여 문화관광부장관에게 제출하여야 한다. [개정 2005.5.6][신설 2004.12.27, 2006.4.14]
1. 신청인이 법 제7조 제1항 각호 및 법 제21조 제1항 각호에 해당하지 아니함을 증명하는 당해 국가의 정부 그 밖의 권한 있는 기관이 발행한 서류 또는 공증인이 공증한 신청인의 진술로서 「재외공관 공증법」에 의하여 당해 국가에 주재하는 대한민국공관의 영사관이 확인한 서류
2. 「제주국제자유도시 특별법」 제55조의 제2제1항 각호의 규정에 의한 허가요건에 적합함을 증명하는 서류
3. 투자 계획서(투자기한을 명기한 자금조달 계획서, 투자약정서 등을 포함한다)
4. 카지노 운영 계획서(카지노영업소 이용객 유치계획, 장기수지 전망, 인력의 수급 및 관리 계획을 포함한다)
5. 정관 및 법인 등기부등본(법인의 경우에 한한다)

④ 문화관광부장관은 카지노업의 허가(제8조 제1항의 규정에 의한 변경허가를 포

함한다)를 하는 때에는 별지 제9호 서식의 카지노업 허가증을 교부하고 별지 제10호 서식의 카지노업 허가대장을 작성·관리하여야 한다.

⑤ 제5조의 규정은 카지노업 허가증의 재교부에 관하여 이를 준용한다.

제6조의2 (영업의 장소 및 영업개시시기 등)

①「제주국제자유도시 특별법」제55조의2 제3항의 규정에 의한 카지노업의 영업 장소는 외국인투자(「외국인투자 촉진법」제2조 제1항 제4호의 규정에 의한 외국인투자를 말한다. 이하 같다)가 이루어지는 지역 내에 운영되는 호텔업 시설(특1등급을 받은 시설에 한한다)을 말한다. [개정 2005.5.6]

②「제주국제자유도시 특별법」 제55조의2 제3항의 규정에 의한 카지노업의 영업 개시 시기는 제1항의 규정에 의한 호텔업 시설이 법 제18조의 규정에 의한 등급 결정을 받은 후를 말한다. [개정 2005.5.6]

③ 제2항의 규정에 의하여 카지노업의 영업개시를 하고자 하는 자는 별지 제10호의2 서식의 카지노업 영업개시 신고서(전자문서에 의한 신고서를 포함한다)에 다음의 서류(전자문서를 포함한다)를 첨부하여 문화관광부장관에게 신고하여야 한다.

1. 법 제22조 제1항의 규정에 따라 설치한 시설 및 기구의 내역서
2. 당해 호텔업 시설이 법 제18조의 규정에 의한 등급결정을 받았음을 증명하는 서류
3. 허가시 조건을 이행하였음을 증명하는 서류(허가시 조건을 붙인 경우에 한한다)

④ 제3항의 규정에 의한 카지노업의 영업개시신고를 한 자가 「제주 국제자유도시 특별법」제55조의2 제6항에 따라 타인으로 하여금 카지노업을 경영하게 하는 경우에는 별지 제10호의3 서식의 카지노업 위탁경영 신고서에 다음의 서류를 첨부하여 문화관광부장관에게 신고하여야 한다. [개정 2005.05.06]

1. 수탁 경영자(법인의 경우에는 대표자 및 임원)의 성명·주민등록번호를 기재한 서류(외국인의 경우에는 법 제7조 제1항 각호 및 법 제21조 제1항 각호에 해당하지 아니함을 증명하는 당해 국가의 정부 그 밖의 권한 있는 기관이 발행한 서류 또는 공증인이 공증한 수탁 경영자의 진술로서『재외공관 공증법』에 의하여 당해 국가에 주재하는 대한민국 공관의 영사관이 확인한 서류)
2. 카지노업의 경영을 위탁 하였음을 증명하는 서류
3. 정관 및 법인 등기부등본(법인의 경우에 한한다)[본조신설 2004.12.27]

제7조 (유원시설업의 시설 및 설비기준과 허가신청 절차 등)

① 법 제5조 제2항의 규정에 의하여 유원 시설업을 경영하고자 하는 자가 갖추어야 하는 시설 및 설비의 기준은 별표 1과 같다. [신설 2005.05.06]

② 법 제5조 제2항의 규정에 의한 유원 시설업의 허가를 받고자 하는 자는 별지 제11호 서식의 유원 시설업 허가 신청서에 다음 각 호의 서류를 첨부하여 시장·군수·구청장(자치구의 구청장에 한한다. 이하 같다)에게 제출하여야 한다. [개정 2002.5.20, 2005.05.06 ①에서 이동] [시행일 2002.10.27.]

1. 영업시설 및 설비개요서

1의2. 신청인(법인의 경우에는 대표자 및 임원)의 성명 및 주민등록번호를 기재한 서류(외국인의 경우에는 법 제7조 제1항 각호에 해당하지 아니함을 증명하는 당해 국가의 정부 그 밖의 권한 있는 기관이 발행한 서류 또는 공증인이 공증한 신청인의 진술서로서 「재외공관 공증법」에 의하여 당해 국가에 주재하는 대한민국공관의 영사관이 확인한 서류) 1의3. 정관 및 법인 등기부등본(법인의 경우에 한한다)

2. 유기시설 또는 유기기구의 영업 허가전 검사를 받은 사실을 증명하는 서류(안전성 검사의 대상이 아닌 경우에는 이를 증명하는 서류)

3. 법 제9조의 규정에 의한 보험가입 등을 증명하는 서류

4. 법 제31조 제2항의 규정에 의한 안전관리자(이하 "안전관리자"라 한다)에 관한 별지 제11호의2 서식에 의한 인적사항 [신설 2002.5.20.]

5. 임대차계약서 사본(대지 또는 건물을 임차한 경우에 한한다)

③ 시장·군수·구청장은 유원 시설업을 허가하는 때에는 별지 제12호 서식의 유원 시설업 허가증을 교부하고 별지 제13호 서식의 유원 시설업 허가·신고 관리대장을 작성·관리하여야 한다. [개정 2005.05.06 ②에서 이동)

④ 제5조의 규정은 유원 시설업 허가증의 재교부에 관하여 이를 준용한다. [개정 2005.05.06 ③에서 이동) [본조제목개정 2005.05.06]

제8조 (변경허가 및 변경신고 사항 등)

① 카지노업 또는 유원 시설업의 허가를 받은 자가 법제5조 제3항 본문의 규정에 의하여 다음 각 호의 1에 해당하는 사항을 변경하고자 하는 때에는 변경허가를 받아야 한다. [개정 2003.10.06, 2005.05.06]

1. 카지노업의 경우

가. 대표자의 변경

나. 영업소 소재지의 변경 [시행일 2003.11.07.]

다. 동일구내(같은 건물안 또는 같은 울안의 건물을 말한다)로의 영업장소 위치 변경 또는 영업장소의 면적 변경 [시행일 2003.11.07.]

라. 법 제22조 제1항의 규정에 의한 시설 또는 기구의 2분의 1 이상의 변경 또는 교체

마. 법 제22조 제2항의 규정에 의한 검사대상 시설의 변경 또는 교체

바. 법 제25조의 규정에 의한 영업종류의 변경

2. 유원 시설업의 경우

가. 영업소의 소재지의 변경

나. 안전성검사 대상 유기시설 또는 유기기구의 신설·이전·폐기

다. 영업장 면적의 변경

② 카지노업 또는 유원 시설업의 허가를 받은 자가 법 제5조 제3항 단서의 규정에 의하여 다음 각 호의 1에 해당하는 사항을 변경하고자 하는 때에는 변경신고를 하여야 한다. [개정 2002.5.20. 2003.10.06, 2005.05.06]

1. 대표자 또는 상호의 변경(유원시설업에 한한다)

2. 법 제22조 제1항의 규정에 의한 시설 또는 기구의 2분의 1 미만의 변경 또는 교체(카지노업에 한한다)

3. 안전성검사 대상이 아닌 유기시설 또는 유기기구 수의 변경(유원시설업에 한한다)

4. 안전관리자의 변경(유원시설업에 한한다)

5. 상호 또는 영업소의 명칭의 변경(카지노업에 한한다) [신설 2003.10.06.] [시행일 2003.11. 07.]

제9조 (카지노업의 변경허가 및 변경신고)

법 제5조 제3항의 규정에 의하여 카지노업의 변경허가를 받거나 변경신고를 하고자 하는 자는 별지 제14호 서식의 카지노업 변경허가 신청서 또는 변경내역 신고서에 카지노업 허가증 또는 변경 내역을 증명할 수 있는 서류를 첨부하여 문화관광부장관에게 제출하여야 한다.

제10조 (유원 시설업의 변경허가 및 변경신고)

① 법 제5조 제3항 본문의 규정에 의하여 유원 시설업의 변경허가를 받고자 하는 자는 별지 제15호 서식의 유원 시설업 허가사항 변경 허가 신청서에 다음 각 호의 서류를 첨부하여 시장·군수·구청장에게 제출하여야 한다. [개정 2005.05.06]

1. 허가증

2. 영업소의 소재지 또는 영업장의 면적을 변경하는 경우에는 그 변경 내용을 증명하는 서류

3. 안전성검사 대상 유기시설 또는 유기기구를 신설·이전하는 경우에는 안전성 검사서

4. 안전성검사 대상 유기시설 또는 유기기구를 폐기하는 경우에는 폐기내용을 증명하는 서류

② 법 제5조 제3항 단서의 규정에 의하여 유원 시설업의 변경신고를 하고자 하는 자

는 별지 제15호 서식의 유원 시설업 허가사항 변경신고서에 다음 각 호의 서류를 첨부하여 시장·군수·구청장에게 제출하여야 한다. [개정 202.5.20, 2005.05.06] [시행일 2002.10.27.]

1. 대표자 또는 상호를 변경하는 경우에는 그 변경 내용을 증명하는 서류(대표자가 변경된 경우에는 그 대표자의 성명 · 주민등록번호를 기재한 서류를, 법인의 상호가 변경된 경우에는 법인의 등기부 등본을 각각 포함한다)
2. 안전성검사 대상이 아닌 유기시설 또는 유기기구의 수를 변경하는 경우에는 그 변경 내용을 증명하는 서류
3. 안전 관리자를 변경하는 경우 그 안전 관리자에 관한 별지 제11호의2 서식에 의한 인적 사항 [신설 2002.5.20.] [시행일 2002.10.27.]

제11조 (유원 시설업의 신고 등)

① 법 제5조 제4항의 규정에 의한 유원 시설업의 신고를 하고자 하는 자는 별지 제16호 서식의 기타 유원 시설업 신고서에 다음 각 호의 서류를 첨부하여 시장·군수·구청장에게 제출하여야 한다.[개정 2003.10.06, 2005.05.06] [시행일 2003. 11. 07.]

1. 영업시설 및 설비개요서
2. 유기시설 또는 유기기구가 안전성검사 대상이 아님을 증명하는 서류
3. 법인 등기부등본(법인의 경우에 한한다)

② 시장·군수·구청장은 제1항의 규정에 의한 신고를 받은 때에는 별지 제17호 서식의 유원 시설업 신고증을 교부하고, 별지 제13호 서식에 의한 유원 시설업 허가·신고관리대장을 작성·관리하여야 한다.

③ 제5조의 규정은 유원 시설업 신고증의 재교부에 관하여 이를 준용한다.

제12조 (중요사항의 변경신고)

법 제5조 제4항 후단에서 "문화관광부령이 정하는 중요사항"이라 함은 다음 각 호의 사항을 말한다. [개정 2005.05.06]

1. 영업소의 소재지 변경
2. 유기시설·유기기구 수 또는 영업장 면적의 변경
3. 대표자 또는 상호의 변경

제13조 (신고사항 변경신고)

법 제5조 제4항 후단의 규정에 의하여 신고사항의 변경신고를 하고자 하는 자는 별지 제18호 서식의 기타 유원시설업 신고사항 변경 신고서에 다음 각 호의 서류를

첨부하여 시장·군수·구청장에게 제출하여야 한다. [개정 2005.05.06]

1. 신고증
2. 영업소의 소재지 또는 영업장의 면적을 변경하는 경우에는 그 변경 내용을 증명하는 서류
3. 유기시설 또는 유기기구를 신규로 설치하는 경우에는 제38조 제5항의 규정에 의한 유기기구·기구검사조서
4. 유기시설 또는 유기기구를 폐기하는 경우에는 폐기내용을 증명하는 서류
5. 대표자 또는 상호를 변경하는 경우에는 그 변경 내용을 증명하는 서류

제14조 (관광편의 시설업의 지정기준)

법 제6조의 규정에 의한 관광편의 시설업의 지정기준은 별표 1의2와 같다.

제15조 (관광편의 시설업의 지정신청)

① 법 제6조의 규정에 의하여 관광편의 시설업의 지정을 받고자 하는 자는 별지 제19호 서식의 관광편의 시설업 지정신청서에 다음 각 호의 서류를 첨부하여 특별시장·광역시장 또는 도지사(이하 "시·도지사"라 한다)나 법 제43조의 규정에 의한 지역별 관광협회에 제출하여야 한다. [개정 2005.05.06]

1. 신청인(법인의 경우에는 대표자 및 임원)의 성명·주민등록번호를 기재한 서류(외국인의 경우에는 법 제7조 제1항 각호에 해당하지 아니함을 증명하는 당해 국가의 정부 기타 권한 있는 기관이 발행한 서류 또는 공증인이 공증한 신청인의 진술서로서 「재외공관공증법」에 의하여 당해 국가에 주재하는 대한민국 공관의 영사관이 확인한 서류)
2. 법인 등기부등본(법인의 경우에 한한다)
3. 업종별 면허증·허가증 또는 사업자등록증 사본
4. 시설의 배치도 또는 사진 및 평면도

② 시·도지사 또는 지역별 관광협회는 제1항의 규정에 의한 신청을 받은 경우 그 신청내용이 별표 1의 지정기준에 적합 하다고 인정되는 때에는 별지 제20호 서식의 관광편의 시설업 지정증을 신청인에게 교부하고, 관광편의 시설업자 지정대장에 다음 각 호의 사항을 기재하여야 한다.

1. 상호 또는 명칭
2. 대표자 및 임원의 성명·주소
3. 사업장의 소재지

③ 제3조 및 제5조의 규정은 관광편의 시설업 지정 사항의 변경 및 관광편의 시설

업 지정증의 재교부에 관하여 각각 이를 준용한다.

제16조 (관광사업의 지위승계)

① 법 제8조 제2항에서 "문화관광부령이 정하는 주요한 관광사업 시설"이라 함은 다음 각 호의 시설을 말한다. [개정 2005.05.06]

1. 관광사업에 사용되는 토지와 건물
2. 영 제7조의 규정에 의한 관광사업의 등록기준에서 정한 시설(등록 대상 관광사업에 한한다)
3. 제14조의 규정에 의한 관광편의 시설업의 지정기준에서 정한 시설(지정 대상 관광사업에 한한다)
4. 제29조 제1항 제1호의 카지노업 전용 영업장(카지노업에 한한다)
5. 제7조 제1항의 규정에 의한 유원 시설업의 시설 및 설비기준에서 정한 시설(유원 시설업에 한한다)

② 법 제8조 제4항의 규정에 의하여 관광사업자의 지위를 승계한 자는 그 사유가 발생한 날부터 30일 이내에 별지 제21호서식의 관광사업 양수(지위승계)신고서에 다음 각 호의 서류를 첨부하여 시·도지사 또는 시장·군수·구청장(영 제63조 제1항 제1호의 규정에 의하여 시 · 도지사의 권한을 위탁받은 지역별 관광협회장을 포함한다. 이하 "등록기관등의장"이라 한다)에게 제출하여야 한다. [개정 2002.5.20, 2005.05.06, 2006.4.14]

1. 지위를 승계한 자(법인의 경우에는 대표자)의 성명·주민등록번호를 기재한 서류(외국인의 경우에는 법 제7조 제1항 각호에 해당하지 아니함을 증명하는 당해 국가의 정부 기타 권한 있는 기관이 발행한 서류 또는 공증인이 공증한 신청인의 진술서로서 「재외공관 공증법」에 의하여 당해 국가에 주재하는 대한민국공관의 영사관이 확인한 서류)
2. 양도·양수 등 지위승계를 증명하는 서류(시설인수 명세를 포함한다)
3. 지위를 승계한 자의 법인 등기부등본(법인의 경우에 한한다)

제17조 (휴업 또는 폐업의 통보)

법 제8조 제7항의 규정에 의하여 관광사업의 전부 또는 일부를 휴업 또는 폐업한 자는 휴업 또는 폐업을 한 날부터 10일 이내에 별지 제22호 서식의 관광사업 휴업 또는 폐업 통보서를 등록기관등의장에게 제출하여야 한다. [개정 2005.05.06]

제18조 (보험의 가입 등)

① 여행업의 등록을 한 자(이하 "여행업자"라 한다)는 법 제9조의 규정에 의하여 그 사업

을 개시하기 전에 여행알선과 관련한 사고로 인하여 관광객에게 피해를 준 경우 그 손해를 배상할 것을 내용으로 하는 보증보험 또는 영 제39조의 규정에 의한 공제(이하 "보증보험 등"이라 한다)에 가입하거나 법 제43조의 규정에 의한 업종별 관광협회(업종별 관광협회가 구성되지 아니한 경우에는 지역별 관광협회)에 영업 보증금을 예치하고 당해 사업을 하는 동안 계속하여 이를 유지하여야한다. [개정 2005.05.06]

② 제1항의 규정에 의하여 여행업자가 가입 또는 예치하고 이를 유지 하여야 할 보증보험 등의 가입금액 또는 영업 보증금의 예치금액은 다음 각 호와 같다.

1. 일반여행업의 경우 : 5천만원 이상
2. 국외여행업의 경우 : 3천만원 이상
3. 국내여행업의 경우 : 2천만원 이상

③ 제2항의 규정에 불구하고 법 제12조의 규정에 의하여 기획여행을 실시하고자 하는 자는 5억원 이상의 보증보험 등에 가입 하거나 영업 보증금을 예치하고 이를 유지하여야 한다.

④ 제1항 내지 제3항의 규정에 의하여 보증보험 등에 가입 하거나 영업 보증금을 예치한 자는 그 사실을 증명하는 서류를 지체없이 등록 관청에 제출하여야 한다.

⑤ 제1항 내지 제3항의 규정에 의한 보증보험 등의 가입, 영업 보증금의 예치 및 그 배상금의 지급에 관한 절차 등은 문화관광부장관이 정하여 고시한다.

제19조 (관광사업장의 표지)

법 제10조 제1항에서 "문화관광부령이 정하는 관광표지"라 함은 다음 각 호의 표지를 말한다. [개정 2003.10.06.]

1. 별표 2의 관광사업장 표지
2. 별지 제5호 서식의 관광사업 등록증 또는 별지 제20호 서식의 관광편의 시설업 지정증
3. 별표 3의 호텔등급 표지(호텔업의 경우에 한한다) [시행일 2003.11.07.]
4. 별표 4의 관광식당 표지(관광식당업에 한한다)

제20조 (타인 경영 금지 관광시설)

법 제11조에서 "문화관광부령이 정하는 시설"이라 함은 다음 각 호의 구분에 따른 시설을 말한다. [개정 2005.5.6]

1. 관광숙박업 : 객실
2. 카지노업 : 카지노업 운영에 필요한 시설 및 기구
3. 전문 휴양업 및 종합 휴양업 : 등록 기준으로 정한 시설 중 전문휴양업의 개별 기준에 포함된 시설(수영장 및 등록 체육시설업의 경우에는 「체육시설의 설치·

이용에 관한 법률 시행규칙」 제8조 및 동법 시행규칙 별표 4의 체육시설업 시설기준 중 필수시설에 한한다)

4. 유원 시설업 : 안전성검사 대상 유기기구

제20조의2 (기획여행의 광고)

법 제12조의 규정에 따라 기획여행을 실시하는 자가 광고를 하고자 하는 때에는 다음 각 호의 사항을 표시하여야 한다. 다만, 2이상의 기획여행을 동시에 광고하는 경우에는 다음 각 호의 사항 중 내용이 동일한 것은 공통으로 표시할 수 있다.

1. 여행업의 등록번호·상호 및 소재지
2. 기획 여행명·여행일정 및 주요 여행지
3. 여행경비
4. 교통·숙박 및 식사 등 여행자가 제공받을 서비스의 내용
5. 최저 여행인원 [본조신설 2003.10.06.] [시행일 2003.11.07.]

제21조 (국외 여행 인솔자의 자격요건)

① 법 제13조의 규정에 의하여 국외 여행을 인솔하는 자는 다음 각 호의 1에 해당하는 자격요건을 갖추어야 한다. [개정 2003.10.06.]

1. 관광통역 안내사 자격을 취득할 것[시행일 2004.01.01.]
2. 여행업체에서 1년 이상 근무하고 국외여행 경험이 있는 자로서 문화관광부장관이 정하는 소정의 교육을 이수할 것[시행일 2003.11.07.]
3. 문화관광부장관이 지정하는 교육기관에서 국외여행 인솔에 필요한 교육을 이수할 것

② 문화관광부장관은 제1항 제2호 및 제3호의 규정에 의한 교육내용·교육기관의 지정기준 및 절차 기타 지정에 필요한 사항을 정하여 고시하여야 한다.

제22조 삭제 [2003.10.06.] [시행일 2003.11.07.]

제23조 (사업계획의 승인신청) 영 제10조 제1항의 규정에 의하여 사업계획 승인을 얻고자 하는 자는 별지 제23호서식의 사업계획 승인신청서에 다음 각 호의 서류를 첨부하여 시장·군수·구청장에게 제출하여야 한다. 다만, 등록 체육시설의 경우에는 「체육시설의 설치·이용에 관한 법률 시행령」 제10조의 규정에 의한 사업계획 승인서 사본으로 각호의 서류에 갈음한다. [개정 2005.05.06, 2006.4.14]

1. 다음 각목의 사항이 포함된 건설 계획서

가. 건설장소·총 부지면적 및 토지이용 계획

나. 공사계획
다. 공사소요자금 및 그 조달방법
라. 시설별·층별 면적 및 시설내용
마. 조감도
바. 전문 휴양업 및 종합휴양업의 경우에는 사업예정 지역의 위치도(축척 2만5천분의 1 이상 이어야 한다), 사업예정 지역의 현황도(축척 3천분의 1 이상 으로서 등고선이 표시 되어야 한다), 시설배치 계획도(지적도면상에 표시 하여야 한다), 토지명세서, 하수처리계획서, 녹지 및 환경조성계획서(「환경·교통·재해 등에 관한 영향 평가법」에 의한 환경영향 평가를 받은 경우 하수처리계획서, 녹지 및 환경조성 계획서를 생략한다)

2. 신청인(법인의 경우에는 대표자 및 임원)의 성명·주민등록번호를 기재한 서류(외국인의 경우에는 법 제7조 제1항 각호에 해당하지 아니함을 증명하는 당해 국가의 정부 기타 권한 있는 기관이 발행한 서류 또는 공증인이 공증한 신청인의 진술서로서 「재외공관공증법」 에 의하여 당해 국가에 주재하는 대한민국 공관의 영사관이 확인한 서류)
3. 법인 등기부등본(법인의 경우에 한한다)
4. 부동산의 소유권 또는 사용권을 증명하는 서류
5. 분양 및 회원 모집계획 개요서(분양 및 회원을 모집하는 경우에 한한다)
6. 법 제15조 제1항 각호의 규정에 의한 인 · 허가 등의 의제를 받거나 신고를 하고자 하는 경우에는 해당하는 법령에서 제출 하도록 한 서류
7. 법 제15조 제1항 각호에서 규정한 신고를 이미 하였거나 인 · 허가 등을 받은 자의 경우에는 이를 증명하는 서류

제24조 (사업계획의 변경승인 신청)

영 제10조 제2항의 규정에 의하여 사업계획의 변경승인을 얻고자 하는 자는 별지 제24호 서식의 사업계획 변경승인 신청서에 다음 각 호의 서류를 첨부하여 시장·군수 구청장에게 제출하여야 한다. [개정 2002.5.20, 2005.05.06]

1. 변경사유서
2. 변경하고자 하는 층의 변경 전후의 평면도(건축물의 용도변경이 필요한 경우에 한한다)
3. 용도변경에 따라 변경되는 사항 중 내화·내장·방화·피난건축설비에 관한 사항을 표시한 도서(건축물의 용도변경이 필요한 경우에 한한다)
4. 전문 휴양업 및 종합 휴양업의 경우 제23조 제1호 바목에서 정한 승인신청 사항에 변경이 있을 때에는 각각 그 변경에 관계되는 서류 [신설 2002.5.20.]

제25조 (호텔업의 등급 결정기준 등)

① 법 제4조 제2항의 규정에 따라 호텔업의 등록을 한 자는 다음 각 호의 사유가 발생한 날부터 60일 이내에 영 제64조 제1항의 규정에 따라 문화관광부장관으로부터 등급 결정권을 위탁받아 고시된 법인에게 등급 결정을 신청하여야 한다. [개정 2003.10.06, 2006.4.14]

1. 호텔을 신규 등록한 경우[시행일 2003.11.07.]
2. 등급 결정을 받은 날부터 3년이 경과한 경우
3. 시설의 증·개축 또는 서비스 및 운영실태 등의 변경에 따른 등급 조정사유가 발생한 경우

② 제1항의 규정에 의한 호텔업의 등급 결정의 기준은 별표 5와 같다. [개정 2003.10.06.][시행일 2003.11.07.]

③ 제1항 및 제2항의 규정에 의한 등급 결정을 하는 때에는 다음 각 호의 요소를 평가하여야 하며, 그 세부적인 기준 및 절차는 문화관광부장관이 정하여 고시한다.

1. 서비스 상태
2. 건축·설비·주차시설
3. 전기·통신시설
4. 소방·안전 상태
5. 소비자 만족도

④ 제1항의 규정에 의한 등급결정 신청에 의하여 등급결정을 받지 아니한 경우에는 별표 3의 호텔 등급표지를 붙일 수 없다. [신설 2003.10.06.][시행일 2003.11.07.] [법제명개정 2003.10.06.][시행일 2003.11.07.]

제26조 (총 공사 공정률) 영 제25조 제2항 제1호 가목에서 "문화관광부령이 정하는 공정률"이라 함은 20퍼센트를 말한다.

제27조 (분양 또는 회원모집 계획서의 첨부서류)

① 영 제26조의 규정에 의한 분양 또는 회원모집 계획서에 첨부할 서류는 다음 각 호와 같다. [개정 2006.4.14]

1. 대지·건물의 등기부등본
2. 「건축법」에 의한 공사 감리자가 작성하는 건설공정에 대한 보고서 또는 확인서(공사 중에 있는 시설의 경우에 한한다)
3. 보증보험 가입증서(필요한 경우에 한한다)

4. 객실 종류별·객실당 분양인원 및 분양가격(회원제의 경우에는 회원수 및 입회금)
5. 분양 또는 회원모집 계약서와 이용약관
6. 분양 또는 회원모집 공고안
7. 관광사업자가 직접 운영하는 휴양콘도미니엄 또는 호텔의 현황 및 증빙서류(관광사업자가 직접 운영하지는 아니하나 계약에 의하여 회원 등이 이용할 수 있는 시설이 있는 경우에는 그 현황 및 증빙서류를 포함한다)

② 제1항 제6호의 규정에 의한 분양 또는 회원모집 공고안에 포함되어야 할 사항은 다음 각 호와 같다. [개정 2006.4.14]

1. 대지면적 및 객실당 전용면적·공유면적
2. 분양가격 또는 입회금중 계약금·중도금·잔금 및 그 납부시기
3. 분양 또는 회원모집의 총 인원수와 객실별 인원수
4. 연간 이용일 수 및 회원의 경우 입회기간
5. 사업계획 승인·건축허가의 번호·연월일 및 승인·허가기관
6. 착공일·공사완료 예정일 및 이용 예정일
7. 제1항 제7호 중 관광사업자가 직접 운영하는 휴양콘도미니엄 또는 호텔의 현황

제28조 (회원증의 발급)

① 분양 또는 회원모집을 하는 관광 사업자가 영 제27조 제5호의 규정에 의하여 회원증을 발급하는 경우 그 회원증에는 다음 각 호의 사항이 포함되어야 한다.

1. 공유자 또는 회원의 번호
2. 공유자 또는 회원의 성명과 주민등록번호
3. 사업장의 상호·명칭 및 소재지
4. 공유자와 회원의 구분
5. 평형 및 면적
6. 분양일 또는 입회일
7. 발행일자

② 분양 또는 회원모집을 하는 관광 사업자가 제1항의 규정에 의한 회원증을 발급하고자 하는 때에는 미리 분양 또는 회원모집 계약 후 30일 이내에 문화관광부장관이 지정하여 고시하는 자(이하 "회원증 확인자"라 한다)로부터 그 회원증과 영 제26조의 규정에 의한 분양 또는 회원모집 계획서가 일치하는지 여부를 확인받아야 한다. [개정 2003.10.06.][시행일 2003.11.07.]

③ 제2항의 규정에 따라 회원증 확인자의 확인을 받아 회원증을 발급한 관광사업자는 공유자 및 회원명부에 회원증 발급 사실을 기록·유지하여야 한다. [신설

2003.10.06.] [시행일 2003.11.07.]

④ 회원증 확인자는 6월마다 등록 관청에 회원증 발급에 관한 사항을 통보하여야 한다. [신설 2003.10.06.] [시행일 2003.11.07.]

第29조 (카지노업의 시설기준 등)

① 법 제22조 제1항의 규정에 의하여 카지노업의 허가를 받고자 하는 자가 갖추어야 할 시설 및 기구의 기준은 다음 각 호와 같다.

1. 330제곱 미터 이상의 전용 영업장
2. 1개소 이상의 외국환 환전소
3. 제35조 제1항의 규정에 의한 카지노업의 영업종류 중 4종류 이상의 영업을 할 수 있는 게임기구 및 시설
4. 문화관광부장관이 정하여 고시하는 기준에 적합한 카지노 전산시설

② 제1항 제4호의 규정에 의한 기준에는 다음 각 호의 사항이 포함되어야 한다.

1. 하드웨어의 성능 및 설치방법에 관한 사항
2. 네트워크의 구성에 관한 사항
3. 시스템의 가동 및 장애방지에 관한 사항
4. 시스템의 보안관리에 관한 사항
5. 환전관리 및 현금과 칩의 수불관리를 위한 소프트웨어에 관한 사항

第30조 (카지노 전산시설의 검사)

① 카지노업의 허가를 받은 자(이하 "카지노사업자"라 한다)는 법 제22조 제2항의 규정에 의하여 제29조 제1항 제4호의 규정에 의한 카지노 전산시설(이하 "카지노전산시설"이라 한다)에 대하여 다음 각 호의 구분에 따라 각각 해당 기한 내에 문화관광부장관이 지정· 고시하는 검사기관(이하 "카지노전산시설검사기관"이라 한다)의 검사를 받아야 한다.

1. 신규로 카지노업의 허가를 받은 경우 : 허가를 받은 날(조건부 영업허가를 받은 경우에는 조건이행의 신고를 한 날)부터 15일
2. 검사유효 기간이 만료된 경우 : 유효기간 만료일부터 3월

② 제1항의 규정에 의한 검사의 유효기간은 검사에 합격한 날부터 3년으로 한다. 다만, 검사 유효기간의 만료전이라도 카지노전산시설을 교체한 때에는 교체한 날부터 15일 이내에 검사를 받아야 하며, 이 경우 검사의 유효기간은 3년으로 한다.

③ 제1항의 규정에 의하여 카지노 전산시설의 검사를 받고자 하는 카지노 사업자는 별지 제25호 서식의 카지노 전산시설 검사신청서에 제29조 제2항 각호에 규

정된 사항에 대한 검사를 행하기 위하여 필요한 자료를 첨부하여 카지노 전산시설 검사기관에 제출하여야 한다.

제31조 (카지노 전산시설 검사 기관의 업무규정 등)

① 카지노 전산시설 검사기관은 카지노 전산시설 검사업무 규정을 작성하여 문화관광부장관의 승인을 얻어야 한다.

② 제1항의 규정에 의한 카지노 전산시설 검사 업무규정에는 다음 각 호의 사항이 포함되어야 한다.

1. 검사의 소요기간
2. 검사의 절차와 방법에 관한 사항
3. 검사의 수수료에 대한 사항
4. 검사의 증명에 관한 사항
5. 검사원이 준수하여야 할 사항
6. 기타 검사업무에 필요한 사항

③ 카지노 전산시설 검사기관은 별지 제26호 서식의 카지노시설·기구 검사기록부를 작성·비치하고, 이를 5년간 보존하여야 한다.

제32조 (조건이행의 신고)

법 제23조 제1항의 규정에 의하여 카지노업의 조건부 영업허가를 받은 자는 영 제29조 제1항의 규정에 의한 기간 내에 그 조건을 이행한 때에는 별지 제27호 서식의 조건이행 내역신고서에 다음 각 호의 서류를 첨부하여 문화관광부장관에게 제출하여야 한다.

1. 설치한 시설에 관한 서류
2. 설치한 카지노기구에 관한 서류

제33조 (카지노 기구의 규격·기준 및 검사)

① 문화관광부장관은 법 제24조 제1항의 규정에 의하여 카지노 기구의 규격 및 기준을 정한 때에는 이를 고시하여야 한다. 이 경우 슬롯머신 및 비디오게임 기구의 규격·기준에는 다음 각 호의 사항이 포함되어야 한다. [개정 2003.10.06.] [시행일 2003.11.07.]

1. 최저 배당률에 관한 사항 [시행일 2003.11.07.]
2. 최저 배당률 이하로 변경하거나 제3항의 규정에 의한 카지노 검사기관의 검사를 받지 아니한 이프럼(EPROM)을 사용하는 경우에는 카지노기구의 자동폐쇄에 관한 사항[시행일 2003.11.07.]
3. 게임결과의 기록 및 그 보전에 관한 사항

② 법 제24조 제3항의 규정에 의하여 카지노 사업자는 다음 각 호의 구분에 따라 각각 해당 기한 내에 카지노 기구의 검사를 받아야 한다.

1. 신규로 카지노업의 허가를 받거나 신규로 카지노 기구를 반입·사용하고자 하는 경우 : 당해 기구의 카지노 영업에의 사용일
2. 검사유효 기간이 만료된 경우 : 검사유효 기간 만료일부터 15일

③ 제2항의 규정에 의하여 카지노기구의 검사를 받고자 하는 카지노 사업자는 별지 제28호서식의 카지노 기구 검사신청서에 다음 각 호의 서류를 첨부하여 법 제24조 제2항의규정에 의하여 문화관광부장관이 지정하는 검사기관(이하 "카지노 검사기관"이라 한다)에 제출하여야 한다. [개정 2003.10.06.]

1. 카지노 기구 제조증명서(품명·제조업자·제조연월일· 제조번호·규격·재질 및 형식이 기재된 것이어야 한다)
2. 카지노 기구 수입증명서(수입한 경우에 한한다)
3. 카지노 기구 도면
4. 카지노 기구 작동설명서
5. 카지노 기구의 배당률 표
6. 슬롯머신 및 비디오게임 기구를 수입하는 경우에는 당해 국가의 전자·전기 시험의 합격증명서[시행일 2003.11.07.]

④ 제3항의 규정에 의한 검사신청을 받은 카지노 검사기관은 당해 카지노 기구가 제1항의 규정에 의한 규격 및 기준에 적합한지의 여부를 검사하고, 검사에 합격한 경우에는 다음 각 호의 조치를 하여야 한다.

1. 카지노 기구 제조·수입증명서에 검사 합격 사항의 확인 및 날인
2. 카지노 기구에 별지 제29호서식의 카지노 기구 검사 합격필증의 부착 또는 압날
3. 제31조 제3항의 규정에 의한 카지노 시설·기구 검사기록부의 작성 및 그 사본의 문화관광부장관에의 제출

⑤ 카지노 검사기관은 제4항의 규정에 의한 검사를 함에 있어서 카지노 사업자가 외국에서 제작된 카지노 기구로서 당해 국가에서 인정하는 검사기관의 검사에 합격한 카지노 기구를 신규로 반입·사용하고자 하는 경우에는 당해 카지노 기구의 제조 및 수입관련 서류에 의하여 검사를 하여야 한다.

⑥ 제4항의 규정에 의한 검사의 유효기간은 검사에 합격한 날부터 3년으로 한다.

제34조 (카지노검사 기관의 업무규정 등)

제31조의 규정은 카지노검사 기관의 업무규정의 작성, 검사기록부의 작성·비치·보존에 관하여 이를 준용한다.

제35조 (카지노업의 영업종류 등)

① 법 제25조 제1항의 규정에 의한 카지노업의 영업종류는 별표 6과 같다.

② 법 제25조 제2항의 규정에 의하여 카지노업의 영업 종류별 영업방법 및 배당금에 관하여 문화관광부장관에게 신고하거나 신고한 사항을 변경 하고자 하는 카지노 사업자는 별지 제30호 서식의 카지노 영업 종류별 영업방법 등 신고서 또는 변경 신고서에 다음 각 호의 서류를 첨부하여 문화관광부장관에게 신고하여야 한다.

1. 영업 종류별 영업방법 설명서
2. 영업 종류별 배당금에 관한 설명서

제36조 (카지노업의 영업 준칙)

법 제27조 제2항의 규정에 의하여 카지노 사업자가 준수하여야 할 영업 준칙은 별표 7과 같다. 다만, 「폐광지역 개발지원에 관한 특별법」 제11조 제3항의 규정에 의하여 법 제27조 제1항 제4호의 규정이 적용되지 아니하는 카지노 사업자가 준수하여야 할 영업 준칙은 별표 7의2와 같다. [개정 2000·11·24, 2005.5.6]

제36조의2 (유원 시설업의 조건부 영업허가 신청)

① 법 제29조의2의 규정에 따라 조건부 영업허가를 받고자 하는 자는 별지 제11호 서식의 유원 시설업 조건부 영업허가 신청서에 제7조 제1항 제1호의2 및 제1호의3의 서류와 사업계획서를 첨부하여 시장·군수·구청장에게 제출하여야한다.

② 제1항의 사업계획서에는 다음 각 호의 사항이 포함되어야 한다.

1. 법 제5조 제2항의 규정에 의한 시설 및 설비 계획
2. 공사 계획, 공사 소요 자금 및 그 조달 방법
3. 시설별·층별 면적, 시설개요, 조감도, 사업 예정 지역의 위치도, 시설배치 계획도 및 토지 명세서

③ 시장·군수·구청장은 유원시설업의 조건부 영업허가를 하는 때에는 별지 12호 서식의 유원 시설업 조건부 영업 허가증을 교부하여야 한다.[본조신설 2005.05.06]

제36조의3 (조건이행 내역서 제출 등)

① 법 제29조 의2의 규정에 따라 유원 시설업의 조건부 영업허가를 받은 자는 영 제32조 제1항의 규정에 의한 기간 내에 그 조건을 이행한 때에는 별지 제18호의2 서식에 의한 조건이행 내역서에 시설 및 설비 내역서를 첨부하여 시장·군수·구청장에게 제출하여야 한다.

② 제1항의 규정에 의한 조건이행 내역서를 제출한 자가 영업을 개시하고자 하는

때에는 별지 제11호 서식의 유원 시설업 허가 신청서에 제7조 제2항 제2호 내지 제4호의 서류를 첨부하여 시장·군수·구청장에게 제출하여야 한다.

③ 시장·군수·구청장은 제2항의 규정에 의하여 제출받은 서류를 검토한 결과 유원 시설업의 허가조건을 충족하는 때에는 신청인에게 제36조의2 제3항의 규정에 의한 조건부 영업 허가증을 별지 제12호 서식의 유원 시설업 허가증으로 바꾸어 교부하고, 별지 제13호 서식의 유원 시설업 허가·신고 관리대장을 작성·관리하여야 한다.[본조신설 2005.05.06]

제37조 삭제 [2005.05.06]

제37조의2 (시설 및 설비의 설치기간 연장)

① 영 제32조 제1항 단서에서 "문화관광부령이 정하는 사유"라 함은 다음 각 호의 어느 하나에 해당하는 사유를 말한다.

1. 천재·지변 등 불가항력적인 사유가 있는 경우
2. 조건부 영업허가를 받은 자의 귀책 사유가 아닌 사정으로 부지의 조성, 시설 및 설비의 설치가 지연되는 경우
3. 그밖에 기술적인 문제로 시설 및 설비의 설치가 지연되는 경우

② 조건부 영업허가의 기간을 연장 받고자 하는 자는 조건부 영업허가의 기간이 만료되기 전에 제1항 각호의 사유를 증명하는 서류를 시장·군수·구청장에게 제출하여야 한다.[본조신설 2005.05.06]

제38조 (유기시설 또는 유기기구의 안전성검사)

① 법 제31조 제1항의 규정에 의한 안전성검사 대상 유기시설 및 유기기구와 그 검사의 항목과 안전성검사 대상이 아닌 유기시설 및 유기기구는 별표 9와 같다.

② 유원 시설업의 허가 또는 변경허가를 받고자 하는 자(조건부 영업허가를 받은 자로서 제36조의3 제2항의 규정에 의하여 조건이행 내역서를 제출한 후 영업을 개시하고자 하는 경우를 포함한다)는 제1항의 규정에 의한 안전성 검사대상 유기시설 · 유기기구에 대하여 검사 항목별로 안전성검사를 받아야 하며, 허가를 받은 다음 연도부터는 연1회 이상 안전성검사를 받아야 한다.

③ 제2항의 규정에 따라 안전성검사를 받은 유기시설 또는 유기기구 중 다음 각 호의 어느 하나에 해당하는 유기시설 또는 유기기구에 대하여는 재검사를 받아야 한다.

1. 부적합 판정을 받은 유기시설 또는 유기기구
2. 사고가 발생한 유기시설 또는 유기기구(유기시설 또는 유기기구의 결함에 의하

지 아니한 사고 발생의 경우를 제외한다)

3. 3월 이상 운행을 정지하거나 최근 6월간의 운행정지 기간의 합산일이 3월 이상인 유기시설 또는 유기기구

④ 기타 유원 시설업의 신고를 하고자 하는 자와 종합 유원 시설업 또는 일반 유원 시설업을 하는 자가 안전성 검사 대상이 아닌 유기시설 또는 유기기구가 아님을 확인하는 검사를 받아야 한다.

⑤ 영 제63조 제1항 제3호 및 제3호의2의 규정에 따라 안전성검사 및 안전성검사 대상이 아님을 확인하는 검사에 관한 권한을 위탁받은 업종별 관광협회 또는 전문 연구·검사기관은 제2항 내지 제4항의 규정에 의한 안전성검사 또는 안전성검사 대상이 아님을 확인하는 검사를 한때에는 별지 제31호 서식의 유기시설·기구검사 조서를 작성하여 이를 지체 없이 검사 신청인과 당해 유원 시설업의 소재지를 관할하는 시장·군수·구청장에게 각각 통지하여야 한다.

⑥ 제2항 내지 제4항의 규정에 의한 유기시설 또는 유기기구에 대한 안전성검사 및 안전성검사 대상이 아님을 확인하는 검사의 세부기준 및 절차는 문화관광부장관이 정하여 고시한다.[전문개정 2005.05.06]

제38조의2 (안전 관리자의 자격·배치기준 및 임무)

법 제31조 제2항의 규정에 의하여 유원 시설업의 사업장에 상시 배치하여야 하는 안전과 관리자의 자격·배치기준 및 임무는 별표 9의2와 같다.[본조신설 2002.5.10.] [시행일 2002. 10. 27.]

제39조 (유원 시설업자의 준수사항)법 제32조 제1항의 규정에 의한 유원 시설업자의 준수사항은 별표 10과 같다.

제40조 (행정처분 기록대장의 기록·유지) 영 제34조 제2항의 규정에 의한 행정처분기록대장은 별지 제32호 서식에 의한다.

제41조 (관광종사원의 자격시험)

① 법 제36조 제2항 본문의 규정에 의한 관광종사원 의 자격시험(이하 "시험"이라 한다)은 필기시험(외국어시험을 제외한 필기시험을 말한다. 이하 같다), 외국어시험(관광통역 안내사·호텔경영사·호텔관리사 및 호텔 서비스사 자격시험에 한한다. 이하 같다) 및 면접시험의 방법으로 실시하되, 평가의 객관성이 확보될 수 있는 방법으로 시행하여야 한다. [개정 2003.10.06.] [시행일 2004.01.01.]

② 시험은 필기시험과 외국어 시험을 함께 시행하고, 그 합격자에 대하여 면접시험을 시행한다. [개정 2003.10.06. [시행일 2004.01.01.]

第42조 (면접시험)

① 면접시험은 다음 각 호의 사항에 관하여 평가한다.

1. 국가관·사명감 등 정신자세
2. 전문지식과 응용능력
3. 예의·품행 및 성실성
4. 의사발표의 정확성과 논리성

② 면접시험의 합격점수는 면접시험 총점의 6할 이상이어야 한다. [신설 2003.10.06.] [시행일 2004.01.01.]

第43조 (필기시험)

① 필기시험의 과목과 합격결정의 기준은 별표 11과 같다.

② 관광통역 안내사 자격증을 소지한 자가 다른 외국어를 사용하여 관광안내를 하기 위하여 시험에 응시하고자 하는 때에는 필기시험 전부를 면제한다. [개정 2003.10.06.] [시행일 2003.11.07.]

③ 제2항의 규정에 의한 시험의 면제를 받고자 하는 자는 별지 제33호 서식의 관광종사원 시험과목 면제 신청서에 당해 자격증 사본을 첨부하여 영 제63조 제1항 제4호 및 제5호의 규정에 의하여 시험실시에 관한 권한을 위탁받은 한국관광공사 및 한국관광협회중앙회(이하 "시험실시기관"이라 한다)에 제출하여야 한다.

第43조의2 (외국어시험)

① 관광 종사원별 외국어시험의 종류는 다음 각 호와 같다.

1. 관광통역 안내사 : 영어·일어·중국어·불어·독어·스페인어·러시아어중 1과목
2. 호텔 경영사 및 호텔관리사 : 영어
3. 호텔 서비스사 : 영어·일어·중국어중 1과목

② 외국어 시험에 있어서 영어·일어·중국어의 경우는 다른 외국어 시험기관에서 실시하는 시험(이하 "다른 외국어시험"이라 한다)으로 대체한다. 이 경우 외국어시험을 대체하는 다른 외국어 시험의 점수는 응시원서 접수 마감일로 부터 2년 이내에 실시한 시험에서 취득한 점수에 한한다.

③ 제2항의 규정에 의한 다른 외국어 시험의 종류 및 합격에 필요한 점수는 별표 11의2와 같다.

④ 영어·일어·중국어외의 외국어 시험 합격점수는 총점의 6할 이상이어야 한다. [본조신설 2003.10.06.][시행일 2003.11.07.]

제44조 (응시자격)

① 삭제 [2006.4.14]

② 관광종사원 중 호텔경영사 또는 호텔관리사 시험에 응시할 수 있는 자격은 다음과 같이 구분한다. [개정 2003.10.06, 2006.4.14]

1. 호텔경영사 시험

가. 호텔관리사 자격을 취득한 후 관광호텔에서 3년 이상 종사한 경력이 있는 자

나. 특 2등급 이상 호텔의 임원으로 3년 이상 종사한 경력이 있는 자

2. 호텔관리사 시험

가. 호텔 서비스사 또는 조리사 자격을 취득한 후 관광숙박업소에서 3년 이상 종사한 경력이 있는 자

나. 「고등교육법」에 의한 전문대학의 관광분야 학과를 졸업한 자(졸업예정자를 포함한다) 또는 관광분야의 과목을 이수하여 다른 법령에서 이와 동등한 학력이 있다고 인정되는 자

다. 「고등교육법」에 의한 대학을 졸업한 자(졸업예정자를 포함한다) 또는 다른 법령에서 이와 동등 이상의 학력이 있다고 인정되는 자

라. 「초·중등교육법」에 의한 고등기술학교의 관광분야를 전공하는 학과의 2년 과정 이상을 이수하고 졸업한 자(졸업예정자를 포함한다)

제45조 (시험의 실시 및 공고)

① 시험은 매년 1회 이상 실시된다.

② 시험실시 기관은 시험의 응시자격·시험과목·일시·장소·응시절차 기타 시험에 필요한 사항을 시험시행일 60일전에 일간신문에 공고하여야 한다.

제46조 (응시원서) 시험에 응시하고자 하는 자는 별지 제34호 서식의 응시원서를 시험실시 기관에 제출하여야 한다.

제47조 (시험의 면제)

① 법 제36조 제2항 단서의 규정에 의하여 시험의 전부 또는 일 부를 면제할 수 있는 경우는 별표 12와 같다. [개정 2003.10.06.][시행일 2004.01.01.]

② 필기시험 및 외국어 시험에 합격하고 면접시험에 불합격한 자에 대하여는 다음

회의 시험에 한하여 필기시험 및 외국어 시험을 면제한다. [개정 2003.10.06.] [시행일 2004.01.01.]

③ 제1항의 규정에 의하여 시험의 면제를 받고자 하는 자는 별지 제35호 서식의 관광 종사원자격 시험면제 신청서에 경력증명서·학력증명서 또는 기타 자격을 증명할 수 있는 서류를 첨부하여 시험실시 기관에 제출하여야 한다.

제48조 (합격자의 공고) 시험실시 기관은 시험 종료 후 합격자의 명단을 게시하고 합격자에게 등록신청을 할 것을 통보하여야 한다.

제49조 (관광종사원의 등록 및 자격증교부)

① 시험에 합격하거나 시험의 면제를 받은 자는 법 제36조 제2항의 규정에 의하여 시험에 합격한 날 또는 면제를 받은 날부터 60일 이내에 별지 제36호 서식의 관광종사원 등록신청서에 사진(최근 6월 이내에 촬영한 탈모 상반신 반명함판) 2매를 첨부하여 시험실시기관에 등록을 신청하여야 한다.

② 시험실시 기관은 제1항의 규정에 의한 신청을 받은 때에는 별지 제37호 서식의 관광종사원 자격증을 교부하여야 한다.

제50조 (관광종사원 자격증의 재교부) 법 제36조 제4항의 규정에 의하여 교부받은 자격증을 잃어버리거나 그 자격증이 못쓰게 되어 자격증의 재교부를 받고자 하는 자는 별지 제36호 서식의 관광 종사원 자격증 재교부 신청서에 사진(최근 6월 이내에 촬영한 탈모 상반신 반명함판) 2매와 관광종사원 자격증(자격증이 헐어 못쓰게 된 경우에 한한다)을 첨부하여 시험실시 기관에 제출하여야 한다. [개정 2006.4.14]

제51조 (교육계획의 작성 및 통보) 문화관광부장관은 법 제37조의 규정에 의하여 관광종사원 교육을 위한 매년도 교육계획을 작성하고, 동 교육계획에 의하여 교육을 받아야 할 관광종사원이 소속하고 있는 관광 사업자에게 교육대상자 및 교육시간 기타 교육실시에 관한 사항을 통보하여야 한다.

제52조 (안전 관리자의 안전교육) 법 제31조 제2항의 규정에 의한 안전 관리자는 종합 유원 시설업 또는 일반유원시설업의 사업장에 처음 배치된 날부터 6월 이내에 영 제63조 제1항 제6호의 규정에 따라 문화관광부장관이 지정하는 업종별 관광협회 또는 전문 연구·검사기관이 실시하는 안전교육을 8시간 이상 받아야 한다. [전문개정 2003.10.06.] [시행일 2003.11.07.]

제53조 (종사원의 자격취소 등) 법 제38조의 규정에 의하여 문화관광부령이 정하는 관광종사원의 자격취소 등에 관한 처분기준은 별표 13과 같다.

제54조 (관광지 등의 지정신청 등)

① 법 제50조 제1항 및 동조 제3항의 규정에 의하여 관광지등의 지정·지정취소 또는 그 면적의 변경(이하 "지정 등"이라 한다)을 신청하고자 하는 자는 별지 제38호 서식의 관광지(관광단지)지정 등 신청서에 다음 각 호의 서류를 첨부하여 시·도지사에게 제출하여야 한다. 다만, 관광지 등의 지정 취소 또는 그 면적의 변경의 경우에는 그 취소 또는 변경과 관계되지 아니하는 사항에 대한서류는 이를 첨부하지 아니한다. [개정 2002.5.20, 2005.5.6]

1. 관광지 등의 개발방향을 기재한 서류
2. 관광지 등과 그 주변의 주요 관광자원 및 주요 접근로 등 교통체계에 관한 서류
3. 「국토의 계획 및 이용에 관한 법률」의 규정에 의한 용도지역을 기재한 서류
4. 대상지역이 법 제49조의 규정에 의한 권역계획상 관광지 등의 개발이 가능한지의 여부와 관광객 수용능력 등을 기재한 서류
5. 관광지 등의 구역을 표시한 축척 2만5천분의 1 이상의 지형도 및 지목·지번 등이 표시된 축척 500분의 1 내지 6천분의 1의 도면
6. 관광지 등의 지번·지목·지적 및 소유자가 표시된 토지조서(임야에 대하여는 「산지관리법」에 의한 보전산지 및 준 보전산지로 구분·표시하고, 농지에 대하여는 「농지법」에 의한 농업진흥지역 및 농업진흥지역이 아닌 지역으로 구분·표시한다)

② 제1항의 규정에 의한 신청을 하고자 하는 자는 별표 14의 관광지·관광단지의 구분기준에 따라 그 지정 등을 신청하여야 한다.

③ 시·도지사는 제1항의 규정에 의한 지정 등의 신청을 받은 때에는 제1항의 규정에 의한 관광지 등의 개발필요성, 타당성, 관광지·관광단지의 구분기준 및 법 제47조의 규정에 의한 관광개발계획과의 적합성 여부 등을 종합적으로 검토하여야 한다.

제54조의2 (관광지 등의 지정과 조성계획의 승인 신청) 시장·군수·구청장은 법 제50조 제1항에 따른 관광지 등의 지정 및 법 제52조 제1항 본문에 따른 조성계획의 승인 신청을 함께 하거나, 관광단지의 지정신청을 할 때 법 제52조 제1항 단서에 따라 관광단지개발자로 하여금 관광단지의 조성계획을 제출하게 하여 관광단지의 지정 및 조성계획의 승인 신청을 함께 할 수 있다. 이 경우 시·도지사는 관광지등의 지정 및 조성계획의 승인을 함께 할 수 있다.[본조신설 2006.4.14]

제55조 (관광 시설계획 등의 작성)

① 영 제46조 제1항의 규정에 의하여 작성되는 조성계획에는 다음 각 호의 사항이 포함되어야 한다. [개정 2003.10.06, 2005.05.06]

1. 관광 시설계획

가. 공공 편익시설, 숙박시설, 상가시설, 운동·오락시설, 휴양·문화시설 및 기타 시설지구로 구분된 토지이용 계획

나. 시설물의 수량, 건축 연면적 및 건축물의 층수 등이 표시된 시설물설치 계획(축척 500분의 1 내지 6천분의 1의 지적도에 표시한 것이어야 한다)

다. 조경시설물·조경구조물 및 조경식 재 계획이 포함된 조경계획

라. 기타 전기·통신·상수도 및 하수도설치계획

마. 관광시설 계획에 대한 관련 부서별 의견(지방자치단체의 장이 조성계획을 수립하는 경우에 한한다)

1의2. 투자계획 [신설 2003.10.06.][시행일 2003.11.07.]

가. 재원 조달계획

나. 연차별 투자계획

2. 관광지등의 관리계획

가. 관광시설 계획에 포함된 시설물의 관리계획

나. 관광지 등의 관리를 위한 인원확보 및 조직에 관한 계획

다. 기타 관광지 등의 효율적 관리방안

② 제1항 제1호 가목의 규정에 의한 각 시설지구 안에 설치할 수 있는 시설은 별표 15와 같다.

제56조 (관광단지 개발자)

① 법 제52조 제1항 단서에서 "문화관광부령이 정하는 공공법인"이라 함은 다음 각 호의1에 해당하는 것을 말한다. [개정 2005.05.06]

1. 「한국관광공사법」에 의한 한국관광공사 또는 한국관광공사가 관광단지 개발을 위하여 출자한 법인

2. 「한국토지공사법」에 의한 한국토지공사

3. 「지방공기업법」에 의하여 설립된 지방공사 및 지방공단

4. 「제주국제자유도시 특별법」에 의한 제주국제자유도시개발 센터

② 법 제53조 제5항에서 "문화관광부령이 정하는 관광단지개발자"라 함은 제1항 각호의 공공법인 또는 법 제2조 제8호의 민간 개발자를 말한다.[신설 2002.5.20.]

第57조 (조성사업의 허가신청 등) 법 제53조 제1항의 규정에 의한 사업 시행자가 아닌 자가 법 제53조 제3항의 규정에 의하여 조성사업의 허가를 받거나 협의를 하고자 하는 때에는 별지 제39호 서식의 조성 사업허가 또는 협의 신청서에 다음 각 호의 서류를 첨부하여 관광지등의 사업 시행자에게 제출하여야 한다.

1. 사업계획서(위치·용지면적·시설물 설치계획·건설비내역 및 재원조달계획 등을 포함한다)
2. 시설물의 배치도 및 설계도서(평면도 및 입면도를 말한다)
3. 부동산 등기부등본(타인 소유인 경우에는 토지소유자의 사용승낙서 및 인감증명서)

第58조 (위탁수수료) 영 제49조 제2항의 규정에 의한 용지의 매수업무와 손실보상업무의 위탁에 따른 수수료의 산정기준은 별표 16과 같다.

第59조 (관광특구의 지정신청 등)

① 영 제56조의2 제1항 제1호의 규정에 의한 관광특구 지정요건의 세부기준은 별표 16의2와 같다. [개정 2005.05.06]

1. 지정하고자 하는 지역 안에 접객시설, 쇼핑·상가시설, 휴양·오락시설, 숙박시설, 공공 편익시설, 관광안내시설 등이 분포되어 있어 외국인 관광객의 다양한 관광수요를 충족시킬 수 있을 것
2. 통계 전문기관의 조사 결과 당해 지역의 최근 1년간 외국인 관광객이 10만명 이상일 것
3. 지정하고자 하는 지역이 다른 지역과 바다·산림·하천 또는 도로 등에 의하여 명확히 구분될 것

② 법 제67조 제1항의 규정에 의하여 관광특구의 지정·지정취소 또는 그 면적의 변경(이하 이 조에서 "지정 등"이라 한다)을 신청하고자 하는 시장·군수·구청장은 별지 제40호 서식의 관광특구지정 등 신청서에 다음 각 호의 서류를 첨부하여 시·도지사에게 제출하여야 한다. 다만, 관광특구의 지정취소 또는 그 면적의 변경의 경우에는 그 취소 또는 변경과 관계되지 아니하는 사항에 대한 서류는 이를 첨부하지 아니한다. [개정 2005.05.06]

1. 신청 사유서
2. 주요 관광자원 등의 내용이 포함된 서류
3. 해당 지역주민 등의 의견수렴 결과를 기재한 서류
4. 관광특구의 진흥계획서
5. 관광특구의 구역을 표시한 행정구역도와 지적도면
6. 제1항의 요건에 적합함을 증명할 수 있는 서류

③ 삭제 [2002.5.20.]

④ 제54조 제3항의 규정은 관광특구의 지정 등에 관하여 이를 준용한다.

제60조 (관광특구 진흥계획의 수립 내용) 영 제57조 제2항 제5호의 규정에 의한 관광특구 진흥계획에 포함하여야 할 사항은 다음 각 호와 같다.

1. 범죄예방 계획 및 바가지 요금·퇴폐행위·호객행위 근절 대책
2. 관광불편 신고센터의 운영계획
3. 관광특구안의 접객시설 등 관련시설 종사원에 대한 교육계획
4. 외국인 관광객을 위한 토산품 등 관광상품 개발·육성계획 [전문개정 2005.5.6] [본조 제목개정 2005.5.6]

제61조 (국고보조금의 신청)

① 영 제58조의 규정에 의하여 보조금을 교부받고자 하는 자는 별지 제41호 서식의 국고보조금 신청서에 다음 각 호의 사항을 기재한 서류를 첨부하여 문화관광부장관에게 제출하여야 한다.

1. 사업개요(건설공사인 경우 시설내용을 포함한다) 및 효과
2. 사업자의 자산과 부채에 관한 사항
3. 사업공정계획
4. 총사업비 및 보조금액의 산출내역
5. 사업에 소요되는 경비 중 보조금으로 충당하는 부문외의 경비의 조달방법

② 보조금을 교부받고자 하는 자가 지방자치단체인 경우에는 제1항 제2호 및 제5호의 사항을 생략할 수 있다.

제62조 (보고)

① 법 제73조 제1항의 규정에 의하여 지방자치단체의 장은 다음 각 호의 사항을 문화관광부장관에게 보고하여야 한다. [개정 2006.4.14]

1. 법 제4조의 규정에 의한 관광사업의 등록 현황
2. 법 제14조의 규정의 의한 사업계획의 승인 현황
3. 법 제19조의 규정에 의한 분양 또는 회원모집 현황
4. 법 제50조의 규정에 의한 관광지등의 지정 현황
5. 법 제52조에 따른 관광지등의 조성계획 승인 현황

② 제1항 제1호 내지 제3호의 규정에 의한 보고는 매 반기말 현재의 상황을 매 반기 종료 후 다음달 10일까지 제출하여야 하며, 제1항 제4호 및 제5호의 규정에

의한 보고는 지정 또는 승인 즉시 하여야 한다. [개정 2006.4.14]

第63조 (검사공무원의 증표) 법 제73조 제4항의 규정에 의한 공무원의 증표는 별표17과 같다.

第64조 (수수료)

① 법 제74조 제1호·제2호·제4호 내지 제7호·제10호·제11호 내지 제13호의 규정에 의한 수수료는 별표 18과 같다. [개정 2002.5.20.]

② 법 제74조 제3호의 규정에 의한 유원 시설업의 허가·변경허가·신고 또는 변경신고에 관한 수수료는 해당 시·군·구(자치구를 말한다)의 조례로 정한다.

③ 법 제74조 제8호의 규정에 의한 카지노 시설의 검사에 관한 수수료는 카지노 전산시설 검사기관의 검사 공정별로 소요경비를 산출하여 이에 대한 직접인건비·직접경비·제경비 및 기술료를 합한 금액으로 한다.

④ 법 제74조 제10호의2의 규정에 의한 유기시설 또는 유기기구의 안전성검사에 관한 수수료는 당해 안전성 검사기관이 정하되, 「엔지니어링 기술진흥법」 제10조 및 동법 시행령 제14조의 규정에 의한 엔지니어링 사업대가의 기준을 참작하여 검사의 난이도, 검사 소요시간 등에 따른 유기기구 종류별 금액을 정하여야 한다. [신설 2002. 5. 20. 2003.10.06.] [개정 2005.5.6]

⑤ 삭제 [2003.10.06.] [시행일 2003.11.07.]

⑥ 제3항의 규정에 의한 소요경비의 산출기준은 「소프트웨어산업 진흥법」 제22조 및 동법 시행령 제16조의 규정에 의한 소프트웨어사업의 대가기준에 의하며, 직접인건비·직접경비·제경비 및 기술료의 범위와 요율 및 직접인건비의 기준금액은 「엔지니어링 기술진흥법」 제10조 및 동법 시행령 제14조의 규정에 의한 엔지니어링 사업대가의 기준에 의한다. [개정 2002.5.20, 2005.5.6]

⑦ 제1항의 규정에 의한 수수료 중 문화관광부장관에게 납부하는 수수료는 수입인지로, 시·도지사에게 납부하는 수수료는 당해 지방자치단체의 수입증지로 납부하여야 하며, 제3항 및 제4항의 규정에 의한 수수료와 법 제75조의 규정에 의하여 문화관광부장관의 권한이 한국관광공사·한국관광협회중앙회·지역별 관광협회·업종별 관광협회·카지노전산시설검사기관·카지노검사 기관 또는 유기시설·유기기구 안전성검사 기관에 위탁된 업무에 대한 수수료는 이를 현금으로 각 해당기관 또는 해당기관이 지정하는 금융기관에 납부하여야 한다.[개정 2002.5.20. 2003.10.06.][시행일 2003.11.07.]

제64조의2 (안전성 검사기관 등록 요건) 영 제63조 제1항 제3호 전단의 규정에 의한 등록(이하 "안전성 검사기관 등록"이라 한다)에 필요한 인력 및 시설 등의 요건은 별표 19와 같다. [본조신설 2003.10.06.]

제64조의3 (안전성 검사기관 등록의 절차 등)
① 안전성검사 기관 등록을 하고자 하는 업종별 관광협회 또는 전문 연구·검사기관은 매년 안전성검사를 하고자 하는 연도의 전년도 9월 말일까지 별지 제42호 서식의 유기시설·기구 안전성검사 기관 등록 신청서에 다음 각 호의 서류를 첨부하여 문화관광부장관에게 제출하여야 한다.
1. 별표 19 제1호의 규정에 의한 기술 인력을 보유함을 증명하는 서류
2. 별표 19 제2호의 규정에 의한 보유 장비의 명세서(장비의 사진을 포함한다)
3. 사무실 건물의 임대차 계약서 사본(사무실을 임차한 경우에 한한다)
4. 관리직원에 대한 채용증명서 또는 재직증명서
5. 별표 19 제3호 다목의 규정에 의한 실적을 증명하는 서류
6. 별표 19 제3호 라목의 규정에 의한 안전성검사를 위한 세부규정
② 문화관광부장관은 제1항의 규정에 따라 등록신청을 받은 때에는 등록요건을 갖춘 업종별 관광협회 또는 전문 연구·검사기관에 대하여 별지 제43호 서식의 등록증을 교부하고, 별지 제44호 서식의 유기시설·기구안전성 검사기관 등록부를 작성·관리하여야 한다.
③ 제2항의 규정에 의하여 등록한 업종별 관광협회 또는 전문 연구·검사기관(이하 "안전성검사등록기관"이라 한다)은 제38조 제5항의 규정에 의하여 문화관광부장관이 고시하는 안전성검사의 세부검사기준 및 절차에 따라 검사를 실시하여야 한다. [본조신설 2003.10.06.]

제64조의4 (문화관광부장관이 지정하는 기관의 검사) 영 제63조 제1항 제3호의2에서 문화관광부령이 정하는 검사라 함은 제38조 제1항의 규정에 의하여 유원시설업의 허가 또는 변경허가를 받고자 하는 자가 받아야 하는 안정성검사 및 제38조 제4항의 규정에 의한 안전성감사 대상이 아님을 확인하는 검사를 말한다. [개정 2005.5.6] [본조신설 2003.10.06.][본조제목개정 2005.5.6]

제65조 (평가요원의 자격) 영 제64조 제1항 제3호의 규정에 의한 평가요소별 평가요원의 자격은 다음 각 호와 같다. [개정 2003.10.06, 2005.5.6, 2006.4.14]
1. 서비스평가 [시행일 2003.11.07.]

가. 호텔경영사 자격증 소지자로서 5년 이상 호텔업에서 호텔경영사(종전의 총지배인을 포함 한다)로 근무한 경력이 있는 자 1인 이상

나. 「고등교육법」에 의한 전문대학 이상 또는 다른 법령에서 이와 동등 이상의 학력이 인정되는 교육기관에서 관광분야에 관하여 3년 이상 강의한 경력이 있는 전임강사 또는 겸임교수 이상의 교원 1인 이상

다. 일반여행업을 5년 이상 경영한 경력이 있거나 그 임원으로 5년 이상 종사한 경력이 있는 자 1인 이상

라. 관광분야의 석사 이상의 학위 소지자로서 관광정책 또는 호텔 관련 업무에 5년 이상 근무한 경력이 있는 자 1인 이상

2. 건축·설비·주차시설평가 : 건축사 자격증 소지자 10인 이상
3. 전기·통신시설평가 : 전기·통신시설에 대한 기술사 자격증 소지자 10인 이상
4. 소방·안전평가 : 건축물 소방·안전 업무경력이 10년 이상인 자 10인 이상
5. 소비자 만족도평가

가. 소비자단체 등에서 소비자 보호업무를 5년 이상 수행한 경력이 있는 자 1인 이상

나. 「고등교육법」에 의한 전문대학 이상 또는 다른 법령에서 이와 동등 이상의 학력이 인정되는 교육기관에서 조경·도시공학에 관하여 3년 이상 강의한 경력이 있는 전임강사 이상의 교원 1인 이상

第66조 (과태료의 징수절차)영 제66조 제4항의 규정에 의한 과태료의 징수절차에 관하여는 「국고금 관리법 시행규칙」을 준용한다. 이 경우 납입고지서에는 이의방법 및 이의기간 등을 함께 기재하여야 한다. [개정 2005.5.6]

## 부칙

① (시행일) 이 규칙은 공포한 날부터 시행한다.

② (관광특구의 경과조치) 이 규칙 시행당시 종전의 규정에 의하여 관광특구로 지정된 지역은 제59조의 개정규정에 의한 지정요건에 적합한 것으로 본다.

③ (시험면제에 관한 경과조치) 별표 12의 개정규정에 불구하고 이 규칙 시행당시 종전의 법 제52조의 규정에 의하여 문화관광부장관이 지정한 양성기관에서 관광통역안내원 양성과정을 이수한 자 또는 1999년 12월 31일까지 이수예정인 자에 대하여는 관광통역안내원 필기시험을 면제하고, 동 양성기관의 2급 지배인 양성과정을 이수한 자 또는 1999년 12월 31일까지 이수 예정인자에 대하여는 2급 지배인 필기시험을 면제하며, 동 양성기관의 현관·객실·식당접객종사원(조리분야를 포함한다) 양성과정을 이수한 자 또는 1999년 12월 31일까지 이수예

정인 자에 대하여는 현관·객실·식당접객종사원 시험전부를 면제한다.

## 부칙

[2006.4.14 제136호] 이 규칙은 공포한 날부터 시행한다.

**[별표 1] <신설 2005.5.6>**

**유원시설업의 시설 및 설비기준(제7조제1항관련)**

1. 공통기준

| 구 분 | 시설 및 설비기준 |
|---|---|
| 가. 실내에 설치한 유원 시설업 | 독립된 건축물이거나 다른 용도의 시설과 완전히 구획되어야 한다. |
| 나. 종합유원시 설업 및 일반 유원시설업 | (1) 방송시설 및 휴식시설(의자 또는 차양시설 등을 갖춘 것을 말한다)을 설치하여야 한다.<br>(2) 화장실(유원시설업의 허가구역으로 부터 100미터 이내에 공동화장실을 갖춘 경우를 제외한다)을 갖추어야 한다.<br>(3) 이용객을 지면으로 안전하게 이동시키는 비상조치가 필요한 유기기구·유기시설에 대해서는 비상시에 이용객을 안전하게 대피시킬 수 있는 시설(발전시설, 예비전원시설, 사다리, 계단시설, 윈치, 로프 등 해당시설에 적합한 시설)을 갖추어야 한다. |

2. 개별기준

| 구 분 | 시설 및 설비기준 |
|---|---|
| 가. 종합유원 시설업 | (1) 대지면적(실내에 설치한 유원시설업의 경우에는 건축물 연면적)은 1만 제곱미터 이상이어야 한다.<br>(2) 법 제31조 제1항의 규정에 의한 안전성검사 대상 유기시설 또는 유기기구 6종 이상을 설치하여야 한다.<br>(3) 발전시설, 의무 시설 및 안내소를 설치하여야 한다.<br>(4) 음식점 시설 또는 매점을 설치하여야 한다. |
| 나. 일반유원 시설업 | (1) 법 제31조 제1항의 규정에 의한 안정성검사 대상 유기시설 또는 유기기구 1종 이상을 설치하여야 한다.<br>(2) 안내소를 설치하고, 구급약품을 비치하여야 한다. |
| 다. 기타유원 시설업 | (1) 대지면적(실내에 설치한 유원시설업의 경우에는 건축물 연면적)은 40제곱 미터 이상 이어야 한다.<br>(2) 법 제31조 제1항의 규정에 의한 안전성검사 대상이 아닌 유기시 또는 유기기구 1종 이상을 설치하여야 한다. |

**[별표 1의2] <개정 2003.10.6>**

## 관광편의시설업의 지정기준(제14조관련)

<table>
<tr><th>업종</th><th colspan="2">지 정 기 준</th></tr>
<tr><td rowspan="6">1. 관광유흥음식점업</td><td rowspan="3">가. 한국 음식점업</td><td>(1) 건물은 연면적이 특별시의 경우에는 330제곱 미터 이상, 기타 지역은 200제곱 미터 이상으로 한국적 분위 기를 풍기는 아담하고 우아한 건물일 것</td></tr>
<tr><td>(2) 관광객의 수용에 적합한 다양한 규모의 방을 두고 실내는 고유의 한국적 분위기를 풍길 수 있도록 서화·문갑·병풍 및 나전칠기 등으로 장식할 것</td></tr>
<tr><td>(3) 완전방음장치를 할 것</td></tr>
<tr><td rowspan="3">나. 관광극장 식당업</td><td>(1) 건물 연멱적은 1,000제곱미터 이상으로, 홀 면적은 500제곱미터 이상으로 할 것</td></tr>
<tr><td>(2) 관광객에게 민속과 가무를 감상하게 할 수 있도록 특수조명장치 및 배경을 설치한 100제곱 미터 이상의 무대가 있을 것</td></tr>
<tr><td>(3) 완전 방음장치를 할 것</td></tr>
<tr><td>2. 외국인전용유흥음식점업</td><td colspan="2">(1) 홀 면적(무대면적을 포함)은 100제곱 미터 이상으로 할 것<br>(2) 홀에는 노래와 춤 공연을 할 수 있도록 20제곱 미터 이상의 무대를 설치하고, 특수조명 시설 및 방음 장치를 갖출 것</td></tr>
<tr><td>3. 관광식당업</td><td colspan="2">(1) 한국 전통음식을 제공하는 경우에는 국가기술 자격법에 의한 해당 조리사 자격증 소지자를 둘 것<br>(2) 특정 외국의 전문음식을 제공하는 경우에는 다음의 요건 중 1개 이상의 요건을 갖춘 자를 둘 것<br>(가) 당해 외국에서 전문조리사 자격을 취득한 자<br>(나) 국가기술 자격법에 의한 해당 조리사 자격증 소지자로서 동종분야에서의 조리경력이 3년 이상인 자<br>(다) 당해 외국에서 6월 이상의 조리교육을 이수한 자. 다만, 패스트푸드점의 경우에는 당해 외국에서 2주 이상의 조리교육을 받은 자로서 조리경력이 6월 이상인 자</td></tr>
<tr><td>4. 시내순환관광업</td><td colspan="2">○ 안내방송 등 외국어 안내 서비스가 가능한 체제를 갖출 것</td></tr>
<tr><td>5. 관광사진업</td><td colspan="2">○ 사진촬영 기술이 풍부한 자 및 외국어 안내서비스가 가능한 체제를 갖출 것</td></tr>
<tr><td>6. 여객자동차터미널</td><td colspan="2">○ 인근 관광지역 등의 안내서 등을 비치하고, 인근 관광자원 및 명소 등을 소개하는 관광 안내판을 설치할 것</td></tr>
<tr><td>7. 관광토속주판매업</td><td colspan="2">○ 외국어 안내 서비스가 가능한 체제를 갖출 것</td></tr>
<tr><td>8. 관광펜션업</td><td colspan="2">(1) 자연 및 주변환경과 조화를 이루는 3층 이하의 건축물일 것<br>(2) 객실이 30실 이하일 것<br>(3) 취사 및 숙박에 필요한 설비를 갖출 것<br>(4) 바베큐장, 캠프파이어장 등 주인의 환대가 가능한 1종류 이상의 이용시설을 갖추고 있을 것(다만, 관광펜션이 수개의 건물 동으로 이루어진 경우에는 그 시설을 공동으로 설치할 수 있다)<br>(5) 숙박시설 및 이용시설에 대하여 외국어 안내표기를 할 것</td></tr>
</table>

**[별표 2]**

**관광사업장 표지(제19조 제1호 관련)**

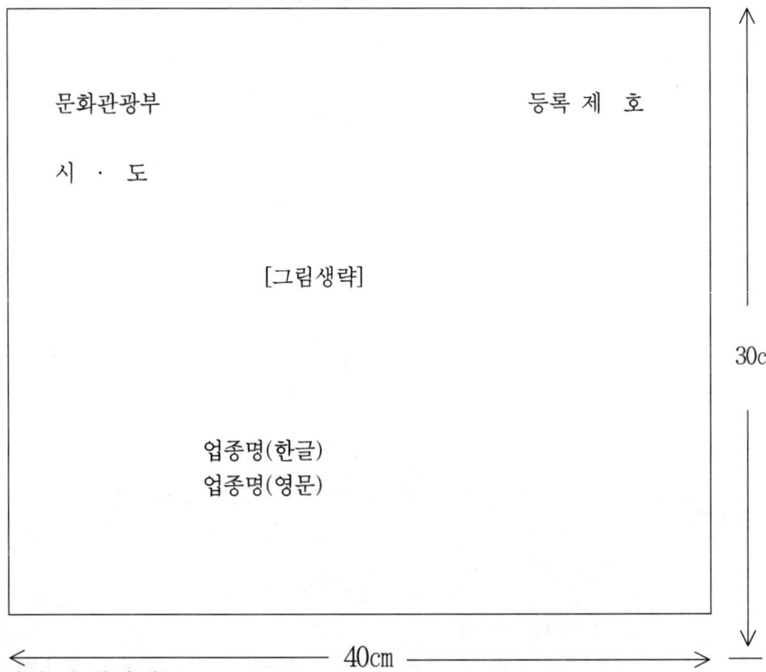


(제작상 유의사항)

1. 소재는 놋쇠로 한다.
2. 그림을 제외한 바탕색은 녹색으로 한다.
3. 표지의 두께는 5㎜로 한다.

**[별표 3] <개정 2003.10.6>**

**호텔 등급표지(제19조 제3호 관련)**

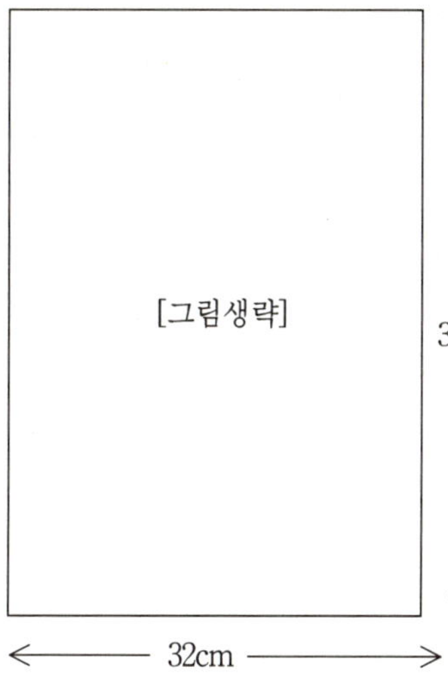


<특1등급 호텔의 경우>

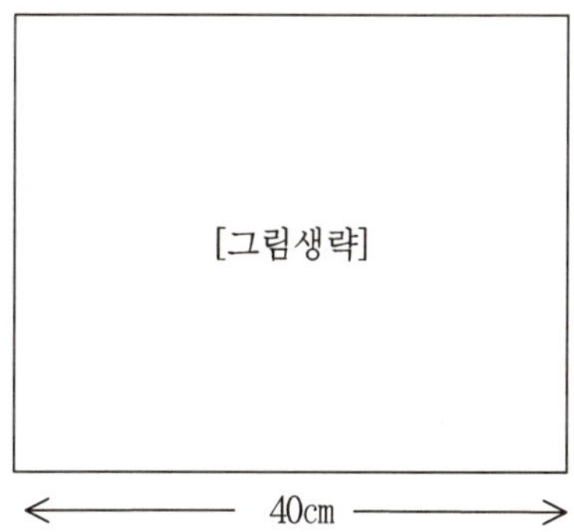


<그 밖의 호텔의 경우>

(제작상 유의사항)

1. 소재는 놋쇠로 한다.
2. 무궁화를 제외한 바탕색은 특1등급은 금색, 특2등급 이하는 녹색으로 한다.
3. 등급별로 무궁화수에 차이를 두되 특1등급·특2등급은 5개, 1등급은 4개, 2등급은 3개, 3등급은 2개로 표시한다.
4. 표지의 두께는 5㎜로 한다.

**[별표 4] 관광식당표지(제19조 제4호 관련)**

[그림생략]TOURIST RESTAURANT 관광식당

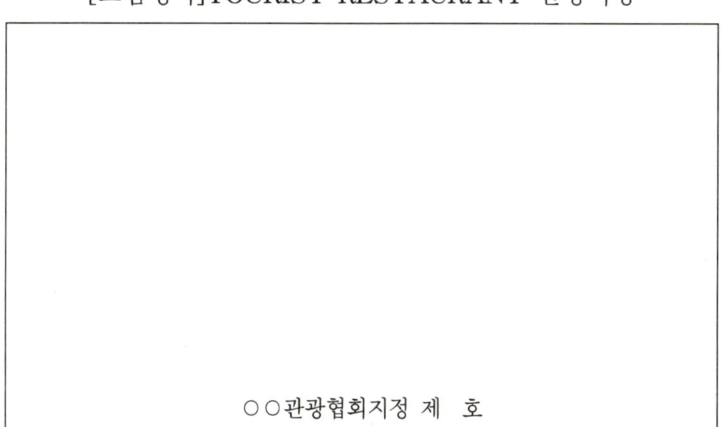

(제작상 유의사항)

1. 기본모형은 위와 같이 하고 흰색 바탕에 원은 오렌지색, 글씨는 검은 색으로 한다.
2. 크기와 제작방법은 문화관광부장관이 별도로 정한다.
3. 지정권자의 표기는 한글·영문 또는 한문중 하나를 선택하여 사용한다.

**[별표 5] <개정 2003.10.6>**

**호텔업의 등급결정 기준(제25조 제2항 관련)**

| 구 분 | 특1등급 | 특2등급 | 1등급 | 2등급 | 3등급 |
|---|---|---|---|---|---|
| 결정기준(만점기준) | 90% 이상 | 80% 이상 | 70% 이상 | 60% 이상 | 50% 이상 |

주 : 각 등급별 평정기준은 제25조제3항의 규정에 의하여 문화관광부장관이 고시한 호텔업의 등급결정을 위한 평정 기준에 의한다.

**[별표 6] <개정 2003.10.6, 2005.5.6>**

**카지노업의 영업종류(제35조 제1항 관련)**

1. 룰렛(Roulette)
2. 블랙잭(Blackjack)
3. 다이스(Dice, Craps)
4. 포커(Poker)
5. 바카라(Baccarat)
6. 다이사이(Tai Sai)
7. 키노(Keno)
8. 빅휠(Big Wheel)
9. 빠이 까우(Pai Cow)
10. 판탄(Fan Tan)
11. 죠커 세븐(Joker Seven)
12. 라운드 크랩스(Round Craps)
13. 트란타 콰란타(Trent Et Quarante)
14. 프렌치 볼(French Boule)
15. 챠카락(Chuck - A - Luck)
16. 슬롯머신(Slot Machine)
17. 비디오게임(Video Game)
18. 빙고(Bingo)
19. 마작(Majang)
20. 카지노워(Casino War)

### [별표 7] 카지노업 영업준칙(제36조 관련)

1. 카지노 사업자는 카지노업의 건전한 발전과 원활한 영업활동, 효율적인 내부 통제를 위하여 이사회·카지노 총지배인·영업부서·안전관리부서·환전·전산전문 요원 등 필요한 조직과 인력을 갖추어 1일 8시간 이상 영업하여야 한다.
2. 카지노 사업자는 전산시설·출납창구·환전소·카운트 룸·폐쇄회로·고객편의시설 · 통제구역등 영업시설을 갖추어 영업을 하고, 관리기록을 유지하여야 한다.
3. 카지노 영업장에는 게임기구와 칩스·카드 등의 기구를 갖추어 게임 진행의 원활을 기하고, 게임 테이블에는 드롭박스를 1개씩 부착하여야 하며, 베팅금액 한 도표를 설치하여야 한다.
4. 카지노 사업자는 고객출입 관리, 환전, 재환전, 드롭박스의 보관·관리와 계산요원의 복장 및 근무요령을 마련하여 영업의 투명성을 제고하여야 한다.
5. 머신게임을 운영하는 사업자는 투명성 및 내부통제를 위한 기구·시설·조직 및 인원을 갖추어 운영하여야 하며, 머신게임의 이론적 배당률을 75%이상으로 하고 배당률과 실제 배당률이 5%이상 차이가 있는 경우 카지노 검사기관에 즉시 통보하여 카지노 검사기관의 조치에 응하여야 한다.
6. 카지노 사업자는 회계기록·콤프비용·크레딧제공·예치금 인출·알선수수료·계약게임 등의 기록을 유지하여야 한다.
7. 카지노 사업자는 게임을 함에 있어 게임 종류별 일반규칙과 개별규칙에 따라 게임을 진행하여야 한다.
8. 카지노 종사원은 게임에 참여할 수 없으며, 고객과 결탁한 부정행위 또는 국내·외의 불법 영업에 간여하거나 기타 관광종사자로서의 품위에 어긋나는 행위를 하여서는 아니 된다.

### [별표 7의2] <개정 2003.10.6>
### 폐광지역 카지노사업자의 영업준칙(제36조 단서관련)

1. 별표 7의 영업 준칙을 지켜야 한다.
2. 카지노 영업소는 회원용 영업장과 일반 영업장으로 구분하여 운영하여야 하며, 일반 영업장에서는 주류를 판매하거나 제공하여서는 아니 된다.
3. 매일(일요일을 제외한다) 오전 6시부터 오전 10시까지는 영업을 하여서는 아니 된다.
4. 테이블게임(별표 6의 카지노업의 영업종류 중 슬롯머신 및 비디오게임을 제외한 영업을 말한다)에 거는 금액의 최고 한도액은 일반 영업장의 경우에는 테이블별로 정하되, 1인당 1회 10만원 이하로 하여야 한다. 다만, 일반 영업장 전체 테이블의 2분의 1의 범위 내에서는 1인당 1회 30만원 이하로 정할 수 있다.

5. 머신게임(별표 6 카지노업의 영업종류 중 슬롯머신 및 비디오 게임을 말한다)에 거는 금액의 최고 한도는 1회 2천원으로 한다. 다만, 비디오 포커게임기는 2천 500원으로 한다.
6. 머신게임의 게임기 전체 수량 중 2분의 1 이상은 그 머신 게임기에 거는 금액의 단위가 100원인 기기를 설치·운영하여야 한다.
7. 카지노 영업소 출입자의 신분을 확인하여야 하며, 다음 각목에 해당하는 자는 출입을 제한 하여야 한다.
   가. 미성년자
   나. 폭력행위 등 처벌에 관한 법률 제4조의 규정에 따른 단체 또는 집단을 구성하거나 그 단체 또는 집단에 자금을 제공한 것으로 확인된 자
   다. 신분이 불분명한 자
   라. 당사자의 배우자 또는 직계혈족이 문서로써 카지노 사업자에게 도박 중독 등을 이유로 출입 금지를 요청한 경우의 그 당사자. 다만, 배우자·부모 또는 자녀 관계를 확인할 수 있는 증빙 서류를 첨부하여 요청한 경우에 한한다.
   마. 국내외 카지노에서 저지른 불법 행위나 전문적인 도박 등의 혐의로 출입 금지를 당한 사실이 있는 자
   바. 그 밖에 카지노 영업소의 질서 유지 및 카지노 이용자의 안전을 위하여 카지노 사업자가 정하는 출입금지 대상자
8. 카지노 이용자에게 자금을 대여하여서는 아니 된다.
9. 카지노가 있는 호텔이나 영업소의 내부 또는 출입구 등 주요 지점에 폐쇄회로 텔레비전을 설치·운영하여야 한다.
10. 카지노 이용자의 비밀을 보장하여야 하며, 카지노 이용자에 관한 자료를 공개하거나 누출 하여서는 아니 된다.
11. 사망·폭력행위 등 사고가 발생한 경우에는 즉시 문화관광부장관에게 보고하여야 한다.
12. 회원용 영업장에 대한 운영 및 영업방법은 내규로 정하되, 미리 문화관광부장의 승인을 얻어야 한다.

**[별표 8] <개정 2005.5.6>**

**안전성검사 대상 유기시설·유기기구 및 안전성검사항목과 안전성검사대상이 아닌 유기시설·유기기구(제38조 제1항 관련)**

### 1. 안전성검사 대상 유기시설 및 유기기구

가. 대상 : 안전성검사 대상 유기시설 또는 유기기구는 안전에 유의하여 관리하여야 하는 유기시설 또는 유기기구로서 제3호의 안전성검사의 대상이 아닌 유기시설 유기기구에 해당하는 것을 제외한 유기시설 및 유기기구를 말한다.

나. 구분 : 안전성검사 대상 유기시설 및 유기기구는 다음과 같이 구분한다.

1) 주행형

| 구 분 | 내 용 | 예 시 |
|---|---|---|
| (1) 궤도 주행형 | 일정한 궤도(레일·로프 등)를 가지고 있으며 궤도를 이용하여 승용물이 운행되는 유기시설 또는 유기기구 | 스카이싸이클·모노레일·스카이젯트·꼬마기차·미니자동차·쟝글마우스·미니코스타·젯트코스타·루프코스타·공중궤도라이드 |
| (2) 주로 주행형 | 일정한 주로(도로 또는 이와 유사한 주로)를 가지고 있으며 그 주로를 이용하여 승용물이 운행되는 유기시설 또는 유기기구 | 미니스포츠카·무궤도열차·봅슬레이 |
| (3) 수로 주행형 | 일정한 수로를 가지고 있으며 그 수로를 이용하여 승용물이 운행되는 유기시설 또는 유기기구 | 후룸라이드·신밧드의모험·래피드라이드 |
| (4) 자유 주행형 | 일정한 지역(공간등)을 가지고 있으며 그 지역(지면, 수면)을 이용하여 승용물이 운행되는 유기시설 또는 유기기구 | 밤바카·밤바보트·스포츠카 |

2) 고정형

| 구 분 | 내 용 | 예 시 |
|---|---|---|
| (1) 종회전고정형 | 수평축을 중심으로 하여 승용물이 수직방향으로 수직원운동 또는 요동운동을 하는 유기시설 또는 유기기구 | 회전관람차·후라잉카펫·날으는소방차·아폴로·고공파도타기·바이킹·레일보우 |
| (2) 횡회전고정형 | 수직축을 중심으로 승용물이 수평방향으로 수평 원운동을 하는 유기시설 또는 유기기구 | 회전그네·회전목마·티컵·회전보트·점프라이드·뮤직익스프레스·스윙댄스·타가다디스코·닌자거북이 |
| (3) 복합회전고정형 | 수평 및 수직 방향으로 동시에 승용물이 회전·반회전 또는 직선운동을 하는 유기시설 또는 유기기구 | 회전비행기·미니아스트로·다람쥐통·우주전투기·스페이스자이로·엔트프라이즈·문어다리·왕문어춤·슈퍼스윙·베이스볼·브레이크댄스·풍선타기·허리케인·토네이도 |
| (4) 승강고정형 | 수평 및 수직방향으로 승용물이 상하운동 및 좌우 운동으로 운행되는 유기시설 또는 유기기구 | 파라슈터타워·타워라이드·개구리점프 |

3) 관람형

| 구 분 | 내 용 | 예 시 |
|---|---|---|
| (1) 기계관람형 | 음향·영상 또는 보조기구를 이용하여 일정한 기계구조물내에서 시뮬레이션을 체험하는 유기시설 또는 유기기구 | 영상모험관·가상현실특급·아스트로젯트·슈퍼엑스 |
| (2) 입체관람형 | 음향·영상 또는 보조기구를 이용하여 일정한 시설(건축물·일정한공간등)내에서 시뮬레이션을 체험하는 유기시설 또는 유기기구 | 다이나믹시트·환상의집·전래동화관·시네마환타지아 |

4) 놀이형

| 구 분 | 내 용 | 예 시 |
|---|---|---|
| (1) 일반놀이형 | 이용객 스스로가 일정한 시설(건축물, 공간 등)에서 설치된 기계·기구를 이용하는 유기시설 또는 유기기구 | 모험놀이·미로·펀하우스 |
| (2) 물놀이형 | 물을 매개체로 하여 일정한 규격(틀 등)을 갖추어 이용자 스스로 물놀이 기계·기구 등을 이용하는 유기시설 또는 유기기구 | 튜브라이더·파도풀·유수풀·바디슬라이더·서핑라이더·수중모험놀이 |

5) 기타 : 1) 내지 4)에 해당하지 아니하는 유기시설 및 유기기구

## 2. 안전성검사항목

| 구 분 | 검 사 항 목 |
|---|---|
| 가. 기초 및 앵커볼트 | (1) 지반상태<br>(2) 기초<br>(3) 앵커볼트<br>(4) 지주, 구조부재<br>(5) 보조부재<br>(6) 체결부 |
| 나. 승용물장치 | (1) 승용물 구조<br>(2) 승용물 체결부<br>(3) 승용물 안전장치<br>(4) 승용물 기타장치 |
| 다. 궤도, 수로, 주로장치 | (1) 궤도, 수로, 주로<br>(2) 받침지주<br>(3) 역주행 방지장치 |
| 라. 구동장치 | (1) 감속기태<br>(2) 축, 기계요소<br>(3) 전동기<br>(4) 클러치 |

| | |
|---|---|
| | (5) 축 및 베어링<br>(6) 기어<br>(7) 체인 및 스프로킷<br>(8) 벨트 및 벨트풀리<br>(9) 로프<br>(10) 컨베이어장치<br>(11) 차륜장치 |
| 마. 유압, 공압, 수압장치 | (1) 유압장치<br>(2) 공압장치<br>(3) 수압장치<br>(4) 밸브 및 배관장치 |
| 바. 제동장치 | (1) 브레이크장치<br>(2) 완충장치 |
| 사. 물놀이 장치 | (1) 슬라이드<br>(2) 착지풀<br>(3) 파도풀<br>(4) 유수풀<br>(5) 급수장치<br>(6) 부력기구<br>(7) 신호장치 |
| 아. 전기장치 | (1) 전동기 기동전류 및 운전전류<br>(2) 배전설비 및 계기류<br>(3) 접지 및 피뢰설비<br>(4) 조명 및 장식장치<br>(5) 신호 및 제어장치 |
| 자. 운전조작장치 | (1) 조작장치<br>(2) 비상조작 장치 |
| 차. 기타시설 | (1) 승강장<br>(2) 안전 울타리<br>(3) 비상구<br>(4) 안전유도 표시<br>(5) 풍속계<br>(6) 안전점검판<br>(7) 기타 유기시설 |

### 3 안전성검사 대상이 아닌 유기시설 및 유기기구

| 구 분 | 내 용 | 예 시 |
|---|---|---|
| 가. 주행형 | 일정 궤도·주로·지역(공간)을 가지고 있으며, 시속 5킬로미터 이하 속도로 이용자 스스로가 참여하여 운행되는 유기시설 또는 유기기구 | 밧데리카·미니기차·미니자동차·멜로디페트·이티로보트·수상싸이클등 |
| 나. 고정형 | 회전반경이 3미터 이내로 이용자 스스로가 참여하여 작동되는 유기시설 또는 유기기구 | 솔저로보트·우주전차·아기돼지·롤스로이스·에어울프·미니기·다람쥐·우주왕복선·경찰오토바이·아파치헬기·슈퍼스포츠카·스텔스기·슈퍼미니차·코끼리·마징가젯트·풀리스카·잠수정·공룡·마린보트·스카이돌핀·목마(말)·닭·당나귀·페리칸 등 |
| 다. 관람형 | 일정한 시설물(기계·기구·건축물·보조기구등)내에서 이용자 스스로가 참여하여 체험하는 유기시설 또는 유기기구 | 도깨비집·거울집·3D 또는 4D입체영화관(좌석고정영상시설)·투시경 · 미니시뮬레이션·만다라 등 |
| 라. 놀이형 | 일정한 시설(기계·기구·공간등)내에서 보조기구를 이용하거나 롬기억소자 등이 장착된피시비(PCB) 형태 또는 컴퓨터CD 등을 이용한 프로그램등으로 화면에 나타나는 상황을 레버와 버튼 또는 기구로 작동하여 이용자 스스로가 이용하거나 체험할 수 있는 기구로써 누구나 이용이 가능하고 사행성이 없는 유기시설 또는 유기기구 | 실내사격·베이비골프·미니골프·양궁·석궁·투환·바주카포·화이어볼·광선총·고릴라헌터·미니볼링·미니농구·공던지기·패픽볼·풋볼첼린지·피치히터·로데오타기·도든가든·싸이드와일더·축구·페널티슈트아웃·에어하키·스쿼시하키·하이스트라이크·로보봅·두더지·햄머액션·펀치·펀치벨리·플레이스페이스·붕붕뜀틀·점프대·스페이스볼·다트게임·쇼트·레이스나이트·핫스터프·버츄얼베이스볼·버츄얼콤·뱃보이저·알파인레이스·넛머크·버춰포뮬러·팔씨름·오토바이타기·자동차경주·핀볼·정글인·미니에어바운스·자전거타기·보트타기·말타기·뮤직댄스·수상기구타기·건슈팅·틀린그림찾기·퍼즐·대전격투놀이·대전격투놀이·건파이트·건버이드·인형뽑기 등 |

[별표 8의2] <신설 2002.5.20><개정 2005.5.6>
**안전관리자의 자격·배치기준·임무(제38조의2관련)**

1. 안전관리자의 자격

| 구 분 | 자 격 |
|---|---|
| 종합유원시설업 | 가. 다음의 국가기술자격을 보유한 자<br>산업안전기사·산업안전산업기사·건설기계기사·건설기계산업기사·기계공정설계기사·건설기계정비기사·건설기계정비산업기사·일반기계기사·생산기계산업기사·전기기사·전기공사기사·전기공사산업기사·전자기사·전자산업기사·전기산업기사·자동차정비기사·자동차정비산업기사<br>나. 「고등교육법」에 의한 이공계 전문대학 또는 이와 동등이상의 학교를 졸업한 자로서 종합유원시설업소 및 일반유원시설업소에서 1년 이상 유기시설 및 유기기구 안전점검·정비업무를 담당한 자 또는 기계·전기·산업안전·자동차정비 등 유원시설업의 유사경력 2년 이상인 자<br>다. 다음의 국가기술자격을 보유한 자로서 종합유원시설업소및 일반유원시설업소에서 2년 이상 유기시설 및 유기기구안전점검·정비업무를 담당한 자 또는 기계·전기·산업안전·자동차정비 등 유원시설업의 유사경력 3년 이상인 자 · 전기기기기능사·전기공사기능사·전자기기기능사·기계정비기능사·건설기계기관정비기능사·건설기계차제정비기능사·자동차정비기능사 |
| 일반유원시설업 | 가. 다음의 국가기술자격을 보유한 자<br>산업안전기사·산업안전산업기사·건설기계기사·건설기계산업기사·기계공정설계기사·건설기계정비기사·건설기계정비산업기사·일반기계기사·생산기계산업기사·전기기사·전기공사기사·전기공사산업기사·전자기사·전자산업기사·전기산업기사·자동차정비기사·자동차정비산업기사·전기기기산업기사·전기기기기능사·전기공사기능사·전자기기기능사·기계정비산업기사·기계정비기능사·건설기계기관정비기능사·건설기계차제정비기능사·자동차정비기능사<br>나. 「고등교육법」에 의한 이공계 전문대학 또는 이와 동등 이상의 학교를 졸업한 자로서 종합유원시설업소 또는 일반유원시설업소에서 1년 이상 유기시설 및 유기기구 안전점검·정비업무를 담당한 자 또는 기계·전기·산업안전·자동차정비 등 유원시설업의 유사경력 2년 이상인 자<br>다. 「초·중등교육법」에 의한 공업계 고등학교 또는 이와 동등 이상의 학교를 졸업한 자로서 종합유원시설업소 및 일반유원시설업소에서 2년 이상 유기시설 및 유기기구 안전점검·정비업무를 담당한 자 또는 기계·전기·산업안전·자동차정비 등 유원시설업의 유사경력 3년 이상인 자<br>라. 종합유원시설업 또는 일반유원시설업의 안전관리업무에 종사한 경력이 5년 이상인 자로서, 문화관광부장관이 지정하는 업종별 관광협회 또는 전문연구·검사기관에서 40시간 이상 안전교육을 이수한 자 |

2. 안전관리자의 배치기준

가. 안전성검사대상 유기기구 1종 이상 10종 이하를 운영하는 사업자 : 1명 이상

나. 안전성검사대상 유기기구 11종 이상 20종 이하를 운영하는 사업자 : 2명 이상

다. 안전성검사대상 유기기구 21종 이상을 운영하는 사업자 : 3명 이상

3. 안전관리자의 임무

가. 안전 관리자는 안전운행 표준지침을 작성하고 유기시설 안전 관리계획을 수립하고 이에 따라 안전 관리업무를 수행하여야 한다.

나. 삭제 <2005.5.6>

다. 안전 관리자는 매일 1회 이상 안전성검사 대상 유기시설 및 유기기구에 대한 안전점검을 실시하고 그 결과를 안전점검 기록부에 기록·비치하여야 하며, 이용객이 보기 쉬운 곳에 유기시설 또는 유기기구별로 안전점검 표시판을 게시하여야 한다.

라. 유기시설과 유기기구의 운행자 및 유원시설 종사자에 대한 안전 교육계획을 수립하고 이에 따라 교육을 실시하여야 한다.

**[별표 9] <개정 2002.5.20, 2005.5.6>**

**유원시설업자의 준수사항(제39조 관련)**

1. 종합 및 일반유원 시설업자는 법 제31조제2항의 규정에 의하여 안전 관리자를 상시 배치하고, 안전 관리자가 그 업무를 적절하게 수행하도록 지도·감독하는 등 유원시설 및 유기기구를 안전하게 관리하여야 한다.
2. 기타 유원 시설업자는 본인 스스로 또는 운행자로 하여금 매일 1회 이상 유기시설 및 유기 기구에 대한 안전점검을 실시하고, 그 결과를 안전점검 기록부에 기록·비치하도록 하여야 하며, 이용자가 보기 쉬운 곳에 유기시설 또는 유기기구별로 안전점검 표시판을 게시하여야 한다.
3. 이용자를 태우는 유기시설 및 유기기구의 경우 정원을 초과하여 이용자를 태우지 아니 하도록 하고, 운전 개시 전에 안전 상태를 확인 하여야 하며, 특히 안전띠 또는 안전대의 안전성 여부와 착용상태를 확인 하여야 한다.

3의2. 운행 중에는 이용객이 정 위치에 있는 지의 여부와 이상 행동을 하는지를 주의하여 관찰하여야 하고, 유기기구 안에서 장난 또는 가무행위 등 안전에 저해되는 행위를 하지 못하게 하여야 한다.

4. 이용자가 보기 쉬운 곳에 이용요금표·준수사항 및 이용시 주의 하여야 할 사항을 게시하여야 한다.
5. 유원 시설업자는 종사자에 대한 안전교육을 매주 1회 이상 실시하도록 하고, 그 교육일지를 기록·비치하여야 하며, 비정규직원의 신규 채용시에는 사전교육을 2시간 이상 실시하고 그 교육일지를 기록·비치하여야 한다.

6. 영업소의 명칭은 허가 또는 신고된 영업소의 명칭(상호)을 표시하여야 한다.
7. 조명은 60룩스 이상이 되도록 유지하여야 한다. 다만, 조명효과를 이용하는 유기시설은 제외한다.
8. 유원 시설업자는 유관기관(허가관청·경찰서·소방서·의료기관·안전성검사등록기관 등)과 안전관리에 관한 연락체계를 구축하고, 안전사고의 발생 즉시 등록관청에 보고하여야 하며, 안전사고의 원인 조사 및 재발 방지대책을 수립하여야 한다.

**[별표 10] <개정 2003.10.6>**

**필기시험의 시험과목 및 합격결정기준(제43조제1항 관련)**

1. 시험과목 및 배점비율

| 구 분 | 시험과목 | 배점비율 |
|---|---|---|
| 가. 관광통역안내사 | 국 사 | 40% |
| | 관광자원해설 | 20% |
| | 관광법규(관광기본법·관광진흥법·관광진흥개발기금법·국제회의산업육성에관한법률 등의 관광관련 법규를 말한다. 이하 같다) | 20% |
| | 관광학개론 | 20% |
| | 계 | 100% |
| 나. 국내여행안내사 | 국 사 | 30% |
| | 관광자원해설 | 20% |
| | 관광법규 | 20% |
| | 관광학개론 | 30% |
| | 계 | 100% |
| 다. 호텔경영사 | 관광법규 | 10% |
| | 호텔회계론 | 30% |
| | 호텔인사 및 조직관리론 | 30% |
| | 호텔마케팅론 | 30% |
| | 계 | 100% |
| 라. 호텔관리사 | 관광법규 | 30% |
| | 관광학개론 | 30% |
| | 호텔관리론 | 40% |
| | 계 | 100% |
| 마. 호텔서비스사 | 관광법규 | 30% |
| | 호텔실무(현관·객실·식당중심 | 70% |
| | 계 | 100% |

2. 합격결정기준 : 필기시험의 합격기준은 매 과목 4할 이상, 전 과목의 점수가 위의 배점비율로 환산하여 6할 이상이어야 한다.

**[별표 10의2] <신설 2003.10.6, 2005.5.6>**

**다른 외국어시험의 종류 및 합격에 필요한 점수 (제43조의2제3항 관련)**

1. 다른 외국어시험의 종류

| 구 분 | | 내 용 |
|---|---|---|
| 영어 | 토플(TOEFL) | 아메리카합중국 이.티.에스(E.T.S : Education Testing Service)에서 시행하는 시험(Test of English as a Foreign Language) |
| | 토익(TOEIC) | 아메리카합중국 이.티.에스(E.T.S : Education Testing Service)에서 시행하는 시험(Test of English for International Communication)을 말한다. |
| | 텝스(TEPS) | 서울대학교영어능력검정시험(Test of English Proficiency, Seoul National University)을 말한다. |
| 일본어 | JPT | 일본국 순다이(준태)학원그룹에서 개발한 문제를 재단법인 국제 교류진흥회에서 시행하는 시험(Japanese Proficiency Test)을 말한다. |
| | 일검(NIKKEN) | 한국시사일본어사와 일본국서간행회(일본국서간행회)가 공동개발하여 한국 시사 일본어사에서 시행하는 시험을 말한다. |
| 중국어 | HSK | 중국 교육부가 설립한 국가한어수평고시위원회(국가한어수평고시위원회)에서 시행하는 시험(HanyuShuipingKaoshi)을 말한다. |

2. 합격에 필요한 다른 외국어시험의 점수 또는 급수

| 자격구분 시험명 | | 관광통역안내사 | 호텔서비스사 | 호텔관리사 | 호텔경영사 | 만점 |
|---|---|---|---|---|---|---|
| 영 어 | TOEIC | 760점 이상 | 490점 이상 | 700점 이상 | 800점 이상 | 990점 |
| | TEPS | 677점 이상 | 381점 이상 | 670점 이상 | 728점 이상 | 990점 |
| | TOEFL(CBT) | 217점 이상 | 147점 이상 | 207점 이상 | 230점 이상 | 300점 |
| 일본어 | JPT | 740점 이상 | 510점 이상 | - | - | 990점 |
| | 일검(NIKKEN) | 750점 이상 | 500점 이상 | - | - | 1000점 |
| 중국어 | HSK | 8급 이상 | 5급 이상 | - | - | - |

**[별표 11] 관광종사원에 대한 행정 처분기준(제53조 관련)**

1. 일반기준

가. 위반행위가 2 이상일 때에는 그중 중한 처분기준(중한 처분기준이 동일할 때에는 그중 하나의 처분기준을 말한다)에 의하며, 2 이상의 처분기준이 동일한 자격정지일 경우에는 중한 처분기준의 2분의 1까지 가중 처분할 수 있되, 각 처분기준을 합산한 기간을 초과할 수 없다.

나. 개별적 행정 처분기준의 1차·2차·3차 및 4차라 함은 최근 1년간 같은 위반행위로 인하여 행정처분을 받은 것을 말한다.

2. 개별기준

| 위 반 행 위 | 근거법령 | 행 정 처 분 기 준 | | | |
|---|---|---|---|---|---|
| | | 1차 위반 | 2차 위반 | 3차 위반 | 4차 위반 |
| 가. 사위 기타 부정한 방법으로 자격을 취득한 때 | 법 제38조 제1호 | 자격취소 | | | |
| 나. 법 제7조제1항 각호 의 1에 해당하게 된 때 | 법 제38조 제1호 | 자격취소 | | | |
| 다. 관광종사원으로서 직무를 수행함에 있어 부정 또는 비위 사실이 있는 때 | 법 제38조 제1호 | 자격정지 1월 | 자격정지 3월 | 자격정지 5월 | 자격취소 |

**[별표 12] <개정 2003.10.6, 2005.5.6>**
**관광지·관광단지의 구분기준(제54조 제2항 관련)**

1. 관광단지 : 당해 지역안에 설치하는 각종시설 및 그 면적이 다음 각목의 요건을 갖춘 지역

| 시 설 구 분 | 시 설 종 류 | 구 비 기 준 |
|---|---|---|
| 가. 공공편익시설 | 화장실·주차장·전기시설·통신시설·상하수도시설 및 관광안내소 | 각 시설이 관광객의 이용에 충분할 것 |
| 나. 숙박시설 | 관광호텔, 수상관광호텔, 한국전통호텔, 가족호텔 및 휴양콘도미니엄 | 관광숙박업의 등록기준에 부합된 것으로서 3종류 이상일 것 |
| 다. 휴양·놀이운동 시설 | 민속촌·해수욕장·수렵장·동물원·식물원·수족관·온천장·동굴자원·수영장·농어촌휴양시설·산림휴양시설·박물관·미술관·활공장·자동차야영장·관광유람선 및 종합유원시설업 · 골프장·스키장·요트장·조정장·카누장·빙상장·자동차경주장·승마장·종합체육시설·경마장·경륜장 및 경정장 | 관광객 이용시설업의 등록기준 또는 유원시설업의 설비기준에 부합되는 것으로서 2종류 이상일것<br>「체육시설의 설치·이용에 관한 법률」 제10조의 규정에 의한 등록 체육시설업의 등록기준, 「한국마사회법 시행령」 제5조의 규정에 의한 시설·설비기준 또는 시행령」 제5조의 규정에 의한 시설·설비기준 에 부합되는 것으로서 1종류 이상일 것 |
| 라. 접객시설 | 관광공연장업·외국인전용관광기념품판매점·관광유흥음식점·외국인전용유흥음식점·관광식당업 | 관광객 이용시설업의 등록기준 또는 관광편의시설업의 지정기준에 적합한 시설로서 관광객의 이용에 충분할 것 |
| 마. 총면적 | | 1,000,000제곱 미터 이상일 것 |

주 : 마목의 총면적은 시·도지사가 당해 지역의 개발목적·개발계획·설치시설 및 발전전망 등을 고려하여 일부 완화하여 적용할 수 있다.

2. 관광지 : 당해 지역 안에 설치하는 각종 시설 및 면적이 제1호 가목의 요건을 갖추 었으나, 나목 내지 마목의 요건은 갖추지 아니한 지역

**[별표 13] <개정 2002.5.20, 2005.5.6>**

**관광지등의 시설지구 안에 설치할 수 있는 시설(제55조 제2항 관련)**

| 시 설 지 구 | 설 치 할 수 있 는 시 설 |
|---|---|
| 공공편익 시설지구 | 도로·주차장·관리사무소·안내시설·광장·정류장 등·공중화장실·금융기관·관공서·폐기물처리시설·오수처리시설·상하수도시설 기타 공공의 편익시설과 관련되는 시설로서 관광지등의 기반이되는 시설 |
| 숙박 시설지구 | 「공중위생관리법」 및 이 법에 의한 숙박시설 기타 관광객의 숙박과 체재에 적합한 시설 |
| 상가 시설지구 | 판매시설, 「식품위생법」의 규정에 의한 업소, 「공중위생관리법」에 의한업소(숙박업을 제외한다), 사진관 기타 물품이나 음식 등을 판매하기에 적합한 시설 |
| 운동·오락 시설지구 | 「체육시설의 설치·이용에 관한 법률」의 규정에 의한 체육시설, 이 법의 규정에 의한 유원시설, 컴퓨터게임장, 케이블카(리프트카), 수렵장, 어린이놀이터, 무도장 기타 운동과 놀이에 직접 참여하거나 관람하기에 적합한 시설 |
| 휴양·문화 시설지구 | 공원·정자·전망대·조경휴게소·노인시설·삼림욕장·자연휴양림 · 연수원·야영장·온천장·보트장·유람선터미널·낚시터·청소년수련시설·공연장·식물원·동물원·박물관·미술관·수족관·문화원·교양관·도서관·자연학습장·과학관·국제회의장·농·어촌휴양시설 기타 휴양과 교육·문화와 관련된 시설 |
| 기타 시설지구 | 위의 지구안에 포함되지 아니하는 시설 |

주 : 개별시설에 각종 부대시설이 복합적으로 있는 경우에는 그 시설의 주된 기능을 중심으로 시설지구를 구분한다.

**[별표 14] 용지매수 및 보상업무의 위탁수수료 산정기준표(제58조관련)**

| 용지매수의 금액별 | 위탁수수료의 기준 (용지매수대금에 대한 백분율) | 비 고 |
|---|---|---|
| 10억원 이하 | 2.0퍼센트 이내 | 1. "용지매수의 금액"이라 함은 용지매입비, 시설의 매수 및 인건비, 관리보상비 및 지장물보상비와 이주위자료의 합계액을 말한다.<br>2. 감정수수료 및 등기수수료 등 법정수수료는 위탁수수료의 기준을 정함에 있어 고려하지 아니한다.<br>3. 개발사업의 완공후 준공 및 관리처분을 위한 측량, 지목변경, 관리 이전을 위한 소유권의 변경 절차를 위한 관리비는 이 기준수수료의 100분의 30의 범위안에서 가산할 수 있다.<br>4. 지역적인 특수조건이 있는 경우에는 이 위탁료율을 당사자가 상호 협의하여 증감 조정할 수 있다. |
| 10억원 초과 30억원 이하 | 1.7퍼센트 이하 | |
| 30억원 초과 50억원 이하 | 1.3퍼센트 이내 | |
| 50억원 초과 | 1.0퍼센트 이내 | |

## [별표 15] <개정 2005.5.6> 검사공무원의 증표(제63조관련)

(앞 쪽)

| |
|---|
| 제　호<br><br><br>직　　명<br>성　　명<br>주민등록번호<br><br><br>위의 사람은 「관광진흥법」 제23조 제4항의 규정에 의한 검사공무원임을 증명합니다.<br><br>유효기간　　년　월　일부터<br>년　월　일까지<br><br>문화관광부장관<br>(인)<br>시 · 도 지 사 |

90㎜×60㎜
(청색켄트지 120g/㎡)

(뒤 쪽)

| |
|---|
| 1. 이 증표는 본인에 한하여 사용할 수 있다.<br>2. 이 증표는 사업장에 출입 · 검사할 때에 관계자에게 내보여야 한다.<br>3. 이 증표를 분실한 때에는 지체없이 그 사유를 발행처에 보고하고 재교부 받아야 한다.<br>4. 사용기간을 경과하거나 사용하지 못하게 된 때에는 지체없이 발행처에 반납하여야 한다.<br><br>이 증표를 습득하신 분은 가까운 우체함에 넣어 주시기 바랍니다. |

[별표 16] <개정 2005.5.6>

## 수 수 료(제64조제1항관련)

| 납 부 자 | 금 액 |
|---|---|
| 1. 법 제4조 제1항 내지 제3항의 규정에 의한 등록하는 자 | |
| 가. 관광사업의 신규등록 | 30,000원(숙박시설이 있는 경우 매 실당 700원을 가산한 금액) |
| 나. 관광사업의 변경등록 | 15,000원(숙박시설 중 객실변경 등록의 경우 매실당 600원을 가산한 금액) |
| 2. 법 제5조 제1항 및 제3항의 규정에 의한 카지노업의 허가를 신청하는 자 | |
| 가. 신규허가 | 100,000원 |
| 나. 변경허가 | 50,000원 |
| 3. 법 제6조의 규정에 의한 관광편의 시설업의 지정을 신청하는 자 | 20,000원 |
| 4. 법 제8조 제4항 및 제5항의 규정에 의하여 관광사업자의 지위승계를 신고하는 자 | 20,000원 |
| 5. 법 제14조의 규정에 의한 사업계획의 승인을 신청하는 자 | |
| 가. 신규 사업계획의 승인 | 50,000원(숙박시설이 있는 경우 매 실 당 500원을 가산한 금액임) |
| 나. 사업계획 변경승인 | 50,000원(숙박시설 중 객실 변경이 있는 경우 매실당 500원을 가산한 금액) |
| 6. 법 제18조의 규정에 의하여 관광숙박업의 등급 결정을 신청하는 자 | 30,000원(매 실당 500원을 가산한 금 액) |
| 7. 법 제24조 제3항의 규정에 의하여 카지노 기구의 검사를 신청하는 자 | |
| 가. 카지노 기구(회전기구·슬러트머신 및 비디오게임 기구에 한한다) | 대당 135,000원(서류검사의 경우에는 대당 30,000원) |
| 나. 주요부문의 구조변경 또는 주요부품 교환 등에 따른 재시험검사 | 15,000원(다만, 고장수리에 의한 재확인 검사는 무료로 한다) |
| 8. 법 제36조 제2항의 규정에 의하여 관광종사원 자격 시험에 응시하고자 하는 자 | 20,000원 |
| 9. 법 제36조 제2항의 규정에 의하여 관광종사원의 등록을 신청하는 자 | 5,000원 |
| 10. 법 제36조 제4항의 규정에 의하여 관광종사원 자격증의 재교부를 신청하는 자 | 3,000원 |

[별표 17] <신설 2003.10.6>

## 안전성검사기관 등록 요건(제64조의2 관련)

| 구 분 | 등록 요건 |
|---|---|
| 1. 인력 기준 | 다음 각목의 자격기준에 해당하는 자 중 7인 이상을 채용하되, 기계 분야 자격자 4인(가목 해당자 1인 이상 포함)·전기 분야 자격자 2인 및 산업안전 분야 자격자 1인을 포함하여야 한다.<br>가. 국가기술자격법에 의한 기계·전기 또는 기계안전 분야의 기술사 또는 공학박사<br>나. 국가기술자격법에 의한 기계·전기·전자 또는 산업안전분야의 기사 이상 자격자로서 해당 실무경력이 3년 이상인 자<br>다. 기계·전기·전자 또는 산업안전 분야의 석사 이상의 학위 소지자로서 해당 실무경력이 3년 이상인 자<br>라. 국가기술자격법에 의한 기계·전기·전자 또는 산업안전 분야의 산업기사 이상 자격자로서 해당 실무경력이 5년 이상인 자<br>마. 고등교육법에 의한 대학의 기계·전기·전자 또는 산업안전 분야의 관련 학과를 졸업한 자로서 유원시설관련 실무경력이 5년 이상인 자<br>바. 고등교육법에 의한 전문대학의 기계·전기·전자 또는 산업안전 분야의 관련 학과를 졸업한 자로서 유원시설관련 실무경력이 7년 이상인 자<br>사. 가목 내지 바목에 해당하는 자와 동등 이상의 자격이 있다고 문화관광부장관이 인정하는 자 |
| 2. 장비 기준 | 다음 각목의 검사·시험 등을 위한 장비를 각각 1대 이상 보유하여야 한다.<br>가. 검사기기 : 회전속도계, 절연저항계, 전류계, 전압계,소음계, 온도계, 와이어로프결함테스터, 초음파두께측정기, 조도계, 접지저항계, 광파거리측정기, 경도측정기, 오실로스코프(oscilloscope), 베어링검사기, 가속도측정기, 토크렌치(torque wrench), 유압테스터, 레이저거리측정기<br>나. 시험기기 : 자분탐상(자분탐장)시험기, 초음파탐상기, 진동계, 진동분석장비[FFT분석기·임팩트해머(impact hammer) 및 모덜(modal)프로그램 포함]<br>다. 컴퓨터프로그램 : 구조해석용 프로그램 |
| 3. 그 밖의 기준 | 다음 각목의 요건을 갖추어야 한다.<br>가. 비영리법인일 것<br>나. 자체 사무실을 보유하고 2명 이상의 상근 관리직원을 둘 것<br>다. 등록 신청일부터 2년 이내에 제38조 제1항의 규정에 의한 안전성검사 또는 이와 유사한 검사 실적이 있을 것<br>라. 검사 신청 및 절차, 검사조직 운영, 검사결과 통지, 검사수수료 등이 포함된 안전성검사를 위한 세부규정을 마련하고 있을 것 |

## 3. 관광 진흥개발 기금법[觀光振興開發基金法]

제1조 (목적) 이 법은 관광사업을 효율적으로 발전시키고 관광 외화수입의 증대에 기여하기 위하여 관광진흥 개발기금을 설치함을 목적으로 한다.

제2조 (기금의 설치 및 재원)

① 정부는 이 법의 목적을 달성함에 필요한 자금을 확보하기 위하여 관광진흥 개발기금(이하 "기금"이라 한다)을 설치한다.

② 기금은 다음 각 호의 재원으로 조성한다. [개정 96·8·14, 97·1·13, 99·1·21, 2004.1.29][시행일 2004.7.1]

1. 정부로부터의 출연금
2. 관광 진흥법 제29조의 규정에 의한 납부금
3. 제3항의 규정에 의한 출국납부금
4. 기금의 운용에 의하여 생기는 수익금 및 기타의 재원

③ 국내 공항 및 항만을 통하여 출국하는 자로서 대통령령이 정하는 자는 1만원의 범위 안에서 대통령령이 정하는 금액을 기금에 납부하여야 한다. [신설 97·1·13, 98·9·17] [개정 2004.1.29] [시행일 2004.7.1]

④ 제3항의 규정에 의한 납부금의 부과·징수절차 등에 관하여 필요한 사항은 대통령령으로 정한다. [신설 97·1·13]

제3조 (기금의 관리)

① 기금은 문화관광부장관이 관리한다.

② 문화관광부장관의 기금의 집행·평가·결산 및 여유자금관리 등을 효율적으로 수행하기 위하여 10인 이내의 민간 전문가를 고용하며, 이에 필요한 경비는 기금에서 사용할 수 있다.

③ 제2항의 규정에 의한 민간 전문가의 고용 및 운영에 관하여 필요한 사항은 대통령령으로 정한다.[전문개정 2004.1.29] [시행일 2004.7.1]

제4조 (기금의 회계연도) 기금의 회계연도는 정부의 회계연도에 따른다.

제5조 (기금의 용도)

① 기금은 다음 각 호의 1에 해당하는 용도에 대여할 수 있다. [개정 96·8·14, 2004.1.29] [시행일 2004.7.1]

1. 호텔을 비롯한 각종 관광시설의 건설 또는 개수
2. 관광교통수단의 확보 또는 개수
3. 관광사업의 발전을 위한 기반시설의 건설 또는 개수
4. 관광지·관광단지 및 관광특구 안에서의 관광편의 시설의 건설 또는 개수

② 문화관광부장관은 기금에서 관광정책에 관한 조사·연구를 행하는 법인의 기본재산 형성 및 조사·연구사업 기타 운영에 소요되는 경비를 보조할 수 있다. [신설 96·8·14, 98·9·17]

③ 기금은 다음 각 호의 1에 해당하는 사업에 대여 또는 보조할 수 있다. [신설 97·1·13, 2004.1.29] [시행일 2004.7.1]

1. 국외 여행자의 건전 관광교육 및 관광정보 제공사업
2. 국내외 관광 안내체계 개선 및 관광 홍보사업
3. 관광사업 종사자 및 관계자에 대한 교육 훈련사업
4. 국민관광 진흥사업 및 외래 관광객 유치 지원사업
5. 관광상품 개발 및 지원사업
6. 관광지·관광단지 및 관광특구안의 공공편익시설 설치사업
7. 국제회의의 유치 및 개최사업
8. 장애인 등 소외계층에 대한 국민관광 복지사업
9. 기타 관광사업의 발전을 위하여 필요한 것으로서 대통령령이 정하는 사업

④ 기금은 민간자본의 유치를 위하여 필요한 경우 다음 각 호의 어느 하나의 사업이나 투자조합에 출자할 수 있다. [신설 2005.5.18] [시행일 2005.8.19]

1. 「관광 진흥법」 제2조 제6호 및 제7호의 규정에 따른 관광지 및 관광단지의 조성사업
2. 「국제회의산업 육성에 관한 법률」 제2조 제3호의 규정에 따른 국제회의 시설의 건립 및 확충 사업
3. 관광사업에의 투자를 목적으로 하는 투자조합
4. 그 밖에 관광사업의 발전을 위하여 필요한 것으로서 대통령령이 정하는 사업

제6조 (기금운용 위원회의 설치)

① 기금의 운용에 관한 종합적인 사항을 심의하게 하기 위하여 문화관광부장관 소속하에 기금운용 위원회(이하 "위원회"라 한다)를 둔다. [개정 96·8·14, 98·9·17]

② 제1항의 위원회의 조직과 운영에 관하여 필요한 사항은 대통령령으로 정한다. [개정 96·8·14]

第7조 (기금운용 계획안의 수립 등)
① 문화관광부장관은 매년 규정에 따라 기금운용 계획안을 수립하여야 한다. 기금운용 계획을 변경하는 때에도 또한 같다. [개정 2004.1.29] [시행일 2004.7.1]
② 제1항의 기금운용 계획안을 수립하거나 기금운용 계획을 변경하고자 할 때에는 위원회의 심의를 거쳐야 한다. [개정 96·8·14, 2004.1.29] [시행일 2004.7.1][본조제목개정 2004.1.29] [시행일 2004.7.1]

第8조 (기금의 수입과 지출)
① 기금의 수입은 第2조 第2항 각호의 재원으로 한다. [개정 97·1·13]
② 기금의 지출은 第5조의 용도를 위한 지출과 기금의 운용에 부수되는 경비로 한다.

第9조 (기금의 회계기관) 문화관광부장관은 기금의 수입과 지출에 관한 사무를 행하게 하기 위하여 소속 공무원 중에서 기금 수입 징수관·기금재무관·기금 지출관 및 기금출납 공무원을 임명한다.[전문개정 2002.12.30. 법률 第6836호]

第10조 (기금계정의 설치) 문화관광부장관은 기금 지출관으로 하여금 한국은행에 관광 진흥개발기금계정을 설치하도록 하여야 한다. [개정 96·8·14, 98·9·17, 2002.12.30. 법률 第6836호]

第11조 (목적 이외의 사용금지)
① 기금을 대여 또는 보조받은 자는 대여 또는 보조받을 때에 지정된 목적 이외에 이를 사용하지 못한다. [개정 96·8·14]
② 대여 또는 보조받은 기금을 목적 이외에 사용하였을 때에는 대여 또는 보조를 취소하고 이를 회수한다. [개정 96·8·14]

第12조 (납부금 부과·징수업무의 위탁)
① 문화관광부장관은 第2조 第3항의 규정에 의한 납부금의 부과·징수업무를 대통령령이 정하는 바에 의하여 관계 중앙 행정기관의 장과 협의하여 지정하는 자에게 위탁할 수 있다.
② 문화관광부장관은 第1항의 규정에 의하여 납부금의 부과·징수업무를 위탁한 경우에는 기금에서 납부금의 부과·징수업무를 위탁받은 자에게 부과·징수업무에 소요되는 경비를 보조할 수 있다.[전문개정 98·9·17]

제13조 (벌칙적용에 있어서의 공무원의제) 제3조 제2항의 규정에 의하여 고용된 자는 형법 제129조 내지 제132조의 적용에 있어서는 이를 공무원으로 본다. [본조신설 2004.1.29] [시행일 2004.7.1]

### 부칙

부칙 [2005.5.18 제7494호] 이 법은 공포 후 3월이 경과한 날부터 시행한다.

## 3.1 관광 진흥 개발 기금법 시행령

제1조 (목적) 이 영은 「관광진흥 개발 기금법」의 시행에 관하여 필요한 사항을 정함을 목적으로 한다. [개정 2006.3.10]

제1조의2 (납부금의 납부대상 및 금액)

① 「관광 진흥 개발 기금법」 (이하 "법"이라 한다) 제2조 제3항에서 "대통령령이 정하는 자"라 함은 다음 각 호의 어느 하나에 해당하는 자를 제외한 자를 말한다. [개정 98·11·13, 2002.1.26, 2004.6.5, 2006.3.10]

1. 외교관여권의 소지자
2. 2세(선박을 이용하는 경우에는 6세)미만의 어린이
3. 국외로 입양되는 어린이 및 그 호송인
4. 대한민국에 주둔하는 외국의 군인 및 군무원

4의2. 입국이 불허되거나 거부당한 자로서 출국하는 자

4의3. 「출입국관리법」 제46조의 규정에 의한 강제퇴거 대상자 중 국비의 강제퇴거 외국인

5. 공항 통과 여객으로서 다음 각목의 1의 경우에 해당되어 보세구역을 벗어난 후 출국하는 여객
   가. 항공기의 접속이 불가능하여 불가피하게 당일 또는 그 다음날 출국하는 경우
   나. 공항의 폐쇄나 기상관계로 인하여 항공기의 출발이 지연되는 경우
   다. 항공기의 고장·납치 또는 긴급환자의 발생 등 부득이한 사유로 항공기가 불시착한 경우
6. 국제선 항공기 및 국제선 선박의 승무원

② 법 제2조 제3항의 규정에 의한 납부금의 금액은 1만원으로 한다. 다만, 선박을 이용하는 경우에는 1천원으로 한다.[본조신설 97·6·28]

제1조의3 (납부금의 부과제외)

① 제1조의2 제1항 각호의 규정에 해당하는 자는 법 제2조 제1항의 규정에 의한 관광 진흥 개발기금(이하 "기금"이라 한다) 납부금의 부과·징수권자(이하 "부과권자"라 한다)로부터 출국 전에 납부금 제외대상 확인서를 교부받아 출국시 이를 제출하여야 한다. 다만, 선박을 이용하여 출국하는 자와 승무원의 경우에는 출국시 부과권자의 확인으로 이에 갈음할 수 있다.

② 제1조의2 제1항 제5호의 규정에 의한 공항 통과 여객이 납부금 제외대상 확인서를 교부 받고자 하는 경우에는 항공운송 사업자가 항공기 출발 1시간 전까지 당해 여객에 대한 납부금의 부과제외 사유를 기재한 서면으로 부과권자에게 신청하여야 한다. [전문개정 98·11·13, 2004.6.5] [시행일 2004.7.1]

제1조의4 (민간 전문가)

① 법 제3조 제2항의 규정에 의한 민간 전문가는 계약직으로 하며, 그 계약기간은 2년을 원칙으로 하되, 1년 단위로 연장할 수 있다.

② 제1항의 규정에 의한 민간 전문가는 기금의 여유자금 운용계획의 수립, 기금자산의 관리 및 평가 등 기금운용 정책의 전반적인 사항에 관하여 문화관광부장관의 자문에 응한다.

③ 제1항의 규정에 의한 민간 전문가의 업무분장·채용·복무·보수 그 밖의 인사관리에 관하여 필요한 사항은 문화관광부장관이 정한다. [본조신설 2004.6.5] [시행일 2004.7.1]

제2조 (대여 또는 보조사업)법 제5조 제3항 제9호에서 "대통령령이 정하는 사업"이라 함은 다음 각 호의 사업을 말한다. [개정 2006.3.10]

1. 「관광 진흥법」 제4조의 규정에 의한 여행업의 등록을 한 자 및 동법 제5조의 규정에 의한 카지노업의 허가를 받은 자(「관광진흥법 시행령」 제2조 제1항 제1호가목의 규정에 의한 일반여행업의 등록을 한 자 및 카지노업의 허가를 받은 자가 「관광진흥법」 제43조의 규정에 따라 설립한 관광협회를 포함한다)의 해외지사의 설치
2. 관광사업체 운영의 활성화
3. 관광진흥을 위한 지역의 문화개발 사업
4. 지방자치 단체 또는 「관광 진흥법」 제52조 제1항 단서의 규정에 의한 관광단지 개발자 등의 관광지 및 관광단지 조성사업
5. 관광지·관광단지 및 관광특구내의 문화·체육시설, 숙박시설, 상가 시설로서 관광객유치를 위하여 특히 필요하다고 문화관광부장관이 인정하는 시설의 조성
6. 관광관련 국제기구의 설치[전문개정 2004.6.5] [시행일 2004.7.1]

제3조 (기금 대여업무의 취급) 문화관광부장관은 기금의 대여 업무를「한국산업은행법」제19조의 규정에 의하여 한국산업은행으로 하여금 취급하게 하기 위하여 기금을 한국산업은행에 대여할 수 있다. [개정 94·12·23 대령14442, 98·11·13, 2006.3.10]

제3조의2 (여유자금의 운용) 문화관광부장관은 기금의 여유자금을 다음 각 호의 방법으로 운용할 수 있다. [개정 98·11·13, 2004.6.5, 2006.3.10]

1. 「은행법」그 밖의 법률에 의한 금융기관 또는「우체국예금·보험에 관한 법률」에 의한 체신관서에의 예치
2. 국·공채 등 유가증권의 매입
3. 그 밖의 금융상품의 매입[본조신설 96·7·1]

제3조의3 (기금의 보조)법 제5조 제2항 및 제3항의 규정에 의한 기금의 보조는「보조금의 예산 및 관리에 관한 법률」이 정하는 바에 의한다. [본조신설 97·6·28, 2006.3.10]

제3조의4 (출자의 타당성 검토 등)

① 법 제5조 제4항의 규정에 따라 기금을 출자하고자 하는 경우에는 당해 출자로 인한 민간자본 유치 기여도 등 출자의 타당성을 검토하여야 한다.

② 제1항의 규정에 따른 타당성을 검토하기 위한 세부 기준 · 절차 그 밖에 필요한 사항은 문화관광부장관이 정하여 고시한다.[본조신설 2006.3.10]

제4조 (기금운용 위원회의 구성)

① 법 제6조의 규정에 의한 기금운용 위원회(이하 "위원회"라 한다)는 위원장 1인을 포함한 10인 이내의 위원으로 구성한다. [개정 2006.3.10]

② 위원장은 문화관광부차관이 되고, 위원은 관계부처의 국장과 기금의 관리·운용에 관한 전문적인 지식과 경험이 풍부하다고 인정되는 자 중에서 문화관광부장관이 임명 또는 위촉한다. [개정 94·12·23 대령14442, 96·7·1, 98·11·13, 2006.3.10]

제5조 (위원장의 직무)

① 위원장은 위원회의 회무를 통리하고, 위원회를 대표한다.

② 위원장이 사고가 있을 때에는 위원장이 지정한 위원이 그 직무를 대행한다.

제6조 (회의)

① 위원회의 회의는 위원장이 소집한다.

② 회의는 위원 과반수의 출석으로 개의하고, 출석위원 과반수의 찬성으로 의결한다.

제7조 (간사)

① 위원회에 간사 1인을 두며, 간사는 문화관광부소속 공무원 중에서 문화관광부장관이 지정하는 자가 된다. [개정 81·1·7, 94·12·23 대령14442, 96·7·1, 98·11·13]

② 간사는 위원장의 명을 받아 위원회의 서무를 처리한다.

제8조 (수당) 회의에 출석한 위원 중 공무원이 아닌 위원에 대하여는 예산의 범위안에서 수당을 지급할 수 있다.

제9조 (대여업무 계획의 승인) 한국산업은행이 제3조의 규정에 의한 기금대여 업무를 취급할 때에는 미리 기금대여업무계획을 작성하여 문화관광부장관의 승인을 얻어야 한다. [개정 94·12·23 대령14442, 98·11·13]

제10조 (기금의 대여이자 등) 기금의 대여이자율과 대여이자율, 대여기간 및 연체이자율은 위원회의 심의를 거쳐 문화관광부장관이 재정경제부장관과 협의하여 정한다. 이를 변경하는 때에도 또한 같다. [개정 94·12·23 대령14438·대령14442, 98·11·13]

제11조 (기금의 회계기관) 문화관광부장관은 법 제9조의 규정에 의하여 기금수입 징수관, 기금재무관, 기금지출관 및 기금출납 공무원을 임명한 때에는 감사원장, 재정경제부장관 및 한국은행 총재에게 통지하여야 한다. [개정 94·12·23 대령14438·대령14442, 98·11·13, 2004.6.5] [시행일 2004.7.1]

제12조 (기금계정) 문화관광부장관은 법 제10조의 규정에 의하여 한국은행에 관광진흥 개발기금계정(이하 "기금계정"이라 한다)을 설치한 경우에는 이를 수입계정과 지출 계정으로 구분하여야 한다. [개정 94·12·23 대령14442, 98·11·13]

제12조의2 (납부금의 기금납입) 부과권자는 납부금을 부과·징수한 때에는 지체 없이 부과·징수한 납부금을 기금계정에 납입하여야 한다. [전문개정 98·11·13]

제13조 (대여기금의 납입)

① 한국산업은행 총재 또는 기금을 전대 받은 금융기관의 장은 대여기금(전대기금을 포함한다) 및 그 이자를 수납한 때에는 즉시 이를 기금계정에 납입하여야 한다.

② 제1항의 규정에 위반한 때에는 납입기일의 다음날부터 제10조의 규정에 의한 연체이자를 납입하여야 한다.[전문개정 81·1·7]

제14조 (기금의 수납) 납부금 또는 대여기금이 기금계정에 납입된 때에는 이를 수납한 자는 지체없이 그 납입서를 기금수입 징수관에게 송부하여야 한다. [전문개정 98·11·13, 2004.6.5] [시행일 2004.7.1]

제15조 (기금의 지출한도액)

① 문화관광부장관은 기금 재무관으로 하여금 지출원인 행위를 하게 할 때에는 기금운용 계획에 따라 지출 한도액을 배정하여야 한다.[개정 94·12·23 대령14442, 98·11·13, 2004.6.5] [시행일 2004.7.1]

② 문화관광부장관은 제1항의 규정에 의하여 지출 한도액을 배정한 때에는 재정경제부장관과 한국은행 총재에게 이를 통지하여야 한다. [개정 94·12·23 대령14438·대령14442, 98·11·13]

③재정경제부장관은 기금의 운용 상황 등을 감안하여 필요하다고 인정될 때에는 기금의 지출을 제한하게 할 수 있다. [개정 94·12·23 대령14438, 98·11·13, 99·5·24][전문개정 77·9·24]

제16조 (기금지출 원인 행위액 보고서 등의 작성 제출) 기금재무관은 기금지출 원인 행위액 보고서를, 기금지출관은 기금 출납보고서를 당해 행위가 있는 월말 현재로 작성하여 다음달 15일까지 재정경제부장관에게 제출하여야 한다. [개정 94·12·23 대령14438, 98·11·13, 2004.6.5] [시행일 2004.7.1]

제17조 (기금의 지출원인행위) 기금재무관이 지출원인 행위를 할 때에는 제15조의 규정에 의하여 배정받은 지출 한도액을 초과하여서는 아니 된다. [전문개정 77·9·24, 2004.6.5] [시행일 2004.7.1]

제18조 (기금 사용 보고) 기금을 대여 받은 자(이하 "기금사용자"라 한다)는 문화관광부령으로 정하는 바에 따라 그 사용상황을 문화관광부장관에게 보고하여야 한다. [개정 94·12·23 대령14442, 98·11·13]

제19조 (감독) 문화관광부장관은 한국산업은행 총재와 기금 사용자에 대하여 기금운용에 관하여 필요한 명령과 감독을 할 수 있다. [개정 94·12·23 대령14442, 98·11·13]

제20조 (장부의 비치)

① 기금수입 징수관 및 기금재무관은 기금총괄부, 기금지출 원인 행위부 및 기금 징수부를 작성 비치하고, 기금의 수입·지출에 관한 총괄 사항과 기금지출 원인행위 사항을 기록하여야 한다. [개정 2004.6.5] [[시행일 2004.7.1]]

② 기금출납 공무원은 기금 출납부를 작성 비치하고, 기금의 출납상황을 기록하여야 한다. [개정 2004.6.5] [시행일 2004.7.1]

제21조 (결산보고) 문화관광부장관은 회계연도 마다 기금의 결산 보고서를 작성하여 다음 연도 2월 말일까지 재정경제부장관에게 제출하여야 한다. [개정 94·12·23 대령 14438·대령14442, 98·11·13, 2002.1.26.]

제22조 (납부금 부과·징수업무의 위탁) 문화관광부장관은 법 제12조 제1항의 규정에 의하여 납부금의 부과·징수업무를 지방해양수산청장, 항만공사법에 의한 항만공사, 「한국공항공사법」에 의한 한국공항공사 또는「인천국제공항공사법」에 의한 인천국제공항공사에 각각 위탁한다. [개정 2002.1.26, 2002.3.2. 대령 제17538호, 2004.6.5] [시행일 2004. 7.1]

### 부칙

부칙 [2006.3.10 제19382호] 이 영은 공포한 날부터 시행한다.

## 3.2 관광 진흥 개발 기금법 시행규칙

제1조 (목적) 이 규칙은 관광 진흥 개발 기금법(이하 "법"이라 한다) 및 동 시행령(이하"영"이라 한다)의 시행에 관하여 필요한 사항을 정함을 목적으로 한다.

제2조 (기금지출 한도액의 통지) 문화관광부장관은 영 제15조 제1항의 규정에 의하여 기금지출 한도액을 배정한 때에는 이를 한국산업은행 총재에게 통지한다. [개정 2002.1.29.] [전문개정 77·9·30]

제3조 (기금의 대하신청) 한국산업은행 총재는 영 제9조의 규정에 의하여 문화관광부장관의 승인을 얻은 대여 업무계획에 따라 기금을 사용하고자 하는자로 부터 대여신청을 받은 때에는 문화관광부장관에게 그에 필요한 기금의 대여신청을 하여야 한다. [전문개정 2002.1.29.]

제4조 (보고)

① 영 제18조의 규정에 의한 보고는 매월 사업진도와 기금사용의 내역에 관하여 다음달 10일까지 하여야 한다.

② 제1항의 경우에 법 제5조 제1항 · 영 제2조 제1호 · 제4호 및 제5호에 관한 보고는 당해 공사 등의 착수시 부터 완료시까지, 기타의 사항에 관한 보고는 따로 문화관광부장관이 정하는 바에 따라 이를 하여야 한다. [개정 2002.1.29, 2004.6.5] [시행일 2004.7.1]

## 부칙

이 영은 공포한 날로부터 시행한다.

1. 부칙 [77·9·30] 이 규칙은 공포한 날로부터 시행한다.
2. 부칙 [2004.6.5.] 이 규칙은 2004년 7월 1일부터 시행한다.

## 4. 한국관광 공사법[韓國觀光公社法]

한국관광공사의 설립, 사업, 운영, 조직 등에 관하여 규정한 법률(1986. 5. 12, 법률 3845호)을 말하며 관광 진흥·관광자원개발·관광산업 등에 관한 연구·개발[2] 관광요원의 양성·훈련 등의 사업을 전담할 법인으로 국제관광 공사를 설립하기 위하여 관광사업진흥법이라는 명칭으로 처음 제정되었다. 1982년 공사의 명칭이 한국관광공사[3]로 변경되었고, 1986년 법률명을 한국관광 공사법으로 고치고 전문을 개정하였다. 공사의 목적, 사업, 자본금, 주식, 사채의 발행, 감독, 벌칙 등에 관하여 규정하고 있으며, 이 법이 규정하고 있는 공사의 사업에 ① 국제관광 진흥사업, ② 국민관광 진흥사업, ③ 관광자원개발사업, ④ 관광사업의 연구·개발사업, ⑤ 관광요원의 양성과 훈련, ⑥ 관광사업의 발전을 위하여 필요한 물품의 수출입 업 및 부대사업으로 이사회가 의결한 사업 등이 있다.「법률 제5454호(정부부처 명칭 등의 변경에 따른 건축법 등의 정비에 관한 법, 일부 개정 1997. 12. 13」

제1조 (목적) 이 법은 한국관광공사(이하 "공사"라 한다)를 설립하여 관광진흥, 관광자원개발, 관광산업의 연구개발 및 관광요원의 양성·훈련에 관한 사업을 수행하게 함으로써 국가경제발전과 국민복지증진에 이바지하게 함을 목적으로 한다.

제2조 (법인격) 공사는 법인으로 한다.

제3조 (사무소)
① 공사의 주된 사무소의 소재지는 정관으로 정한다. ②

제4조 (자본금)
① 공사의 자본금은 500억원으로 하고, 그 2분의 1이상을 정부가 출자한다. ②

제5조 (등기)
① 공사는 주된 사무소의 소재지에서 설립등기를 함으로써 성립한다. ② ③

---

2) 자연과학기술에 대한 새로운 지식이나 원리를 탐색하고 해명해서 그 성과를 실용화하는 일.
3) 한국 관광산업의 발전을 위하여 설립한 특수법인. 주요활동 국민 관광의식 제고, 지역 관광자원 개발, 관광요원의 질적 향상, 판매사업의 효율적 운영 등 서울특별시 중구. 1962년 6월 국제관광공사법에 의거하여 설립된 특수법인으로 한국의 관광사업 발전을 위하여 설립된 공사이다. 1962년 6월 26일 설립하였으며 1969년 호텔학교(현 관광교육원)와 도쿄 지사를 개설하였다. 1975년에는 국내관광 안내원 자격제도를 처음으로 시행하였으며, 1977년부터 관광불편신고센터를 설치·운영한다. 조직에는 이사회, 사장, 감사가 있고 그 밑에 경영본부, 해외진흥본부, 국내진흥본부가 있다.

제6조 (유사 명칭의 사용금지) 이 법에 의한 공사가 아닌 자는 한국관광공사 또는 이와 유사한 명칭을 사용하지 못한다.

제7조 (주식)
① 공사의 자본금은 주식으로 분할한다. ②

제8조 (정부주 매도의 제한) 정부소유 주식을 정부외의 자에게 매도할 경우에는 정부외의 자가 소유하는 주식의 총액이 정부소유 주식의 총액을 초과하게 하여서는 아니된다.

제9조 (사장의 대표권 제한) 공사의 이익과 사장의 이익이 상반되는 사항에 대하여는 사장이 공사를 대표하지 못하며, 감사가 공사를 대표한다.

제10조 (대리인의 선임) 사장은 정관이 정하는 바에 의하여 직원 중에서 공사의 업무에 관한 모든 재판상 또는 재판외의 행위를 할 수 있는 권한을 가진 대리인을 선임할 수 있다.

제11조 (비밀 누설금지 등) 공사의 임원 또는 직원이나 그 직에 있었던 자는 그 직무상 알게 된 비밀을 누설하거나 도용 하여서는 아니 된다.

제12조 (사업)
① 공사는 제1조의 목적을 달성하기 위하여 다음 각 호의 사업을 행한다.
1. 국제관광 진흥사업
가. 외국인 관광객의 유치선전
나. 국제관광 시장의 조사 및 개척
다. 관광에 관한 국제협력의 증진
라. 국제관광에 관한 지도 및 계몽
2. 국민관광 진흥사업
가. 국민관광의 홍보
나. 국민관광의 동태조사
다. 국민관광에 관한 지도 및 계몽
3. 관광자원 개발사업
가. 관광단지의 조성과 관리·운영 및 처분
나. 관광자원 및 관광시설의 개발을 위한 선도 사업

다. 관광지의 개발
라. 관광자원의 조사
4. 관광산업의 연구·개발사업
가. 관광산업에 관한 정보의 수집·분석 및 연구
나. 관광산업의 연구에 관한 용역사업
5. 관광요원의 양성과 훈련
6. 관광사업의 발전을 위하여 필요한 물품의 수출입 업을 비롯한 부대사업으로서 이사회가 의결한 사업

② 공사는 제1항의 규정에 의한 사업 중 필요 하다고 인정하는 사업은 이사회의 의결을 거쳐 타인에게 위탁하여 경영하게 할 수 있다.

제13조 (손익금의 처리)

① 공사는 매 사업연도의 결산결과 이익이 생긴 때에는 다음 각 호의 순으로 이를 처리한다.
1. 이월 손실금의 보전
2. 자본금의 2분의 1에 달할 때까지 이익금의 10분의 1이상의 이익 준비금에의 적립
3. 주주에 대한 배당
4. 제2호의 규정에 의한 이익 준비금외의 준비금에의 적립
5. 다음 연도로의 이월

② ③

제14조 (보조금) 정부는 공사의 사업에 대하여 예산의 범위 안에서 보조금을 교부할 수 있다.

제15조 (사채의 발행 등)

① 공사는 이사회의 의결을 거쳐 자본금과 적립금의 합계 액의 2배를 초과하지 아니하는 범위 안에서 사채를 발행할 수 있다. ②

제16조 (감독) 문화체육부장관은 공사의 경영목표 달성을 위하여 필요한 범위 안에서 공사의 업무를 지도·감독한다. [개정 97·12·13]

제17조 (다른 법률과의 관계) 이 법에 규정하지 아니한 공사의 조직 및 경영 등에 관한 사항은 정부투자기관 관리기본법에 의한다.

제18조 (벌칙)

① 제11조의 규정에 위반한 자는 2년 이하의 징역 또는 200만원 이하의 벌금에 처한다. ②

## 부칙

이 법은 1998년 1월 1일부터 시행한다. [단서 생략]

## 4.1. 한국 관광 공사법 시행령

제1조 (목적) 이 영은 한국 관광공사법(이하 "법"이라 한다)에서 위임된 사항과 그 시행에 관하여 필요한 사항을 정함을 목적으로 한다.

제2조 (설립등기)

① 한국관광공사(이하 "공사"라 한다)는 법 제5조의 규정에 의한 설립 등기를 정관의 인가를 받은 날로부터 2주일 내에 주된 사무소의 소재지에서 하여야한다.

② 제1항의 규정에 의한 설립 등기의 사항은 다음과 같다.

1. 목적
2. 명칭
3. 주된 사무소·지사 또는 사무소의 소재지
4. 자본금
5. 임원의 성명과 주소
6. 공고의 방법

제3조 (지사 등의 설치등기)

① 공사는 공사의 설립 후에 지사 또는 사무소를 설치한 때에는 다음의 구분에 따라 등기하여야 한다.

1. 주된 사무소의 소재지에 있어서는 2주일 내에 설치된 지사 또는 사무소의 명칭과 소재지
2. 설치된 지사 또는 사무소의 소재지에 있어서는 3주일 내에 제2조 제2항 각호의 사항
3. 이미 설치된 다른 지사 또는 사무소의 소재지에 있어서는 3주일 내에 새로이 설치된 지사 또는 사무소의 명칭과 소재지

② ③

제4조 (이전등기)

① 공사가 주된 사무소를 다른 등기소의 관할구역으로 이전한 때에는 구 소재지에 있어서는 2주일 내에 신 소재지와 이전 연월일을 등기하고, 신소재지에 있어서는 3주일 내에 제2조 제2항 각호의 사항을 등기하여야 한다.

② ③

제5조 (변경등기) 제2조 제2항 각호의 등기 사항에 변경이 있는 때에는 주된 사무소의 소재지에 있어서는 2주일 내에, 지사 또는 사무소의 소재지에 있어서는 3주일 내에 각각 변경된 사항을 등기하여야 한다.

제6조 (대리인 선임 등기) 법 제10조의 규정에 의하여 사장이 대리인을 선임한 때에는 대리인을 둔 주된 사무소, 지사 또는 사무소의 소재지에서 각각 2주일 내에 다음각 호의 사항을 등기하여야 한다.

1. 대리인의 성명과 주소
2. 대리인을 둔 주된 사무소, 지사 또는 사무소의 명칭과 소재지
3. 대리인의 권한을 제한한 때에는 그 제한의 내용

제7조 (등기 신청서의 첨부서류) 이 영의 규정에 의한 등기 신청서에는 다음 각 호의 서류를 첨부하여야 한다.

1. 제2조의 규정에 의한 설립 등기에 있어서는 공사의 정관, 임원의 자격을 증명하는 서류 및 설립 위원회의 회의록
2. 제3조의 규정에 의한 지사 또는 사무소의 설치 등기에 있어서는 지사 또는 사무소의 설치를 증명하는 서류
3. 제4조의 규정에 의한 이전등기에 있어서는 주된 사무소, 지사 또는 사무소의 이전을 증명하는 서류
4. 제5조의 규정에 의한 변경 등기에 있어서는 당해 변경 사항을 증명하는 서류
5. 제6조의 규정에 의한 대리인 선임등기에 있어서는 대리인의 선임을 증명하는 서류
6. 제11조의 규정에 의한 사채 발행의 등기에 있어서는 법 제15조 제1항의 규정에 의한 이사회의 의결을 거쳤음을 증명하는 서류

제8조 (등기기간의 기산) 이 영의 규정에 의한 등기 사항으로서 문화체육부장관의 인가 또는 승인을 얻어야 할 사항이 있는 때에는 그 인가서 또는 승인서가 도달된 날로부터 제2조 내지 제5조의 등기기간을 기산한다. [개정 94·12·23]

제9조 (위탁경영)

① 법 제12조 제2항에서 "타인"이라 함은 공공단체·공익법인 또는 문화체육부장관이 인정하는 단체를 말한다. [개정 94·12·23] ②

제10조 (적립금의 자본전입) 공사가 법 제13조 제3항의 규정에 의하여 적립금의 전부 또는 일부를 자본금으로 전입하고자 할 때에는 주주총회의 의결을 거쳐야 한다.

제11조 (사채발행의 등기) 공사는 법 제15조 제1항의 규정에 의하여 사채를 발행하는 때에는 다음 각 호의 사항을 등기하여야 한다.

1. 사채발행의 목적
2. 사채발행의 시기
3. 사채의 총액
4. 사채의 권종별 액면금액
5. 사채의 이율
6. 사채의 소화방법
7. 사채의 상환방법 및 기한
8. 사채의 이자지급 방법 및 기한

## 부칙

제1조 (시행일) 이 영은 공포한 날부터 시행한다. [단서 생략]

제2조 및 제3조 생략

# 5. 관광관련법규

## 5. 1 여권법[旅券法]

여권에 관한 사항을 규정하기 위해 제정한 법률를 말하며 1961년 12월 31일 법률 제940호로 제정되었다. 이 법은 종전의 '외국여권규칙'에 대치된 법률로, 여권의 발급과 효력 기타 여권에 관하여 필요한 사항을 규정함을 목적으로 한다. 전문 15조와 부칙으로 되어 있다.「법률 제6030호 일부개정 1999. 09. 09.~법률 제7849호(제주특별자치도 설치 및 국제자유도시 조성을 위한 특별법) 일부개정 2006. 02. 21.」

제1조 (목적) 이 법은 여권의 발급, 효력 기타 여권에 관하여 필요한 사항을 규정함을 목적으로 한다. [개정 94·3·24]

제2조 (여권의 소지) 외국에 여행 하고자 하는 국민은 이 법의 규정에 의하여 발급된 여권을 소지하여야 한다. [개정 94·3·24]

제3조 (여권의 종류) 여권은 일반여권, 관용여권 및 외교관여권으로 나누되, 이를 각각 단수여권(1회에 한하여 외국여행을 할 수 있는 여권을 말한다)과 복수여권(유효기간 만료일까지 회수에 제한 없이 외국여행을 할 수 있는 여권을 말한다. 이하 같다)으로 나눌 수 있다.[전문개정 82·12·31]

제4조 (발급권자) 여권은 외교통상부장관이 이를 발급한다.[개정 99·9·9] [전문개정 82· 12· 31]

제5조 (여권발급의 신청)

① 여권의 발급을 받고자 하는 자는 대통령령의 정하는 바에 의하여 외교통상부장관에게 발급을 신청하여야 한다. [개정 82·12·31, 99·9·9]

② 삭제 [94·3·24]

제6조 (기재사항 변경) 여권의 발급을 받은 자는 그가 발급받은 여권의 기재 사항을 변경할 필요가 생겼을 때에는 외교통상부장관에게 그 기재 사항의 변경을 신청할 수 있다. [개정 82·12·31, 99·9·9]

제6조의2 (여권의 유효기간 연장)

① 여권의 발급을 받은 자는 외교통상부장관에게 여권의 유효기간 연장을 신청할 수 있다. ② [본조신설 99·9·9]

제7조 (재발급) 여권의 발급을 받은 자는 그가 발급받은 여권을 멸실하거나 현저하게 훼손한 경우 기타 외교통상부장관이 특히 인정하는 경우에는 여권의 재발급을 신청할 수 있다. [개정 99·9·9][전문개정 82·12·31]

제8조 (여권의 발급 등의 제한)

① 외교통상부장관은 다음 각 호의 1에 해당하는 자에 대하여는 여권의 발급·기재사항변경·유효기간 연장 또는 재발급(이하 "여권의 발급등"이라 한다)을 거부할 수 있다. [개정 82·12·31, 94·3·24, 99·9·9] * 각호 : 1호 - 5호

② [개정 99·9·9]

③ [신설 82·12·31, 94·3·24, 99·9·9] * 각호 : 1호 - 2호

제9조 (여권의 효력)

① 여권은 다음 각 호의 1에 해당하는 경우에는 그 효력을 상실한다. [개정 81·2·28, 82·12·31, 99·9·9] * 각호 : 1호 - 5호

② [신설 99·9·9. 2003.05.27.]

③ [신설 99·9·9]

제10조 (여권을 대신하는 증명서)

① 외교통상부장관은 특히 필요하다고 인정하는 자에 대하여 여권에 갈음하는 증명서(이하 "여행증명서"라 한다)를 발급할 수 있다. [개정 82·12·31,99·9·9]

② [개정 82·12·31]

제11조 (반납)

① 외교통상부장관은 다음 각 호의 1에 해당하는 사유가 있는 경우에 여권(여행증명서를 포함한다. 이하 같다)을 반납시킬 필요가 있다고 인정할 때에는 여권의 명의인에 대하여 기간을 정하여 여권의 반납을 명할 수 있다. [개정 82·12·31, 99·9·9] * 각호 : 1호 - 3호

② [개정 94·3·24]

③ [개정 82·12·31]

④ [개정 81·2·28, 82·12·31, 99·9·9]

제12조 (수수료) 여권의 발급 등을 받거나 여행증명서의 발급을 받은 자는 대통령령의 정하는 바에 의하여 수수료를 납부하여야 한다. 다만, 관용여권과 외교관여권에 대하여는 예외로 한다. [개정 99·9·9]

제13조 (벌칙)

① 제2조의 규정에 위반하여 정당한 여권 없이 외국에 여행한 자는 밀항 단속법에 의하여 처벌한다.

② [개정 99·9·9. 2003.05.27.]

③ [개정 99·9·9. 2003.05.27.] * 각호 : 1호 - 2호

④ [신설 99·9·9. 2003.05.27.] * 각호 : 1호 - 4호

제13조의2 (과태료)

① 제11조 제1항의 규정에 의한 여권반납의 명령을 받고 정당한 사유 없이 소정기간 내에 여권을 반납하지 아니한 자에 대하여는 50만원 이하의 과태료에 처한다.

② [신설 99·9·9]

③ [신설 99·9·9]

④ [신설 99·9·9]

⑤ [신설 99·9·9] [본조신설 82·12·31]

제14조 (몰취) 외교통상부장관은 제13조 제2항 내지 제4항 또는 제13조의2에 해당하는 자가 소지한 여권은 이를 몰취할 수 있다.[전문개정 99·9·9]

제15조 (권한의 대행)

① 외교통상부장관은 일반여권 및 여행증명서의 발급· 기재사항변경·유효기간연장·재발급·반납명령(이하 "일반여권의 발급 등"이라 한다)에 관한 권한을 대통령령이 정하는 바에 의하여 영사 또는 특별시장·광역시장·도지사(이하 "시·도지사"라 한다)에게 대행하게 할 수 있다. [개정 99.9.9. 2003.05.27]

② [개정 99.9.9. 2003.05.27]

③ [신설 2003.05.27, 2006.2.21 제7849호(제주특별자치도설치 및 국제자유도시 조성을 위한 특별법)] [시행일 2006.7.1]

④ [신설 2003.05.27]

⑤ [개정 99.9.9] [전문개정 82.12.31]

### 부칙

부칙 [2006.2.21 제7849호(제주특별자치도 설치 및 국제자유도시 조성을 위한 특별법)]

제1조 (시행일) 이 법은 2006년 7월 1일부터 시행한다. <단서 생략>

제2조 내지 제39조 생략

제40조 (다른 법령의 개정) ①내지 <19>생략 <20>여권법 일부를 다음과 같이 개정한다. 제15조제3항 중 "경찰공무원"을 "국가경찰공무원"으로 한다. <21>내지 <47>생략

제41조 생략

## 5. 1. 1. 여권법 시행령

### 제1장 총칙

제1조 (목적) 이 영은 여권법(이하 "법"이라 한다)에서 위임된 사항과 그 시행에 관하여 필요한 사항을 규정함을 목적으로 한다. [전문개정 99.10.20]

제2조 (여권의 규격 및 기재사항)

① 여권 및 여권에 갈음하는 증명서(이하 "여행증명서"라 한다)의 규격은 가로 8.8센티미터·세로 12.5센티미터로 하고, 표지의 상단에는 한글로, 하단에는 영문으로 각각 대한민국 국호와 여권종류를 표기하며, 표지의 중앙에 나라문장을 표시한다. <개정 98.5.6>

② 여권 및 여행증명서의 표지색상과 면수는 다음과 같다. <개정 98.5.6>

1. 일반여권 : 녹색(단수여권은 14면, 복수여권은 42면)
2. 관용여권 : 황갈색(42면)
3. 외교관여권 : 적자색(42면)
4. 여행증명서 : 연청색(10면)

③ <개정 94.8.19, 98.5.6>

1. 여권의 종류
2. 발행국
3. 여권번호
4. 성명
5. 국적

6. 성별
7. 생년월일
8. 주민등록번호
9. 발급일
10. 기간만료일
11. 기타 외교통상부 령이 정하는 사항

④ <개정 98.5.6> [전문개정 88.12.31]

제3조 삭제 <99.10.20>

## 제2장 일반여권

제4조 삭제 <88.12.31>

제5조 (일반여권의 발급신청)

① <개정 79.8.27, 83.3.25, 88.12.31, 94.8.19, 98.5.6> * 각호 : 1호 - 6호

② 및 ③삭제 <87.9.12>

제6조 (일반여권의 유효기간)

① <개정 98.5.6> ② <개정 83.3.25, 98.5.6> ③ <신설 81.8.1, 95.9.18, 98.5.6>

제6조의2 삭제 <87.9.12>

제6조의3 삭제 <88.12.31>

## 제3장 관용여권

제7조 (관용여권의 발급대상자) <개정 81.3.28, 81.8.1, 83.3.25, 87.9.12, 90.12.17, 94.8.19, 98.4.1, 98.5.6> * 각호 : 1호 - 6호

제8조 (관용여권의 발급신청) <개정 75.9.4, 79.8.27, 81.8.1, 83.3.25, 98.5.6>

* 각호 : 1호 - 4호

제9조 (관용여권의 유효기간)

① ② <개정 83.3.25, 98.5.6> ③ <개정 94.8.19, 98.5.6> ④ <신설 94.8.19>

제10조 삭제 <94.8.19>

## 제4장 외교관여권

제11조 (외교관 여권의 발급구분)
① <개정 79.8.27, 81.3.28, 83.3.25> * 각호 : 1호 - 3호
제12조 (외교관 여권의 발급대상자)
① 삭제 <94.8.19>
② <개정 94.8.19, 98.5.6> * 각호 : 1호 - 14호
③ <개정 79.8.27, 81.3.28, 81.8.1, 83.3.25, 88.12.31, 90.12.17, 98.5.6> * 각호 : 1호-6호
제13조 (외교관 여권의 발급신청) <개정 83.3.25>
제14조 (외교관 여권의 유효기간의 연장 등)
① <개정 98.5.6, 99.10.20>
② <개정 90.12.17, 94.8.19> [전문개정 83.3.25]
제15조 삭제 <94.8.19>

## 제5장 여행증명서

제16조 (발급대상자) <개정 81.3.28, 83.3.25, 98.5.6> * 각호 : 1호 - 6호
제17조 (발급신청) <개정 83.3.25, 98.5.6>
제18조 (유효기간)
① <개정 83.3.25> ② <개정 79. 8.27>

## 제6장 보칙

제19조 (기재사항변경 및 유효기간연장)
① <개정 99.10.20> ② <개정 83.3.25, 98.5.6, 99.10.20>
제20조 삭제 <88.12.31>
제21조 (여권의 재발급)
① <개정 83.3.25, 98.5.6> ②
제22조 (동반자녀의 병기) <개정 94.8.19>
제23조 (수수료)
① <개정 83.3.25, 98.5.6, 99.10.20> ②

제24조 (여권의 몰취)

① <개정 83.3.25, 95.9.18, 98.5.6, 99.10.20> ②

제25조 삭제 <81.8.1>

제26조 (권한의 대행)

① <개정 99.10.20> ② <개정 98.5.6, 99.10.20>

③ <개정 98.5.6, 99.10.20> [전문개정 83.3.25]

제26조의2 (여권발급 등의 제한요청 및 해제)

① <개정 98.5.6, 99.10.20> ② ③ <개정 98.5.6>

④ <개정 98.5.6> ⑤ ⑥ [본조신설 94.8.19]

제26조의3 (여권발급 등의 제한대상자) <개정 98.5.6, 99.10.20>

제26조의4 (여권발급 등 제한의 해제) <개정 98.5.6, 99.10.20> * 각호 : 1호 - 5호

제27조 (과태료의 부과 징수절차) ① ② ③ ④ [본조신설 99.10.20]

### 부칙

부칙(98.5.6)

① (시행일) 이 영은 공포한 날부터 시행한다.

② (아직 사용하지 아니한 여권용지에 관한 경과조치)

③ (종전여권에 관한 경과조치)

④ (종전여권의 유효기간연장에 관한 특례)

⑤ (외국에서의 종전여권의 유효기간연장에 관한 특례) <신설 99.10.20>

부칙 99.10.20 이 영은 공포한 날부터 시행한다.

## 5. 1. 2. 여권법 시행규칙

외교통상부령 제17호 일부개정 1999. 10. 25.~외교통상부령 제63호 법 제명 변경 및 일부개정 2006. 04. 25.("여권법시행규칙"에서 변경)

### 제1장 총칙

제1조 (목적) 이 규칙은「여권법」및「여권법 시행령」 에서 위임된 사항과 그 시행에 관하여 필요한 사항을 정함을 목적으로 한다. [개정 2006.4.25]

제2조 (여행목적지의 기재) [개정 95·9·23, 98·5·29, 99·10·25, 2006.4.25]

제3조 (병역관계 서류제출) [개정 2000·11·29]

제4조 삭제 [92·5·29]

제5조 (여권발급 신청인등과의 면담)

제6조 (여권의 신청 수령방법)

① [개정 2006.4.25]

② [개정 92·5·29,94·8·31, 98·5·29, 2006.4.25]

③ [신설 2006.4.25] * 각호 : 1호 - 4호

④ [신설 2006.4.25]

⑤ [신설 2006.4.25]

제7조 (여권발급신청서) [개정 2000.11.29, 2004.11.13]

**제2장 일반여권의 발급**

제8조 (일반여권)

① [개정 2004.11.13]

② [개정 92·9·22]

③ [신설 98·5·29][전문개정 91·6·17]

제9조 삭제 [91·6·17]

제10조 (여권유효기간에 대한 특례) [개정 91·6·17]

제11조(1년 단수여권) [개정 91·6·17, 92·5·29, 94·8·31, 97·7·7, 98·5·29, 99·10·25, 2000·11·29] * 각호 : 1호 - 4호

제12조(여권발급신청 구비서류)[개정1992.5.29, 1995.9.23, 1998.5.29, 2004.11.13, 2006.4.25]

**제3장 여권의 기재사항변경·유효기간연장 및 재발급**

제13조 (여권의 기재사항변경 등)

① [개정 2004.11.13] ② [개정 2004.11.13, 2006.4.25] ③ [개정 99·10·25]

제13조의2 삭제 [2004.11.13]

제14조 (여권 기재사항 변경 등의 제한) [개정 95·9·23, 97·7·7, 98·5·29, 99·10·25]

제15조 (유효기간의 연장 등)
① [개정 1991.6.17, 1992.5.29, 1995.9.23, 1999.10.25, 2000.11.29, 2003.8.25, 2004.11.13]
② [개정 1998.5.29]
제16조 삭제 [2004.11.13]
제16조의2 (성명 등의 정정으로 인한 여권의 재발급)
① ② * 각호 : 1호 - 6호 ③ [본조신설 99·10·25]
제17조 (분실 또는 멸실여권의 재발급)
① 삭제 [99·10·25]
② [개정 99·10·25]
③ [신설 97·7·7, 98·5·29, 99·10·25, 2006.4.25] * 각호 : 1호 - 2호
④ [신설 97·7·7, 98·5·29][전문개정 95·9·23]
제18조 (훼손여권의 재발급) [개정 99·10·25]

## 제4장 특정국가·지역의 여행신고

제19조 (특정국가의 여행신고) [개정 98·5·29] * 각호 : 1호 - 3호
제20조 (특정지역의 여행신고) [개정 98·5·29][전문개정 95·9·23]
제21조 삭제 [95·9·23]

## 제5장 보칙

제22조 (국외거주자의 국내체재기간연장) [개정 95·9·23, 98·5·29] * 각호 : 1호 - 7호
제23조 (신분이 상실된 자의 관용여권의 유효기간)
① [개정 98·5·29]
② [신설 94·8·31, 98·5·29]
③ [신설 94·8·31]

제24조 삭제 [94·8·31]
제25조 삭제 [2003.08.25.]
제26조 (여권무효 확인 신청)
제27조 (수수료)
① [개정 2004.11.13]
② [개정 98·5·29][본조제목개정 2004.11.13]

제28조 삭제 [2004.11.13]

제29조 (과태료의 징수절차) [본조신설 99·10·25]

## 부칙

부칙 [2006.4.25. 제63호] 이 규칙은 공포한 날부터 시행한다.

### [별표 1] <신설 2004.11.13>

### 여권발급 등에 관한 수수료(제27조관련)

<table>
<tr><th rowspan="2">여권 종류</th><th rowspan="2">유효기간</th><th colspan="2">여권발급 수수료</th><th rowspan="2">비 고</th></tr>
<tr><th>국 내</th><th>재외공관</th></tr>
<tr><td rowspan="6">일반여권</td><td>10년</td><td>40,000원</td><td>40불</td><td>18세 이상 희망자</td></tr>
<tr><td rowspan="4">5년</td><td rowspan="2">35,000원</td><td rowspan="2">35불</td><td>18세 이상 희망자</td></tr>
<tr><td>8세 ~ 17세</td></tr>
<tr><td rowspan="2">15,000원</td><td rowspan="2">15불</td><td>0세 ~ 7세</td></tr>
<tr><td>기간연장 재발급</td></tr>
<tr><td>5년 미만</td><td>15,000원</td><td>15불</td><td></td></tr>
<tr><td>단수여권</td><td>1년</td><td>15,000원</td><td>15불</td><td>1회 여행만 가능</td></tr>
<tr><td rowspan="2">여행증명서</td><td rowspan="2">1년 이내</td><td>10,000원</td><td>10불</td><td>사진전사식</td></tr>
<tr><td>5,000원</td><td>5불</td><td>사진부착식</td></tr>
<tr><td>기재사항변경</td><td></td><td>5,000원</td><td>5불</td><td></td></tr>
<tr><td>여권사실증명</td><td></td><td>1,000원</td><td>1불</td><td></td></tr>
<tr><td>전신수수료</td><td></td><td>5,000원</td><td>5불</td><td></td></tr>
</table>

## 5.2 출입국 관리법[出入國 管理法]

대한민국 국민과 외국인의 대한민국에의 출입국관리에 필요한 사항을 규정하기 위해 제정된 법률(전문개정 1992. 12. 8 법률 제4522호)를 말하며 대한민국에 입국하거나 대한민국으로부터 출국하는 모든 국민 및 외국인의 출입국관리[4)]와 대한민국에 체류하는 외국인의 체류관리 및 난민의 인정절차 등에 관한 사항을 규정함을 목적으로 한다. 11장으로 나누어진 전문 106조와 부칙으로 되어 있다.「법률 제4522호 전문개정 1992. 12. 08.~법률 제7655호(치료감호법) 일부개정 2005. 08. 04」

4) 외국인의 출입국관리가 특히 문제된다. 국제법은 외국인의 입국 등에 대해서는 원칙적으로 각 국가의 자주성에 일임하므로, 국가는 자국의 법령으로 외국인의 입국·상륙·재류 등에 관한 절차와 조건을 정하고 여기에 위반한 외국인을 강제 퇴거 시키든가 하여 이를 관리한다. 한국에서는 '출입국관리법'(1992.12.8. 법률 4522호)이 이에 관하여 규정하고 있다.

## 제1장 총칙

제1조 (목적) 이 법은 대한민국에 입국하거나 대한민국으로부터 출국하는 모든 국민 및 외국인의 출입국관리와 대한민국에 체류하는 외국인의 체류관리 및 난민의 인정절차 등에 관한 사항을 규정함을 목적으로 한다. [개정 93·12·10]

제2조 (정의) 이 법에서 사용하는 용어의 정의는 다음과 같다. [개정 1993.12.10, 1999.2.5, 2002.12.5, 2005.3.24] [시행일 2005.9.25]

1. **"국민"**이라 함은 대한민국의 국민을 말한다.
2. **"외국인"**이라 함은 대한민국의 국적을 가지지 아니한 자를 말한다.

2의2. "난민"이라 함은 난민의지위에관한협약(이하 "난민협약"이라 한다) 제1조 또는 난민의 지위에 관한 의정서 제1조의 규정에 의하여 난민협약의 적용을 받는 자를 말한다.

3. **"여권"**이라 함은 대한민국정부·외국정부 또는 권한 있는 국제기구에서 발급한 여권 또는 난민 여행증명서 기타 여권에 갈음하는 증명서로서 대한민국정부가 유효하다고 인정하는 것을 말한다.
4. **"선원신분증명서"**라 함은 대한민국정부 또는 외국정부가 발급한 문서로서 선원임을 증명하는 것을 말한다. [시행일 2005.6.1]
5. **"출입국 항"**이라 함은 출국 또는 입국할 수 있는 대한민국의 항구·공항 기타장소로서 대통령 령이 정하는 곳을 말한다.
6. **"재외공관의 장"**이라 함은 외국에 주재하는 대한민국의 대사·공사·총영사·영사 또는 영사업무를 수행하는 기관의 장을 말한다.
7. 삭제 [1999.2.5]
8. **"선박 등"**이라 함은 대한민국과 대한민국 밖의 지역 사이에서 사람 또는 물건을 수송하는 선박·항공기·기차·자동차 기타의 교통기관을 말한다.
9. **"승무원"**이라 함은 선박 등에서 그 업무를 수행하는 자를 말한다.
10. **"운수업자"**라 함은 선박 등을 이용하여 사업을 운영하는 자와 그를 위하여 통상 그 사업에 속하는 거래를 대리하는 자를 말한다.
11. **"외국인보호실"**이라 함은 이 법에 의하여 외국인을 보호할 목적으로 출입국관리사무소 또는 그 출장소에 설치한 장소를 말한다.
12. **"외국인보호소"**라 함은 이 법에 의하여 외국인을 보호할 목적으로 설치한 시설로서 대통령령이 정하는 곳을 말한다.
13. **"출입국사범"**이라 함은 제93조의2·제93조의3·제94조 내지 제99조·제99조의2·제99조의3 및 제100조의 규정에 의한 죄를 범하였다고 인정되는 자를 말한다.

## 제2장 국민의 출입국

제3조 (국민의 출국)

① [개정 2005.3.24] [시행일 2005.6.1]

② 삭제 [2005.3.24] [시행일 2005.6.1]

제4조 (출국의 금지)

① * 각호 : 1호 - 6호 ②

제5조 (국민의 여권 등의 보관)

① [개정 2005.3.24] [시행일 2005.6.1]

② [개정 2001.12.29, 2005.3.24] [시행일 2005.6.1] [본조제목개정 2001.12.29]

제6조 (국민의 입국)

① [개정 2005.3.24] [시행일 2005.6.1]

② [개정 2005.3.24] [시행일 2005.6.1]

## 제3장 외국인의 입국 및 상륙

### 제1절 외국인의 입국

제7조 (외국인의 입국)

① [개정 2005.3.24] [시행일 2005.6.1]

② [개정 1993.12.10, 2005.3.24] [시행일 2005.9.25] * 각호 : 1호 - 4호

③

④ [개정 2002.12.5]

⑤ 삭제 [2005.3.24] [시행일 2005.9.25]

제7조의2 (허위초청 등의 금지) * 각호 : 1호 - 2호

제8조 (사증) ① ② ③

제9조 (사증발급인정서)

① [개정 2002.12.05.] [시행일 2003.03.06.]

② [신설 2002.12.05.] [시행일 2003.03.06.]

③

제10조 (체류자격) ① [개정 96·12·12] ② [개정 96·12·12]

제11조 (입국의 금지 등)

① [개정 1997.12.13, 2005.3.24] [시행일 2005.9.25] * 각호 : 1호 - 8호

②

제12조 (입국심사)

① ② ③ [개정 2005.3.24] [[시행일 2005.6.1]] * 각호 : 1호 - 4호

④ [개정 2005.3.24] [시행일 2005.9.25]

⑤ [개정 2002.12.5]

⑥ ⑦ [개정 1996.12.12]

제12조의2 (선박 등의 제공금지) ① [개정 2005.3.24] [시행일 2005.6.1] ② [개정 2002.12.5] [본조신설 1997.12.13]

제12조의3 (외국인의 여권 등의 보관)

① [개정 2005.3.24] [시행일 2005.6.1]

② [개정 2005.3.24] [시행일 2005.6.1] [본조신설 2001.12.29]

제13조 (조건부입국허가) ① * 각호 : 1호 - 3호 ② ③ ④

**제2절 외국인의 상륙**

제14조 (승무원의 상륙허가)

① * 각호 : 1호 - 3호

② * 각호 : 1호 - 3호

③ ④ ⑤

⑥ [전문개정 2005.3.24] [[시행일 2005.6.1]]

제15조 (긴급 상륙 허가) ① ② [개정 2005.3.24] [시행일 2005.9.25] ③

제16조 (재난상륙허가)

① ② [개정 2005.3.24] [시행일 2005.9.25]

③ [신설 1996.12.12]

제16조의2 (난민임시상륙허가)

① [개정 2002.12.5]

② [개정 2005. 3.24] [시행일 2005.9.25] [본조신설 1993.12.10]

## 제4장 외국인의 체류와 출국

### 제1절 외국인의 체류

제17조 (외국인의 체류 및 활동범위) ① ② [개정 2005.3.24] [시행일 2005.9.25] ③

제18조 (외국인고용의 제한) ① ② ③ ④ ⑤

제19조 (외국인을 고용한 자등의 신고의무)

① [개정 1996.12.12, 2005.3.24] [시행일 2005.9.25] * 각호 : 1호 - 4호

② [신설 1996.12.12]

제19조의2 (산업연수생의 보호 등) ① ② [본조신설 97·12·13]

제19조의3 (산업연수생의 관리 등) ① ② ③ [본조신설 97·12·13]

제19조의4 (외국인유학생의 관리 등)

① ② * 각호 : 1호 - 2호

③ [본조신설 2005.3.24] [시행일 2005.9.25]

제20조 (체류자격외 활동)

제21조 (근무처의 변경·추가) ① ② [신설 93·12·10]

제22조 (활동범위의 제한)

제23조 (체류자격 부여)

제24조 (체류자격 변경 허가) ① ②

제25조 (체류기간 연장 허가) [개정 96·12·12]

제26조 삭제 [96·12·12]

제27조 (여권 등의 휴대 및 제시) ① [개정 2005.3.24] [시행일 2005.6.1] ②

### 제2절 외국인의 출국

제28조 (출국심사)

① [개정 1996.12.12, 2005.3.24] [시행일 2005.6.1]

② ③ [개정 1996.12.12]

④ [신설 1996.12.12]

제29조 (외국인 출국의 정지) [개정 2001.12.29.]

제30조 (재입국 허가)

① [개정 2001.12.29.,2002.12.05.][시행일 2003.03.06.]

② ③ ④ ⑤ [개정 2002.12.05.][시행일 2003.03.06.]

## 제5장 외국인의 등록 등

### 제1절 외국인의 등록

제31조 (외국인 등록)

① * 각호 : 1호 - 3호

② ③ ④ [신설 2002.12.05.][시행일 2003.03.06.]

제32조 (외국인 등록사항) * 각호 : 1호 - 6호

제33조 (외국인 등록증의 발급) ① ②

제33조의2 (외국인 등록증 등의 채무이행 확보 수단제공 등의 금지) *각호 : 1호 - 5호

제34조 (외국인 등록표 등의 작성 및 관리) ① [개정 96·12·12] ② ③

제35조 (외국인 등록사항 변경의 신고) [개정 96·12·12., 2001.12.29.] * 각호 : 1호 - 3호

제36조 (체류지 변경의 신고)

① [개정 94·12·22, 96·12·12.,2001.12.29.]

② [개정 2001.12.29.]

③ [신설 2001.12.29.]

④ [개정 96·12·12.,2001.12.29.]

⑤ [개정 2001.12.29.],[신설 96·12·12]

⑥ [개정96·12·1 ,2001.12.29.]

⑦ [개정 2001.12.29.]

제37조 (외국인 등록증의 반납 등)

① [개정 93·12·10] * 각호 : 1호 - 3호

② ③ ④ ⑤

제38조 (지문찍기) ① [개정 1999.2.5.,2003.12.31.] * 각호 : 1호 - 4호 ②

### 제2절 (제39조 내지 제45조) 삭제 [99 · 2 · 5]

## 제6장 강제퇴거

### 제1절 강제퇴거의 대상자

제46조 (강제퇴거의 대상자)

① [개정 1993.12.10, 1996.12.12, 2001.12.29, 2005.3.24] [시행일 2005.9.25]
  * 각호 : 1호 - 12호

② [신설 2002.12.5] * 각호 : 1호 - 3호

### 제2절 조사

제47조 (조사) [개정 2002.12.05.] [시행일 2003.03.06.]
제48조 (용의자의 출석요구 및 신문) ① ② ③ ④ ⑤ ⑥ ⑦
제49조 (참고인의 출석요구 및 진술) ① ②
제50조 (검사 및 서류 등의 제출요구)

### 제3절 보호

제51조 (보호)
① [개정 2002.12.05.] [시행일 2003.03.06.]
② ③ [개정 2002.12.05.][시행일 2003.03.06.] ④

제52조 (보호기간 및 보호 장소) ① ②
제53조 (보호명령서의 집행)
제54조 (보호의 통지) [개정 2001.12.29.]
제55조 (보호에 대한 이의신청) ① ② ③
제56조 (외국인의 일시보호)
① [개정 96·12·12] * 각호 : 1호 - 3호 [신설 96·12·12]
제56조의2 (피보호자의 긴급이송 등)
① ② [본조신설 2005.3.24] [시행일 2005.9.25]

제56조의3 (피보호자 인권의 존중 등) [본조신설 2005.3.24] [시행일 2005.9.25]
제56조의4 (강제력의 행사)
① * 각호 : 1호 - 5호
② ③ ④ * 각호 : 1호 - 4호
⑤ [본조신설 2005.3.24] [시행일 2005.9.25]
제56조의5 (신체 등의 검사) ① ② [본조신설 2005.3.24] [시행일 2005.9.25]
제56조의6 (면회 등) ① ② [본조신설 2005.3.24] [시행일 2005.9.25]
제56조의7 (안전대책) ① ② [본조신설 2005.3.24] [시행일 2005.9.25]
제57조 (피보호자의 처우)

### 제4절 심사 및 이의신청

제58조 (심사결정) [개정 2002.12.05.] [시행일 2003.03.06.]

제59조 (심사후의 절차)

① [개정 2002.12.05.] [시행일 2003.03.06.]

② [개정 2002.12.05.] [시행일 2003.03.06.]

③

제60조 (이의신청) ① ② ③ ④ ⑤

제61조 (체류허가의 특례) ① ②

### 제5절 강제퇴거명령서의 집행

제62조 (강제퇴거 명령서의 집행) ① ② ③

제63조 (강제퇴거 명령을 받은 자의 보호 및 보호해제) ① ②

제64조 (송환국)

① ② * 각호 : 1호 - 4호

③ [신설 93·12·10]

### 제6절 보호의 일시해제

제65조 (보호의 일시 해제) ① ② ③

제66조 (보호 일시 해제의 취소) ① ② ③

### 제7절 출국권고

제67조 (출국권고) ① * 각호 : 1호 - 2호 ② ③

제68조 (출국명령)

① [개정 93·12·10 , 96·12·12. 2001.12. 29. 2002.12. 05.][[시행일 2003.03.06.]]

  * 각호 : 1호 - 4호

② ③ ④

## 제7장 선박 등의 검색

제69조 (선박 등의 검색 및 심사)

① ② ③ * 각호 : 1호 - 3호

④ ⑤ ⑥ ⑦

제70조 (내항자격 선박 등의 검색 및 심사)
제71조 (출입국의 정지등) ① ② ③ ④ ⑤ ⑥
제72조 (승선허가) ① ②

## 제8장 선박 등의 장 및 운수업자의 책임

제73조 (운수업자 등의 일반적 의무 등)
① [개정 2005.3.24] [시행일 2005.6.1] * 각호 : 1호 - 8호
② [신설 2005.3.24] [시행일 2005.9.25] * 각호 : 1호 - 2호
③ [신설 2005.3.24] [시행일 2005.9.25] * 각호 : 1호 - 6호
④ [신설 2005.3.24] [시행일 2005.9.25]
⑤ [신설 2005.3.24] [시행일 2005.9.25]
⑥ [신설 2005.3.24] [시행일 2005.9.25]
[전문개정 1996.12.12][본조제목개정 2005.3.24] [시행일 2005.9.25]

제74조 (사전통보의 의무)
제75조 (보고의 의무)
① [개정 2005.3.24] [시행일 2005.9.25]
② [신설 2005. 3,24] [시행일 2005.9.25]
③ [신설 2005.3.24] [시행일 2005.9.25]
④ [개정 2005.3.24] [시행일 2005.6.1] ⑤

제76조 (송환의 의무) [개정 2002.12.05.][시행일 2003.03.06.] * 각호 : 1호 - 5호

## 제8장의2 난민의 인정 등

제76조의2 (난민의 인정)
① ② [개정 2001.12.29.]
③ ④[본조신설 93·12·10]

제76조의3 (난민 인정의 취소) ① ② [본조신설 93·12·10]
제76조의4 (이의신청) [본조신설 93·12·10]
제76조의5 (난민여행증명서) ① ② ③ ④ ⑤ ⑥ [본조신설 93·12·10]
제76조의6 (난민인정증명서등의 반납)
① * 각호 : 1호 - 3호 ② ③[본조신설 93·12·10]

제76조의7 (난민에 대한 체류허가의 특례) [본조신설 93·12·10]

## 제9장 보칙

제77조 (무기 등의 휴대 및 사용)
① [개정 2001.12.29.]
② [개정 2001.12.29.]

제78조 (관계기관의 협조)
①[개정 1993.12.10]
② [신설 2005.3.24] [시행일 2005.9.25]
③ [개정 2005.3.24] [시행일 2005.9.25]

제79조 (허가신청 등의 의무자) [개정 96·12·12. 2001.12.29.]* 각호 : 1호 - 6호
제80조 (사실조사)
① [개정 99·2·5.,2001.12.29.]
② [신설93·12·10.2001.12.29.]
③ [개정 93·12·10, 99·2·5]

제81조 (출입국관리 공무원 등의 외국인 동향조사) ① [개정 97·12·13] ②
제81조의2 (출입국관리 공무원의 주재) [본조신설 2005.3.24] [시행일 2005.9.25]
제82조 (증표의 휴대 및 제시) * 각호 : 1호 - 4호
제83조 (출입국 사범의 신고)
제84조 (통보의무)
① [개정 2002. 12.05.][시행일 2003.03.06.]
② [개정2001.12.29, 2005.8. 4 제7655호(치료 감호법)]

제85조 (형사절차와의 관계) ① [개정 2002.12.05.] ②
제86조 (신병의 인도) ① ② [개정 2005.8.4 제7655호(치료 감호법)]
제87조 (출입국관리 수수료) ① ② [개정 2001.12.29.]
제88조 (사실증명의 발급) ① ② [전문개정 2001.12.29.]
제88조의2 (외국인 등록증 등의 주민등록증 등과의 관계)
① ② [본조신설 2002.12.05.]

제89조 (각종 허가등의 취소·변경)

① [개정 96·12·12] * 각호 : 1호 - 5호 ② ③

제90조 (신원보증)

① [개정 96·12·12]

② [개정 96·12·12]

③ [개정 96·12·12]

④ [개정 96·12·12] ⑤ [개정 96·12·12]

제90조의2 (불법 취업 외국인의 출국비용 부담책임) ① ② [본조신설 96·12·12]

제91조 (문서 등의 송부) ① ② ③

제92조 (권한의 위임) ① ② [개정 2005.3.24] [시행일 2005.9.25]

제93조 (남·북한 왕래 등의 절차) ① ② [개정 2001.12.29.] ③ ④

## 제10장 벌칙

제93조의2 (벌칙) ① * 각호 : 1호 - 3호 ② * 각호 : 1호 - 3호

제93조의3 (벌칙) [개정 2005.3.24] [시행일 2005.9.25] * 각호 : 1호 - 2호

제94조 (벌칙) [개정 1993.12.10, 1996.12.12, 1997.12.13, 2001.12.29, 2002.12.5, 2005.3.24] [시행일 2005.9.25] * 각호 : 1호 - 10호

제95조 (벌칙) [개정 1993.12.10, 1996.12.12, 2005.3.24] [시행일 2005.9.25] * 각호 : 1호 - 10호

제96조 (벌칙) * 각호 : 1호 - 3호

제97조 (벌칙) * 각호 : 1호 - 5호

제98조 (벌칙) [개정 1993.12.10, 2005.3.24] [시행일 2005.9.25] * 각호 : 1호 - 5호

제99조 (미수범 등)

① [개정 97.12.13.,2002.12.05.][시행일 2003.03.06.]

② [전문개정 96·12·12]

제99조의2 (난민에 대한 형의 면제) [본조신설 93·12·10] [개정 2002.12.05.][시행일 2003.03.06.]

제99조의3 (양벌규정) * 각호 : 1호 - 5호

제100조 (과태료)

① [개정 2005.3.24] [시행일 2005.9.25] * 각호 : 1호 - 3호

② [신설 1993.12.10] * 각호 : 1호 - 3호 ③ * 각호 : 1호 - 2호

④ [개정 1993.12.10, 1996.12.12] ⑤ [개정 1993.12.10, 1996.12.12]
⑥ [개정 1993.12.10, 1996.12.12] ⑦ [개정 1993.12.10]

## 제11장 고발과 통고처분

### 제1절 고발

제101조 (고발) ① [개정 99·2·5] ②

### 제2절 통고처분

제102조 (통고처분) ① [개정 99·2·5] ② ③ [개정 2001.12.29.] ④
제103조 (범칙금의 양정기준 등) ① ②
제104조 (통고처분의 고지방법)
제105조 (통고처분의 불이행과 고발) ① [개정 2001.12.29.] ② ③
제106조 (일사부재리)

## 부칙

부칙 [2005.8.4 제7655호(치료 감호법)]
제1조 (시행일)
이 법은 공포한 날부터 시행한다.
제2조 내지 제7조 생략
제8조(다른 법령의 개정) ① 내지 ⑦ 생략 ⑧
제86조 제2항을 다음과 같이 한다. ② ⑨ 생략

## 5.2.1 출입국 관리법 시행령

## 제1장 국민의 출입국

제1조 (출입국심사)

① 대한민국의 국민(이하 "국민"이라 한다)이 「출입국관리법」(이하 "법"이라 한다) 제3조의 규정에 의한 출국심사 또는 법 제6조의 규정에 의한 입국심사를 받는 때에는 여권과 출입국 신고서를 각각 출입국관리 공무원에게 제출하고 질문에 응하여야 한다. [개정 2005.7.5]
② ③ [개정 1995.12.1, 1998.4.1, 2005.7.5]
④ [개정 1994.6.30, 1995.12.1, 2005.7.5]
⑤ [개정 1994.6.30, 1997.6.28]
⑥ [개정 2005.7.5] [시행일 2005.9.25]

⑦ 삭제 [2005.7.5]

⑧ [개정 2005.7.5]

⑨ ⑩ [신설 2005.7.5] [시행일 2005.9.25]

제2조 (출국금지 요청 및 해제)

① 중앙행정기관의 장 기타 관계기관의 장(이하 "관계기관의 장"이라 한다)이 그 소관업무와 관련하여 법 제4조 제1항 각호의 1에 해당하는 자가 있다고 인정하는 때에는 법무부장관에게 출국금지의 요청을 할 수 있다. 다만, 시장·군수 또는 자치구의 구청장(이하 "시·군 또는 구의 장"이라 한다)의 경우에는 특별시장·광역시장 또는 도지사를 거쳐 요청하여야 한다. [개정 2002. 4.18.]

② ③ ④ [개정 94·6·30] ⑤ ⑥

제3조 (출국금지 결정 등의 통지)

① 법무부장관은 법 제4조의 규정에 의하여 출국을 금지하기로 결정한 자 또는 제2조 제5항의 규정에 의하여 출국금지 기간을 연장하기로 결정한 자에 대하여는 출국금지통지서 또는 출국금지 기간연장 통지서를 송부한다. [개정 2002.4.18.]

② [신설 2002.4.18.] * 각호 : 1호 - 2호

제4조 (출국금지 심의위원회)

① 법 제4조의 규정에 의한 국민의 출국금지와 법 제29조의 규정에 의한 외국인의 출국정지에 관한 중요사항을 심의하게 하기 위하여 법무부에 출국금지 심의위원회(이하 이 조에서 "위원회"라 한다)를 둔다. [개정 2002.4.18.]

② [개정 2004.8.17] ③ ④

제5조 (출국금지자의 자료관리)

① [개정 2005.7.5] [시행일 2005.9.25]

② 삭제 [2002.4.18] [본조제목개정 2002.4.18]

제6조 (여권의 보관·통지)

① 출입국관리 공무원은 법 제5조 제1항의 규정에 의하여 여권을 보관하는 때에는 그 여권의 명의인에게 보관증을 교부하여야 한다. [개정 2005.7.5]

② [개정 2005.7.5] [시행일 2005.9.25]* 각호 : 1호 - 2호

③ [개정 2005.7.5] [시행일 2005.9.25]

④ [개정 2002.4.18, 2005.7.5] [시행일 2005.9.25] [본조제목개정 2005.7.5] [시행일 2005.9.25]

## 제2장 외국인의 입국 및 상륙

### 제1절 외국인의 입국

제7조 (사증발급)

① 법 제7조 제1항의 규정에 의하여 사증을 발급받고자 하는 자는 사증발급 신청서에 법무부 령이 정하는 서류를 첨부하여 재외공관의 장에게 제출하여야 한다.

② 재[개정 97·6·28, 2002 .4. 18.] ③ ④ ⑤

제8조 (국제친선 등을 위한 입국허가)

① 법 제7조 제2항 제3호의 규정에 의하여 사증 없이 입국할 수 있는 자는 다음 각 호의 1에 해당하는 자로 한다. *각호:1호-3호 ② ③

제9조 (사증면제 협정 적용의 일시정지)

① 법무부장관은 법 제7조 제3항의 규정에 의하여 사증면제 협정의 적용을 일시 정지하고자 하는 때에는 외교통상부장관과 사전에 협의하여야 한다. [개정 2002.4.18.]

② [개정 2002.4.18.]

제10조 (외국인 입국 허가서의 발급 등)

① 법무부장관은 법 제7조 제4항의 규정에 의하여 외교통상부장관과 협의하여 국가를 지정한 때에는 지체 없이 이를 재외공관의 장, 사무소장 및 출장소장에게 통보하여야 한다.

② ③ [개정 2002.4.18.] ④ [개정 94·6·30] ⑤ [개정 94·6·30]

제11조 (사증발급 권한의 위임)

① 법무부장관은 법 제8조 제2항의 규정에 의하여 별표 1중 체류자격 1. 외교(A-1) 내지 3. 협정(A-3)의 자격에 해당하는 자에 대한 사증발급에 관한 권한을 재외공관의 장에게 위임한다. ② [개정 95·12·1]

제12조 (체류자격의 구분)법 제10조 제1항의 규정에 의한 외국인의 체류자격은 별표 1과 같다. [전문개정 97·6·28]

제13조 (입국금지자의 자료관리)

① 법무부장관은 법 제11조의 규정에 의하여 입국을 금지하기로 결정한 자에 대하여는 지체없이 정보화업무 처리절차에 따라 그 자료를 관리하여야 한다. 입국금지를 해제한 때에도 또한 같다. [개정 2005.7.5] [시행일 2005.9.25]

② 삭제 [2002.4.18][본조제목개정 2002.4.18]

제14조 (입국금지 요청 및 해제)법 제11조 제1항 또는 동조 제2항에 해당하는 외국인의 입국금지 및 입국금지 해제의 요청절차에 관하여는 제2조의 규정을 준용한다. 다만, 입국금지 예정기간에 관한 사항은 그러하지 아니하다.

제15조 (입국심사)

① 법 제12조 제1항의 규정에 의한 외국인의 입국심사에 관하여는 제1조 제1항 내지 제3항 및 제10항의 규정을 준용한다. 이 경우 여권의 입국심사인 경우에는 허가된 체류자격과 체류기간을 기재하여야 한다. [개정 1998.4.1, 2005.7.5] [시행일 2005.9.25]

② [개정 2002.4.18]

③ 삭제 [1995.12.1]

④ [개정 2005.7.5] [시행일 2005.9.25]

⑤ 삭제 [1994.6.30]

⑥ ⑦ [개정 2005.7.5] [시행일 2005.9.25]

⑧

제16조 (조건부 입국허가)

① 사무소장 또는 출장소장은 법 제13조 제1항의 규정에 의하여 조건부 입국을 허가하는 때에는 72시간의 범위 내에서 허가기간을 정할 수 있다.

② ③ [개정 97·6·28] ④ ⑤

제17조 (보증금의 예치 및 반환과 국고귀속절차)

① 사무소장 또는 출장소장이 법 제13조 제2항의 규정에 의하여 외국인에게 보증금을 예치하게 할 때에는 그 외국인의 소지금·입국목적·체류비용 기타 정상을 참작하여 보증금액을 정하여야 한다.

② ③ ④ ⑤

## 제2절 외국인의 상륙

제18조 (승무원의 상륙허가)

① 선박 등의 장, 운수업자 또는 승무원 본인이 법 제14조 제1항의 규정에 의한 승무원의 상륙허가를 신청하고자 하는 때에는 상륙허가 신청서를 출입국관리 공무원에게 제출하여야 한다. [개정 1995.12.1]

② [신설 2005.7.5] ③ [개정 1997.6.28, 2005.7.5] [시행일 2005.9.25]

제18조의2 (복수 승무원 상륙허가)

① 출입국관리 공무원은 대한민국에 정기적으로 운항하거나 빈번히 출입항하는 선박 등의 외국인 승무원에 대하여 법 제14조 제1항의 규정에 의한 승무원 상륙을 허가하는 때에는 유효기간 범위 내에서 2회 이상 상륙할 수 있는 복수 승무원상륙의 허가를 할 수 있다.

② ③ ④ [본조신설 94·6·30]

제19조 (긴급 상륙 허가) 선박 등의 장 또는 운수업자가 법 제15조 제1항의 규정에 의하여 선박 등에 타고 있는 외국인의 긴급 상륙 허가를 신청하고자 하는 때에는 상륙허가 신청서에 긴급 상륙의 이유를 소명하는 서류를 첨부하여 출입국관리 공무원에게 제출하여야 한다.

제20조 (재난 상륙허가) 선박 등의 장 또는 운수업자 등이 법 제16조 제1항의 규정에 의하여 재난 상륙허가를 신청하고자 하는 때에는 상륙허가 신청서에 재난 선박 등의 명칭·재난장소 및 일시와 그 사유 등을 기재한 재난 보고서를 첨부하여 사무소장 또는 출장소장에게 제출하여야 한다.

제20조의2 (난민 임시상륙 허가)

① 선박 등에 타고 있는 외국인이 법 제16조의 2제1항의 규정에 의하여 난민 임시 상륙 허가를 신청하고자 하는 때에는 난민 임시 상륙 허가 신청서에 그 이유를 소명하는 서류를 첨부하여 사무소장 또는 출장소장에게 제출하여야 한다.

② ③ [본조신설 94·6·30]

제21조 (상륙허가 기간의 연장)

① 법 제14조 제1항, 법 제15조 제1항, 법 제16조 제1항 또는 법 제16조의2 제1항의 규정에 의한 상륙허가를 받은 자가 그 허가 기간 내에 출국할 수 없는 때에

는 상륙허가 신청을 한 자가 그 연장사유를 기재한 상륙허가 기간연장 신청서를 사무소장 또는 출장소장에게 제출하여야 한다. [개정 94·6·30]

② [개정 94·6·30]

## 제3장 외국인의 체류와 출국

### 제1절 외국인의 체류

제22조 (중지명령) 법무부장관이 법 제17조 제3항의 규정에 의하여 활동중지를 명하고자 할 때에는 활동중지 명령서에 그 활동을 즉시 중지할 것과 이를 이행하지 아니하는 때에는 강제퇴거 등 조치를 한다는 뜻 기타 필요한 사항을 기재하여 이를 직접 교부하거나 사무소장 또는 출장소장을 거쳐 해당 외국인에게 교부하여야 한다.

제23조 (외국인의 취업과 체류자격)

① 법 제18조 제1항에서 "취업활동을 할 수 있는 체류자격"이라 함은 별표 1중 체류자격 9. 단기취업(C-4), 19. 교수(E-1) 내지 25. 특정 활동(E-7), 25의2. 연수취업(E-8), 25의3. 비전문취업(E-9) 및 25의4. 내항선원(E-10)의 체류자격을 말한다. [개정 1995.12.1, 1998.4.1, 2003.9.1, 2004.8.17]

② [개정 2004.8.17, 2005.7.5] [시행일 2005.9.25] * 각호 : 1호 - 2호

③ [신설 1999.11.27] * 각호 : 1호 - 3호

④ [신설 2002.4.18]

⑤ [신설 1995.12.1]

⑥ [신설 1999.11.27]

제24조 (외국인을 고용한 자등의 신고)

① [개정 1997.6.28]

② [개정 2002.4.18, 2003.9.1, 2005.7.5] [시행일 2005.9.25] * 각호 : 1호 - 4호

제24조의2 (산업연수업체 등)

① 법 제19조의2의 규정에 의하여 외국인이 산업연수 활동을 할 수 있는 산업체를 다음 각 호와 같이 한다. [개정 2001.7.16, 2002.4.18, 2005.7.5] [시행일 2005.9.25] * 각호 : 1호 - 4호

② [개정 2002.11.6, 2004.8.17]

③ 삭제 [2005.7.5] [시행일 2005.9.25]

④ 삭제 [2005.7.5] [시행일 2005.9.25] [본조신설 1998.4.1]

제24조의3 (외국인 산업인력 정책의 심의)

① 법무부장관은 외국인 산업인력에 관한 다음 각 호의 사항에 대하여는 「외국인근로자의 고용 등에 관한 법률」 제4조의 규정에 의한 외국 인력정책위원회(이하 이 조 및 제24조의4에서 "위원회"라 한다)의 심의를 거쳐야 한다. [개정 2005.7.5] [시행일 2005.9.25] *각호 : 1호-2호 ② ③ [전문개정 2004.8.17]

제24조의4 (산업연수생의 모집 및 관리)

① 24조의2 제1항 제1호 내지 제3호의 규정에 의한 산업체는 다음 각 호의 구분에 따라 외국인을 산업연수생으로 모집하여야 한다. [신설 2003.09.01.] *각호 : 1호 - 3호

② ③ [개정 2003. 09. 01.] * 각호 : 1호 - 5호

④ ⑤삭제 [2002.4.18.]

⑥ ⑦ [본조신설 98·4·1]

제24조의5 (연수취업요건 등)

① 법 제19조의3 제3항의 규정에 의한 체류 자격 변경허가를 받고자 하는 자는 다음 각 호의 요건을 갖추어야 한다. [개정 2002.4.18, 2004.8.17] * 각호 : 1호 - 3호

② [개정 2002.4.18.] [본조신설 98·4·1]

제24조의6 (연수취업자의 관리)

① 법무부장관은 다음 각 호의 1에 해당하는 자를 제외하고는 법 제19조의3 제3항의 규정에 의한 체류 자격변경 허가를 받은 연수 취업자에 대하여 체류기간 연장허가를 하여서는 아니 된다. [개정 2003.09.01.] * 각호 : 1호 - 5호

② [신설 2003.09.01.]

③ [개정 2002.4.18.]

④ [신설 2002.4.18.]

⑤ [개정 2002.4.18.][본조신설 98·4·1]

제24조의7 (연수추천 단체 등의 관리)

① 법무부장관은 연수추천 단체 및 제24조의4 제2항의 규정에 의한 모집기관을 관리·운영하는 자 등이 다음 각 호의 1에 해당하는 행위를 하는 때에는 소관 중앙행정기관의 장에게 그 지정의 해제를 요청할 수 있다. [개정 2003.09.01, 2004.8.17] * 각호 : 1호 - 2호 ② [본조신설 98·4·1]

제24조의8 (외국인 유학생의 관리 등) 법 제19조의4 제1항의 규정에 따라 대학의 장에 의하여 지정된 담당직원은 대학의 장을 대리하여 다음 각 호의 업무를 행하여야 한다. * 각호 : 1호 - 2호

제25조 (체류자격외 활동허가)

① 법 제20조의 규정에 의하여 그 체류자격에 해당하는 활동과 병행하여 다른 체류자격에 해당하는 활동의 허가를 받고자 하는 자는 체류자격외 활동 허가신청서에 법무부 령이 정하는 서류를 첨부하여 사무소장 또는 출장소장에게 제출하여야 한다.

② ③ [개정 1995.12.1, 2005.7.5] [시행일 2005.9.25]

제26조 (근무처의 변경·추가허가)

① 법 제21조 제1항의 규정에 의하여 근무처의 변경 또는 추가에 관한 허가를 받고자 하는 자는 근무처 변경·추가 허가신청서에 법무부 령이 정하는 서류를 첨부하여 사무소장 또는 출장소장에게 제출하여야 한다. [개정 1994.6.30]

② ③ [개정 1995.12.1, 2005.7.5] [시행일 2005.9.25]

제27조 (활동범위의 제한) 법무부장관이 법 제22조의 규정에 의하여 외국인에 대하여 거소 또는 활동범위를 제한하거나 준수사항을 정한 때에는 그 제한 사항 또는 준수사항과 그 이유를 기재한 활동범위 등 제한 통지서를 직접 교부하거나 사무소장 또는 출장소장을 거쳐 해당 외국인에게 교부하여야 한다.

제28조 (통지방법의 예외)

① 제22조 또는 제27조의 규정에 의한 활동중지 명령서 또는 활동범위 등 제한통지서를 교부함에 있어 본인이 없거나 기타 본인에게 직접 교부할 수 없는 사유가 있는 때에는 동거인 또는 소속단체의 장에게 이를 교부함으로써 본인에게 교부한 것으로 본다. ②

제29조 (체류자격 부여)

① 법 제23조의 규정에 의하여 체류자격을 부여받고자 하는 자는 체류 자격부여 신청서에 법무부 령이 정하는 서류를 첨부하여 사무소장 또는 출장소장을 거쳐 법무부장관에게 제출하여야 한다.

② ③ [개정 2005.7.5] [시행일 2005.9.25]

제30조 (체류자격 변경 허가)

① 법 제24조 제1항의 규정에 의한 체류 자격변경 허가를 받고자 하는 자는 체류자격 변경 허가신청서에 법무부령이 정하는 서류를 첨부하여 사무소장 또는 출장소장에게 제출하여야 한다.

② ③ [개정 2005.7.5] [시행일 2005.9.25]

제31조 (체류기간 연장 허가)

① 법 제25조의 규정에 의한 체류기간 연장 허가를 받고자 하는 자는 체류기간 만료 전에 체류기간 연장 허가 신청서에 법무부령이 정하는 서류를 첨부하여 사무소장 또는 출장소장에게 제출하여야 한다.

② ③ [개정 2005.7.5] [시행일 2005.9.25]

제32조 삭제 [97·6·28]

제33조 (체류 기간연장 등을 허가하지 아니하는 때의 출국통지)

① 법무부장관은 제29조 내지 제31조의 규정에 의한 허가 등을 하지 아니하는 때에는 체류기간 연장 등 불허 결정 통지서를 발급하여 신청인에게 이를 교부하여야 한다. 이 경우 제30조의 규정에 의한 체류자격 변경을 허가하지 아니한 때에는 이미 허가된 체류기간의 범위 내에서 체류하게 할 수 있다. [개정 97·6·28]

②

제34조 (체류 자격부여 등에 따른 출국예고) 법 제23조 내지 제25조의 규정에 의하여 체류자격을 부여하거나 체류자격 변경 등의 허가를 하는 경우 그 이후의 체류기간 연장을 허가하지 아니하기로 결정한 때에는 사무소장 또는 출장소장은 허가된 체류기간 내에 출국하여야 한다는 뜻을 여권에 기재하여야 한다. [개정 1995.12.1, 1997.6.28, 2005.7.5] [시행일 2005.9.25]

### 제2절 외국인의 출국

제35조 (출국심사)

① 법 제28조 제1항의 규정에 의한 외국인의 출국심사에 관하여는 제1조 제1항 내지 제3항 및 제10항의 규정을 준용한다. 다만, 여권에 출국 심사인 날인을 생략할 수 있다. [개정 1994.6.30, 2005.7.5] [시행일 2005.9.25]

② ③ [개정 2005.7.5] [시행일 2005.9.25]

제36조 (외국인 출국의 정지)법 제29조의 규정에 의한 외국인 출국의 정지에 관하여는 제2조·제3조 및 제5조의 규정을 준용한다.

제37조 (출국정지가 해제된 외국인의 출국) 외국인이 허가받은 체류기간 내에 출국하고자 하였으나 출국 정지로 인하여 그 기간 내에 출국하지 못하는 경우에는 출국정지 해제일 부터 10일 이내에는 체류기간 연장 등 별도의 절차에 의하지 아니하고 출국할 수 있다.

제38조 (재 입국허가 기간연장 허가 권한의 위임) 법무부장관은 법 제30조 제4항의 규정에 의하여 재 입국허가 기간연장 허가에 관한 권한을 재 입국허가를 받은 자가 선박 등이 없거나 그 밖의 부득이한 사유로 그 허가기간 내에 재 입국할 수 없는 경우로서 15일의 범위 내에서 재 입국허가 기간연장을 허가하는 때에, 한하여 재외공관의 장에게 위임한다. [본조신설 2003.11.20.][시행일 2003.12.29.]

제39조 삭제 [2003.09.01.]

## 제4장 외국인의 등록

### 제1절 외국인의 등록

제40조 (외국인 등록 등)

① 법 제31조의 규정에 의하여 외국인 등록을 하고자 하는 자는 외국인 등록 신청서에 여권과 그밖에 법무부장관이 정하는 서류를 첨부하여 그의 체류지를 관할하는 사무소장 또는 출장소장(이하 "체류지 관할 사무소장 또는 출장소장"이라 한다)에게 제출하여야 한다. [개정 2002.4.18, 2005.7.5] [시행일 2005.9.25]

② [개정 2005.7.5] [시행일 2005.9.25] [본조제목개정 2002.4.18]

제40조의2 (외국인 등록번호의 체계 등)

① 제40조 제2항의 규정에 의하여 부여하는 외국인 등록번호는 생년월일·성별·등록기관 등을 표시하는 13자리 숫자로 한다. ② ③

제41조 (외국인 등록증의 발급)

① 법 제31조의 규정에 의하여 등록을 한 외국인(이하 "등록외국인"이라 한다)의 체류지 관할 사무소장 또는 출장소장은 법 제33조의 규정에 의하여 외국인 등록증을 발급하는 때에는 그 사실을 외국인 등록증 발급대장에 기재하여야 한다.

② [개정 1995.12.1] ③ [개정 1997.6.28, 2005.7.5] [시행일 2005.9.25]

제42조 (외국인 등록증의 재발급)

① 체류지 관할 사무소장 또는 출장소장은 외국인 등록증을 발급받은 자에게 다음 각 호의 1에 해당하는 사유가 있는 때에는 외국인 등록증을 재발급할 수 있다. [개정 95·12·1, 97·6·28] * 각호 : 1호 - 4호

② [개정 95·12·1, 97·6·28] ③

제43조 (등록 외국인 기록표 등의 작성 및 관리)

① 체류지 관할 사무소장 또는 출장소장은 법 제34조 제1항의 규정에 의한 등록 외국인 기록표를 개인별로 작성· 비치하여야 한다. [개정 97·6·28]

② ③ [개정 95·12·1, 97·6·28, 2002.4.18.] ④

제44조 (외국인 등록사항 변경의 신고)

① 법 제35조의 규정에 의한 변경신고를 하고자 하는 자는 외국인 등록사항 변경 신고서에 외국인등록증 및 여권을 첨부하여 체류지 관할 사무소장 또는 출장소장에게 제출하여야 한다. [개정 1997.6.28, 2005.7.5] [시행일 2005.9.25]

② [개정 1995.12.1, 1997.6.28] ③

제45조 (체류지 변경의 신고)

① 체류지를 변경한 자가 법 제36조 제1항의 규정에 의하여 전입신고를 하고자 하는 때에는 체류지 변경 신고서를 신체류지의 시·군 또는 구의 장이나 신체류지 관할 사무소장 또는 출장소장에게 제출하여야 한다. [개정 94·12·31, 97·6·28, 2002.4.18.] ② [개정 97·6·28, 2002.4.18.] ③ [신설 97·6·28]

제46조 (외국인 등록증의 반납 등)

① 출입국관리 공무원은 법 제37조 제1항 및 제5항의 규정에 의하여 외국인 등록증을 반납 받은 때에는 그 외국인의 출국사실을 지체 없이 체류지 관할 사무소장 또는 출장소장에게 통보하여야 한다. [개정 95·12·1]

② * 각호 : 1호 - 3호 ③ [개정 97·6·28] ④ ⑤

제47조 (지문찍기)

① 체류지 관할 사무소장·출장소장 또는 외국인 보호소의 장(이하 "보호소장"이라

한다)은 법 제38조 제1항의 규정에 의하여 지문을 찍어야 할 외국인에 대하여는 지문을 찍기 전에 사진 1매를 제출하게 하여 외국인 지문원지에 붙이고, 인적사항 등 필요한 사항을 기재하여야 한다. [개정 2002.4.18.]

② [개정 99·2·26, 2002.4.18, 2004.8.17] * 각호 : 1호 - 4호 ③ ④

제2절 (제48조 내지 제56조) 삭제 [99 · 2 · 26]

## 제5장 강제퇴거

### 제1절 조사

제57조 (인지보고) 출입국관리 공무원이 법 제47조의 규정에 의한 조사에 착수할 때에는 용의사실 인지보고서를 작성하여 사무소장·출장소장 또는 보호소장에게 제출하여야 한다.

제58조 (출석요구)

① 출입국관리 공무원이 법 제48조 제1항 또는 법 제49조 제1항의 규정에 의하여 용의자 또는 참고인의 출석을 요구 하고자 할 때에는 출석요구의 취지, 출석일시 및 장소 등을 기재한 출석 요구서를 발급하고 그 발급사실을 출석요구서 발급대장에 기재하여야 한다. ②

제59조 (신문조서)

① 법 제48조 제3항의 규정에 의한 용의자 신문조서에는 다음 각 호의 사항을 기재하여야 한다.* 각호 : 1호 - 4호 ②

제60조 (참고인의 진술조서)

① 법 제49조의 규정에 의한 참고인의 진술조서에 관하여는 제59조 제2항의 규정을 준용한다. ②

제61조 (검사 및 서류 등의 제출요구) 출입국관리 공무원은 법 제47조의 규정에 의하여 용의자를 조사함에 있어서 용의자가 용의사실을 부인하거나 용의자가 제출한 서류만으로는 용의사실을 입증하는데 충분하지 아니하다고 인정되는 경우에는 그 용의자와 관련 있는 제3자의 동의가 있는 경우에 한하여 그의 주거 또는 물건을 검사하거나 서류 또는 물건을 제출하게 할 수 있다.

제62조 (제출물 조서 등)

① 출입국관리 공무원은 법 제50조 및 이 영 제61조의 규정에 의하여 서류 또는 물건을 제출받은 때에는 제출경위 등을 기재한 제출물 조서와 제출한 물건 등의 특징과 수량을 기재한 제출물 목록을 작성하여야 한다. ②

## 제2절 보호

제63조 (보호명령서)

① 출입국관리 공무원은 법 제51조 제2항의 규정에 의하여 보호 명령서의 발부를 신청할 때에는 보호의 사유를 기재한 보호명령 발부 신청서에 조사자료 등을 첨부하여 사무소장·출장소장 또는 보호소장에게 제출하여야 한다. ②

제64조 (보호의 의뢰 등)

① 출입국관리 공무원은 법 제51조 제1항 및 법 제63조 제1항의 규정에 의하여 용의자 또는 강제퇴거 명령을 받은 자를 외국인보호소·외국인보호실 또는 법무부장관이 지정하는 장소(이하 "외국인보호소등"이라 한다)에 보호하고자 하는 때에는 소속 사무소장·출장소장 또는 보호소장으로부터 보호 의뢰의 사유 및 근거를 기재한 보호 의뢰서를 발부받아 이를 보호 의뢰를 받는 외국인 보호소 등의 장에게 송부하여야 한다. [개정 99·2·26]

② [개정 2002.4.18.]

③ [개정 2002.4.18.][본조제목개정 2002.4.18.]

제65조 (보호기간의 연장)

① 출입국관리 공무원은 법 제52조 제1항 단서의 규정에 의하여 보호기간을 연장하고자 하는 때에는 사무소장·출장소장 또는 보호소장으로부터 연장기간·연장사유 및 적용법조 등을 기재한 보호기간 연장 허가서를 발부받아야 한다.

② ③

제66조 (보호기간 중의 보호해제) 출입국관리 공무원은 보호기간 만료 전이라도 보호의 필요가 없다고 인정하는 때에는 사무소장·출장소장 또는 보호소장의 허가를 받아 보호를 해제할 수 있다. 이 경우 용의자가 외국인 보호소 등에 보호되어 있는 때에는 제65조 제3항 후단의 규정을 준용한다.

제67조 (외국인 보호소 등의 장의 의무) 외국인 보호소 등의 장은 사무소장·출장

소장 또는 보호소장으로부터 외국인의 보호 또는 보호해제를 의뢰받은 때에는 지체 없이 보호 또는 보호 해제를 하여야 한다. [개정 2003.09.01.]

제68조 (보호의 통지) 법 제54조의 규정에 의한 보호의 통지는 보호의 사유·일시 및 장소와 이의신청을 할 수 있다는 뜻을 기재한 보호 통지서로 하여야 한다.

제69조 (보호에 대한 이의신청)

① 법 제55조 제1항의 규정에 의하여 이의신청을 하고자 하는 자는 이의신청서에 이의의 사유를 소명하는 자료를 첨부하여 사무소장·출장소장 또는 보호소장에게 제출하여야 한다. ②

제70조 (보호에 대한 이의신청의 결정)

① 법무부장관은 법 제55조 제2항의 규정에 의하여 이의신청에 대한 결정을 한 때에는 주문·이유 및 적용법조등을 기재한 이의신청에 대한 결정서를 작성하여 사무소장·출장소장 또는 보호소장을 거쳐 신청인에게 송부하여야 한다. ②

제71조 (외국인의 일시보호)

① 출입국관리 공무원은 법 제56조 제1항의 규정에 의하여 외국인을 일시 보호 하고자 하는 때에는 사무소장 또는 출장소장으로부터 일시보호 명령서를 발부받아 이를 그 외국인에게 내보여야 한다. [개정 97·6·28] ② ③ [신설 97·6·28]

### 제3절 심사 및 이의신청

제72조 (심사결정서) 사무소장·출장소장 또는 보호소장은 법 제58조의 규정에 의한 심사결정을 한 때에는 주문·이유 및 적용법조 등을 명시한 심사결정서를 작성하여야 한다.

제73조 (심사후의 절차) 사무소장·출장소장 또는 보호소장은 법 제59조 제1항의 규정에 의하여 보호를 해제하는 경우 용의자가 외국인 보호소 등에 보호되어 있는 때에는 보호해제 사유 등을 기재한 보호해제 의뢰서를 외국인 보호소 등의 장에게 송부하여야 한다.

제74조 (강제퇴거 명령서) 사무소장·출장소장 또는 보호소장은 법 제59조 제2항의 규정에 의하여 강제퇴거 명령을 결정한 때에는 명령의 취지 및 이유와 이의신청을 할 수 있다는 뜻을 기재한 강제퇴거 명령서를 발부하여 그 부본을 용의자에게 교부하여야 한다.

제75조 (이의신청 및 결정)

① 사무소장·출장소장 또는 보호소장은 법 제60조 제1항의 규정에 의하여 이의 신청서를 받은 때에는 의견을 붙여 지체 없이 이를 법무부장관에게 송부하여야 한다. ② ③

제76조 (체류허가의 특례)

① 법 제61조 제1항에서 "기타 대한민국에 체류하여야 할 특별한 사정이 있다고 인정되는 경우"라 함은 다음 각 호의 1에 해당하는 경우를 말한다. [개정 2002.4.18.]

1. 용의자가 별표 1중 체류자격 28의3 영주(F-5)의 자격을 가지고 있는 경우
2. 용의자가 대한민국정부로부터 훈장 또는 표창을 받은 사실이 있거나 대한민국에 특별한 공헌을 한 사실이 있는 경우
3. 기타 국가이익 또는 인도주의에 비추어 체류하여야 할 특별한 사정이 있다고 인정되는 경우 ② ③

## 제4절 강제퇴거 명령서의 집행

제77조 (강제퇴거 명령서의 집행)

① 출입국관리 공무원은 법 제62조 제1항의 규정에 의하여 강제퇴거 명령서를 집행하는 때에는 당해 외국인의 보관금이나 영치물품 등의 환부여부를 확인하여야 한다.

② ③ ④

제78조 (강제퇴거 명령을 받은 자의 보호 및 보호해제)

① 사무소장·출장소장 또는 보호소장은 법 제63조 제1항의 규정에 의하여 강제퇴거 명령을 받은 자를 송환할 수 있을 때까지 보호 하고자 하는 경우 강제퇴거를 위한 보호 명령서를 발부하여 이를 강제 퇴거명령을 받은 자에게 내보여야 한다.

② ③

## 제5절 보호의 일시해제

제79조 (보호의 일시해제)

① 법 제65조 제1항의 규정에 의하여 보호의 일시해제를 청구하고자 하는 자는 보호 일시해제 청구서에 청구의 사유 및 보증금 납부 능력을 소명하는 자료를 첨부하여 사무소장·출장소장 또는 보호소장에게 제출하여야 한다.

② ③ ④ ⑤ ⑥ [개정 97·6·28]

제80조 (보호 일시 해제의 취소)

① 사무소장·출장소장 또는 보호소장은 법 제66조 제2항의 규정에 의하여 보호 일시 해제 취소서를 발부하는 때에는 그 취소서에 취소사유, 보호할 장소 등을 기재하여 이를 보호 일시 해제 청구인에게 교부하고, 지체 없이 그 용의자를 다시 보호하여야 한다. ②

### 제6절 출국권고

제81조 (출국권고) 법 제67조 제1항 제1호에서 "그 위반정도가 가벼운 경우"라 함은 법 제17조 및 법 제20조의 규정을 최초로 위반한 자로서 그 위반기간이 10일 이내인 경우를 말한다. [개정 94·6·30]

## 제6장 선박 등의 검색

제82조 (선박 등의 검색 및 심사)

① 출입국관리 공무원이 선박 등에 승선하여 법 제69조 및 법 제70조의 규정에 의한 검색 및 심사를 하는 때에는 다음 각 호의 사항을 확인하여야 한다. [개정 1994.6.30, 2005.7.5] [시행일 2005.9.25] * 각호 : 1호 - 8호

② [개정 2005.7.5] [시행일 2005.9.25]

제82조의2 (검색 및 심사선박 등의 범위) 법 제69조의 규정에 의하여 출입국관리 공무원의 검색 및 심사를 받아야 할 선박 등의 범위는 다음 각 호와 같다. [개정 95·12·1, 97·6·28] * 각호 : 1호 - 3호

제83조 (출입국항외의 장소에서의 검색 및 출입국심사)

① 선박 등의 장 또는 운수업자가 법 제69조 제2항의 규정에 의하여 사무소장 또는 출장소장에게 출입항예정통보서를 제출한 때에는 다음 각 호의 1에 해당하는 허가의 신청을 한 것으로 본다. * 각호 : 1호 - 2호 ② ③

제84조 (승선허가)

① 법 제72조 제1항의 규정에 의하여 승선허가를 받고자 하는 자는 승선허가 신청서에 승선사유를 소명하는 자료를 첨부하여 사무소장 또는 출장소장에게 제출하여야 한다. 다만, 부득이한 사유가 있는 때에는 선박 등의 장 또는 운수업자가 대리하여 신청서를 제출할 수 있다.

② ③ [신설 2002.4.18.] ④ [신설 2002.4.18.] ⑤ [개정 2002.4.18.]

## 제7장 선박 등의 장 및 운수업자의 책임

제85조 삭제 [97·6·28]

제86조 (출입항 예정통보) 선박 등의 장 또는 운수업자는 법 제74조의 규정에 의한 선박 등의 출입항 예정통보를 늦어도 당해 선박 등의 출입항 24시간 전에 하여야 한다. 다만, 정규편 선박 등의 출입항의 경우나 기타 특별한 사유가 있는 때에는 그러하지 아니하다.

제87조 (보고의 의무)

① 선박 등의 장 또는 운수업자는 법 제69조의 규정에 의한 검색을 받을 때에 법 제75조 제1항의 규정에 의한 출입항 보고서를 제출하여야 한다. 다만, 법 제69조 제6항의 규정에 의하여 서류심사를 받는 때에는 그때에 제출한다.

② [신설 2005.7.5] [시행일 2005.9.25] * 각호 : 1호 - 6호

③ [신설 2005.7.5] [시행일 2005.9.25] * 각호 : 1호 - 7호

④ [신설 2005.7.5] [[시행일 2005.9.25]]

⑤ [개정 2005.7.5] [시행일 2005.9.25]

제88조 (송환의 의무)

① 사무소장 또는 출장소장은 선박 등의 장 또는 운수업자에게 법 제76조 각호의 1에 해당하는 자의 송환을 요구하는 때에는 송환 지시서를 발부하여 이를 교부하여야 한다. 다만, 긴급을 요하는 때에는 구두로 요구할 수 있으며, 이 경우에는 지체 없이 송환 지시서를 교부하여야 한다. ② ③

## 제7장의2 난민의 인정 등

제88조의2 (난민의 인정)

① 법 제76조의2의 규정에 의하여 난민의 인정을 신청하고자 하는 외국인은 난민 인정신청서에 난민임을 입증하는 서류와 사진 2매를 첨부하여 사무소장·출장소장 또는 보호소장에게 제출하여야 한다.

② [개정 2005.7.5][시행일 2005.9.25] * 각호 : 1호 - 3호

③ ④ ⑤ [개정 2005.7.5] [시행일 2005.9.25] ⑥ ⑦ [본조신설 1994.6.30]

제88조의3 (난민인정의 취소) 법 제76조의3 제2항의 규정에 의하여 난민의 인정을 취소한 때의 통지는 그 사유와 이의신청을 할 수 있다는 뜻을 기재한 난민인정 취소 통지서로 하여야 한다. [본조신설 94·6·30]

제88조의4 (이의신청)

① 법 제76조의4의 규정에 의하여 이의신청을 하고자 하는 외국인은 이의신청서에 이의의 사유를 소명하는 자료를 첨부하여 사무소장· 출장소장 또는 보호소장에게 제출하여야 한다. ② ③ ④ [본조신설 94·6·30]

제88조의5 (난민 여행증명서의 발급)

① 법 제76조의5 제1항의 규정에 의하여 난민 여행증명서의 발급을 신청하고자 하는 외국인은 난민 여행증명서 발급신청서에 난민인정증명서·외국인등록증(외국인등록 을 한 경우에 한한다) 및 사진 2매를 첨부하여 체류지 관할 사무소장 또는 출장소장을 거쳐 법무부장관에게 제출하여야 한다. [개정 95·12·1]

② [본조신설 94·6·30]

제88조의6 (난민 여행증명서의 재발급)

① 법무부장관은 난민 여행증명서를 발급받은 자에게 다음 각 호의 1에 해당하는 사유가 있는 경우에는 난민 여행증명서를 재발급할 수 있다. * 각호 : 1호 - 3호

② ③ ④ [본조신설 94·6·30]

제88조의7 (난민 여행증명서의 유효기간 연장)

① 법무부장관은 법 제76조의5 제6항의 규정에 의하여 난민여행 증명서 유효기간 연장허가에 관한 권한을 재외공관의 장에게 위임한다.

② ③ ④ [본조신설 94·6·30]

제88조의8 (난민 여행증명서의 반납) 법무부장관은 법 제76조의6 제2항의 규정에 의하여 난민 여행증명서의 반납을 명하고자 할 때에는 난민 여행증명서 반납명령서를 사무소장 또는 출장소장을 거쳐 그 외국인에게 교부하여야 한다. [본조신설 94·6·30]

제88조의9 (범죄경력 등 개인정보 자료의 이용 등)

① 사무소장 또는 출장소장은 법 제78조 제2항의 규정과 관련하여 범죄 경력자료 또는 수사경력 자료를 조회하고자 하는 출입국관리 공무원에게 개인식별 고유번호를 부여하는 등의 조치를 하여 권한 없는 자가 범죄 경력자료 또는 수사경력 자료를 조회하는 것을 방지하여야 한다.

② ③ [본조신설 2005.7.5] [[시행일 2005.9.25]]

## 제8장 보칙

제89조 (허가신청 등의 의무자)

① 법 제79조에서 "기타 대통령령이 정하는 자"라 함은 사실상의 부양자, 형제자매, 신원보증인 기타 동거인을 말한다. ②

제90조 (사실조사) 법 제80조 제1항의 규정에 의하여 권한 있는 공무원이 사실조사를 한 결과 신고 또는 등록의 내용이 사실과 다른 것을 발견한 때에는 지체 없이 그 내용을 사무소장 또는 출장소장에게 통보하여야 한다. [개정 94·6·30, 99·2·26]

제91조 (외국인동향조사)

① 출입국관리 공무원은 법 제81조 제1항의 규정에 의하여 외국인 등의 동향을 조사한 때에는 그 기록을 유지하여야 한다. ② ③

제91조의2 (관계기관 소속공무원)

① 법 제81조 제1항에서 "관계기관 소속공무원"이라 함은 다음 각 호의 1에 해당하는 자를 말한다. [개정 2005.7.5] [시행일 2005.9.25] * 각호 : 1호 - 4호

② [본조신설 1998.4.1]

제92조 (출입국관리 공무원의 제복 및 신분증)

① 출입국관리 공무원은 출입국관리에 관한 직무에 종사하는 때에는 제복을 착용하여야 한다. 다만, 법무부장관의 허가가 있는 때 기타 특별한 사유가 있는 때에는 그러하지 아니하다. ② [개정 2002.4.18, 2005.7.5] [시행일 2005.9.25] ③

제93조 (형사절차와의 관계)

① 사무소장·출장소장 또는 보호소장은 검사가 약식명령을 청구한 자에 대하여 강제퇴거 명령서 또는 출국 명령서를 발부한 경우 그가 출국하여도 재판에 지장이 없다는 관할 지방검찰청 검사장의 의견이 있고, 벌금 상당액을 납부한 때에는 지방법원의 약식명령에 앞서 강제퇴거 명령서를 집행할 수 있고, 출국 명령서를 발부받은 자를 출국하게 할 수 있다. ②

제94조 (각종허가 등의 취소·변경)

① 법무부장관은 법 제89조 제1항의 규정에 의하여 체류기간 연장허가 등을 취소 또는 변경한 때에는 해당 외국인에게 그 사실을 알리고 그 뜻을 여권에 기재하여야 한다. [개정 2005.7.5] [시행일 2005.9.25] ② ③ 삭제 [1999.2.26]

제94조의2 (의견진술절차)

① 법 제89조 제3항의 규정에 의한 통지는 서면으로 하여야 한다. 다만, 그 외국인 또는 신청인의 소재불명 등으로 통지할 수 없는 경우에는 그러하지 아니하다.

② [개정 2004.3.17] ③ [개정 2004.3.17][본조신설 99·2·26]

제95조 (신원보증)

① 법 제90조 제4항의 규정에 의한 보증금의 예치절차에 관하여는 제17조 제2항의 규정을 준용한다. ② [개정 97·6·28] ③ [개정 97·6·28]

제95조의2 (구상권 행사 절차)

① 법무부장관은 법 제90조 제3항 또는 법 제90조의2 제2항의 규정에 의하여 구상권을 행사하고자 하는 때에는 구상금액 산출근거 등을 명시하여 이를 납부할 것을 서면으로 신원보증인 또는 불법 고용주에게 통지하여야 한다.

② [본조신설 97·6·28]

제96조 (권한의 위임)

① 법무부장관은 법 제92조 제1항의 규정에 의하여 법 제9조, 법 제20조, 법 제21조, 법 제23조 내지 제25조, 법 제30조제1항, 법 제89조, 법 제90조 및 법 제90조의2의 규정에 의한 권한을 법무부 령이 정하는 바에 따라 사무소장·출장소장 또는 보호소장에게 위임한다. [개정 1994.6.30, 1997.6.28]

② [신설 2003.9.1, 2004.8.17, 2005.7.5] [시행일 2005.9.25]

제97조 (남·북한왕래 등의 출입국심사절차)

① 법 제93조 제1항의 규정에 의한 국민의 출입국심사에 관하여는 제1조의 규정을 준용한다. 이 경우 출입국관리 공무원은 「남북교류협력에 관한 법률 시행령」 제22조 제1항 제1호·제4호 및 제5호에 관한 사항을 확인하여야 한다. [개정 2005.7.5][시행일 2005.9.25] ② ③ [개정 2002.4.18]

제98조 (출입국 항)

① 법 제2조 제5호의 규정에 의하여 출입국 항을 다음과 같이 지정한다. [개정 1994.12.23, 1997.6.28, 2002.4.18, 2005.7.5] [시행일 2005.9.25] * 각호 : 1호 - 4호

② [개정 2005.7.5] [시행일 2005.9.25]

제99조 (임시납부금 등의 보관) 법 또는 이 영에 의한 임시납부금·보관물 및 제출물 등의 보관 또는 반환절차에 관하여는 법 또는 이 영에 규정한 것을 제외하고는 법무부 령으로 정한다.

제100조 (서식의 제정)법 또는 이 영에 의한 각종 신청서·신고서등의 서식은 법무부 령으로 정한다.

제101조 삭제 [2002.4.18.]

## 제9장 과태료

제102조 (과태료의 부과)

① 법 제100조 제4항의 규정에 의하여 과태료를 부과하는 때에는 당해 위반행위를 조사·확인한 후 위반사실과 과태료금액 등을 서면으로 명시하여 이를 납부할 것을 과태료 처분 대상자에게 통지하여야 한다. [개정 94·6·30]

② [개정 97·6·28, 2004.3.17] ③ [개정 97·6·28] ④ [신설 2003.09.01.] ⑤

## 제10장 고발과 통고처분

### 제1절 고발

제103조 (사건처분결과통보) 사무소장·출장소장 또는 보호소장은 법 제101조 제2항의 규정에 의하여 인계받은 사건에 대하여는 그 처분결과를 인계기관의 장에게 서면으로 통보한다.

### 제2절 통고처분

제104조 (통고처분의 절차)

① 사무소장·출장소장 또는 보호소장은 법 제102조 제1항의 규정에 의하여 통고처분을 하는 때에는 제72조의 규정에 의한 심사결정서와 통고서를 작성하여야 한다.

② ③

제105조 (범칙금의 납부절차 등)

① 법 제102조 제1항의 규정에 의하여 통고처분을 받은 자는 그 범칙금을 법 제105조의 규정에 의한 납부기한 내에 사무소장·출장소장 또는 보호소장이 지정하는 국고은행, 그 지점 또는 대리점이나 우체국(이하 "수납기관"이라 한다)에 납부하여야 한다. ② ③ ④

제106조 (통고서의 송달) 법 제104조의 규정에 의한 통고서의 송달은 법 제91조의 규정에 의한다.

제107조 (범칙금의 임시납부)

① 통고처분을 받은 자가 법 제102조 제2항의 규정에 의하여 범칙금을 임시 납부하고자 하는 때에는 사무소장·출장소장 또는 보호소장에게 임시납부 신청서를 제출하여야 한다. ② ③

## 부칙

부칙 [2005.7.5 제18934호]

① (시행일) 이 영은 2005년 9월 25일부터 시행한다. 다만, 제1조 제1항·제3항·제4항·제7항 및 제8항, 제6조 제1항, 제18조 제2항 및 제88조의2 제2항 제1호 중 선원 신분증명서에 관한 개정규정 및 선원수첩의 여권기능 배제에 관한 개정규정과 제24조의2의 개정규정은 공포한 날부터 시행한다.

② (과태료에 관한 경과조치)

**[별표 1] <개정 1994.6.30, 1995.12.1, 1997.6.28, 1998.4.1, 1999.2.26, 1999.11.27, 2002.4.18, 2002.11.6, 2003.9.1, 2003.11.20, 2004.8.17, 2005.7.5>**

**외국인의 체류자격(제12조 관련)**

| 체류자격 (기 호) | 체류자격에 해당하는 자 또는 활동범위 |
|---|---|
| 1. 외교(A-1) | 대한민국정부가 접수한 외국정부의 외교사절단이나 영사기관의 구성원, 조약 또는 국제관행에 따라 외교사절과 동등한 특권과 면제를 받는 자와 그 가족 |
| 2. 공무(A-2) | 대한민국정부가 승인한 외국정부 또는 국제기구의 공무를 수행 하는 자와 그 가족 |
| 3. 협정(A-3) | 대한민국정부와의 협정에 의하여 외국인 등록이 면제되거나 이를 면제할 필요가 있다고 인정되는 자와 그 가족 |
| 4. 사증면제 (B-1) | 대한민국과 사증면제 협정을 체결한 국가의 국민으로서 그 협정 에 의한 활동을 하려는 자 |
| 5.관광통과 (B-2) | 관광·통과 등의 목적으로 대한민국에 사증 없이 입국하려는 자 |
| 6. 일시취재 (C-1) | 일시적인 취재 또는 보도활동을 하려는 자 |
| 7. 단기상용 (C-2) | 시장조사, 업무연락, 견학, 상담, 계약, 수출입 기계 등의 설치·보수·검수·운용요령 습득 기타 이와 유사한 목적으로 단기간 체류하려는 자 |
| 8. 단기종합 (C-3) | 관광, 통과, 요양, 친지방문, 친선경기, 각종행사나 회의참가 또는 참관, 문화예술, 일반연수, 강습, 종교의식참석, 학술자료 수집 기타 이와 유사한 목적으로 단기간 체류하려는 자[영리를목적으로 하는 자는 제외] |

| 9. 단기취업 (C-4) | 일시흥행, 광고·패션모델, 강의·강연, 연구, 기술지도등 수익을 목적으로 단기간 취업활동을 하려는 자 |
|---|---|
| 10. 문화예술 (D-1) | 수익을 목적으로 하지 아니하는 학술 또는 예술상의 활동을 하고자 하는 자[대한민국의 고유문화 또는 예술에 대하여 전문적인 연구를 하거나 전문가의 지도를 받으려는 자 포함] |
| 11. 유학(D-2) | 전문대학이상의 교육기관 또는 학술연구기관에서 정규과정의 교육을 받거나 특정의 연구를 하고자 하는 자 |
| 12. 산업연수 (D-3) | 법무부장관이 정하는 연수조건을 갖춘 자로서 국내의 산업체에서 연수를 받고자 하는 자 |
| 13. 일반연수 (D-4) | 유학(D-2)자격에 해당하는 교육기관 또는 학술연구기관외의 교육기관 또는 단체등에서 교육 또는 연수를 받고자 하는 자[연수하는 기관으로 부터 보수를 받거나 산업연수(D-3)자격에 해당하는 자는 제외] |
| 14. 취 재 (D-5) | 외국의 신문, 방송, 잡지 기타 보도기관으로부터의 파견 또는 외국의 보도기관과의 계약에 의하여 국내에 주재하면서 취재 또는 보도활동을 하고자 하는 자 |
| 15. 종 교 (D-6) | 외국의 종교단체 또는 사회복지단체로부터 파견되어 대한민국에 있는 지부 또는 유관종교단체에서 종교 활동을 하고자 하는 자와 대한민국내의 종교단체 또는 사회복지단체로부터 초청되어 사회복지활동을 하고자 하는 자 및 기타 법무부장관이 인정하는 특정한 종교 활동 또는 사회복지활동에 종사하고자 하는 자 |
| 16. 주재 (D-7) | 외국의 공공기관·단체 또는 회사의 본사, 지사 기타 사업소등에서 1년 이상 근무한 자로서 대한민국에 있는 그 지사, 자회사, 주재사무소등에 필수 전문 인력으로 파견되어 근무하고자 하는 자[기업투자(D-8)자격에 해당하는 자는 제외] |
| 17. 기업투자 (D-8) | 외국인투자촉진법의 규정에 의한 외국인투자기업의 경영·관리 또는 생산·기술분야에 종사하려는 필수 전문인력[국내에서 채 용하는 자는 제외] |
| 18. 무역경영 (D-9) | 대한민국에 회사를 설립하여 사업을 경영하거나 무역 기타 영리사업을 위한 활동을 하려는 자로서 필수 전문인력에 해당하는 자 [수입기계 등의 설치, 보수, 조선 및 산업설비 제작감독 등을 위하여 대한민국내의 공·사기관에 파견되어 근무하고자 하는 자를 포함하되, 국내에서 채용하는 자와 기업투자(D-8)자격에 해당하는 자는 제외] |
| 19. 교수 (E-1) | 고등교육법에 의한 자격요건을 갖춘 외국인으로서 전문대학이상의 교육기관 또는 이에 준하는 기관에서 전문분야의 교육 또는 연구지도활동에 종사하고자 하는 자 |
| 20. 회화지도 (E-2) | 법무부장관이 정하는 자격요건을 갖춘 외국인으로서 외국어전문학원, 초등학교이상의 교육기관 및 부설어학연구소, 방송사 및 기업체부설 어학연수원 기타 이에 준하는 기관 또는 단체에서 외국어 회화지도에 종사하고자 하는 자 |
| 21. 연 구 (E-3) | 대한민국내의 공·사기관으로부터 초청되어 각종 연구소에서 자연과학분야의 연구 또는 산업상의 고도기술의 연구개발에 종사하고자 하는 자[교수(E-1)자격에 해당하는 자는 제외] |
| 22. 기술지도 (E-4) | 자연과학분야의 전문지식 또는 산업상의 특수한 분야에 속하는 기술을 제공하기 위하여 대한민국내의 공·사기관으로부터 초청되어 종사하고자 하는 자 |
| 23. 전문직업 (E-5) | 대한민국의 법률에 의하여 자격이 인정된 외국의 변호사, 공인회계사, 의사 기타 국가공인 자격을 소지한 자로서 대한민국의 법률에 의하여 행할 수 있도록 되어 있는 법률, 회계, 의료등의 전문업무에 종사하고자 하는 자[교수(E-1)자격에 해당하는 자는 제외] |
| 24. 예술흥행 | 수익이 따르는 음악, 미술, 문학 등의 예술활동과 수익을 목적으로 하는 연예, 연 |

| | |
|---|---|
| (E-6) | 주, 연극, 운동경기, 광고·패션모델 기타 이에 준하는 활동을 하고자 하는 자 |
| 25. 특정활동 (E-7) | 대한민국내의 공·사기관등과의 계약에 의하여 법무부장관이 특히 지정하는 활동에 종사하고자 하는 자 |
| 25의2. 연수취업(E-8) | 산업연수활동을 할 수 있는 체류자격으로 필요한 연수기간동안 지정된 연수장소를 이탈하지 아니한 자로서 국내 기업체에서 계속 근무하려는 자 |
| 25의3. 비전문취업(E-9) | 외국인 근로자의 고용 등에 관한 법률의 규정에 의한 국내 취업요건을 갖춘 자[일정 자격이나 경력 등이 필요한 전문직종에 종사하고자 하는 자는 제외] |
| 25의4. 내항선원(E-10) | 해운법 제3조제1호·제2호 및 제25조제1호의 규정에 의한 사업을 영위하는 자와 그 사업체에서 6개월 이상 노무를 제공할 것을 조건으로 선원근로계약을 체결한 자로서 선원법 제3조제5호의 규정에 의한 부원(部員)에 해당하는 자 |
| 26. 방문동거 (F-1) | 가. 친척방문, 가족동거, 피부양, 가사정리 그 밖에 이와 유사한 목적으로 체류하고자 하는 자<br>나. 외국국적을 취득한 동포로서 법무부장관이 특별히 국내체류를 허가한 자[재외동포(F-4)자격에 해당하는 자는 제외]<br>다. 주한외국공관원의 가사보조인, 미화 50만불 이상을 국내에 투자한 외국인투자가(투자한 기업체의 임직원 포함)로서 체류자격 기업투자(D-8)·거주(F-2)·영주(F-5)의 자격에 해당하는 자의 가사보조인<br>라. 외교(A-1) 내지 협정(A-3)자격에 해당하는 자와 외국인등록을 마친 자의 동거인으로서 그 세대에 속하지 아니한 자<br>마. 그 밖에 부득이한 사유로 직업활동에 종사하지 아니하고 대한민국내에 장기간 체류하여야 할 사정이 있다고 인정되는 자 |
| 27. 거 주 (F-2) | 가. 국민 또는 영주(F-5)자격을 가지고 있는 자의 배우자<br>나. 난민인정을 받은 자<br>다. 외국인투자촉진법의 규정에 의한 외국인투자기업에 종사하고자 하는 자로서 투자금액이 미화 50만불 이상인 외국법인이 외국인투자촉진법의 규정에 의한 외국인투자기업에 파견 하는자 중 기업투자(D-8)자격으로 3년이상 계속 체류하고 있는 자<br>라. 영주(F-5)자격을 상실한 자중 국내 생활관계의 권익보호 등을 고려하여 법무부장관이 국내에서 계속 체류하여야 할 필요가 있다고 인정하는 자[강제퇴거된 자는 제외]<br>마. 외교(A-1) 내지 협정(A-3)자격외의 체류자격으로 대한민국에 7년 이상 계속 체류하여 생활근거지가 국내에 있는 자로서 법무부장관이 인정하는 자 |
| 28. 동 반 (F-3) | 문화예술(D-1) 내지 특정활동(E-7)자격에 해당하는 자의 배우자 및 20세미만의 자녀로서 배우자가 없는 자[산업연수(D-3)자격에해당하는 자는 제외] |
| 28의2. 재외 (F-4) | 재외동포의 출입국과 법적지위에 관한 법률 제2조 제2호에 해당하는 동포자(단순노무행위 등 제23조제3항 각호에서 규정한 취업활동에 종사하려고 하는 자는 제외) |
| 28의3. 영주 (F-5) | 법 제46조제1항 각 호의 어느 하나에 규정된 강제퇴거대상이 아닌 자로서 다음 각 목의 어느 하나에 해당하는 자<br>가. 미화 200만불 이상을 투자한 외국투자가로서 국민을 5인 이상 고용한 자<br>나. 미화 50만불 이상을 투자한 외국투자가로서 기업투자(D-8)자격으로 3년 이상 국내에 계속 체류하면서 국민을 3인 이상 고용한 자<br>다. 법무부장관이 정하는 분야의 박사학위증을 소지한 자로서 영주(F-5)자격신청 시 국내기업에 고용되어 법무부장관이 정하는 금액 이상의 임금을 받는 자 |

| | |
|---|---|
| | 라. 법무부장관이 정하는 분야의 학사학위 이상의 학위증 또는 법무부장관이 정하는 기술자격증을 소지한 자로서 국내체류 기간이 3년 이상이고, 영주(F-5)자격 신청시 국내기업에 고용되어 법무부장관이 정하는 금액 이상의 임금을 받는 자<br>마. 과학·경영·교육·문화예술·체육 등 특정 분야에서 탁월한 능력을 소유한 자중 법무부장관이 인정하는 자<br>바. 대한민국에 특별한 공로가 있다고 법무부장관이 인정하는 자<br>사. 해외로부터 연금을 받는 60세 이상인 자로서 연간 연금액이 법무부장관이 정하는 금액 이상인 자<br>아. 대한민국 「민법」에 의하여 성년이고, 본인 또는 동반가족이 생계를 유지할 능력이 있으며, 품행이 단정하고 대한민국에 계속 거주하는 데에 필요한 기본 소양을 갖추는 등 법무부장관이 정하는 조건을 갖춘 자로서 예술흥행(E-6)자격을 제외한 주재(D-7) 내지 특정활동(E-7) 자격이나 거주(F-2) 자격으로 5년 이상 대한민국에 체류하고 있는 자<br>자. 국민 또는 영주(F-5) 자격을 가진 자의 배우자 또는 미성년 자녀로서 대한민국에 2년 이상 체류하고 있는 자로서 대한민국에 영주할 필요가 있다고 인정되는 자 |
| 29. 기 타<br>(G-1) | 외교(A-1) 내지 영주(F-5) 및 관광취업(H-1)자격에 해당하지 아니하는 자로서 법무부장관이 인정하는 자 |
| 30. 관광취업<br>(H-1) | 대한민국과 "관광취업"에 관한 협정이나 양해각서등을 체결한 국가의 국민으로서 관광을 주된 목적으로 하면서 이에 수반되는 관광경비 충당을 위하여 단기간 취업활동을 하려는 자[협정등의 취지에 반하는 업종이나 국내법에 의하여 일정한 자격요건을 갖추어야 하는 직종에 취업하려는 자는 제외] |

**[별표 2] <개정 2005.7.5>**

### 과태료부과 기준표(제102조제3항 관련)

| 해당법조문 | 위반행위의 내용 | 위반기간 등 | 과태료기준액 |
|---|---|---|---|
| 1. 법 제100조 제1항 제1호·제2호 | 법 제19조(외국인을 고용한 자의 신고의무), 법 제19조의4(외인 유학의 관리 등)제2항 각 호의 어느 하나에 해당하는 규정을 위반한 자 | 3월 미만<br>3월 이상 6월 미만<br>6월 이상 12월 미만<br>1년 이상 | 10만원 이상 20만원 미만<br>20만원 이상 40만원 미만<br>40만원 이상 60만원 미만<br>60만원 이상 200만원 이하 |
| 2. 법 제100조 제1항 제2호 | 법 제19조의4(외국인 유학생의 관리 등) 제1항의 규정을 위반한자 | | 10만원 이상 200만원 이하 |
| 3. 법 제100조 제1항 제3호 | 과실로 인하여 법 제75조제1항 또는 제2항의 규정에 의한 보고를 하지 아니한 자 | | 20만원 이상 200만원 이하 |
| 4. 법 제100조 제2항 | 법 제35조(외국인등록사항 변경의 신고), 법 제37조(외국인등록증의 반납 등), 법 제79조(허가신청 등의 의무), 법 제81조(출입국관 | | 10만원 이상 100만원 이하 |

| | | | |
|---|---|---|---|
| | 리공무원의 외국인동향조사)제2항의 규정을 위반한 자 | | |
| 5. 법 제100조 제3항 제1호 | 법 제33조(외국인등록증의 발급)제2항의 규정을 위반한 자 | 3년 미만 | 5만원 이상 20만원 미만 |
| | | 3월 이상 6월 미만 | 20만원 이상 30만원 미만 |
| | | 6월 이상 12년 미만 | 30만원 이상 40만원 미만 |
| | | 1년 이상 | 40만원 이상 50만원 이하 |
| 6. 법 제100조 제3항 제2호 | 「출입국관리법」의 규정에 의한 신청·신고에 있어 허위사실을 기재 또는 보고한 자 | | 20만원 이상 50만원 이하 |

## 5.2.2. 출입국 관리법 시행규칙

### 제1장 국민의 출입국

제1조 (출입국심사) 출입국관리 공무원은「출입국관리법」(이하 "법"이라 한다), 「출입국관리법 시행령」(이하 "영"이라 한다) 및 이 규칙이 정하는 바에 따라 영 제1조의 규정에 의한 대한민국의 국민(이하 "국민"이라 한다)에 대한 출입국심사를 하는 때에는 여권명의인의 본인 여부 및 여권의 위 · 변조여부, 출입국 규제여부 기타 법무부장관이 따로 정한 사항 등을 확인하여야 한다. [개정 2005.7.8] [시행일 2005.9.25]

제2조 (출입국 신고서의 작성 등)

① 영 제1조 제1항의 규정에 의한 출입국 신고서는 공용란을 제외하고는 출입국자 본인이 작성하여야 한다. 다만, 부득이한 사유로 출입국자 본인이 직접 작성할 수 없는 경우에는 그러하지 아니하다. [개정 94·7·20]

② ③ [개정 94·7·20] ④ [신설 2005.7.8] [시행일 2005.9.25]

제3조 (출입국 신고서의 관리)

① 출입국관리사무소의 장(이하 "사무소장"이라 한다) 또는 출입국관리사무소 출장소의 장(이하 "출장소장"이라 한다)은 제2조의 규정에 의한 출입국 신고서를 법무부장관이 따로 지정한 정보화망을 관리하는 사무소장(이하 "정보화망 관리 사무소장"이라 한다)에게 지체 없이 송부하여야 한다. [개정 2005.7.8] [시행일 2005.9.25]

② [개정 97·7·1, 2005.7.8] [시행일 2005.9.25] ③ [개정 2005.7.8] [시행일 2005.9.25]

제4조 (승무원의 등록 등)

① 영 제1조 제5항의 규정에 의하여 승무원(부정기적으로 운항하는 선박 등의 승무원을 제외한다)이 승무원 등록을 하고자 하는 때에는 여권 및 승무원 등록 신고서에 사진 1매와 재직증명서를 첨부하여 출입국관리 공무원에게 제출하여야 한다. [개정 94·7·20, 97·7·1, 2005.7.8] [시행일 2005.9.25]

② [개정 94·7·20] ③

제5조 (국외여행 관계 서류의 송부) 사무소장 또는 출장소장은 영 제1조 제6항의 규정에 의하여 병역의무자가 「병역법」에 의한 국외여행 관계 서류를 제출한 때에는 출국 심사인을 찍어 이를 지체 없이 발급기관에 송부하여야 한다. [개정 2005.7.8] [시행일 2005. 9.25]

제6조 삭제 [2005.7.8] [시행일 2005.9.25]

제7조 (여권의 보관 및 반환)

① 출입국관리 공무원은 법 제5조의 규정에 의하여 여권을 보관할 때에는 보관일자·보관사유 등을 보관물 대장에 정확하게 기재하여야 한다. [개정 2005.7.8] [시행일 2005.9.25] ② [개정 97·7·1, 2005.7.8] [시행일 2005.9.25] ③ [개정 2005.7.8] [시행일 2005.9.25]

## 제2장 외국인의 입국 및 상륙

### 제1절 외국인의 입국

제8조 (사증 등 발급의 승인)

① 재외공관의 장은 법 제7조 제4항의 규정에 의하여 대한민국과 수교하지 아니한 국가(이하 "미수교국가"라 한다)나 법무부장관이 외교통상부장관과 협의하여 지정한 국가(이하 "특정국가"라 한다)의 국민 및 미수교국가 또는 특정국가에 거주하는 무국적자에 대하여 외국인 입국허가서를 발급하거나, 제9조의 규정에 의하여 그 발급권한이 위임되지 아니한 사증을 발급하고자 하는 때에는 법무부장관의 승인을 얻어야 한다. 다만, 국제연합기구 또는 각국 정부 간의 국제기구가 주관하는 행사에 참석하는 자와 법무부장관이 따로 정하는 자에 대하여 체류기간 90일이하의 외국인 입국허가서 또는 사증을 발급하는 경우에는 그러하지 아니하다. [개정 2002.4.27.]

② [개정 2002.4.27.] ③ [개정 94·7·20, 2002.4.27.] ④

제9조 (사증발급 권한의 위임) 영 제11조 제2항의 규정에 의하여 법무부장관이 재

외공관의 장에게 위임하는 사증발급에 관한 권한은 다음 각 호의 사항에 관한 권한으로 한다. [개정 94·7·20, 95·12·1, 97·7·1, 99·12·2, 2003.09.24.] * 각호 : 1호 - 4호

제9조의2 (사증발급의 기준) 법 제8조의 규정에 따라 법무부장관은 사증을 발급함에 있어 사증발급을 신청한 외국인이 다음 각 호의 요건을 갖추었는지의 여부를 심사·확인하여야 한다. * 각호 : 1호 - 6호

제10조 (사증발급의 승인) 재외공관의 장은 다음 각 호의 1에 해당하는 자에 대하여 사증을 발급하고자 하는 때에는 제9조의 규정에 불구하고 법무부장관의 승인을 얻어야 하며, 그 승인에 관한 절차는 제8조 제2항 내지 제4항의 규정에 의한다. [개정 94·7·20, 99·12·2, 2002.4.27, 2005.7.8] [시행일 2005.9.25] * 각호 : 1호 - 5호

제11조 (단체사증의 발급)

① 재외공관의 장은 일시 방문하는 외교사절단, 국제행사참가단체, 수학여행단체 기타 이에 준하는 여행객 단체로서 그 구성원의 수가법무부장관이 따로 정하는 인원을 초과하는 단체의 구성원이 동일한 선박·항공기·기차·자동차 기타의 교통기관(이하 "선박 등"이라 한다)으로 입국하고자 하는 때에는 단체사증을 발급할 수 있다. [개정 94·7·20, 99·2·27]

② [개정 99·2·27, 2005.7.8] [시행일 2005.9.25] ③ [개정 99·2·27, 2005.7.8] [시행일 2005.9.25]

④ [개정 94·7·20, 99·2·27] ⑤ [개정 99·2·27] ⑥ [개정 99·2·27] ⑦ [개정 99·2·27]

제12조 (사증의 유효기간 등)

① 단수사증의 유효기간은 발급일 부터 3월로 한다. [개정 99·2·27]

② [신설 99·2·27] * 각호 : 1호 - 3호 ③

제13조 (협정에 의한 사증발급)

① 재외공관의 장은 대한민국정부가 체결한 협정이나 합의각서 등에 사증발급에 관하여 이 규칙과 다른 규정이 있는 때 또는 법무부장관이 호혜원칙 등을 고려하여 따로 정하는 때에는 그에 따라 사증을 발급하여야 한다. ②

제14조 (공무수행 등을 위한 입국허가)

① 영 제8조 제1항 제1호의 규정에 해당하는 자에 대하여는 사무소장 또는 출장소

장이 그 입국을 허가할 수 있다.

② [개정 94·7·20] ③ [개정 94·7·20, 95·12·1] * 각호 : 1호 - 3호 ④ [신설 94·7·20]
⑤ [개정 94·7·20, 2005.7.8] [시행일 2005.9.25] ⑥ [신설 97·7·1] ⑦ [신설 97·7·1]

제15조 (관광 등을 위한 입국허가)

① 법무부장관이 정하는 국가의 국민으로서 영 제8조 제1항 제2호의 규정에 해당하는 자에 대하여는 출입국 관리공무원이 그 입국을 허가할 수 있다. [개정 95·12·1]

② [개정 94·7·20, 95·12·1, 99·2·27, 2005.7.8] [시행일 2005.9.25]

③ [개정 99·2·27] ④ [신설 99·2·27]

제16조 (사무소장 등의 외국인 입국 허가서 발급)

① 미수교 국가 또는 특정 국가의 국민은 법 제7조 제4항의 규정에 의하여 긴급한 사유 기타 부득이한 사유로 인하여 재외공관의장으로부터 외국인 입국허가서를 발급받지 아니하고 입국하고자 하는 때에는 사무소장 또는 출장소장에게 외국인 입국허가서 발급신청을 하여야 한다.

② ③ ④

제17조 (사증발급 인정서의 발급절차 등)

① 법 제9조 제3항의 규정에 의하여 사증발급 인정서를 발급할 수 있는 대상은 다음 각 호와 같다. [개정 94·7·20, 95·12·1, 98·4·1, 2002 .4. 27. 2003.09.24, 2004.8.23] * 각호 : 1호 - 3호

② [개정 2003.09.24, 2005.7.8] [시행일 2005.9.25]

③ [개정 2005.7.8] [시행일 2005.9.25]

④ [개정 2005.7.8] [시행일 2005.9.25]

⑤ [신설 2005.7.8] [시행일 2005.9.25]

⑥ [신설 95·12·1, 2005.7.8(동조 ⑤에서 이동)] [시행일 2005.9.25]

제17조의2 (사증발급 인정서에 의한 사증발급)

① 제17조 제4항의 규정에 의하여 사증발급 인정번호 등 사증발급 인정내용을 통보받은 자는 사증발급 신청서에 사증발급 인정번호를 기재하여 재외공관의 장에게 사증발급을 신청할 수 있다.

② ③ ④ [전문개정 2005.7.8] [시행일 2005.9.25]

제17조의3 (사증발급 인정서 발급의 기준)

① 법 제9조 제1항의 규정에 의한 사증발급 인정서 발급의 기준에 관하여는 제9조의2의 규정을 준용한다.

② * 각호 : 1호 - 7호

제18조 (사증발급 인정서의 효력) 사증발급 인정서의 유효기간은 3월로 하고, 한 번의 사증발급에 한하여 그 효력을 가진다. [개정 94·7·20]

제18조의2 (1회에 부여하는 체류자격별 체류기간의 상한) 법 제10조 제2항의 규정에 의하여 1회에 부여할 수 있는 체류자격별 체류기간의 상한은 별표 1과 같다. 다만, 법무부장관은 국제관례나 상호주의 원칙 또는 국가이익에 비추어 필요하다고 인정하는 때에는 그 상한을 달리 정할 수 있다. [본조신설 97·7·1]

제19조 (외국인의 입국심사 등)

① 출입국관리 공무원이 영 제15조 제1항의 규정에 의하여 입국심사를 하는 경우 심사확인에 관한 사항에 대하여는 제1조의 규정을 준용한다.

② ③ [개정 94·7·20]

제20조 (사증내용의 정정 등)

① 출입국관리 공무원이 영 제15조 제6항의 규정에 의하여 사증내용을 정정하는 때에는 삭제된 문자를 알아볼 수 있도록 남겨두고, 사증 아랫 부분에 정정사실을 기재한 후 서명 또는 날인하여야 한다. ②

제21조 (주한미군 지위협정 해당자의 입국) 출입국관리 공무원이 「대한민국과 아메리카합중국간의 상호방위조약 제4조에 의한 시설과 구역 및 대한민국에서의 합중국군대의 지위에 관한 협정」의 적용을 받는 자에 대하여 영 제15조 제1항의 규정에 의한 입국심사를 하는 때에는 신분증명서 등에 의하여 그의 신분을 확인하고 여권에 주한미군 지위협정 해당자인을 찍어야 한다. 영 제29조제3항의 규정에 의한 체류자격 부여인을 찍을 때 또는 영 제30조 제3항의 규정에 의한 체류자격 변경 허가인을 찍을 때에도 또한 같다. [개정 2005.7.8] [시행일 2005.9.25]

제22조 (조건부 입국 허가)

① 사무소장 또는 출장소장은 법 제13조 제1항 제1호의 규정에 의하여 조건부 입국을

허가하고자 할 때에는 그 외국인으로부터 법 제12조 제3항 제1호의 요건을 갖추지 못한 부득이한 사유를 입증하는 서류 또는 사유서를 받아야 한다. [신설 94·7·20]

② ③

## 제2절 외국인의 상륙

제23조 (미수교 국가국 민에 대한 상륙허가)

① 출입국관리 공무원은 미수교 국가의 국민에 대하여 법 제14조 내지 제16조의 규정에 의한 상륙허가를 함에 있어 필요하다고 인정하는 때에는 당해 출입국항에 주재하는 관계기관의 공무원에게 의견을 물을 수 있다. 다만, 다음 각 호의 1에 해당하는 경우의 상륙허가에 있어서는 사무소장 또는 출장소장이 법무부장관의 승인을 얻어야 한다. * 각호 : 1호 - 3호 ②

제24조 (상륙허가 대상자의 행동지역) 출입국관리 공무원은 법 제14조 내지 제16조의 규정에 의하여 상륙을 허가하는 때에는 관할구역(출장소장의 경우는 소속출입국 관리사무소의 관할구역을 말한다)을 행동지역으로 정한다. 다만, 법 제14조 제4항의 규정에 의한 상륙을 허가하거나 기타 필요하다고 인정하는 때에는 관할구역외의 지역을 행동지역으로 정할 수 있다. [개정 94·7·20, 97·7·1]

제24조의2 (난민 임시상륙 허가서 발급대장 등)

① 사무소장 또는 출장소장은 법 제16조의2 제2항의 규정에 의하여 난민임시 상륙허가서를 발급하는 때에는 이를 난민임시 상륙허가서 발급대장에 기재하여야 한다.

② [본조신설 94·7·20]

제24조의3 (각종 상륙허가서 회수 등)

① 출입국관리 공무원은 법 제14조 내지 제16조의2의 규정에 의하여 상륙허가서를 발급받은 외국인이 출국하거나 제19조 제2항의 규정에 의하여 입국심사를 하는 때에는 이를 회수하여야 한다. 다만, 법 제14조 제4항의 규정에 의한 승무원 상륙허가서는 발급받은 외국인이 최종 출입국 항에서 출국하는 때에 이를 회수하고, 영 제18조의2 제2항의 규정에 의한 복수 승무원 상륙허가서는 발급받은 외국인이 최종 출국하는 때에 이를 회수하여야 한다. [개정 97·7·1]

② [개정 99·2·27] [본조신설 94·7·20]

제25조 (상륙허가자의 출국 등 통보)

① 사무소장 또는 출장소장은 상륙허가를 받은 자가 다른 출입국 항으로 출국할 수 있도록 허가하거나 법 제14조 제4항의 규정에 의하여 상륙을 허가한 경우에는 지체 없이 이 출국 예정항 또는 상륙 예정항을 관할하는 사무소장 또는 출장소장에게 그 명단을 통보하여야 한다. [개정 97·7·1] ② [개정 97·7·1]

## 제3장 외국인의 체류와 출국

### 제1절 외국인의 체류

제26조 (활동중지 대상자 등 보고)

① 사무소장 또는 출장소장은 법 제11조 제1항 제3호의 규정에 의한 사유가 발생된 자와 법 제17조 제2항의 규정에 의한 정치활동을 하고 있는 것으로 인정되는 자를 발견한 때에는 지체 없이 그 사실을 법무부장관에게 보고하여야 한다.

②

제27조 (중지명령서의 교부)

① 사무소장 또는 출장소장이 영 제22조의 규정에 의한 활동중지 명령서를 교부하는 때에는 수령증을 받아야 한다. ②

제27조의2 (재외동포의 취업활동 제한)

① 영 제23조 제3항 제1호의 "단순노무행위"라 함은 단순하고 일상적인 육체노동을 요하는 업무로서 한국 표준직업 분류(통계청고시)에 의한 단순노무직 근로자의 취업분야를 말한다.

② [개정 2002.4.27, 2005.7.8] [시행일 2005. 9 . 25] * 각호 : 1호 - 3호

③ [본조신설 99·12·2]

제28조 (외국인을 고용한 자등의 신고사실 조사 등)

① 사무소장 또는 출장소장은 영 제24조 제1항의 규정에 의한 고용·연수 외국인 변동사유 발생신고서를 제출받은 경우에는 지체 없이 그 사실에 대하여 조사하고 필요한 조치를 취하여야 한다. [개정 97·7·1] ② [개정 97·7·1]

제29조 (체류자격외 활동 허가의 한계 등) 사무소장 또는 출장소장은 영 제25조의 규정에 의한 체류자격외 활동허가 신청을 받은 때에는 이를 심사하고, 심사결과 새로이 종사하고자 하는 활동이 주된 활동인 것으로 인정되는 때에는 영 제30조의 규

정에 의한 체류자격 변경허가를 받도록 하여야 한다.

제30조 (활동범위 등 제한 통지서의 송부) 영 제27조의 규정에 의한 활동범위 등 제한통지서의 송부에 관하여는 제27조의 규정을 준용한다.

제31조 (중지명령을 받은 자 등에 관한 보고)

① 사무소장 또는 출장소장은 영 제22조의 규정에 의한 활동중지명령서 또는 영 제27조의 규정에 의한 활동범위 등 제한통지서를 교부받은 자에 대하여는 그 동향을 조사하고 결과를 지체 없이 법무부장관에게 보고하여야 한다. ②

제32조 (출국을 위한 체류기간 연장 허가)

① 사무소장 또는 출장소장은 허가된 체류기간이 만료되는 자가 다음 각 호의 1에 해당하는 경우에는 그 체류기간을 연장할 수 있다. 다만, 체류 연장 기간이 30일을 초과하는 때에는 법무부장관의 승인을 얻어야 한다. [개정 94·7·20, 99·2·27, 2002.4.27.] * 각호 : 1호 - 2호 ② ③ [신설 94·7·20]

제33조 (출국기한의 유예)

① 사무소장·출장소장 또는 외국인보호소의 장(이하 "보호소장"이라 한다)은 체류기간 연장 등 불허 결정통지를 받은 자나 출국권고 또는 출국명령을 받은 자가 출국할 선박 등이 없거나 질병 기타 부득이한 사유로 그 기한 내에 출국할 수 없음이 명백한 때에는 그 출국기한을 유예할 수 있다.

② ③ [개정 2002.4.27, 2005.7.8] [시행일 2005.9.25]

제34조 (각종 허가 등의 신청 및 수령)

① 영 제25조, 영 제26조, 영 제29조 내지 제31조, 영 제38조의 규정에 의한 각종 허가나 영 제40조 제1항의 규정에 의한 등록 및 제17조의 규정에 의한 사증발급 인정서 발급의 신청과 수령은 본인이 직접 하거나 법무부장관이 정하는 자가 대리하게 할 수 있다. [개정 2005.7.8] [시행일 2005.9.25] ② [전문개정 97·7·1]

제35조 (각종 허가 등의 대장) 사무소장 또는 출장소장은 영 제25조, 영 제26조, 영 제29조 내지 제31조 및 영 제38조의 규정에 의한 허가를 하는 때에는 이를 허가대장에 기재하여야 한다. [개정 97·7·1]

제36조 (체류기간 연장 등 불허 결정통지서 발급대장) 사무소장 또는 출장소장은 영 제33조의 규정에 의하여 체류기간 연장 등 불허 결정 통지서를 발급하는 때에는 국적· 성명·출국기한 등을 체류기간 연장 등 불허 결정통지서 발급대장에 기재하여야 한다.

제37조 (체류기간 연장 등의 허가기간) 제18조의2의 규정은 영 제29조 내지 제31조의 규정에 의한 체류자격 부여 또는 체류자격 변경 등 허가를 하는 경우 1회에 부여할 수 있는 체류기간의 상한에 관하여 이를 준용한다. [개정 94·7·20, 97·7·1]

제38조 (체류 자격부여 등에 따른 출국예고) 사무소장 또는 출장소장은 영 제34조의 규정에 의하여 허가된 체류기간 내에 출국하여야 한다는 뜻을 기재하고자 하는 때에는 여권에 출국 예고인을 찍음으로써 이에 갈음할 수 있다.[개정 95·12·1, 2005.7.8] [시행일 2005.9.25]

### 제2절 외국인의 출국

제39조 (외국인의 출국심사)

① 영 제35조의 규정에 의한 외국인의 출국심사에 관하여는 제1조의 규정을 준용한다.
② ③ [개정 94·7·20] ④ ⑤

제39조의2 (재입국 허가)

① 법 제30조 제1항의 규정에 의한 재입국 허가를 받고자 하는 자는 재입국 허가신청서에 그 사유를 소명하는 서류를 첨부하여 사무소장 또는 출장소장에게 제출하여야 한다. ② ③ ④ [개정 2005.7.8] [시행일 2005.9.25] [본조신설 2003.09.24.]

제39조의3 (재 입국허가 기간연장 허가)

① 법 제30조 제3항의 규정에 의한 재 입국허가 기간연장 허가를 받고자 하는 자는 재입국 허가기간 연장 허가 신청서에 그 사유를 소명하는 서류를 첨부하여 재외공관의 장에게 제출하여야 한다.
② ③ [개정 2005.7.8] [시행일 2005.9.25][본조신설 2003.09.24.]

제40조 (복수 재입국허가의 기준) 법 제30조 제2항의 규정에 의한 복수 재입국허가의 기준은 상호주의 원칙 등을 고려하여 법무부장관이 따로 정한다.

제41조 (재입국허가 기간)

① 재입국허가의 최장기간은 다음의 구분에 의한다.

1. 단수 재입국허가 : 1년
2. 복수 재입국허가 : 2년

② 다음 각 호의 1에 해당하는 자에 대하여는 복수 재입국허가의 최장기간을 제1항 제2호의 규정에 불구하고 3년으로 한다. [개정 2002.4.27.] * 각호 : 1호 - 2호

제42조 (재입국 허가서의 회수 등) 출입국관리 공무원은 재입국 허가서를 발급받은 자가 다음 각 호의 1에 해당하는 때에는 재입국 허가서를 회수하여 이를 발급한 사무소장 또는 출장소장에게 송부하여야 한다. * 각호 : 1호 - 2호

제43조 (재외 공관장의 재입국허가 확인)

① 재외공관의 장은 재입국허가를 받고 출국하여 외국에 체류 중인 자가 여권분실 등의 사유로 재입국 허가의 확인을 신청할 때에는 지체 없이 외교통상부장관을 거쳐 법무부장관에게 사실조회를 하여야 한다. [개정 2002.4.27.]

② [개정 2002.4.27.] ③ [개정 2005.7.8] [시행일 2005.9.25] ④

제44조 (재 입국허가 기간연장 허가 승인 등)

① 재외공관의 장은 재입국 허가 기간 연장허가를 하고자 하는 때에는 법무부장관의 승인을 얻어야 한다. [개정 2003.09.24.] ② [개정 2003.09.24.] ③ [개정 2003.09.24.] ④ [개정 2003.09.24.]

제44조의2 (영주자격을 가진 자의 재입국 허가 면제기준 등)

① 영 별표 1중 체류자격 28의3. 영주(F-5)의 자격을 가진 자로서 출국한 날부터 1년 이내에 재입국하고자 하는 자에 대하여는 재입국 허가를 면제한다.

② ③ [본조신설 2003.09.24.]

## 제4장 외국인의 등록

### 제1절 외국인의 등록

제45조 (외국인 등록의 예외)

① 법 제31조 제1항 제3호에 해당하는 자는 외교·산업· 국방상 중요한 업무에 종사하는 자 및 그의 가족 기타 법무부장관이 특별히 외국인 등록을 면제할 필요가 있다고 인정하는 자로 한다. ②

제46조 (외국인 등록번호의 부여절차) 삭제 [2002.4.27.]

제47조 (외국인 등록사항) 법 제32조 제6호의 규정에 의한 외국인 등록사항은 다음과 같다. [개정 94·7·20] * 각호 : 1호 - 5호

제48조 (외국인 등록증의 재발급)

① 영 제42조 제1항 제1호에 해당하는 자가 외국인 등록증을 재발급 받고자 하는 때에는 그 사유를 소명하는 자료를 체류지 관할 사무소장 또는 출장소장에게 제출하여야 한다. [개정 95·12·1, 2002.4.27.] ② [개정 95·12·1]

제49조 (등록 외국인 기록표 등의 작성 및 관리)

① 체류지 관할 사무소장 또는 출장소장은 법 제34조 제1항의 규정에 의한 등록 외국인 기록표 및 외국인 등록표의 작성을 정보화 업무처리 절차에 의하여 할 수 있다. [개정 2005.7.8] [시행일 2005.9.25]

② [개정 2005.7.8] [시행일 2005.9.25]

제49조의2 (외국인 등록사항 변경의 신고) 법 제35조 제3호에서 "법무부령이 정하는 사항"이라 함은 다음 각 호의 1에 해당하는 사항을 말한다. * 각호 : 1호 - 2호

제50조 (지문찍기) 영 제47조의 규정에 의한 지문찍기에 대하여 이 규칙에 정하지 아니한 사항에 관하여는 경찰청장이 정하는 방법에 의한다.

제51조 (외국인 지문원지의 기재요령)

① 출입국관리 공무원 등 관계공무원이 영 제47조 제1항의 규정에 의한 외국인 지문원지 중 직접 기재할 난과 기재요령은 다음과 같다. * 각호 : 1호 - 3호

② * 각호 : 1호 - 4호 ③

제52조 (외국인 지문원지의 송부 등)

① 사무소장·출장소장 또는 보호소장은 외국인 지문원지의 작성을 마친 때에는 외국인 지문원지 작성대장에 필요한 사항을 기재한 후 이를 지문채취자 통보서에 첨부하여 경찰청장에게 송부하여야 한다. ②

제2절 제53조 삭제 [99 · 2 · 27]

## 제5장 강제퇴거

### 제1절 강제퇴거 및 조사

제54조 (영주자격을 가진 자의 강제퇴거) 법 제46조 제2항 제2호에서 "법무부 령이 정하는 자"라 함은 다음 각 호의 1에 해당하는 자로서 법무부장관이 강제퇴거 함이 상당하다고 인정하는 자를 말한다. [개정 2005.7.8] [시행일 2005.9.25] * 각호 : 1호 - 7호

제54조의2 (강제퇴거의 대상자) 법 제46조 제1항 제12호에서 "법무부령이 정하는 자"라 함은 다음 각 호의 어느 하나에 해당하는 자로서 사무소장・출장소장 또는 외국인 보호소장이 강제퇴거 함이 상당하다고 인정하는 자를 말한다. * 각호 : 1호 - 3호

제54조의3 (사건부의 등재 등)

① 출입국관리 공무원은 영 제57조의 규정에 의한 용의 사실 인지보고서 또는 영 제104조 제3항의 규정에 의한 출입국 사범심사 결정통고서를 작성하는 때에는 사건부에 소정의 사항을 기재하고 용의사실 인지보고서 또는 출입국 사범심사 결정통고서에 사건번호를 기재하여야 한다.

② [본조신설 95·12·1][전문개정 2005.7.8(제54조의2에서 이동)] [시행일 2005.9.25]

제55조 (출석요구의 승인) 출입국관리 공무원은 영 제58조의 규정에 의하여 용의자 또는 참고인의 출석을 요구하고자 할 때에는 미리 사무소장·출장소장 또는 보호소장의 승인을 얻어야 한다. 다만, 긴급한 사유로 인하여 승인을 얻지 아니하고 출석을 요구할 때에는 사후에 지체 없이 이를 보고하여 승인을 얻어야 한다.

제56조 (제출물 목록의 교부) 출입국관리 공무원은 영 제62조 제1항의 규정에 의하여 제출물 목록을 작성한 때에는 제출물 목록 부본 1부를 제출인에게 교부하여야 한다.

제57조 (제출물의 보관 및 반환절차)

① 출입국관리 공무원은 법 제50조 및 영 제61조의 규정에 의하여 서류 또는 물건을 제출받은 때에는 이를 제출물 보관대장에 기재하여야 한다. ② ③

### 제2절 보호명령서의 발부

제58조 (보호명령서 등 발부대장)

① 사무소장·출장소장 또는 보호소장은 법 제51조 제1항의 규정에 의하여 보호명령서를 발부하는 때에는 보호명령서 발부대장에 이를 기재하여야 한다.

② [개정 97·7·1, 2002.4.27.] ＊ 각호 : 1호 - 4호 ③

第59조 (보호 장소의 지정) 법 제52조 제2항 및 법 제63조 제1항에서 "기타 법무부장관이 지정하는 장소"라 함은 구치소·교도소 그밖에 법무부장관이 따로 지정하는 장소를 말한다.

第60조 (보호사항 변경통지서의 송부) 출입국관리 공무원은 법 제54조의 규정에 의하여 보호통지를 한 후 보호 장소를 변경하거나 영 제65조 제1항의 규정에 의하여 보호기간을 연장한 때에는 법 제54조에 규정된 자에게 보호사항 변경통지서를 송부하여야 한다.

第61조 (일시보호 명령서 발부대장) 사무소장 또는 출장소장은 영 제71조 제1항의 규정에 의하여 일시보호 명령서를 발부하거나 영 제71조 제3항의 규정에 의하여 일시보호기간 연장허가서를 발부하는 때에는 이를 일시보호 명령서 발부대장에 기재하여야 한다. [개정 97·7·1]

### 제3절 강제퇴거 명령서의 발부

第62조 (강제퇴거 명령서의 발부) 사무소장·출장소장 또는 보호소장은 법 제59조 제2항의 규정에 의하여 강제퇴거 명령서를 발부하는 때에는 이를 사건부에 기재하여야 한다. [개정 97·7·1]

第63조 (강제퇴거 명령서의 기재요령) 법 제59조 제2항의 규정에 의한 강제퇴거 명령서에는 적용법조·퇴거이유·송환국 등을 명시하여야 한다.

### 제4절 출국권고서 등의 발부

第64조 (출국권고서의 발부) 사무소장 또는 출장소장은 법 제67조 제2항의 규정에 의하여 출국권고서를 발부하는 때에는 이를 사건부에 기재하여야 한다. [개정 97·7·1]

第65조 (출국명령 기한 등)

① 법 제68조 제2항의 규정에 의한 출국명령서를 발부하는 때에는 그 발부일 부터 14일의 범위 내에서 출국기한을 정하여야 한다. ② [개정 97·7·1]

## 제6장 선박 등의 검색

第65조의2 (선박 등의 검색과 서류심사)

① 법 제69조 제6항의 규정에 의하여 선박 등의 검색을 서류심사로 갈음하게 할 수 있는 경우는 다음 각 호와 같다. ＊ 각호 : 1호 - 3호

② 삭제 [99·2·27][본조신설 94·7·20]

제66조 (승선허가서 등)

① 사무소장 또는 출장소장은 영 제84조의 규정에 의하여 승선허가 또는 출입국 심사장 출입허가를 하고자 하는 때에는 승선· 출입국 심사장 출입허가서를 발급하여야 한다.

② [신설 94·7·20]

제67조 (출입항 통보 및 보고)

① 선박 등의 장 또는 운수업자는 선박 등이 자연의 재해·기기의 고장·피난 기타 부득이한 사유로 영 제86조의 규정에 의한 출입항 예정통보를 하지 아니하고 출입국 항 또는 출입국항외의 장소에 입항한 때에는 그 선박 등이 입항한 즉시 사무소장 또는 출장소장에게 입항통보를 하여야 한다.

② [신설 99·2·27, 2005.7.8] [시행일 2005.9.25]

③ [신설 2005.7.8] [시행일 2005.9.25] * 각호 : 1호 - 2호

제67조의2 (난민인정협의회)

① 난민의 인정 및 이의신청 등에 관한 중요사항을 협의하게 하기 위하여 법무부에 난민인정협의회(이하 "협의회"라 한다)를 둔다.

② [개정 2002.4.27.] [본조신설 94·7·20]

제67조의3 (협의사항) 협의회는 다음 각 호의 사항을 협의한다. *각호 : 1호 - 4호

제67조의4 (위원장의 직무 및 회의)

① 위원장은 협의회를 대표하고, 협의회의 직무를 총괄한다.

② [개정 2002.4.27.] ③ ④ ⑤ [본조신설 94·7·20]

제67조의5 (의견청취) 위원장은 협의회의 협의사항과 관련하여 필요하다고 인정할 때에는 관계인을 출석시켜 의견을 들을 수 있다. [본조신설 94·7·20]

제67조의6 (간사) 협의회의 사무를 처리하기 위하여 협의회에 간사 1인을 두되, 간사는 난민인정 업무담당과의 과장으로 한다. [개정 95·12·1] [본조신설 94·7·20]

제67조의7 (실무협의회)

① 협의회의 협의사항 중 위원장이 사전검토를 위하여 필요하거나 경미하다고 인정하는 사항을 협의하게 하기 위하여 협의회에 실무협의회를 둔다. [개정 95·12·1]

② [개정 2002.4 .27.] ③ [개정 95·12·1][본조신설 94·7·20]

제67조의8 (운영세칙) 이 규칙에서 규정한 것 외에 협의회 및 실무협의회의 운영에 관하여 필요한 사항은 협의회의 협의를 거쳐 위원장이 정한다. [본조신설 94·7·20]

### 제2절 난민 인정 증명서 발급

제67조의9 (난민 인정 증명서 발급대장) 출입국관리 공무원은 법 제76조의2 제3항의 규정에 의하여 난민 인정 증명서를 교부하는 때에는 이를 난민 인정 증명서 발급대장에 기재하여야 한다. [본조신설 94·7·20]

제67조의10 (난민 여행증명서의 발급) 체류지 관할 사무소장 또는 출장소장은 영 제88조의5 제1항의 규정에 의하여 난민 여행증명서 발급신청을 받은 때에는 그 외국인이 법 제76조의3 제1항 또는 법 제76조의5 제1항 단서에 해당하는지의 여부를 조사하여 이를 법무부장관에게 보고하여야 한다. [본조신설 94·7·20]

제67조의11 (난민 여행증명서의 분실 재발급)영 제88조의6 제1항 제1호에 해당하는 자가 난민 여행증명서를 재발급 받고자 하는 때에는 그 분실되었거나 없어진 사실의 신고필증 또는 재발급의 사유를 소명하는 자료를 체류지 관할 사무소장·출장소장 또는 재외공관의 장을 거쳐 법무부장관에게 제출하여야 한다. [본조신설 94·7·20]

제67조의12 (난민 여행증명서의 유효기간연장) 법무부장관은 영 제88조의7제4항의 규정에 의하여 재외공관의 장으로부터 난민 여행증명서 유효기간 연장 허가보고서를 받은 때에는 이를 체류지 관할 사무소장 또는 출장소장에게 통보한다. [본조신설 94·7·20]

제67조의13 (난민의 인정 등에 관한 사실조사) 사무소장·출장소장 또는 보호소장은 출입국관리 공무원이 법 제80조 제2항의 규정에 의하여 난민의 인정 또는 난민인정의 취소 등에 관한 사실조사를 마친 때에는 지체 없이 그 내용을 법무부장관에게 보고하여야 한다.[본조신설 94·7·20]

## 제7장 보칙

제68조 (보증금의 국고귀속보고) 사무소장·출장소장 또는 보호소장은 법 제13조 제3항 또는 법 제66조 제2항의 규정에 의하여 보증금의 국고귀속을 결정한 때에는 그 사실을 법무부장관에게 보고하여야 한다.

제69조 (동향조사 보고 등)

① 출입국관리 공무원은 영 제91조의 규정에 의한 동향조사의 결과를 외국인동향 조사부에 기재하여야 한다. ② * 각호 : 1호 - 7호 ③ ④

제70조 (출입국사범의 신고사실 확인) 출입국관리 공무원이 법 제83조의 규정에 의한 신고를 받은 때에는 그 사실여부를 확인한 후 필요한 조치를 취하여야 한다.

제71조 (사증 등 발급신청 심사수수료)

① 사증 발급 신청에 대한 심사수수료(제11조제1항에 해당하는 경우에는 개인별로 납부하는 수수료액을 말한다)는 다음과 같다. [개정 98·4·1, 2002.4.27.]

1. 단수사증 : 체류기간 90일 이하 : 미합중국통화(이하 "미화") 30불상당의 금액
   체류기간 91일 이상 : 미화 50불상당의 금액
2. 복수사증 : 미화 80불상당의 금액

② [개정 2002.4.27.] ③ ④

제72조 (각종 허가 등에 관한 수수료)

① 외국인의 입국 및 체류와 관련된 허가 및 출입국 사실 증명발급 등에 관한 수수료는 다음 각 호와 같다. [개정 98·4·1, 2002.4.27. 2003. 09. 24.] * 각호 : 1호 - 14호

② [신설 97·7·1, 98·4·1, 99·2·27]

제73조 (수수료의 납부방법) 수수료의 납부방법은 다음 각 호와 같다. [개정 2004.8.23] * 각호 : 1호 - 3호

제74조 (수수료의 면제)

① 사무소장·출장소장 또는 재외공관의 장은 법 제87조 제2항의 규정에 의하여 국제관례 또는 상호주의원칙에 비추어 필요하다고 인정되어 제71조 또는 제72조의 규정에 해당하는 수수료를 면제하고자 하는 때에는 법무부장관의 승인을 얻어야 한다.

② [신설 2002.4.27.2003.09.24, 2005.7.8] [시행일 2005.9.25] * 각호 : 1호 - 2호
③ [개정 94·7·20]

제75조 (사실증명의 발급)

① 법 제88조 제1항의 규정에 의한 출입국에 관한 사실증명은 본인이나 그 법정대리인 또는 그로부터 위임을 받은 자가 사무소장 또는 출장소장에게 신청하여야 한다.
② ③ * 각호 : 1호 - 3호
④ [전문개정 2002.4.27, 2004.8.23]

제76조 (사증 등 발급 신청시의 첨부서류)

① 영 제7조 제1항 및 영 제10조 제2항의 규정에 의하여 사증 또는 외국인 입국허가서의 발급을 신청하는 때, 영 제8조 제1항 제1호 및 제3호의 규정에 해당하는 자가 제14조의 규정에 의한 입국허가를 신청하는 때, 제17조 제2항의 규정에 의하여 사증발급 인정서의 발급을 신청하는 때의 체류 자격별 첨부서류는 별표 5와 같다. 다만, 「전자정부구현을 위한 행정업무 등의 전자화촉진에 관한 법률」 제21조 제1항의 규정에 의한 행정정보의 공동이용을 통하여 첨부서류에 대한 정보를 확인할 수 있는 경우에는 그 확인으로 첨부서류에 갈음할 수 있다. [개정 94·7·20, 97·7·1, 99·2·27, 2004.8.23, 2005.7.8] [시행일 2005.9.25]
② [신설 99·2·27]

제77조 (신원보증)

① 법 제90조 제1항의 규정에 의하여 신원보증을 하는 자는 신원보증인 및 피보증외국인의 인적사항·보증기간·보증내용 등을 기재한 신원보증서를 사무소장·출장소장 또는 보호소장에게 제출하여야 한다. [개정 97·7·1]
② [개정 97·7·1] ③ [개정 97·7·1] ④ [개정 97·7·1] ⑤ [개정 97·7·1] ⑥ 삭제 [2005.7.8] [시행일 2005.9.25] ⑦ [개정 94·7·20, 97·7·1] ⑧ [개정 94·7·20, 97·7·1] ⑨

제77조의2 (구상권행사 절차)

① 영 제95조의2 제1항의 규정에 의하여 통지를 하는 때에는 구상금 납부통지서에 납입고지서를 첨부하여야 한다. ② [본조신설 97·7·1]

제78조 (권한의 위임)

① 법무부장관은 영 제96조 제1항의 규정에 의하여 법 제9조의 규정에 의한 권한 중

다음 각 호의 1에 해당하는 자에 대한 사증발급 인정서의 발급권한을 사무소장 또는 출장소장에게 위임한다. [개정 95·12·1, 97·7·1, 98·4·1, 2002.4.27.2003.09.24, 2004.8.23] * 각호 : 1호 - 2호

② [개정 97·7·1] ③ [개정 97·7·1] ④ [개정 94·7·20, 97·7·1]

제79조 (이중 국적자의 출입국절차 등)

① 대한민국국적과 외국 국적을 함께 가지고 있는 이중 국적자의 출입국 및 체류에 관한 절차는 법무부장관이 따로 정한다.

② ③ [신설 94·7·20] ④ [개정 98·4·1]

제80조 (기록 관리의 기준 및 절차) 출입국 및 체류에 관한 각종 기록의 관리 기준 및 절차는 법무부장관이 따로 정한다.

제81조 (각종보고)

① 사무소장·출장소장 또는 보호소장은 다음 각 호의 1에 해당하는 조치를 한 때에는 이를 지체 없이 법무부장관에게 보고하여야 한다. * 각호 : 1호 - 3호

② [개정 2005.7.8] [시행일 2005.9.25]]

제82조 (통계보고)

① 재외공관의 장, 사무소장 및 출장소장은 다음 각 호의 통계를 매월(제1호의 경우에는 반기별) 작성하여 다음달 10일까지 법무부장관에게 보고하여야 한다. [개정 94·7·20] * 각호 : 1호 - 22호

② 제81조 제2항의 규정은 제1항의 경우에 이를 준용한다.

제83조 (출입국관리 관계 서식)

① 법·영 및 이 규칙에서 사용하는 각종 출입국관리 관계 서식은 별지 부록과 같다. [개정 99·2·27] ② [신설 97·7·1, 2005.7.8] [시행일 2005.9.25]

제84조 (세부사항) 이 규칙에서 정하는 것 외에 필요한 세부사항은 법무부장관이 따로 정한다.

## 제8장 통고처분

제85조 (과태료의 징수절차)

① 사무소장 또는 출장소장은 과태료를 부과하고자 할 때에는 과태료 처분 통지서에 납입고지서를 첨부하여 과태료 처분 통지를 하며, 과태료의 부과 및 수납사항을 과태료부과 및 수납대장에 기재하여야 한다. [개정 97·7·1]

② [개정 94·7·20, 97·7·1] ③ [개정 2005.7.8] [시행일 2005.9.25]

제86조 (범칙금의 양정기준)

① 법 제102조 제1항의 규정에 의한 범칙금의 양정기준은 별표 7과 같다.

② ③

제87조 (범칙금의 수납기관) 영 제105조 제1항의 규정에 의한 수납기관은 한국은행 본·지점과 한국은행이 지정한 국고대리점 및 국고 수납 대리점 또는 우체국으로 한다.

제88조 (범칙금 납부 고지서) 영 제106조의 규정에 의하여 통고서를 송달하는 때에는 범칙금 납부 고지서를 첨부하여야 한다.

## 부칙

부칙 [2005.7.8 제571호]

① (시행일) 이 규칙은 2005년 9월 25일부터 시행한다. 다만, 제1조 중 선원신분증명서에 관한 개정규정 및 선원수첩의 여권기능 배제 에 관한 개정규정은 공포한 날부터 시행한다.

② (범칙금에 관한 경과조치) 이 규칙 시행 전의 행위에 대한 범칙금의 양정기준 적용에 있어서는 종전의 규정에 의한다.

**[별표 1] [개정 1997.7.1, 1998.4.1, 1999.2.27, 1999.12.2, 2002.4.27, 2003.9.24, 2004.8.23, 2005.7.8]**

**1회에 부여하는 체류자격별 체류기간의 상한(제18조의2관련)**

| 체류자격(기호) | 1회에 부여하는<br>체류기간의 상한 | 체류자격(기호) | 1회에 부여하는<br>체류기간의 상한 |
|---|---|---|---|
| 1. 외 교(A - 1) | 재임기간 | 18. 무역경영(D - 9) | 2년 |
| 2. 공 무(A - 2) | 공무수행기간 | 19. 교 수(E - 1) | 2년 |
| 3. 협 정(A - 3) | 신분존속기간 또는 협정상의 | 20. 회화지도(E - 2) | 1년 |

| | 체류기간 | | |
|---|---|---|---|
| 4. 사증면제(B – 1) | 협정상의 체류기간 | 21. 연 구(E – 3) | 2년 |
| 5. 관광통과(B – 2) | 법무부장관이 따로 정하는 기간 | 22. 기술지도(E – 4) | 2년 |
| 6. 일시취재(C – 1) | 90일 | 23. 전문직업(E – 5) | 2년 |
| 7. 단기상용(C – 2) | | 24. 예술흥행(E – 6) | 1년 |
| 8. 단기종합(C – 3) | | 25. 특정활동(E – 7) | 2년 |
| 9. 단기취업(C – 4) | | 25의2. 연수취업(E – 8) | 2년 |
| 10. 문화예술(D – 1) | 2년 | 25의3. 비전문취업(E–9) | 1년 |
| 11. 유 학(D – 2) | 2년 | 25의4. 내항선원(E –10) | 1년 |
| 12. 산업연수(D – 3) | 영 제24조의2 제1항 제1호 내지 제3호에 해당하는 경우 : 2년, 영 제24조의2 제1항 제4호에 해당하는 경우 : 1년 | 26. 방문동거(F – 1) | 2년 |
| | | 27. 거 주(F – 2) | 3년 |
| 13. 일반연수(D – 4) | 2년 | 28. 동 반(F – 3) | 동반하는 본인에 정하여진 기간 |
| 14. 취 재(D – 5) | 2년 | 28의2. 재외동포(F – 4) | 2년 |
| 15. 종 교(D – 6) | 2년 | 28의3. 영 주(F – 5) | 상한 없음 |
| 16. 주 재(D – 7) | 2년 | 29. 기 타(G – 1) | 1년 |
| 17. 기업투자(D – 8) | 3년 | 30. 관광취업(H – 1) | 협정상의 체류기간 |

**[별표 2] 삭제**

**[별표 3] 삭제**

**[별표 4] 삭제**

**[별표 5] [개정 1999.2.27, 1999.12.2, 2002.4.27, 2003.9.24, 2003.12.2, 2004.8.23, 2005.7.8]**

### 사증발급신청 등 첨부서류(제76조관련)

| 체류자격(기호) | 첨 부 서 류 |
|---|---|
| 외 교(A-1) | ○ 파견·재직을 증명하는 서류 또는 해당국 외교통상부장관의 협조공한(신분증명서의 제시 등에 의하여 해당 신분임이 확인되는 때에는 구술서로 갈음할 수 있음)<br>※ 외교관여권 소지여부 확인. 다만, 일반여권을 소지한 자는 외교업무수행자 및 그 가족에 한함. |
| 공 무(A-2) | ○ 파견·재직을 증명하는 서류 또는 해당국 외교통상부장관이나 소속부처 장관의 공한(공무수행임을 입증하는 내용을 명시하여야 함)<br>※ 관용여권 또는 신분증명서 소지여부 확인. 다만, 일반여권을 소지한 자는 공무수행자 또는 국제기구 근무자 및 그 가족에 한함. |
| 협 정(A-3) | ○ 파견·재직을 증명하는 서류 또는 해당국 외교통상부장관이나 소속부처 장관의 공한<br>※ 관용여권 또는 신분증명서 소지여부 확인 |
| 일시취재(C-1) | ○ 소속회사의 파견증명서·재직증명서 또는 외신보도증 사본 |
| 단기상용(C-2) | ○ 상용목적으로 입국함을 입증하는 서류 |
| 단기종합(C-3) | ○ 없음 |
| 단기취업(C-4) | ○ 고용계약서 |

| | |
|---|---|
| | ○ 소관 중앙행정기관의 장의 고용추천서(공연법의 규정에 의한 공연활동의 경우에는 영상물등급위원회의 공연추천서)·협조공문 또는 고용의 필요성을 입증할 수 있는 서류 |
| 문화예술(D-1) | ○ 초청장<br>○ 문화예술 단체임을 입증하는 서류·전문가의 지도인 경우에는 그 자의 경력증명서<br>○ 이력서 또는 경력증명서<br>○ 체류중 일체의 경비지불능력을 증명하는 서류<br>※ 전문가라 함은 무형문화재 또는 국가공인기능보유자 등을 말함 |
| 유 학(D-2) | 1. 정규과정의 교육을 받고자 하는 경우<br>○ 수학능력 및 재정능력 심사결정내용이 포함된 표준입학허가서(총·학장 발행)<br>2. 특정의 연구를 하고자 하는 경우<br>○ 연구활동임을 입증하는 서류<br>○ 최종학력증명서<br>○ 신원보증서 또는 재정입증 관련서류 |
| 산업연수(D-3) | ○ 연수기관이 작성한 연수계획서<br>○ 임금 또는 급여대장 사본<br>○ 외국인 산업연수 대상업체의 추천서나 해당 산업체임을 입증할 수 있는 서류<br>○ 신원보증서 |
| 일반연수(D-4) | 1. 대학부설 어학원에서 한국어를 배우는 학생 또는 대학간 학술 교류협정으로 산학연수를 위한 교환학생의 경우<br>○ 입학 또는 재학을 입증하는 서류<br>○ 재정입증 관련 서류(미화 3천불 이상의 국내송금이나 환전증명서) 또는 대학간 학술교류협정 서류<br>○ 신원보증서(학비 등 체류중 필요한 경비지불능력을 입증하지 못하거나 법무부장관이 특히 필요하다고 인정하는 경우에 한함)<br>2. 초·중·고등학교에 재학하는 외국국적 학생의 경우<br>○ 입학허가서<br>○ 재학증명서 또는 졸업증명서<br>○ 재정입증 관련서류<br>3. 그 밖의 연수의 경우<br>○ 연수를 증명하는 서류<br>○ 연수기관의 설립관련 서류<br>○ 재정입증 관련서류<br>·연수기관이 체류경비 등을 부담하는 경우는 경비 부담 확인서<br>·그 밖의 경우에는 국내송금이나 환전증명서(미화 3천불 이상)<br>○ 신원보증서(학비 등 체류중 필요한 경비지불능력을 입증하지 못하거나 법무부장관이 특히 필요하다고 인정하는 경우에 한함) |
| 취 재(D-5) | ○ 파견명령서 또는 재직증명서<br>○ 국내지국·지사의 설치허가증이나 국내지국·지사의 운영자금 도입실적증빙서류 |
| 종 교(D-6) | ○ 파송명령서<br>○ 종교단체 설립하거나 또는 사회복지단체 설립허가서 사본<br>○ 소속단체의 체류경비지원 관련서류 |
| 주 재(D-7) | ○ 파견명령서 또는 재직증명서 |

| | |
|---|---|
| | ○ 지사 또는 연락사무소 설치허가서 사본<br>○ 영업자금 도입실적 증빙서류 또는 사업계획서 사본<br>○ 연간 납세증명서 |
| 기업투자(D-8) | ○ 파견명령서 또는 재직증명서<br>○ 외국인 투자신고서(등기부등본 또는 사업자등록증 사본) 또는 투자기업등록증 사본 |
| 무역경영(D-9) | ○ 재직증명서<br>○ 등기부등본 또는 사업자등록증 사본<br>○ 영업자금 도입실적 증빙서류 또는 사업계획서 사본<br>○ 연간 납세증명서 |
| 교 수(E-1) | ○ 경력증명서<br>○ 고용계약서 또는 임용예정 확인서 |
| 회화지도(E-2) | ○ 자국에서 공증받은 학위증 사본<br>○ 고용계약서<br>○ 학원 및 단체설립 관련서류<br>○ 신원보증서<br>○ 범죄경력기록 |
| 연 구(E-3) | ○ 초청기관 설립 관련 서류<br>○ 학위증 및 경력증명서<br>○ 고용계약서 |
| 기술지도(E-4) | ○ 파견명령서 및 재직증명서<br>○ 기술도입 계약신고 수리서·기술도입계약서(또는 용역거래인증서) 또는 방위산업체 지정서 사본<br>○ 공·사기관 설립 관련서류 |
| 전문직업(E-5) | ○ 학위증 또는 자격증 사본<br>○ 소관 중앙행정기관의 장의 고용추천서 또는 고용의 필요성을 입증할 수 있는 서류<br>○ 고용계약서 |
| 예술흥행(E-6) | 1. 공연법의 규정에 의하여 공연을 하고자 하는 경우<br>○ 영상물등급 위원회의 공연추천서<br>○ 공연계획서<br>○ 신원보증서<br>2. 관광진흥법에 의한 호텔업시설, 유흥업소 등에서 제1호를 제외한 공연 또는 연예활동에 종사하고자 하는 경우<br>○ 영상물등급 위원회의 공연추천서<br>○ 연예활동계획서<br>○ 자격증명서 또는 경력증명서<br>○ 인간면역 결핍바이러스(HIV)항체 반응음성 확인서<br>○ 신원보증서<br>3. 그 밖의 경우<br>○ 소관중앙행정기관의 장의 고용추천서 또는 고용의 필요성을 입증할 수 있는 서류<br>○ 자격증명서 또는 경력증명서<br>○ 인간면역 결핍바이러스(HIV) 항체반응 음성확인서(후천성면역 결핍증 예방법 시행령 제10조 제3항 제1호의 규정에 의한 수입을 목적으로 하는 연예·운동경기 그 |

| | |
|---|---|
| | 밖의 흥행을 하고자 하는 자에 한함)<br>○ 신원보증서 |
| 특정활동(E-7) | ○ 학위증 및 자격증 사본<br>○ 고용계약서<br>○ 소관 중앙행정기관의 장의 고용추천서나 고용의 필요성을 입증할 수 있는 서류<br>○ 공·사기관 설립 관련서류<br>○ 신원보증서 |
| 연수취업(E-8) | ○ 연수취업 계약서<br>○ 기술자격증 사본 등<br>○ 신원보증서<br>○ 기타 법무부장관이 필요하다고 인정하는 서류 |
| 비전문취업(E-9) | ○ 외국인근로자의 고용등에관한 법률 제8조의 규정에 의한 외국인근로자 고용허가서<br>○ 표준근로계약서<br>○ 사업자등록증, 등기부등본 등 사업 또는 사업장 관련 입증 서류<br>○ 신원보증서<br>○ 그 밖에 법무부장관이 필요하다고 인정하는 서류 |
| 내항선원(E-10) | ○ 선원 근로계약서<br>○ 외국인 선원 고용 신고 수리서(관할 지방해양수산청장이 발급한 것에 한한다)<br>○ 해운법에 의한 내항여객운송사업면허증 또는 내항화물운송 등록증 사본<br>○ 신원보증서<br>○ 외국인선원 고용추천서(한국해운조합이 발행한 것에 한한다)<br>○ 그 밖에 법무부장관이 필요하다고 인정하는 서류 |
| 방문동거(F-1) | 1. 국내에 거주하는 가족 또는 친족을 방문하는 경우<br>○ 가족 또는 친족관계 입증서류(결혼증명서·호적등본 또는 출생증명서)<br>○ 신원보증서<br>※ 해외 입양인의 경우 입양기관의 확인서 또는 양부모 진술서<br>2. 국내 외국공관주재원의 가사보조인의 경우<br>○ 외국공관의 요청공문<br>○ 고용계약서<br>○ 고용인의 외교관신분증명서 사본<br>3. 초·중·고등학교에 재학하는 외국국적 학생의 경우<br>○ 입학허가서<br>○ 재학증명서 또는 졸업증명서<br>○ 재정입증 관련서류<br>4. 그 밖의 경우<br>○ 영 제12조의 규정에 의한 방문동거 자격임을 입증하는 서류<br>○ 신원보증서 |
| 거 주(F-2) | ○ 가족관계입증 서류(결혼증명서, 호적등본 등 혼인입증 서류)<br>○ 재정입증 관련 서류<br>○ 국내 배우자의 신원보증서 |
| 동 반(F-3) | ○ 가족관계 입증서류(결혼증명서·호적등본 또는 출생증명서)<br>○ 초청자의 재직증명서 및 납세증명서 |
| 재외동포(F-4) | ○ 대한민국의 국적을 보유하였던 자로서 외국국적을 취득한 자 |

<table>
<tr><td></td><td>· 호적등본, 제적등본 그 밖에 본인이 대한민국의 국민이었던 사실을 증명하는 서류<br>· 외국국적을 취득한 원인 및 그 연월일을 증명하는 서류<br>· 연간납세증명서, 소득증명서류 등 체류기간 중 단순노무행위 등 영 제23조제3항 각 호에서 규정한 취업활동에 종사하지 아니할 것임을 소명하는 서류(법무부장관이 고시하는 불법체류가 많이 발생하는 국가의 외국국적 동포에 한함)<br>· 그 밖에 법무부장관이 필요하다고 인정하는 서류<br>○ 부모의 일방 또는 조부모의 일방이 대한민국의 국적을 보유하였던 자로서 외국국적을 취득한 자<br>· 직계존속이 대한민국의 국민이었던 사실을 증명하는 서류<br>· 본인과 직계존속이 외국국적을 취득한 원인 및 그 연월일을 증명하는 서류<br>· 직계존비속의 관계임을 증명하는 서류(출생증명서 등)<br>· 연간 납세증명서, 소득증명서류 등 체류기간 중 단순노무행위 등 영 제23조제3항 각 호에서 규정한 취업활동에 종사하지 아니할 것임을 소명하는 서류(법무부장관이 고시 하는 불법체류가 많이 발생하는 국가의 외국국적 동포에 한함)<br>· 그 밖에 법무부장관이 필요하다고 인정하는 서류</td></tr>
<tr><td>영 주(F-5)</td><td>○ 체류자격부여 또는 체류자격 변경의 경우에는 영 제12조의 규정에 의한 영주자격 해당자임을 입증하는 서류</td></tr>
<tr><td>기 타(G-1)</td><td>○ 입국목적을 소명하는 서류(법원 등의 출석요구서 또는 담당의사의 소견서 등<br>○ 소송 또는 치료경비 등의 지불능력을 입증하는 서류</td></tr>
<tr><td>관광취업(H-1)</td><td>○ 왕복항공권<br>○ 일정기간 체류할 수 있는 경비소지 입증서류<br>○ 여행일정 및 활동계획서</td></tr>
<tr><td colspan="2">유 의 사 항<br><br>1. 재외공관의 장·사무소장 또는 출장소장은 특히 필요하다고 인정되는 때에는 첨부서류의 일부를 가감할 수 있음<br>2. 재입국허가 신청시에는 첨부서류 없음. 다만, 외교(A-1) 내지 협정(A-3)자격 소지자는 재직을 증명하는 서류 첨부<br>3. 체류자격외 활동허가 등 신청자가 사증발급 등 신청시 이미 제출하여 등록 외국인기록에 보관중인 서류는 제출 생략<br>4. 첨부서류 중 분량이 많은 서류는 이를 발췌하여 사용하게 하는 등 필요없는 서류를 제출하게 하는 일이 없도록 하여야 함<br>5. 신원보증서의 보증기간이 4년이상인 때에도 4년을 한도로 하여 이를 인정하며, 각종 허가를 할 때의 허가기간은 신원보증서의 보증기간을 초과할 수 없음</td></tr>
</table>

[별표 6] [개정 2002.4.27, 2003.9.24, 2004.8.23, 2005.7.8]

## 체류자격외활동허가등 권한의 위임범위(제78조제2항관련)

| 체류자격(기 호) | 업 무 구 분 | | | | |
|---|---|---|---|---|---|
| | 체류자격외 활동 | 근무처변경·추가 | 체류자격 부여 | 체류자격 변경 | 체류기간 연장 |
| 외 교(A-1) | / | / | ○ | ○ | / |
| 공 무(A-2) | / | / | ○ | ○ | / |
| 협 정(A-3) | / | / | ○ | ○ | / |
| 사증면제(B-1) | / | / | | / | ○ |
| 관광통과(B-2) | / | / | / | | ○ |
| 일시취재(C-1) | / | / | | | ○ |
| 단기상용(C-2) | / | / | | | ○ |
| 단기종합(C-3) | / | / | ◁ | | ○ |
| 단기취업(C-4) | / | ◁ | | | ○ |
| 문화예술(D-1) | ○ | ○ | | ◁ | ○ |
| 유 학(D-2) | ○ | ○ | | ◁ | ○ |
| 산업연수(D-3) | / | ◁ | / | | ○ |
| 일반연수(D-4) | ○ | / | | ◁ | ○ |
| 취 재(D-5) | | | | ◁ | ○ |
| 종 교(D-6) | ◁ | ◁ | | ◁ | ○ |
| 주 재(D-7) | ◁ | ◁ | | ◁ | ○ |
| 기업투자(D-8) | ○ | ○ | | ○ | ○ |
| 무역경영(D-9) | | ◁ | | ◁ | ○ |
| 교 수(E-1) | ◁ | ◁ | | ◁ | ○ |
| 회화지도(E-2) | ◁ | ○ | | ◁ | ○ |
| 연 구(E-3) | ◁ | ◁ | | ◁ | ○ |
| 기술지도(E-4) | ◁ | ◁ | | ◁ | ○ |
| 전문직업(E-5) | ◁ | ◁ | | | |
| 예술흥행(E-6) | ◁ | ◁ | | | ○ |
| 특정활동(E-7) | ◁ | ◁ | | ◁ | ○ |
| 연수취업(E-8) | / | ○ | / | ◁ | ○ |
| 비전문취업(E-9) | / | ◁ | / | ◁ | ○ |
| 내항선원(E-10) | / | ◁ | / | / | ○ |
| 방문동거(F-1) | / | / | ○ | ◁ | ○ |
| 거 주(F-2) | / | / | ◁ | ◁ | ○ |
| 동 반(F-3) | / | / | ○ | ○ | ○ |
| 재외동포(F-4) | / | / | ○ | ○ | ○ |
| 영 주(F-5) | / | / | ◁ | ◁ | / |
| 기 타(G-1) | / | / | ◁ | ◁ | ○ |
| 관광취업(H-1) | / | ○ | / | / | ◁ |

비 고

1. ○표는 사무소장 또는 출장소장에게 위임함을 의미함
2. ◁표는 사무소장 또는 출장소장에게 법무부장관이 정하여 고시하는 사무의 일부를 위임함을 의미함

[별표 7] [전면개정 2005.7.8]

### 범칙금의 양정기준(제86조제1항관련)

| 해당법조문 | 범칙행위의 내용 | 위반기간 등 | 범칙금의 기준액 |
|---|---|---|---|
| 1. 법 제93조의2 제2항 제1호 | 법 제12조(입국심사)제1항 또는 제2항의 규정에 의하여 입국심사를 받아야 하는 외국인을 집단으로 불법입국 시키거나 이를 알선하는 행위(영리를 목적으로 하는 행위에 한한다)를 한 자 | | 1,000만원 이상 5,000만원 이하 |
| 2. 법 제93조의2 제2항 제2호 | 법 제12조의2(선박등의 제공금지)제1항의 규정을 위반하여 외국인을 집단으로 불법입국 또는 불법출국 시킬 목적으로 선박등을 제공하거나 이를 알선하는 행위(영리를 목적으로 하는 행위에 한한다)를 한 자 | | 1,000만원 이상 5,000만원 이하 |
| 3. 법 제93조의2 제2항 제3호 | 법 제12조의2(선박등의 제공금지)제2항의 규정에 위반하여 불법으로 입국한 외국인을 집단으로 대한민국안에서 은닉 또는 도피하게 할 목적으로 선박등을 제공하거나 이를 알선하는 행위(영리를 목적으로 하는 행위에 한한다)를 한 자 | | 1,000만원 이상 5,000만원 이하 |
| 4. 법 제93조의3 제1호 | 법 제12조(입국심사)제1항 또는 제2항의 규정을 위반한 자 | | 300만원 이상 3,000만원 이하 |
| 5. 법 제93조의3 제2호 | 법 제93조의2제2항 각 호의 1에 해당하는 죄(영리를 목적으로 하는 경우를 제외한다)를 범 한 자 | | 300만원 이상 3,000만원 이하 |
| 6. 법 제94조 제1호 | 법 제3조(국민의 출국)제1항의 규정을 위반한자 | | 200만원 이상 2,000만원 이하 |
| 7. 법 제94조 제2호 | 법 제7조(외국인의 입국)제1항 또는 제4항의 규정을 위반한 자 | | 200만원 이상 2,000만원 이하 |
| 8. 법 제94조 제2호의2 | 법 제12조의2(선박등의 제공금지)의 규정을 위반(법 제93조의2제2항·제93조의3의 규정에 해당하는 경우를 제외한다)한 자 | | 200만원 이상 2,000만원 이하 |
| 9. 법 제94조 제2호의3 | 법 제7조의2(허위초청 등의 금지)의 규정을 위반한 자 | | 500만원 이상 2,000만원 이하 |
| 10. 법 제94조 제3호 | 법 제14조(승무원의 상륙허가)제1항의 규정을 위반한 자 | | 50만원 이상 2,000만원 이하 |
| 11. 법 제94조 제4호 | 법 제14조(승무원의 상륙허가)제2항의 규정을 위반한 자 | | 50만원 이상 2,000만원 이하 |
| 12. 법 제94조 제5호 | 법 제17조(외국인의 체류 및 활동범위)제1항, 법 제18조(외국인고용의 제한)제1항·제5항, 법 제20조(체류자격외 활동)의 규정을 위반한 자 | 3월 미만 | 100만원 이상 200만원 미만 |
| | | 3월 이상 1년 미만 | 200만원 이상 500만원 미만 |
| | | 1년 이상 2년 미만 | 1,000만원 이상 1,500만원 미만 |
| | | 3년 이상 | 1,500만원 이상 2,000만원 이하 |

| | | | |
|---|---|---|---|
| 13. 법 제94조 제5호의2 | 법 제18조(외국인고용의 제한)제3항의 규정을 위반한 자 | 1월 미만 | 100만원 이상 300만원 미만 |
| | | 1월 이상 1년 미만 | 300만원 이상 800만원 미만 |
| | | 1년 이상 2년 미만 | 800만원 이상 1,500만원 미만 |
| | | 2년이상 | 1,500만원 이상 2,000만원 미만 |
| 14. 법 제94조 제6호 | 법 제18조(외국인고용의 제한)제4항의 규정을 위반한 자(이를 업으로 하는 자를 말한다) | | 500만원 이상 2,000만원 이하 |
| 15. 법 제94조 제6호의2 | 법 제21조(근무처의 변경·추가)제2항의 규정을 위반한 자(이를 업으로 하는 자를 말한다) | | 500만원 이상 2,000만원 이하 |
| 16. 법 제94조 제7호 | 법 제22조(활동범위의 제한)의 규정을 위반한 자 | | 50만원 이상 2,000만원 이하 |
| 17. 법 제94조 제8호 | 법 제23조(체류자격부여)·법 제24조(체류자격 변경허가) 또는 법 제25조(체류기간연장허가)의 규정을 위반한 자 | 3월 미만 | 10만원 이상 50만원 미만 |
| | | 3월 이상 1년 미만 | 50만원 이상 200만원 미만 |
| | | 1년 이상 2년 미만 | 200만원 이상 400만원 미만 |
| | | 2년 이상 | 400만원 이상 2,000만원 이하 |
| 18. 법 제94조 제9호 | 법 제28조(출국심사)제1항·제2항의 규정을 위반한 자 | | 200만원 이상 2,000만원 이하 |
| 19. 법 제94조 제9호의2 | 법 제33조의2(외국인등록증 등의 채무이행확보수단제공 등의 금지)의 규정을 위반한 자 | | 300만원 이상 2,000만원 이하 |
| 20. 법 제94조 제10호 | 법 제69조(선박등의 검색 및 심사) 또는 법 제70조(내항자격선박 등의 검색 및 심사)의 규정위반한 자 | | 200만원 이상 2,000만원 이하 |
| 21. 법 제95조 제1호 | 법 제6조(국민의 입국)제1항의 규정을 위반한 자 | | 100만원 이상 1,000만원 이하 |
| 22. 법 제95조 제2호 | 법 제13조(조건부 입국허가)제2항의 규정을 위반한 자 | | 50만원 이상 1,000만원 이하 |
| 23. 법 제95조 제3호 | 법 제15조(긴급상륙허가)제1항·법 제16조(재난상륙허가)제1항 또는 법 제16조의2(난민임시상륙허가)제1항의 규정을 위반한 자 | | 50만원 이상 1,000만원 이하 |
| 24. 법 제95조 제4호 | 법 제15조(긴급상륙허가)제2항·법 제16조(재난상륙허가)제2항 또는 법 제16조의2(난민임시상륙허가)제2항의 규정을 위반한 자 | | 50만원 이상 1,000만원 이하 |
| 25. 법 제95조 제5호 | 법 제18조(외국인고용의 제한)제2항 또는 법 제21조(근무처의 변경·추가)제1항의 규정을 위반한 자 | | 100만원 이상 500만원 이하 |
| 26. 법 제95조 제6호의2 | 법 제21조(근무처의 변경·추가)제2항의 규정을 위반한 자(이를 고용한 자를 말한다) | | 100만원 이상 1,000만원 이하 |
| 27. 법 제95조 | 법 제31조(외국인등록)의 규정을 위반한 자 | | 20만원 이상 |

| | | | |
|---|---|---|---|
| 제7호 | | | 1,000만원 이하 |
| 28. 법 제95조 제8호 | 법 제51조(보호)제1항·제3항, 법 제56조(외국인의 일시보호) 또는 법 제63조(강제퇴거명령을 받은 자의 보호 및 보호해제)제1항의 규정에 의하여 도주하거나 보호 및 강제퇴거를 위한 호송중 도주한 자(제93조의2 제2항제1호 또는 제2호에 해당하는 자를 제외한다) | | 100만원 이상 1,000만원 이하 |
| 29. 법 제95조 제9호 | 법 제63조(강제퇴거명령을 받은 자의 보호 및보호해제)제2항의 규정을 위반한 자 | | 100만원 이상 1,000만원 이하 |
| 30. 법 제95조 제10호 | 법 제76조의2(난민의 인정)제1항의 규정을 위반한 자(허위 그 밖의 부정한 방법으로 인정을 받은 자를 말한다) | | 100만원 이상 1,000만원 이하 |
| 31. 법 제96조 제1호 | 법 제71조(출입국의 정지등)제4항의 규정에 의한 명령이나 제한을 위반한 자 | | 100만원 이상 1,000만원 이하 |
| 32. 법 제96조 제2호 | 정당한 사유없이 법 제73조(운수업자 등의 일반적 의무)제1항·제2항 각 호 외의 부분 후단의 규정을 위반한 자 | | 100만원 이상 1,000만원 이하 |
| 33. 법 제96조 제3호 | 정당한 사유없이 법 제75조(보고의 의무)제1항 또는 제2항의 규정에 의한 보고서를 제출하지 아니하거나 허위로 제출한 자 | | 100만원 이상 1,000만원 이하 |
| 34. 법 제97조 제1호 | 법 제18조(외국인 고용의 제한)제4항의 규정을 위반하여 취업활동을 할 수 있는 체류자격을 가지지 아니한 외국인의 고용을 알선·권유한 자(업으로 하는 자를 제외한다) | | 100만원 이상 500만원 이하 |
| 35. 법 제97조 제2호 | 법 제21조(근무처의 변경·추가)제2항의 규정을위반하여 근무처의 변경 또는 추가허가를 받지아니한 외국인의 고용을 알선한 자(업으로 하는 자를 제외한다) | | 100만원 이상 500만원 이하 |
| 36. 법 제97조 제3호 | 법 제72조(승선허가)의 규정을 위반한 자 | | 100만원 이상 500만원 이하 |
| 37. 법 제97조 제4호 | 법 제74조(사전통보의 의무)·법 제75조(보고의의무)제4항·제5항 또는 법 제76조(송환의 의무)의 규정을 위반한 자 | | 100만원 이상 500만원 이하 |
| 38. 법 제97조 제5호 | 법 제76조의6(난민인정서등의 반납)제1항의 규정을 위반하거나 동조 제2항의 규정에 의한 명령을 위반한 자 | | 50만원 이상 500만원 이하 |
| 39. 법 제99조 | 법 제93조의2 제1항 또는 제2항의 죄를 범할 목적으로 예비 또는 음모한 자와 미수범, 법 제93조의2 제1항 또는 제2항의 죄를 교사하거나 방조한 자 | | 본죄에서 정하는 범칙금 기준액과 같음 |
| | 법 제93조의3의 죄를 범할 목적으로 예비 또는 음모한 자와 미수범, 법 제93조의3의 죄를 교사 하거나 방조한 자 | | 본죄에서 정하는 범칙금 기준액과 같음 |
| | 법 제94조 제1호·제2호·제2호의2·제9호의 죄를 범 | | 본죄에서 정하는 |

| | | | |
|---|---|---|---|
| | 할 목적으로 예비 또는 음모한 자와 미수범, 법 제94조 제1호·제2호·제2호의2·제9호의 죄를 교사하거나 방조한 자 | | 범칙금 기준액과 같음 |
| | 법 제95조 제1호의 죄를 범할 목적으로 예비 또 는 음모한 자와 미수범, 법 제95조 제1호의 죄를 교사하거나 방조한 자 | | 본죄에서 정하는 범칙금 기준액과 같음 |
| 40. 법 제99조 의3(양벌규정) | 법 제94조 제2호의3 규정에 의한 위반행위를 한 법인 또는 개인 | | 500만원 이상 2,000만원 이하 |
| | 법 제94조 제5호의2의 규정에 의한 위반행위를 한 법인 또는 개인 | 1월 미만 | 100만원 이상 300만원 미만 |
| | | 1월 이상 1년 미만 | 300만원 이상 800만원 미만 |
| | | 1년 이상 2년 미만 | 800만원 이상 1,500만원 미만 |
| | | 2년 이상 | 1,500만원 이상 2,000만원 미만 |
| | 법 제94조 제10호의 규정에 의한 위반행위를 한 법인 또는 개인 | | 200만원 이상 2,000만원 이하 |
| | 법 제94조 제9호의2의 규정에 의한 위반행위 중법 제33조의2 제1호의 규정을 위반한 법인 또는 개인 | | 300만원 이상 2,000만원 이하 |
| | 법 제95조 제6호의2의 규정에 의한 위반행위를 한 법인 또는 개인 | | 100만원 이상 1,000만원 이하 |
| | 법 제96조 제1호 내지 제3호의 규정에 의한 위반행위를 한 법인 또는 개인 | | 100만원 이상 1,000만원 이하 |
| | 법 제97조 제4호의 규정에 의한 위반행위를 한 법인 또는 개인 | | 100만원 이상 500만원 이하 |

## 5.3. 공중위생관리법

공중이 이용하는 영업과 시설의 위생관리 등에 관한 사항을 규정한 법률(1999. 2. 8, 법률 5839호)를 말하며 공중위생법을 폐지하고 새로 제정한 법률로서, 공중위생영업의 위생수준을 향상시켜 국민의 건강증진에 기여함을 목적으로 한다.「법률 제6155호 일부개정 2000. 01. 12.~법률 제7428호(채무자 회생 및 파산에 관한 법률) 일부개정 2005. 03. 31」

제1조 (목적) 이 법은 공중이 이용하는 영업과 시설의 위생관리 등에 관한 사항을 규정함으로써 위생수준을 향상시켜 국민의 건강증진에 기여함을 목적으로 한다.

제2조 (정의)

① 이 법에서 사용하는 용어의 정의는 다음과 같다.[개정 2005.3.31][시행일 2005.10.1]

1. **"공중위생영업"**이라 함은 다수인을 대상으로 위생관리 서비스를 제공하는 영업으로서 숙박업· 목욕장업·이용업·미용업·세탁업 ·위생관리 용역업을 말한다.
2. **"숙박업"**이라 함은 손님이 잠을 자고 머물 수 있도록 시설 및 설비 등의 서비스를 제공하는 영업을 말한다. 다만, 농어촌에 소재하는 민박 등 대통령령이 정하는 경우를 제외 한다.
3. **"목욕장업"**이라 함은 다음 각 목의 어느 하나에 해당하는 서비스를 손님에게 제공하는 영업을 말한다. 다만, 숙박업 영업소에 부설된 욕실 등 대통령령이 정하는 경우를 제외 한다.

가. 물로 목욕을 할 수 있는 시설 및 설비 등의 서비스

나. 맥반석·황토·옥 등을 직접 또는 간접 가열하여 발생되는 열기 또는 원적외선 등을 이용하여 땀을 낼 수 있는 시설 및 설비 등의 서비스

4. **"이용업"**이라 함은 손님의 머리카락 또는 수염을 깎거나 다듬는 등의 방법으로 손님의 용모를 단정하게 하는 영업을 말한다.
5. **"미용업"**이라 함은 손님의 얼굴·머리·피부 등을 손질하여 손님의 외모를 아름답게 꾸미는 영업을 말한다.
6. **"세탁업"**이라 함은 의류 기타 섬유제품이나 피혁제품 등을 세탁하는 영업을 말한다.
7. **"위생관리용역업"**이라 함은 공중이 이용하는 건축물·시설물 등의 청결유지와 실내공기 정화를 위한 청소 등을 대행하는 영업을 말한다.
8. **"공중이용시설"**이라 함은 다수인이 이용함으로써 이용자의 건강 및 공중위생에 영향을 미칠 수 있는 건축물 또는 시설로서 대통령령이 정하는 것을 말한다.

② [개정 2005.3.31][시행일 2005.10.1]

제3조 (공중위생영업의 신고 및 폐업신고)

① ② [신설 2005.3.31][시행일 2005.10.1]

③ [개정 2005.3.31][시행일 2005.10.1] [전문개정 2002.8.26] [시행일 2003.2.26.]

제3조의2 (공중위생 영업의 승계)

①

② ③ ④ [본조신설 2002.8.26] [시행일 2003.2.26.]

제3조의2 (공중위생 영업의 승계)

①

② [개정 2005.3.31 법률 제7428호(채무자 회생 및 파산에 관한 법률)] [시행일 2006.4.1]

③ ④ [본조신설 2002.8.26] [시행일 2003.2.26.]

제4조 (공중위생 영업자의 위생관리 의무 등)
① ② [개정 2005.3.31][시행일 2005.10.1]
③ ④ ⑤ ⑥ ⑦ [개정 2005.3.31][시행일 2005.10.1]

제5조 (공중이용 시설의 위생관리)
제6조 (이용사 및 미용사의 면허 등)
① [개정 2001.1.29. 법률 제6400호, 2001.1.19, 2005.3.31][시행일 2005.7.1]
② 다음 각 호의 1에 해당하는 자는 이용사 또는 미용사의 면허를 받을 수 없다.
 * 각호 : 1호 - 5호

제7조 (이용사 및 미용사의 면허취소 등)
① [개정 2005.3.31][[시행일 2005.7.1]] * 각 호 : 1호 - 3호 ②

제8조 (이용사 및 미용사의 업무범위 등) ① ② ③
제9조 (보고 및 출입·검사)
① [개정 2002.8.26, 2005.3.31] [시행일 2005.7.1]
② ③

제9조의2 (영업의 제한) [본조신설 2004.1.29]
제10조 (위생지도 및 개선명령) [개정 2005.3.31][시행일 2005.7.1] * 각호 : 1호 - 3호
제11조 (공중위생 영업소의 폐쇄 등)
① [개정 2002.8.26.] [시행령 2003.2.26.]
② ③ * 각호 : 1호 - 3호 ④ ⑤

제11조의2 (과징금 처분) (과징금처분)
① ② ③ [본조신설 2002.8.26] [시행일 2003. 2.26.]

제11조의3 (행정제재 처분효과의 승계)
① ② [본조신설 2002.8.26] [시행일 2003.2.26.]

제12조 (청문) [개정 2002.8.26, 2005.3.31] [시행일 2005.7.1]

제13조 (위생서비스 수준의 평가)
① [개정 2005.3.31][시행일 2005.7.1]
② [개정 2005.3.31][시행일 2005.7.1]
③ [개정 2005.3.31][시행일 2005.7.1]
④

제14조 (위생관리 등급 공표 등)
① [개정 2005.3.31][시행일 2005.7.1]
② [개정 2005.3.31][시행일 2005.7.1]
③ [개정 2005.3.31][시행일 2005.7.1]
④ [개정 2005.3.31][시행일 2005.7.1]

제15조 (공중위생 감시원)
① [개정 2005.3.31][시행일 2005.7.1] ②

제15조의2 (명예 공중위생 감시원)
① [개정 2005.3.31][시행일 2005.10.1] ② [본조신설 2002.8.26][시행일 2003.2.26.]

제16조 (공중위생 영업자 단체의 설립)
제17조 (위생교육)
① [개정 2002.8.26., 2004.1.29]
② [개정 2002.8.26.]
③ 삭제 [2002 .8.26.]
④ [개정 2004.1.29]

제18조 (위임 및 위탁)
① ② [신설 2000·1·12][시행일 2000·7·13]

제19조 (국고보조)
제19조의2 (수수료) [신설2005.3.31][시행일 2005.10.1]
제20조 (벌칙)
① [개정 2002.8.26.][시행일 2003.2.26.] * 각호 : 1호 - 2호
② [개정 2002.8.26.] [시행일 2003.2.26.] * 각호 : 1호 - 3호

③ * 각호 : 1호 - 2호

제21조 (양벌규정)
제22조 (과태료)
① [개정 2002.8.26, 2005.3.31] [시행일 2005.10.1] * 각호 : 1호 - 5호
② [개정 2002.8.26.] [시행일 2003.2.26.] * 각호 : 1호 - 3호

제23조 (과태료의 부과·징수절차) ① ② ③ ④

## 부칙

부칙 [2005.3.31 제7428호(채무자 회생 및 파산에 관한 법률)]
제1조(시행일) 이 법은 공포 후 1년이 경과한 날부터 시행한다.
제2조 내지 제4조 생략
제5조(다른 법률의 개정)
① 내지 ⑩ 생략
⑪ 공중위생 관리법 일부를 다음과 같이 개정한다.
제3조의2 제2항 중 "파산법"을 "「채무자 회생 및 파산에 관한 법률」"로 한다.
⑫ 내지[145] 생략
제6조 생략

### 5.3.1. 공중위생 관리법 시행령

제1조 (목적) 이 영은「공중위생관리법」서 위임된 사항과 그 시행에 관하여 필요한 사항을 규정함을 목적으로 한다. [개정 2005.11.1]

제2조 (적용제외 대상)
① [개정 2005.3.18 대통령령 제18740호(청소년활동 진흥법 시행령), 2005.11.1] * 각호 : 1호 - 3호 ② [개정 2005.11.1] * 각호 : 1호 - 3호

제3조 (공중이용시설) [개정 2001.7.7.대령 제17296호, 2004.5.25. 대통령령 제18402호(다중 이용시설 등의 실내공기질 관리법시행령), 2005.11.1] * 각호 : 1호 - 6호
제4조 삭제 [2003.04.04.]
제5조 삭제 [2003.04.04.]
제6조 (마약외의 약물 중독자)

제7조 삭제 [2003.04.04.]

제7조의2 (과징금을 부과할 위반행위의 종별과 과징금의 금액)

① ② [본조신설 2003.04 .04.]

제7조의3 (과징금의 부과 및 납부)

① ② ③ ④ ⑤ ⑥ [본조신설 2003.04.04.]

제8조 (공중위생 감시원의 자격 및 임명)

① [개정 2003.04.04, 2005.11.1] * 각호 : 1호 - 3호 ② [개정 2005.11.1]

제9조 (공중위생 감시원의 업무범위) * 각호 : 1호 - 6호

제9조의2 (명예 공중위생 감시원의 자격 등)

① [개정 2005.11.1] * 각호 : 1호 - 2호

② [개정 2005.11.1] * 각호 : 1호 - 3호

③ [개정 2005.11.1]

④ [개정 2005.11.1] [본조신설 2003.04.04.]

제10조 (세탁물관리 사고로 인한 분쟁의 조정)

제10조의2 (수수료) * 각호 : 1호 - 2호

제11조 (과태료의 부과·징수절차)

① ② [개정 2004.3.17]

③ [개정 2003.04.04.] ④

## 부칙

부칙 [2005.11.1 제19111호]

① (시행일) 이 영은 공포한 날부터 시행한다. 다만, 제2조 제1항 제1호의 개정규정은 2005년 11월 5일부터 시행한다.

② (수수료에 관한 적용례) 제10조의2의 개정규정은 이 영 시행 후 최초로 이용사 또는 미용사의 면허를 신청하는 자부터 적용한다.

**[별표 1] <신설 2003.4.4> 과징금 산정기준(제7조의2관련)**

1. 일반기준

가. 영업정지 1월은 30일로 계산한다.

나. 과징금 부과의 기준이 되는 매출금액은 당해 업소에 대한 처분일이 속한 연도의 전년도의 1년간 총 매출금액을 기준으로 한다. 다만, 신규사업·휴업 등으로 인하여 1년 간의 총 매출금액을 산출할 수 없거나 1년간의 총 매출금액을 기준으로 하는 것이 불합리하다고 인정되는 경우에는 분기별·월별 또는 일별 매출금액을 기준으로 산출 또는 조정한다.

2. 과징금 부과기준

| 등 급 | 전년도 연간 총 매출금액(단위 : 백만원) | 영업정지 1일에 해당하는 과징금(단위 : 원) |
|---|---|---|
| 1 | 30 미만 | 30,000 |
| 2 | 30 이상 ~ 100 미만 | 41,000 |
| 3 | 100 이상 ~ 200 미만 | 52,000 |
| 4 | 200 이상 ~ 350 미만 | 63,000 |
| 5 | 350 이상 ~ 510 미만 | 74,000 |
| 6 | 510 이상 ~ 680 미만 | 85,000 |
| 7 | 680 이상 ~ 860 미만 | 96,000 |
| 8 | 860 이상 ~ 1,040 미만 | 105,000 |
| 9 | 1,040 이상 ~ 1,240 미만 | 114,000 |
| 10 | 1,240 이상 ~ 1,460 미만 | 123,000 |
| 11 | 1,460 이상 ~ 1,710 미만 | 132,000 |
| 12 | 1,710 이상 ~ 2,000 미만 | 141,000 |
| 13 | 2,000 이상 ~ 2,300 미만 | 150,000 |
| 14 | 2,300 이상 ~ 2,600 미만 | 159,000 |
| 15 | 2,600 이상 ~ 3,000 미만 | 168,000 |
| 16 | 3,000 이상 ~ 3,400 미만 | 177,000 |
| 17 | 3,400 이상 ~ 3,800 미만 | 186,000 |
| 18 | 3,800 이상 ~ 4,300 미만 | 195,000 |
| 19 | 4,300 이상 ~ 4,800 미만 | 204,000 |
| 20 | 4,800 이상 ~ 5,400 미만 | 213,000 |
| 21 | 5,400 이상 ~ 6,000 미만 | 222,000 |
| 22 | 6,000 이상 ~ 6,700 미만 | 231,000 |
| 23 | 6,700 이상 ~ 7,500 미만 | 240,000 |
| 24 | 7,500 이상 ~ 8,600 미만 | 249,000 |
| 25 | 8,600 이상 ~ 10,000 미만 | 258,000 |
| 26 | 10,000 이상 ~ 12,000 미만 | 267,000 |
| 27 | 12,000 이상 ~ 15,000 미만 | 276,000 |
| 28 | 15,000 이상 ~ 20,000 미만 | 285,000 |
| 29 | 20,000 이상 ~ 25,000 미만 | 294,000 |

| 30 | 25,000 이상 ~ 30,000 미만 | 303,000 |
|---|---|---|
| 31 | 30,000 이상 ~ 35,000 미만 | 312,000 |
| 32 | 35,000 이상 ~ 40,000 미만 | 321,000 |
| 33 | 40,000 이상 | 330,000 |

**[별표 2] <개정 2005.11.1> 과태료의 부과금액(제11조제3항 관련)**

1. 일반기준

과태료 처분권자는 당해 위반행위의 동기와 그 결과 등을 참작하여 해당 금액의 2분의 1의 범위 안에서 이를 경감하거나 가중할 수 있다. 이 경우 가중 처분하는 때에도 법 제22조의 규정에 의한 과태료 부과 한도액을 초과할 수 없다.

2. 개별기준

| 위 반 행 위 | 해 당 법 조 문 | 과태료 금액(만원) |
|---|---|---|
| 1. 법 제4조 제2항의 규정에 위반하여 목욕장의 욕수중 원수의 수질기준을 위생적으로 유지하지 아니한 자로서 제10조의 규정에 의한 개선명령에 따르지 아니 한 자 | 법 제22조 제1항 제1호의 2 | 100 |
| 2. 법 제4조 제2항의 규정에 위반하여 목욕장의 욕수중 욕조수의 수질기준을 위생적으로 유지하지 아니한 자로서 제10조의 규정에 의한 개선명령에 따르지 아니한 자 | 법 제22조 제1항 제1호 | 70 |
| 3. 법 제4조 제7항의 규정에 위반하여 숙박업소의 시설 및 설비를 위생적이고 안전하게 관리하지 아니한 자 | 법 제22조 제1항 제2호 | 50 |
| 4. 법 제4조 제7항의 규정에 위반하여 목욕장업소의 시설 및 설비를 위생적이고 안전하게 관리하지 아니한 자 | 법 제22조 제1항 제3호 | 50 |
| 5. 법 제9조의 규정에 의한 보고를 하지 아니하거나 관계공무원의 출입·검사 기타 조치를 거부·방해 또 는 기피한 자 | 법 제22조 제1항 제4호 | 100 |
| 6. 법 제10조의 규정에 의한 개선명령에 위반한 자 | 법 제22조 제1항 제5호 | 100 |
| 7. 법 제4조 제3항 각호 및 제7항의 규정에 위반하여 이용업소의 위생관리 의무를 지키지 아니한 자 | 법 제22조 제2항 제1호 | 50 |
| 8. 법 제4조 제4항 각호 및 제7항의 규정에 위반하여 미용업소의 위생관리 의무를 지키지 아니한 자 | 법 제22조 제2항 제2호 | 50 |
| 9. 법 제4조 제5항 및 제7항의 규정에 위반하여 세탁업소의 위생관리 의무를 지키지 아니한 자 | 법 제22조 제2항 제3호 | 30 |
| 10. 법 제4조 제6항 및 제7항의 규정에 위반하여 위생관 이용이업소의 위생관리 의무를 지키지 아니한 자 | 법 제22조 제2항 제4호 | 30 |
| 11. 법 제8조 제2항의 규정에 위반하여 영업소외의 장소에서 이용 또는 미용업무를 행한자 | 법 제22조 제2항 제5호 | 70 |
| 12. 법 제17조 제1항의 규정에 위반하여 위생교육을 받지 아니한 자 | 법 제22조 제2항 제6호 | 20 |

### 5.3.2. 공중위생관리법 시행규칙

제1조 (목적) 이 규칙은「공중위생관리법」 및 동법시행령에서 위임된 사항과 그 시행에 관하여 필요한 사항을 규정함을 목적으로 한다. [개정 2005.11.1]

제2조 (시설 및 설비기준)「공중위생관리법」(이하 "법"이라 한다) 제3조 제1항의 규정에 의한 공중위생영업의 종류별 시설 및 설비기준은 별표 1과 같다. [개정 2005.11.1]

제3조 (공중위생영업의 신고)

① [개정 2005.6.8 (전자적 민원처리를 위한 「공중위생관리법 시행규칙」등 일부개정령)] * 각호 : 1호 - 3호 ② ③ * 각호 : 1호 - 2호

제3조의2 (변경신고)

① [개정 2005.11.1] * 각호 : 1호 - 4호

② [개정 2005.6.8 (전자적 민원처리를 위한 「공중위생관리법 시행규칙」등 일부개정령)] * 각호 : 1호 - 2호 ③ [본조신설 2003.06.07.]

제3조의3 (공중위생영업의 폐업신고) [본조신설 2005.11.1][본조개정 2005.11.1 종전의 제3조의3은 제3조의4로 이동

제3조의4 (영업자의 지위승계신고) [개정 2005.6.8 (전자적 민원처리를 위한「공중위생 관리법 시행규칙」등 일부개정령)] * 각호 : 1호 - 3호

제4조 (목욕장욕 수의 수질기준 등) 별표 2와 같다.

제5조 (이·미용기구의 소독기준 및 방법) 별표 3과 같다.

제6조 (세제의 종류 등) [개정 2005.11.1] [시행일 2006.11.1] * 각호 : 1호 - 4호

제7조 (공중위생영업자가 준수하여야 하는 위생관리기준 등) 별표 4와 같다.

제8조 (공중이용시설의 위생관리기준) ① ②별표 6과 같다.

제9조 (이용사 및 미용사의 면허)

① [개정 2005.11.1] * 각호 : 1호 - 5호

② ③ [개정 2005.11.1][전문개정 2003.06.07.]

제10조 (면허증의 재교부 등)

① ② [개정 2003.06.07, 2005.10.17 제333호(전자적 민원처리를 위한 간호조무사 및 의료유사업자에 관한 규칙 등), 2005.11.1] * 각호 : 1호 - 5호

③ [개정 2005.11.1]

제11조 삭제 [2003.06.07.]

제12조 (면허증의 반납 등)
① [개정 2005.11.1]
② [개정 2005.11.1]

제13조 (영업소외에서의 이용 및 미용업무) [개정 2005.11.1] * 각호 : 1호 - 3호
제14조 (업무범위)
제15조 (검사의뢰) [개정 2005.11.1] * 각호 : 1호 - 2호
제16조 (공중위생영업소 출입·검사결과의 기록 등)
① [개정 2003.06.07.]
② [개정 2003.06.07.]

제17조 (개선기간)
① [개정 2005.11.1]
② [개정 2005.11.1]

제18조 (개선명령시의 명시사항) [개정 2005.11.1]
제19조 (행정처분기준) 별표 7과 같다.
제20조 (위생서비스 수준의 평가주기) [본조제목개정 2005.11.1]
제21조 (위생관리 등급의 구분 등) ① ②
제22조 (위생관리 등급의 통보 및 공표절차 등)
① 삭제 [2005.11.1]
② [개정 2003. 06.07, 2005.11.1]
③ [개정 2005.11.1]

제23조 (위생 교육시간 등) ① ② ③ ④ ⑤ ⑥ [전문개정 2004.8.6]
제24조 (과징금 및 과태료의 징수절차) ① ② [전문개정 2003.06.07.]

## 부칙

부칙 [2005.11.1 제335호]

제1조(시행일) 이 규칙은 공포한 날부터 시행한다. 다만, 제6조의 개정규정은 이 규칙 시행 후 1년이 경과한 날부터 시행한다.

제2조(폐업신고에 관한 적용례) 제3조의4의 개정규정은 이 규칙 시행 후 최초로 폐업을 하는 자부터 적용한다.

제3조(시설기준 등의 변경에 따른 경과조치)

① 이 규칙 시행당시 법 제2조 제1항 제3호 가목의 규정에 의한 서비스를 제공하는 영업을 하고 있는 자는 별표 1의 개정규정에 의한 시설 및 설비를 2006년 3월 31일까지 갖추어야 한다.

② 이 규칙 시행당시 법 제2조 제1항 제3호의 규정에 의한 목욕장업을 하고 있는 자는 별표 4 제2호 다목·라목(6)·(11)의 개정규정에 의한 시설 및 설비를 2006년 3월 31일까지 갖추어야 한다.

**[별표 1] <개정 2003.6.7, 2005.11.1>**

**공중위생영업의 종류별 시설 및 설비기준(제2조관련)**

1. 목욕장업

가. 욕실·욕조 및 샤워기를 갖춘 목욕실과 탈의실, 발한실을 각각 설치하여야 한다. 다만, 법 제2조 제1항 제3호 가목의 규정에 의한 서비스만을 제공하는 영업을 하는 경우에는 발한실을 설치하지 아니할 수 있고, 법 제2조 제1항 제3호 나목의 규정에 의한 서비스만을 제공하는 영업을 하는 경우에는 목욕실을 설치하지 아니할 수 있다.

나. 발한실 내에 발열기(맥반석 등을 직접 가열하여 발한을 돕는 시설 등)를 설치하는 경우에는 그 주변에 방열 및 불연소재의 안전망을 설치하여야 한다.

다. 발한실은 실내가 잘 보이도록 하여야 하고, 밀실 형태로 구획하여서는 아니 된다.

라. 탈의실과 목욕실은 남녀 구분하여 운용하여야 한다.

마. 목욕실·발한실·탈의실·편의시설 및 휴식실(해당 시설을 설치하는 경우에 한한다)은 각각 별도로 구획하여야 한다.

바. 욕조수를 순환하여 여과시키는 경우에는 자동 유입기에 의한 염소 소독장치 또는 오존장치를 설치하여야 한다.

사. 목욕실·발한실 및 탈의실 외의 시설에 무인 감시카메라(CCTV)를 설치할 수 있으며, 무인 감시카메라를 설치하는 경우에는 반드시 그 설치여부를 이용객이 잘 알아볼 수 있게 안내문을 게시하여야 한다.

2. 이용업

가. 이용기구는 소독을 한 기구와 소독을 하지 아니한 기구를 구분하여 보관할 수 있는 용기를 비치하여야 한다.

나. 소독기·자외선 살균기 등 이용기구를 소독하는 장비를 갖추어야 한다.

다. 응접장소와 작업 장소 또는 의자와 의자를 구획하는 커튼·칸막이 그 밖에 이와 유사한 장애물을 설치하여서는 아니 된다.

라. 영업소 안에는 별실 그 밖에 이와 유사한 시설을 설치하여서는 아니 된다.

3. 미용업

가. 미용기구는 소독을 한 기구와 소독을 하지 아니한 기구를 구분하여 보관할 수 있는 용기를 비치하여야 한다.

나. 소독기·자외선살균기 등 미용기구를 소독하는 장비를 갖추어야 한다.

다. 응접장소와 작업장소 또는 의자와 의자를 구획하는 커튼·칸막이 그 밖에 이와 유사한 장애물을 설치하여서는 아니 된다. 다만, 피부미용 업무를 행하는 동안 베드와 베드사이에 120㎝ 이하의 이동용 간이 칸막이는 사용할 수 있다.

라. 영업소 안에는 별실 그 밖에 이와 유사한 시설을 설치하여서는 아니 된다.

4. 세탁업

가. 세탁용 약품을 보관할 수 있는 견고한 보관함을 설치하여야 한다. 다만, 세탁용품을 따로 보관할 수 있는 창고 등이 있는 경우에는 그러하지 아니하다.

5. 위생관리 용역업

가. 건축물 바닥을 닦고 광택을 내는 25㎝ 이상의 마루 광택기를 2대 이상 비치하여야 한다.

나. 진공청소기(집수 및 집진용)를 2대 이상 비치하여야 한다.

다. 업무수행에 필요한 안전벨트·안전모 및 로프를 갖추어야 한다.

라. 먼지, 일산화탄소, 이산화탄소를 측정하는 측정 장비를 갖추어야 한다. 다만, 공중위생관리법시행령 제3조 제1호의 규정에 의한 건축물규모 이하의 건축물을 청소하는 경우에는 그러하지 아니하다.

**[별표 2] <개정 2003.6.7>**

**목욕장 욕수의 수질기준과 수질검사방법 등(제4조관련)**

Ⅰ. 욕수의 수질기준

1. 원수

가. 색도는 5도 이하로 하여야 한다.

나. 탁도는 1NTU(Nephelometric Turbidity Unit) 이하로 하여야 한다.

다. 수소이온농도는 5.8 이상 8.6 이하로 하여야 한다.

라. 과망간산칼륨 소비량은 10mg/l 이하가 되어야 한다.

마. 총대장균군은 100ml중에서 검출되지 아니하여야 한다.

2. 욕조수

가. 탁도는 1.6NUT(Nephelometric Turbidity Unit) 이하로 하여야 한다. 이 경우 다른 법령에 의하여 목욕장에서 사용할 수 있도록 허가받은 제품을 첨가한 때에는 당해 제품에서 발생한 탁도는 계산하지 아니한다.

나. 과망간산칼륨 소비량은 25mg/l 이하가 되어야 한다.

다. 대장균군은 1ml중에서 1개를 초과하여 검출되지 아니하여야 한다. 이 경우 평판마다 30개 이하의 균체의 군락이 형성되었을 때는 원액을 접종한 평판의 균체의 군락을 평균하며, 기재는 반드시 1ml 중 몇 개라고 표시한다.

3. 그 밖의 사항

가. 해수를 욕수로 하는 경우에는 환경정책 기본법 제10조, 동법 시행령 제2조 및 별표 1의 제3호 라목(1)의 규정에 의한 Ⅰ등급(수소이온농도, 화학적 산소요구량, 대장균 균수에 한한다)의 기준에 의하되, 화학적 산소요구량(COD)항목은 원수는 Ⅱ등급, 욕조수는 Ⅲ등급기준에 준한다.

### Ⅱ. 수질검사방법 등

1. 원수의 수질검사방법은 먹는 물 수질 공정시험방법에 의한다. 다만, 욕조수의 대장균군 검사는 수질환경보전법 제7조의 규정에 따라 환경부장관이 정하는 수질오염공정 시험방법의 대장균군 시험방법 중 평판집락시험방법에 의한다.
2. 욕조수의 대장균군을 검사하는 경우의 채수 방법은 욕조의 대각선(욕조에 대각선이 없는 경우에는 욕조의 양쪽 끝간의 거리가 가장 긴 지점을 연결한 선을 말한다)을 기준으로 욕수를 3등분하여 물의 표면에서 같은 양의 욕수를 채수하되, 균일하게 혼합하여 1개의 시료로 사용한다.
3. 욕수의 수질검사에 필요한 시료를 채취하는 경우 이화학시험용은 1개의 용기에 2L 이상을 채취하여야 하고, 대장균군 시험용은 멸균된 100ml 이상의 용기에 채취하되, 채취된 시료는 섭씨 10이하의 저온으로 유지하여야 하고, 6시간 이내에 검사기관의 검사실에 도착하여야 한다.

## [별표 3] 이용기구 및 미용기구의 소독기준 및 방법(제5조관련)

### Ⅰ. 일반기준

1. 자외선소독 : 1㎠당 85㎼ 이상의 자외선을 20분 이상 쬐어준다.

2. 건열멸균소독 : 섭씨 100℃ 이상의 건조한 열에 20분 이상 쐬어준다.
3. 증기소독 : 섭씨 100℃ 이상의 습한 열에 20분 이상 쐬어준다.
4. 열탕소독 : 섭씨 100℃ 이상의 물속에 10분 이상 끓여준다.
5. 석탄산수소독 : 석탄산수(석탄산 3%, 물 97%의 수용액을 말한다)에 10분 이상 담가둔다.
6. 크레졸소독 : 크레졸수(크레졸 3%, 물 97%의 수용액을 말한다)에 10분 이상 담가둔다.
7. 에탄올소독 : 에탄올수용액(에탄올이 70%인 수용액을 말한다. 이하 이 호에서 같다)에 10분 이상 담가두거나 에탄올수용액을 머금은 면 또는 거즈로 기구의 표면을 닦아준다.

Ⅱ. 개별기준

이용기구 및 미용기구의 종류·재질 및 용도에 따른 구체적인 소독기준 및 방법은 보건복지부장관이 정하여 고시한다.

**[별표 4] <개정 2003.6.7, 2005.11.1>**

**공중위생영업자가 준수하여야 하는 위생관리기준 등(제7조 관련)**

1. 숙박업자

가. 객실·침구 등의 청결

(1) 객실·접객대·로비시설·복도·계단·욕실·샤워시설·세면시설 및 화장실 등에는 해충이 발생하지 아니하도록 매월 1회 이상 소독을 하여야 한다. 다만, 전염병 예방법령이 정하는 바에 따라 소독을 하여야 하는 업소의 경우에는 관계법령이 정하는 바에 의한다.

(2) 요·이불·베개 등 침구의 포와 수건은 숙박자 1인이 사용할 때마다 세탁하여야 하며, 수시로 일광 그 밖의 방법에 따라 건조시켜야 한다.

(3) 객실의 먹는 물은 끓인 물이거나 먹는 물 관리법령에 의한 먹는 물의 수질기준에 적합 한 물이어야 하고, 깨끗한 용기에 담아 비치하여야 한다.

나. 욕실 등의 위생관리

욕수는 별표 2의Ⅰ. 수질기준 중 제2호의 규정에 의한 기준에 적합하여야 한다.

다. 환기 및 조명

(1) 환기용 창 등은 수시로 개방하여 환기가 충분히 될 수 있도록 하여야 한다.

(2) 기계환기 설비는 항상 가동될 수 있도록 하고, 수시로 가동시켜 환기가 충분

히 될 수 있도록 하여야 한다.

(3) 객실·접객대 및 로비시설의 조명도는 75Lux 이상이 되도록 유지하여야 하며, 복도·계단·욕실·샤워시설·세면시설 및 화장실의 조명도는 20Lux(복도 및 계단의 경우 심야에는 10Lux) 이상이 되도록 유지하여야 한다.

라. 그 밖의 준수사항

숙박영업자는 업소내에 숙박업 신고증을, 접객대에 숙박요금표를 각각 게시하여야 한다.

## 2. 목욕장업자

가. 목욕실 등의 청결

(1) 목욕실은 해충이 발생되지 아니하도록 매월 1회 이상 소독을 하여야 한다.

(2) 탈의실 · 옷장·목욕실·발한실·물통·깔판·휴게실·휴식실 · 현관 및 화장실 등은 매일 1회 이상, 배수시설 및 오수조는 수시로 청소하여야 한다.

(3) 수건 · 가운 및 대여복을 손님에게 제공할 때에는 반드시 세탁한 것을 제공하여야 한다.

(4) 이용기구 또는 미용기구를 비치할 경우에는 소독을 한 기구와 소독을 하지 아니한 기구를 각각 다른 용기에 넣어 보관하여야 한다.

(5) 부대설비로 좌욕기 및 훈증기 등을 설치하는 경우에는 손님 1인이 사용할 때마다 반드시 소독하여야 한다.

(6) 욕수는 별표 2의 I. 욕수의 수질기준 중 제2호의 규정에 의한 기준에 적합하도록 유지 하여야 하며 매년 1회 이상 수질검사를 하여야 한다.

나. 발한실 등의 안전관리

발한실 안에는 온도계를 비치하고, 발한실 안과 밖에 이용시 주의사항 등에 관한 내용이 포함된 게시문을 붙여야 한다.

다. 조명 및 환기

(1) 발한실 · 휴게실 · 탈의실 · 접객대 · 복도 · 계단 · 현관 및 화장실 그 밖에 입욕자가 직접이용하는 장소의 조명도는 75룩스 이상이 유지되도록 하여야 한다.

(2) 휴식실 · 목욕실 및 세면시설의 조명도는 40룩스 이상이 유지되도록 하여야 한다.

(3) 목욕실 · 편의시설 · 휴게실 및 휴식실 등에는 실내공기를 정화할 수 있는 용량에 맞는 환풍 시설 및 정화시설을 설치하거나 환기용 창을 설치하여야 한다.

라. 그 밖의 준수사항

(1) 다음에 해당되는 자를 출입시켜서는 아니 된다.

(가) 전염성질환자로 인정되는 자(온천수 또는 해수를 사용하는 목욕장으로서 환자의 요양을 위한 입욕시설에서 입욕하는 경우를 제외한다)

(나) 다른 사람의 목욕에 방해가 될 우려가 있다고 인정되는 정신질환자

(다) 음주 등으로 목욕장의 정상적인 이용이 곤란하다고 인정되는 자

(2) 목욕실 및 탈의실은 만 5세 이상의 남녀를 함께 입장시켜서는 아니 된다.

(3) 목욕실·탈의실 및 발한실에 종사하는 자는 남자목욕장의 경우에는 남자, 여자목욕장의 경우에는 여자에 한하여 종사하도록 하여야 한다.

(4) 목욕실·탈의실 및 발한실에 이성의 입욕보조 행위를 하는 자를 두어서는 아니 된다.

(5) 영업소 안에 목욕업신고 증, 접객대에 목욕 요금표를 게시하여야 한다.

(6) 발한실 입구에 아래 해당자에 대한 입욕 주의문을 붙여 게시하여야 한다.

(가) 감기에 걸렸거나 만 5세 미만 또는 전신 쇠약 증세 어린이

(나) 수축기 혈압이 180㎜Hg 이상인 자

(다) 백내장이 우려되거나 안면홍조증 환자인 자

(라) 노약자·임산부·고열환자 및 중증심장병 환자

(마) 술을 마신 후 2시간 이내의 자

(바) 출혈을 많이 한 자

(7) 법 제2조 제1항 제3호 나목의 규정에 의한 서비스를 제공하는 목욕장업의 영업자가 남녀 공용 발한실을 운영하고자 하는 경우에는 발한복을 착용한 뒤 출입하거나 이용할 수 있게 하여야 한다.

(8) 숙박에 이용되는 침구류 등을 비치하여서는 아니 된다. 다만, 이용자의 일시적 수면이나 휴식을 위한 대형타월 및 베개 등은 비치할 수 있다.

(9) 목욕장 안의 먹는 물은 정수기를 사용한 물이거나 「먹는 물 관리법」에 의한 먹는 물의 수질기준에 적합한 물이어야 한다.

(10) 법 제2조 제1항 제3호 나목의 규정에 의한 서비스를 제공하는 목욕장 업으로서 24시간 영업을 하는 영업소의 경우에는 22:00 이후부터 05:00까지 「청소년 보호법」에 의한 청소년의 출입을 제한하여야 한다. 다만, 보호자가 동행하는 경우에는 그러하지 아니하다.

(11) 영업소의 표시는 신고된 명칭(상호) 및 영업의 종류를 표시하여야 하며 다른 업종으로 오인될 우려가 있는 표시를 하여서는 아니 된다.

(12) 영업소 안에 별지 제12호 서식의 출입 · 검사 등의 기록부를 비치하여야 한다.

### 3. 이용업자

가. 이용기구 중 소독을 한 기구와 소독을 하지 아니한 기구는 각각 다른 용기에 넣어 보관 하여야 하다.

나. 1회용 면도날은 손님 1인에 한하여 사용하여야 한다.

다. 업소 내에 이용업신고 증, 개설자의 면허증 원본 및 이용 요금표를 게시하여야 한다.

라. 영업장안의 조명도는 75룩스 이상이 되도록 유지하여야 한다.

### 4. 미용업자

가. 점빼기·귓볼 뚫기·쌍꺼풀수술·문신·박피술 그 밖에 이와 유사한 의료행위를 하여서는 아니 된다.

나. 피부미용을 위하여 약사법 규정에 의한 의약품 또는 의료용구를 사용하여서는 아니 된다.

다. 미용기구 중 소독을 한 기구와 소독을 하지 아니한 기구는 각각 다른 용기에 넣어 보관 하여야 하다.

라. 1회용 면도날은 손님 1인에 한하여 사용하여야 한다.

마. 업소 내에 미용업신고 증, 개설자의 면허증 원본 및 미용 요금표를 게시하여야 한다.

바. 영업장안의 조명도는 75룩스 이상이 되도록 유지하여야 한다.

### 5. 세탁업자

가. 드라이크리닝용 세탁기는 유기용제의 누출이 없도록 항상 점검하여야 하고, 사용 중에 누출되지 아니 하도록 하여야 한다.

나. 세탁물에는 세탁물의 처리에 사용된 세제·유기용제 또는 얼룩제거 약제가 남지 아니 하도록 하여야 한다.

다. 세탁업자는 업소에 보관중인 세탁물에 좀이나 곰팡이 등이 생성되지 않도록 위생적으로 관리하여야 한다.

### 6. 위생관리 용역업자

가. 유기용제를 사용하여 얼룩제거 작업 등을 하는 경우에는 창문을 열고 작업하는 등 증발된 가스를 흡입하지 아니하도록 하고, 화재가 발생하지 아니하도록 주의하여야 한다.

나. 종사자에 대하여 사용장비 및 약제의 취급상의 주의사항과 취급요령을 교육

하고 안전사고를 예방하도록 하여야 한다.

7. 공중위생 영업자는 별지 제12호 서식의 출입·검사 등의 기록부를 영업소 안에 비치하여야한다. 다만, 위생관리용역업은 제외한다.

**[별표 5] <개정 2003.6.7>**

**공중이용시설의 실내공기 위생관리기준(제8조 제1항 관련)**

1. 24시간 평균 실내 미세먼지의 양이 150㎍/㎥을 초과하는 경우에는 실내공기정화시설(덕트) 및 설비를 교체 또는 청소하여야 한다.
2. 제1호의 규정에 따라 청소하여야 하는 실내공기 정화시설 및 설비는 다음 각 호와 같다.
 가. 공기정화기와 이에 연결된 급·배기관(급·배기구를 포함한다)
 나. 중앙집중식 냉·난방시설의 급·배기구
 다. 실내공기의 단순배기관
 라. 화장실용 배기관
 마. 조리실용 배기관

**[별표 6] <개정 2005.11.1>**

**공중 이용시설 안에서 발생되지 아니하여야 할 오염물질의 종류와 허용되는 요염의 기준(제8조 제2항 관련)**

| 오염물질의 종류 | 오염허용 기준 |
|---|---|
| ○미세먼지(PM-10) | 24시간 평균치 150㎍/㎥ 이하 |
| ○일산화탄소(CO) | 1시간 평균치 25ppm 이하 |
| ○이산화탄소($CO_2$ ) | 1시간 평균치 1,000ppm 이하 |
| ○포름알데이드(HCHO) | 1시간 평균치 120㎍/㎥ 이하 |

**[별표 7] <개정 2003.6.7, 2005.11.1>**

**행정처분기준(제19조관련)**

Ⅰ. 일반기준

1. 위반행위가 2 이상인 경우로서 그에 해당하는 각각의 처분기준이 다른 경우에는 그중 중한 처분기준에 의하되, 2 이상의 처분기준이 영업정지에 해당하는 경우에는 가장 중한 정지 처분 기간에 나머지 각각의 정지 처분 기간의 2분의 1을 더하여 처분한다.
2. 위반행위의 차수에 따른 행정처분기준은 최근 1년간 같은 위반행위로 행정처

분을 받은 경우에 이를 적용한다. 이때 그 기준 적용일은 동일 위반사항에 대한 행정처분일과 그 처분후의 재적발일(수거검사에 의한 경우에는 검사결과를 처분청이 접수한 날)을 기준으로 한다.

3. 행정처분권자는 위반사항의 내용으로 보아 그 위반정도가 경미하거나 해당 위반사항에 관하여 검사로부터 기소유예의 처분을 받거나 법원으로부터 선고유예의 판결을 받은 때에는 Ⅱ. 개별기준에 불구하고 그 처분기준을 다음의 구분에 따라 경감할 수 있다.

가. 영업정지의 경우에는 그 처분기준 일수의 2분의 1의 범위 안에서 경감할 수 있다.
나. 영업장 폐쇄의 경우에는 3월 이상의 영업정지 처분으로 경감할 수 있다.

## Ⅱ. 개별기준

1. 숙박업

| 위반사항 | 관련법규 | 행정처분기준 | | | |
|---|---|---|---|---|---|
| | | 1차 위반 | 2차 위반 | 3차 위반 | 4차 위반 |
| 1. 법 또는 법에 의한 명령에 위반한 때 | 법 제11조 제1항 | | | | |
| 가. 시설 및 설비기준을 위반한 때 | 법 제3조 제1항 | 개선명령 | 영업정지 15일 | 영업정지 1월 | 영업장 폐쇄명령 |
| 나. 신고를 하지 아니하고 영업소의 명칭 및 상호 또는 영업장 면적의 3분의 1 이상을 변경한 때 | 법 제3조 제1항 | 경고 또는 개선명령 | 영업정지 15일 | 영업정지 1월 | 영업장 폐쇄명령 |
| 다. 신고를 하지 아니하고 영업소의 소재지를 변경한 때 | 법 제3조 제1항 | 영업장 폐쇄명령 | | | |
| 라. 영업자의 지위를 승계한 후 1월 이내에 신고하지 아니한 때 | 법 제3조의2 제4항 | 개선명령 | 영업정지 10일 | 영업정지 1월 | 영업장 폐쇄명령 |
| 마. 공중위생영업자가 준수하여야 하는 위생관리기준 등을 위반한때 | 법 제4조 제7항 | | | | |
| (1) 객실 및 침구 등의청결을 유지하지 아니하거나 욕실 등의위생관리를 준수하지 아니한 때 | | 경고 | 영업정지 5일 | 영업정지 10일 | 영업장 폐쇄명령 |

| | | | | | |
|---|---|---|---|---|---|
| (2) 환기 또는 조명이 불량한 때 | | 개선명령 | 영업정지 5일 | 영업정지 10일 | 영업장 폐쇄명령 |
| (3) 업소내에 숙박업 신고증을 게시하지 아니하거나 접객대에 숙박요금표를 게시하지 아니한 때 | | 경고 또는 개선명령 | 영업정지 5일 | 영업정지 10일 | 영업장 폐쇄명령 |
| (4) 출입·검사 등의 기록부를 영업소 안에 비치하지 아니한 때 | | 경고 | 영업정지 5일 | 영업정지 10일 | 영업장 폐쇄명령 |
| 바. 보건복지부장관·시·도지사 또는 시장·군수·구청장이하도록 한 필요한 보고를 하지 아니하거나 거짓으로 보고한 때 또는 관계공무원의출입·검사를 거부·기피하거나 방해한때 | 법 제9조 제1항 | 영업정지 10일 | 영업정지 20일 | 영업정지 1월 | 영업장 폐쇄명령 |
| 사. 보건복지부장관·시·도지사 또는 시장·군수·구청장의 개선명령을 이행하지 아니한 때 | 법 제10조 | 경 고 | 영업정지 10일 | 영업정지 1월 | 영업장 폐쇄명령 |
| 아. 영업정지처분을 받고 그 영업정지기간중에 영업을 한 때 | 법 제11조 제1항 | 영 업 장 폐쇄명령 | | | |
| 자. 위생교육을 받지 아니한 때 | 법 제17조 | 경 고 | 영업정지 5일 | 영업정지 10일 | 영업장 폐쇄명령 |
| 2. 풍속영업의규제에관한 법률·청소년보호법· 의료법에 위반하여 관계행정기관의 장의 요청이 있는 때 | 법 제11조 제1항 | | | | |
| 가. 업소에서 음란한 문서·도서·영화·음반·비디오물 그 밖에 물건(이하 "음란 | | 영업정지 2월 | 영업정지 3월 | 영업장 폐쇄명령 | |

| | | | | | |
|---|---|---|---|---|---|
| 한 물건"이라 한다)을 반포·판매·대여하거나 이를 하게 하는 행위와 음란한 물건을 관람·열람하게 하는 행위 및 반포·판매·대여·관람·열람의 목적으로 음란한 물건을 진열 또는 보관한 때 | | | | | |
| 나. 숙박자에게 윤락행위 또는 음란행위를 하게 하거나 이를 알선 또는 제공한 때 | | 영업정지 2월 | 영업정지 3월 | 영업장 폐쇄명령 | |
| 다. 숙박자에게 도박 그 밖에 사행행위를 하게 한 때 | | 영업정지 1월 | 영업정지 2월 | 영업장 폐쇄명령 | |
| 라. 청소년에 대하여 이성혼숙을 하게 하는등 풍기를 문란하게 하는 영업행위를 하거나 그를 목적으로 장소를 제공한 때 | | 영업정지 2월 | 영업정지 3월 | 영 업 장 폐쇄명령 | |
| 마. 무자격안마사로 하여금 안마사의 업무에 관한 행위를 하게 한때 | | 영업정지 1월 | 영업정지 2월 | 영업장 폐쇄명령 | |

2. 목욕장업

| 위반사항 | 관련법규 | 행 정 처 분 기 준 | | | |
|---|---|---|---|---|---|
| | | 1차 위반 | 2차 위반 | 3차 위반 | 4차 위반 |
| 1. 법 또는 법에 의한 명령에 위반한 때 | 법 제11조 제1항 | | | | |
| 가. 시설 및 설비기준을 위반한 때 | 법 제3조 제1항 | 개선명령 | 영업정지 15일 | 영업정지 1월 | 영 업 장 폐쇄명령 |
| 나. 신고를 하지 아니하고 영업소의 명칭 및 상호 또는 영업장 면적의 3분의 1 | 법 제3조 제1항 | 경고 또는 개선명령 | 영업정지 15일 | 영업정지 1월 | 영 업 장 폐쇄명령 |

| | | | | | |
|---|---|---|---|---|---|
| 이상을 변경한 때 | | | | | |
| 다. 신고를 하지 아니하고 영업소의 소재지를 변경한 때 | 법 제3조 제1항 | 영 업 장 폐쇄명령 | | | |
| 라. 영업자의 지위를 승계한 후 1월 이내에 신고하지 아니한 때 | 법 제3조의2 제4항 | 개선명령 | 영업정지 10일 | 영업정지 1월 | 영 업 장 폐쇄명령 |
| 마. 욕수의 수질기준에 적합하게 욕수를 유지하지 아니한 때 | 법 제4조 제2항 | 개선명령 | 영업정지 10일 | 영업정지 15일 | 영 업 장 폐쇄명령 |
| 바. 공중위생영업자가 준수하여야 하는 위생관리기준 등을 위반한 때 | 법 제4조 제1항, 제2항 및 제7항 | | | | |
| (1) 목욕실 등의 청결을 유지하지 아니한 때 | | 경　고 | 영업정지 5일 | 영업정지 10일 | 영 업 장 폐쇄명령 |
| (2) 발한실의 안전관리를 하지 아니한 때 또는 조명기준을 준수하지 아니한 때 | | 개선명령 | 영업정지 5일 | 영업정지 10일 | 영 업 장 폐쇄명령 |
| (3) 전염성질환자 또는 목욕에 방해가 될 우려가 있는 자, 음주 등으로 목욕이 곤란하다고 인정되는 자를 입욕하게 한 때 | | 경　고 | 영업정지 10일 | 영업정지 10일 | 영 업 장 폐쇄명령 |
| (4) 목욕실 및 탈의실 내에 만 5세 이상의 남녀를 함께 입장시킨때 | | 경　고 | 영업정지 5일 | 영업정지 10일 | 영 업 장 폐쇄명령 |
| (5) 목욕실·탈의실 및 발한실에 이성의 종사자를 둔 때 | | 영업정지 1월 | 영업정지 2월 | 영 업 장 폐쇄명령 | |
| (6) 목욕실·탈의실 및 발한실에 이성의 입욕보조자를 둔 때 | | 영 업 장 폐쇄명령 | | | |
| (7) 목욕장업 신고증 및 목욕 요금표를 | | 경고 또는 개선명령 | 영업정지 5일 | 영업정지 10일 | 영 업 장 폐쇄명령 |

| | | | | | |
|---|---|---|---|---|---|
| 게시하지 아니한 때 | | | | | |
| (8) 숙박을 목적으로 침구류 등을 비치한 때 | | 경고 또는 개선명령 | 영업정지 10일 | 영업정지 1월 | 영업장 폐쇄명령 |
| (9) 발한실의 실내가 보이지 아니하거나 밀실 등의 형태로 구획한 때 | | 개선명령 | 영업정지 10일 | 영업정지 1월 | 영업장 폐쇄명령 |
| (10) 목욕장 안 먹는물의 수질기준을 위반한 때 | | 개선명령 | 영업정지 5일 | 영업정지 10일 | 영업장 폐쇄명령 |
| (11) 22:00 이후 부터 05:00 까지 청소년을 출입시킬 때 | | 경고 | 영업정지 10일 | 영업정지 1월 | 영업장 폐쇄명령 |
| (12) 신고된 명칭(상호) 및 영업 종류의 표시 외에 다른 업종으로 오인할 우려가 있는 표시를 한 때 | | 개선명령 | 영업정지 1월 | 영업정지 3월 | 영업장 폐쇄명령 |
| (13) 영업소 안에 출입·검사 등의 기록부를비치하지 아니한 때 | | 경고 | 영업정지 5일 | 영업정지 10일 | 영업장 폐쇄명령 |
| 사. 보건복지부장관·시·도지사 또는 시장·군수·구청장이 하도록 한 필요한 보고를 하지 아니하거나 거짓으로 보고한 때 또는 관계공무원의 출입·검사를 거부·기피하거나 방해한 때 | 법 제9조 제1항 | 영업정지 10일 | 영업정지 20일 | 영업정지 1월 | 영업장 폐쇄명령 |
| 아. 보건복지부장관·시·도지사 또는 시장·군수·구청장의 개선명령을 이행하지 아니한 때 | 법 제10조 | 경고 | 영업정지 10일 | 영업정지 1월 | 영업장 폐쇄명령 |
| 자. 영업정지처분을 받고 그 영업정지기간 | 법 제11조 제1항 | 영업장 폐쇄명령 | | | |

| | | | | | |
|---|---|---|---|---|---|
| 중영업을 한 때 | | | | | |
| 차. 위생교육을 받지 아니한 때 | 법 제17조 | 경 고 | 영업정지 5일 | 영업정지 10일 | 영 업 장 폐쇄명령 |
| 2. 풍속영업의규제에관한 법률·의료법에 위반하여 관계행정기관의 장의 요청이 있는 때 | 법 제11조 제1항 | | | | |
| 가. 손님에게 윤락행위 또는 음란행위를 하게 하거나 이를 알선 또는 제공한 때 | | 영업정지 2월 | 영업정지 3월 | 영 업 장 폐쇄명령 | |
| 나. 손님에게 도박 그 밖에 사행행위를 하게 한 때 | | 영업정지 1월 | 영업정지 2월 | 영 업 장 폐쇄명령 | |
| 다. 음란한 물건을 관람·열람하게 하거나 진열 또는 보관한 때 | | 개선명령 | 영업정지 15일 | 영업정지 1월 | 영 업 장 폐쇄명령 |
| 라. 무자격안마사로 하여금 안마사의 업무에 관한 행위를 하게 한 때 | | 영업정지 1월 | 영업정지 2월 | 영 업 장 폐쇄명령 | |

3. 이용업

| 위반사항 | 관련법규 | 행 정 처 분 기 준 | | | |
|---|---|---|---|---|---|
| | | 1차 위반 | 2차 위반 | 3차 위반 | 4차 위반 |
| 1. 이용사의 면허에 관한 규정을 위반한 때 | 법 제7조 제1항 | | | | |
| 가. 국가기술자격법에 따라 이용사자격이 취소된 때 | | 면허취소 | | | |
| 나. 국가기술자격법에 따라 이용사자격정지처분을 받은 때 | | 면허정지 | (국가기술자격법에 의한 자격정지처분기간에 한한다) | | |
| 다. 법 제6조제2항제1호 내지 제4호의 결격유에 해당한 때 | | 면허취소 | | | |
| 라. 이중으로 면허를 취득한 때 | | 면허취소 | (나중에 발급받은 면허를 말한다.) | | |
| 마. 면허증을 다른 사 | | 면허정지 | 면허정지 | 면허취소 | |

| | | | | | |
|---|---|---|---|---|---|
| 람 에게 대여한 때<br>바. 면허정지처분을 받고 그 정지기간중 업무를 행한 때 | | 3월<br>면허취소 | 6월 | | |
| 2. 법 또는 법에 의한 명령에 위반한 때 | 법 제11조 제1항 | | | | |
| 가. 시설 및 설비기준을 위반한 때 | 법 제3조 제1항 | | | | |
| (1) 응접장소와 작업장소 또는 의자와 의자를 구획하는 커튼·칸막이 그밖에 이와 유사한 장애물을 설치한 때 | | 개선명령 | 영업정지 15일 | 영업정지 1월 | 영 업 장 폐쇄명령 |
| (2) 이용업소 안에 별실 그 밖에 이와 유사한 시설을 설치한 때 | | 영업정지 1월 | 영업정지 2월 | 영 업 장 폐쇄명령 | |
| (3) 그 밖에 시설 및 설비가 기준에 미달한때 | | 개선명령 | 영업정지 15일 | 영업정지 1월 | 영 업 장 폐쇄명령 |
| 나. 신고를 하지 아니하고 영업소의 명칭·상호 및 영업장 면적의 3분의 1 이상을 변경한 때 | 법 제3조 제1항 | 경고 또는 개선명령 | 영업정지 15일 | 영업정지 1월 | 영 업 장 폐쇄명령 |
| 다. 신고를 하지 아니하고 영업소의 소재지를 변경한 때 | 법 제3조 제1항 | 영 업 장 폐쇄명령 | | | |
| 라. 영업자의 지위를 승계한 후 1월 이내에 신고하지 아니한 때 | 법 제3조의2 제4항 | 개선명령 | 영업정지 10일 | 영업정지 1월 | 영 업 장 폐쇄명령 |
| 마. 소독을 한 기구와 소독을 하지 아니한 기구를 각각 다른 용기에 넣어 보관하지 아니하거나 1회용 면날을 2인 이상의 손님에게 사용한 때 | 법 제4조 제3항 | 경 고 | 영업정지 5일 | 영업정지 10일 | 영 업 장 폐쇄명령 |
| 바. 공중위생영업자의 위생관리의무 등을 위반한 때 | 법 제4조 제3항 및 제7항 | | | | |

| | | | | | |
|---|---|---|---|---|---|
| (1) 이용업신고증, 면허증원본 및 이용요금표를 게시하지 아니하거나 업소내 조명도를 준수하지 아니한 때 | | 경고 또는 개선명령 | 영업정지 5일 | 영업정지 10일 | 영업장 폐쇄명령 |
| (2) 영업소 안에 출입·검사 등의 기록부를 비치하지 아니한 때 | | 경고 | 영업정지 5일 | 영업정지 10일 | 영업장 폐쇄명령 |
| 사. 영업소 외의 장소에서 업무를 행한 때 | 법 제8조 제2항 | 영업정지 1월 | 영업정지 2월 | 영업장 폐쇄명령 | |
| 아. 보건복지부장관·시·도지사·시장·군수·구청장이 하도록 한 필요한 보고를 하지 아니하거나 거짓으로 보고한 때 또는 관계공무원의 출입·검사를 거부·기피하거나 방해한 때 | 법 제9조 제1항 | 영업정지 10일 | 영업정지 20일 | 영업정지 1월 | 영업장 폐쇄명령 |
| 자. 보건복지부장관·시·도지사 또는 시장·군수·구청장의 개선명령을 이행하지 아니한 때 | 법 제10조 | 경고 | 영업정지 10일 | 영업정지 1월 | 영업장 폐쇄명령 |
| 차. 영업정지처분을 받고 그 영업정지기간 중영업을 한 때 | 법 제11조 제1항 | 영업장 폐쇄명령 | | | |
| 카. 위생교육을 받지 아니한 때 | 법 제17조 | 경고 | 영업정지 5일 | 영업정지 10일 | 영업장 폐쇄명령 |
| 3. 풍속영업의 규제에관한 법률·의료법에 위반하여 관계행정기관의 장의 요청이 있는 때 | 법 제11조 제1항 | | | | |
| 가. 손님에게 윤락행위 또는 음란행위를 하게 하거나 이를 알선 또는 제공한 때 | | | | | |
| (1) 영업소 | | 영업정지 2월 | 영업정지 3월 | 영업장 폐쇄명령 | |
| (2) 이용사(업주) | | 면허정지 | 면허정지 | 면허취소 | |

| | | | | | |
|---|---|---|---|---|---|
| | | 2월 | 3월 | | |
| 나. 손님에게 도박 그 밖에 사행행위를 하게한 때 | | 영업정지 1월 | 영업정지 2월 | 영 업 장 폐쇄명령 | 영 업 장 폐쇄명령 |
| 다. 음란한 물건을 관람·열람하게 하거나 진열 또는 보관한 때 | | 개선명령 | 영업정지 15일 | 영업정지 1월 | |
| 라. 무자격안마사로 하여금 안마사의 업무에관한 행위를 하게 한때 | | 영업정지 1월 | 영업정지 2월 | 영 업 장 폐쇄명령 | |

4. 미용업

| 위반사항 | 관련법규 | 행 정 처 분 기 준 | | | |
|---|---|---|---|---|---|
| | | 1차 위반 | 2차 위반 | 3차 위반 | 4차 위반 |
| 1. 미용사의 면허에 관한 규정을 위반한 때 | 법 제7조 제1항 | | | | |
| 가. 국가기술자격법에 따라 미용사자격이 취소된 때 | | 면허취소 | | | |
| 나. 국가기술자격법에 따라 미용사자격정지 처분을 받은 때 | | 면허정지 | (국가기술자격법에 의한 자격정지 처분 기간에 한한다.) | | |
| 다. 법 제6조제2항제1호 내지 제4호의 결격사유에 해당한 때 | | 면허취소 | | | |
| 라. 이중으로 면허를 취득한 때 | | 면허취소 | (나중에 발급받은 면허를 말한다.) | | |
| 마. 면허증을 다른 사람에게 대여한 때 | | 면허정지 3일 | 면허정지 6월 | 면허취소 | |
| 바. 면허정지처분을 받고 그 정지기간 중 업무를 행한 때 | | 면허취소 | | | |
| 2. 법 또는 법에 의한 명령에 위반한 때 | 법 제11조 제1항 | | | | |
| 가. 시설 및 설비기준을 위반한 때 | 법 제3조 제1항 | | | | |
| (1) 응접장소와 작업장소 또는 의자와 의자를 구획하는 커튼·칸막이 그 밖에 이와 유사한 장 | | 개선명령 | 영업정지 15일 | 영업정지 1월 | 영 업 장 폐쇄명령 |

| | | | | | |
|---|---|---|---|---|---|
| 애물을 설치한 때 | | | | | |
| (2) 미용업소 안에 별실 그 밖에 이와 유사한 시설을 설치한 때 | | 영업정지 1월 | 영업정지 2월 | 영 업 장 폐쇄명령 | |
| (3) 그 밖에 시설 및 설비가 기준에 미달한 때 | | 개선명령 | 영업정지 15일 | 영업정지 1월 | 영 업 장 폐쇄명령 |
| 나. 신고를 하지 아니하고 영업소의 명칭 및상호 또는 영업장 면적의 3분의 1 이상을 변경한 때 | 법 제3조 제1항 | 경고 또는 개선명령 | 영업정지 15일 | 영업정지 1월 | 영 업 장 폐쇄명령 |
| 다. 신고를 하지 아니하고 영업소의 소재지를 변경한 때 | 법 제3조 제1항 | 영 업 장 폐쇄명령 | | | |
| 라. 영업자의 지위를 승계한 후 1월 이내에 신고하지 아니한 때 | 법제3조의2 제4항 | 개선명령 | 영업정지 10일 | 영업정지 1월 | 영 업 장 폐쇄명 |
| 마. 소독을 한 기구와 소독을 하지 아니한 기구를 각각 다른 용기에 넣어 보관하지 아니하거나 1회용 면도날을 2인 이상이 손님에게 사용한 때 | 법 제4조 제4항 | 경 고 | 영업정지 5일 | 영업정지 10일 | 영 업 장 폐쇄명령 |
| 바. 피부미용을 위하여 약사법 규정에 의한 의약품 또는 의료용구를 사용하거나 보관하고 있는 때 | 법 제4조 제7항 | 영업정지 2월 | 영업정지 3월 | 영 업 장 폐쇄명령 | |
| 사. 공중위생영업자의 위생관리의무 등을 위반한 때 | 법 제4조 제4항 및 제7항 | | | | |
| (1) 점빼기·귓볼뚫기·쌍꺼풀수술·문신·박피술 그 밖에 이와 유사한 의료행위를 한 때 | | 영업정지 2월 | 영업정지 3월 | 영 업 장 폐쇄명령 | |
| (2) 미용업신고증 · 면허증원본 및 미용 | | 경고 또는 개선명령 | 영업정지 5일 | 영업정지 10일 | 영 업 장 폐쇄명령 |

| | | | | | |
|---|---|---|---|---|---|
| 요금표를 게시하지 아니하거나 업소내 조명도를 준수하지 아니한 때 | | | | | |
| (3) 영업소 안에 출입·검사 등의 기록부를 비치하지 아니한 때 | | 경 고 | 영업정지 5일 | 영업정지 10일 | 영 업 장 폐쇄명령 |
| 아. 영업소 외의 장소에서 업무를 행한 때 | 법 제8조 제2항 | 영업정지 1월 | 영업정지 2월 | 영 업 장 폐쇄명령 | |
| 자. 보건복지부장관·시·도지사·시장·군수·구청장이 하도록 한 필요한 보고를 하지 아니하거나 거짓으로 보고한 때 또는 관계 공무원의 출입·검사를 거부·기피하거나 방해한 때 | 법 제9조 제1항 | 영업정지 10일 | 영업정지 20일 | 영업정지 1월 | 영 업 장 폐쇄명령 |
| 차. 보건복지부장관·시·도지사 또는 시장·군수·구청장의 개선명령을 이행하지 아니한 때 | 법 제10조 | 경 고 | 영업정지 10일 | 영업정지 1월 | 영 업 장 폐쇄명령 |
| 카. 영업정지처분을 받고 그 영업정지 기간중영업을 한 때 | 법 제11조 제1항 | 영 업 장 폐쇄명령 | | | |
| 타. 위생교육을 받지 아니한 때 | 법 제17조 | 경 고 | 영업정지 5일 | 영업정지 10일 | 영 업 장 폐쇄명령 |
| 3. 풍속영업의 규제에 관한 법률·의료법에 위반하여 관계행정기관의 장의 요청이 있는 때 | 법 제11조 제1항 | | | | |
| 가. 손님에게 윤락행위 또는 음란행위를 하게 하거나 이를 알선 또는 제공한 때 | | | | | |
| (1) 영업소 | | 영업정지 2월 | 영업정지 3월 | 영 업 장 폐쇄명령 | |
| (2) 미용사(업주) | | 면허정지 2월 | 면허정지 3월 | 면허취소 | |
| 나. 손님에게 도박 그 | | 영업정지 | 영업정지 | 영 업 장 | |

| | | | | | |
|---|---|---|---|---|---|
| 밖에 사행행위를 하게한 때 | | 1월 | 2월 | 폐쇄명령 | |
| 다. 음란한 물건을 관람·열람하게 하거나 진열 또는 보관한 때 | | 개선명령 | 영업정지 15일 | 영업정지 1월 | 영 업 장 폐쇄명령 |
| 라. 무자격안마사로 하여금 안마사의 업무에 관한 행위를 하게 한 때 | | 영업정지 1월 | 영업정지 2월 | 영 업 장 폐쇄명령 | |

5. 세탁업

| 위반사항 | 관련법규 | 행 정 처 분 기 준 | | | |
|---|---|---|---|---|---|
| | | 1차 위반 | 2차 위반 | 3차 위반 | 4차 위반 |
| 법 또는 법에 의한 명령에 위반한 때 | 법 제11조 제1항 | | | | |
| 1. 시설 및 설비기준을 위반한 때 | 법 제3조 제1항 | 개선명령 | 영업정지 15일 | 영업정지 1월 | 영 업 장 폐쇄명령 |
| 2. 신고를 하지 아니하고 영업소의 명칭 및 상호 또는 영업장 면적의 3분의 1 이상을 변경한 때 | 법 제3조 제1항 | 경고 또는 개선명령 | 영업정지 15일 | 영업정지 1월 | 영 업 장 폐쇄명령 |
| 3. 신고를 하지 아니하고 영업소의 소재지를 변경한 때 | 법 제3조 제1항 | 영 업 장 폐쇄명령 | | | |
| 4. 영업자의 지위를 승계한 후 1월 이내에 신고하지 아니한 때 | 법 제3조의2 제4항 | 개선명령 | 영업정지 10일 | 영업정지 1월 | 영 업 장 폐쇄명령 |
| 5. 세제를 사용하는 세탁용 기계의 안전관리를 위하여 밀폐형이나용제회수기가 부착된 세탁용기계 또는 회수건조기가 부착된 세탁용기계를 사용하지 아니한 때 | 법 제4조 제5항 | 개선명령 | 영업정지 5일 | 영업정지 10일 | 영 업 장 폐쇄명령 |
| 6. 공중위생영업자가 준수하여야 하는 위생관리기준 등을 위반한 때 | 법 제4조 제5항 및 제7항 | | | | |
| 가. 드라이크리닝용 | | 경 고 | 영업정지 | 영업정지 | 영 업 장 |

| | | | | | |
|---|---|---|---|---|---|
| 세탁기의 유기용제 누출 및 세탁물에 사용된 세제·유기용제 또는 얼룩제거 약제가 남거나, 좀 이나 곰팡이 등이 생성된 때 | | | 5일 | 10일 | 폐쇄명령 |
| 나. 영업소 안에 출입·검사 등의 기록부를비치하지 아니한 때 | | 경 고 | 영업정지 5일 | 영업정지 10일 | 영업장 폐쇄명령 |
| 7. 보건복지부장관·시·도지사 또는 시장·군수·구청장이 하도록 한 필요한 보고를 하지 아니하거나 거짓으로 보고한 때 또는 관계공무원의 출입·검사를 거부·기피하거나 방해한 때 | 법 제9조 제1항 | 영업정지 10일 | 영업정지 20일 | 영업정지 1월 | 영업장 폐쇄명령 |
| 8. 보건복지부장관·시·도지사 또는 시장·군수·구청장의 개선명령을 이행하지 아니한 때 | 법 제10조 | 경 고 | 영업정지 10일 | 영업정지 1월 | 영업장 폐쇄명령 |
| 9. 영업정지처분을 받고 그 영업정지기간 중 영업을 한 때 | 법 제11조 제1항 | 영업장 폐쇄명령 | | | |
| 10. 위생교육을 받지 아니한 때 | 법 제17조 | 경 고 | 영업정지 5일 | 영업정지10일 | 영업장 폐쇄명령 |

6. 위생관리용역업

| 위반사항 | 관련법규 | 행 정 처 분 기 준 | | | |
|---|---|---|---|---|---|
| | | 1차 위반 | 2차 위반 | 3차 위반 | 4차 위반 |
| 법 또는 법에 의한 명령에 위반한 때 | 법 제11조 제1항 | | | | |
| 1. 시설 및 설비기준을 위반한 때 | 법 제3조 제1항 | 개선명령 | 영업정지 15일 | 영업정지 1월 | 영업장 폐쇄명령 |
| 2. 신고를 하지 아니하고 영업소의 명칭 및 상호 또는 영업장 면적의 3분의 1 이상을 | 법 제3조 제1항 | 경고 또는 개선명령 | 영업정지 15일 | 영업정지 1월 | 영업장 폐쇄명령 |

| | | | | | |
|---|---|---|---|---|---|
| 변경한때 | | | | | |
| 3. 신고를 하지 아니하고 영업소의 소재지를 변경한 때 | 법 제3조 제1항 | 영 업 장 폐쇄명령 | | | |
| 4. 영업자의 지위를 승계한 후 1월 이내에 신고하지 아니한 때 | 법제3조의2 제4항 | 개선명령 | 영업정지 10일 | 영업정지 1월 | 영 업 장 폐쇄명령 |
| 5. 공중위생영업자가 준수하여야 하는 위생관리 기준 등을 위반한 때 | 법 제4조 제6항 및 제7항 | | | | |
| 가. 유기용제를 사용하여 작업하는 경우에 지켜야 할 준수사항 및 종사자에 대한 안전사고예방을 위한 준수사항을 위반한 때 | | 경 고 | 영업정지 5일 | 영업정지 10일 | 영 업 장 폐쇄명령 |
| 나. 영업소 안에 출입·검사 등의 기록부를 비치하지 아니한 때 | | 경 고 | 영업정지 5일 | 영업정지 10일 | 영 업 장 폐쇄명령 |
| 6. 보건복지부장관 · 시·도지사 · 시장·군수·구청장이 하도록 한 필요한 보고를 하지 아니하거나 거짓으로 보고 한 때 또는 관계공무원의 출입·검사를 거부·기피하거나 방해한 때 | 법 제9조 제1항 | 영업정지 10일 | 영업정지 20일 | 영업정지 1월 | 영 업 장 폐쇄명령 |
| 7. 보건복지부장관 · 시·도지사 또는 시장·군수·구청장의 개선명령을 이행하지 아니한 때 | 법 제10조 | 경 고 | 영업정지 10일 | 영업정지 1월 | 영 업 장 폐쇄명령 |
| 8. 영업정지처분을 받고 그 영업정지 기간중 영업을 한 때 | 법 제11조 제1항 | 영 업 장 폐쇄명령 | | | |
| 9. 위생교육을 받지 아니 한 때 | 법 제17조 | 경 고 | 영업정지 5일 | 영업정지 10일 | 영 업 장 폐쇄명령 |

## 5.4. 식품위생법[食品衛生法]

식품에 의한 위해를 예방하고 영양을 향상시키기 위한 법률를 말한다. 1962년 1월 법률 제1007호로 제정·공포된 뒤, 1986년 5월 10일 법률 제3823호로 전문 개정되었다. 1962년 이전에는 일제 강점기의 법령과 군정법령이 적용 되었는데, 이는 식품위생법의 제정과 동시에 폐지되었다. 식품으로 인한 위생상의 위해를 방지하고 식품영양의 질적 향상을 도모함으로써 국민보건의 증진에 이바지함을 목적으로 한다.

법률 제6154호 일부개정 2000. 01. 12.~법률 제7735호 법제명 변경 및 일부개정 2005. 12. 23.("식품위생법"에서 변경). 13장으로 나뉜 전문 80조와 부칙으로 되어 있다.

### 제1장 총칙

제1조 (목적) 이 법은 식품으로 인한 위생상의 위해를 방지하고 식품영양의 질적 향상을 도모함으로써 국민보건의 증진에 이바지함을 목적으로 한다.

제2조 (정의) 이 법에서 사용하는 용어의 정의는 다음과 같다. [개정 1995.12.29, 2002. 8.26, 2003.9.29, 2005.1.27]

1. **"식품"**이라 함은 모든 음식물을 말한다. 다만, 의약으로서 섭취하는 것은 제외한다.
2. **"식품첨가물"**이라 함은 식품을 제조·가공 또는 보존함에 있어 식품에 첨가·혼합·침윤 기타의 방법으로 사용되는 물질(기구 및 용기·포장의 살균·소독의 목적에 사용되어 간접적으로 식품에 이행될 수 있는 물질을 포함한다)을 말한다.
3. **"화학적 합성품"**이라 함은 화학적 수단에 의하여 원소 또는 화합물에 분해반응외의 화학반응을 일으켜 얻은 물질을 말한다.
4. **"기구"**라 함은 음식기와 식품 또는 식품첨가물의 채취·제조·가공·조리·저장·운반·진열·수수 또는 섭취에 사용되는 것으로서 식품 또는 식품첨가물에 직접 접촉되는 기계·기구 기타의 물건을 말한다. 다만, 농업 및 수산업에 있어서 식품의 채취에 사용되는 기계·기구 기타의 물건은 제외한다.
5. **"용기·포장"**이라 함은 식품 또는 식품첨가물을 넣거나 싸는 물품으로서 식품 또는 식품 첨가물을 수수할 때 함께 인도되는 물품을 말한다.

5의2. "위해"라 함은 식품, 식품첨가물, 기구 또는 용기·포장에 존재하는 위험요소로서 인체의 건강을 해하거나 해할 우려가 있는 것을 말한다. [시행일 2005.7.28]

6. **"표시"**라 함은 식품, 식품첨가물, 기구 또는 용기·포장에 기재하는 문자·수자 또는 도형을 말한다.
7. **"영업"**이라 함은 식품 또는 식품첨가물을 채취·제조·가공·수입·조리·저장·운반 또는 판매 하거나 기구 또는 용기·포장을 제조·수입·운반·판매하는 업을 말한다.

다만, 농업 및 수산업에 속하는 식품의 채취업은 제외한다.

8. "**식품위생**"이라 함은 식품, 식품첨가물, 기구 또는 용기·포장을 대상으로 하는 음식에 관한 위생을 말한다.
9. "**집단급식소**"라 함은 영리를 목적으로 하지 아니하고 계속적으로 특정다수인에게 음식물을 공급하는 기숙사·학교·병원 기타 후생기관 등의 급식시설로서 대통령령이 정하는 것을 말한다.
10. "**식중독**"이라 함은 식품의 섭취로 인하여 인체에 유해한 미생물 또는 유독물질에 의하여 발생하였거나 발생한 것으로 판단되는 감염성 또는 독소형 질환을 말한다.

제3조 (식품 등의 취급)

### 제2장 식품 및 식품첨가물

제4조 (위해식품 등의 판매 등 금지)
제5조 (병육 등의 판매 등 금지)
제6조 (기준·규격이 고시되지 아니한 화학적 합성품 등의 판매 등 금지)
제7조 (기준과 규격)

### 제3장 기구와 용기 · 포장

제8조 (유독기구 등의 판매·사용금지)
제9조 (기준과 규격)

### 제4장 표시

제10조 (표시기준)
제10조의2 (식육의 원산지 등 표시)
제11조 (허위표시 등의 금지)
제11조 (허위표시 등의 금지)

### 제5장 식품 등의 공전

제12조 (식품 등의 공전)
제13조 (위해평가)
제14조 삭제
제15조 (유전자재 조합식품의 안전성 평가 등)

제16조 (수입식품 등의 신고 등)
제17조 (출입·검사·수거 등)
제18조 (식품위생 검사기관의 지정)
제19조 (자가 품질 검사의 의무)
제20조 (식품위생 감시원)
제20조의2 (소비자 식품위생 감시원)
제20조의3 (시민 식품 감사인)

### 제7장 영업

제21조 (시설기준)
제22조 (영업의 허가 등)
제23조 삭제 [2000·1·12] [[시행일 2000·7·13]]
제24조 (영업허가 등의 제한)
제25조 (영업의 승계 )
제27조 (위생교육)
제28조 삭제 [2000·1·12] [시행일 2000·7·13]
제29조 (품질관리 및 보고)
제30조 (영업의 제한)
제31조 (영업자 등의 준수사항)
제31조의2 (위해식품 등의 회수)
제32조 (위생등급)
제32조의2 (위해요소 중점관리 기준)
제33조 삭제 [2000·1·12] [시행일 2000·7·13]

### 제8장 조리사 및 영양사

제34조 (조리사)
제35조 (영양사)
제36조 (조리사의 면허)
제37조 (영양사의 면허)
제38조 (결격사유)
제39조 (명칭사용의 금지)
제40조 (교육)
제41조 (권한의 위임 및 위탁)

### 제9장 식품위생심의위원회

제42조 (식품위생 심의위원회의 설치 등)
제43조 (심의위원회의 조직과 운영)

### 제10장 식품위생단체

#### 제1절 동업자조합

제44조 (설립)
제45조 (조합의 사업)
제46조 삭제 [2000·1·12] [시행일 2000·7·13]
제47조 삭제 [2000·1·12] [시행일 2000·7·13]
제48조 (대의원회)
제49조 삭제 [88·12·31]
제50조 (민법의 준용)
제51조 (자율지도원등)

#### 제2절 식품공업협회

제52조 (설립)
제53조 (사업)
제54조 (준용)

#### 제3절 (제54조의2 및 제54조의3) 삭제 [99 · 1 · 21]

### 제11장 시정명령 · 허가취소 등 행정제재

제55조 (시정명령)
제56조 (폐기처분 등)
제56조의2 (위해식품 등의 공표)
제57조 (시설의 개수명령 등)
제58조 (허가의 취소 등)
제58조 (허가의 취소 등)
제59조 (품목의 제조정지 등)
제60조 (영업허가 등의 취소요청)
제61조 (행정제재 처분효과의 승계)
제62조 (폐쇄조치 등)

제63조 (면허취소 등)
제64조 (청문)
제65조 (과징금 처분)
제65조의2 (위반사실의 공표)

## 제12장 보칙

제66조 (국고보조)
제67조 (식중독에 관한 조사보고)
제68조 삭제 [2000·1·12] [시행일 2000·7·13]
제69조 (집단급식소)
제70조 삭제 [95·1·5 법4914]
제71조 (식품진흥기금)
제71조의2 (포상금 지급)
제72조 (위임)
제73조 (수수료)

## 제13장 벌칙

제74조 (벌칙)
제74조의2 (벌칙)
제75조 (벌칙)
제76조 (벌칙)
제77조 (벌칙)
제78조 (과태료 )
제78조 (과태료)
제79조 (양벌규정)
제80조 (과태료에 관한 규정적용의 특례)

## 부칙 [2005.3.31 제7450호]

① (시행일) 이 법은 공포 후 3월이 경과한 날부터 시행한다.
② (신고관청 변경 등에 관한 경과조치) 이 법 시행당시 종전의 규정에 따라 시·도지사에게 신고 또는 보고를 한 자는 제22조 제5항·제6항의 개정규정에 따라 시장·군수·구청장에게 신고 또는 보고를 한 것으로 본다. 부칙 [2005.12.23 제7735호] 이 법은 2007년 1월 1일부터 시행한다.

### 5.4.1. 식품위생법 시행령

제1조 (목적) 이 영은 「식품위생법」 에서 위임된 사항과 그 시행에 관하여 필요한 사항을 규정함을 목적으로 한다. [개정 2005.7.27] [시행일 2005.7.28]

제2조 (집단급식소의 범위) 「식품위생법」 (이하 "법"이라 한다) 제2조 제9호의 규정에 의한 집단급식소는 상시 1회 50인 이상에게 식사를 제공하는 급식소를 말한다. [개정 2005.7.27] [시행일 2005.7.28]

제2조의2 (위해평가의 대상 등)

제2조의3 (위해평가에 관한 이해관계인의 범위)

제3조 (유전자 재조합식품의 안전성 평가)

제3조의2 (특정식품 등의 판매 등 금지조치에 관한 이해관계인의 범위)

제3조의3 (출입·검사·수거 등)

제3조의4 (행정응원의 절차 등)

제4조 (식품 등의 재검사)

제5조 (식품위생 감시원의 자격 및 임명)

제6조 (식품위생 감시원의 직무)

제6조의2 (소비자 식품위생 감시원의 자격 등)

제6조의3 (시민 식품 감사인 위촉 등)

제7조 (영업의 종류)

제8조 (유흥종사자의 범위)

제9조 (영업허가를 받아야 할 업종)

제10조 (영업의 허가관청)

제11조 (허가를 받아야 하는 변경사항)

제12조 삭제 [89·7·11]

제13조 (영업신고를 하여야 할 업종)

제13조의2 (신고를 하여야 하는 변경사항)

제14조 내지 제17조 삭제 [2000·7·27]

제16조 (영업의 제한 등)

제17조의2 (준수사항 적용대상 영업자의 범위)

제17조의3 (위해식품 등을 회수한 영업자에 대한 행정처분의 감면)

제18조 (조리사를 두어야 하는 영업 등)

제19조 (영양사를 두어야 할 집단급식소 등)

제19조의2 (교육의 의탁)

제20조 (심의위원회의 구성)

제21조 (위원의 임기와 직무)
제22조 (회의 및 의사)
제23조 (의견의 청취)
제24조 (분과위원회)
제24조의2 (연구위원 등)
제25조 (간사)
제26조 (수당과 여비)
제27조 (운영세칙)
제28조 (설립인가의 신청)
제29조 (지역단위 등)
제30조 및 제31조 삭제 [89·7·11]
제32조 (자율지도원의 자격 및 임명)
제33조 (자율지도원의 직무)
제34조 (위해식품 등의 공표방법) [개정 2005.7.27] [시행일 2005.7.28]
제35조 삭제 [2000·7·27]
제36조 (허가의 취소 등) [신설 89·7·11, 2000·7·27, 2005.7.27] [시행일 2005.7.28]
제37조 삭제 [97·12·31]
제38조 (과징금의 산정기준)
제39조 (과징금의 부과·징수절차)
제39조의2 (과징금부과 처분 취소 대상자)
제39조의3 (기금의 귀속비율)
제39조의4 (위반 사실의 공표) [본조신설 2005.7.27] [시행일 2005.7.28]
제40조 (식중독 원인의 조사) [전문개정 2005.7.27] [시행일 2005.7.28]
제41조 (식중독에 관한보고)
제42조 (기금사업) [개정 대통령 제18164호, 2005.7.27] [시행일 2005.7.28]
제43조 (기금의 운용) [개정 2000·7·27] [전문개정 99·11·13]
제44조 내지 제51조 삭제 [99·11·13]
제52조 삭제 [89·7·11]
제53조 (권한의 위임) [시행일 2005.7.28] [전문개정 98·2·28]
제53조의2 (사용금지 원료 등) [본조신설 2005.7.27] [시행일 2005.7.28]
제54조 (과태료의 부과·징수절차)

### 부칙 [2005.7.27 대통령령 제18978호]

제1조 (시행일) 이 영은 2005년 7월 28일부터 시행한다.

제2조 (식품위생 심의위원회의 구성에 관한 적용례)

제3조 (제과점의 영업신고에 관한 경과조치)

제4조 (다른 법령의 개정)

제18조 제2항 각 호 외의 부분 및 동조 제3항 중 "휴게음식점"을 각각"휴게음식점, 제과점"으로 한다.

제19조 제3호 단서 중 "휴게음식점"을 "휴게음식점·제과점"으로 한다.

제21조 제1항 중 "「식품위생법 시행령」 제7조 제8호 가목 내지 라목의 규정에 의한 휴게음식점영업·일반음식점영업·단란주점영업 및 유흥주점영업"을 "「식품위생법 시행령」 제7조 제8호 가목 내지 바목의 규정에 의한 휴게음식점영업·일반음식점영업·단란주점영업·유흥주점영업 및 제과점영업"으로 한다.

**[별표1] [개정 1996.10.14, 1999.11.13, 2003.4.22]**

**과징금 산정기준(제38조 관련)**

1. 일반기준

가. 영업정지 1월은 30일을 기준으로 한다.

나. 영업정지에 갈음한 과징금부과의 기준이 되는 매출금액은 처분 전년도의 1년간의 총매출금액을 기준으로 한다. 다만, 신규사업, 휴업 등으로 인하여 1년간의 총 매출금액을 산출할 수 없는 경우에는 분기별, 월별 또는 일별 매출금액을 기준으로 산출한다.

다. 품목류 제조정지에 갈음한 과징금 부과의 기준이 되는 매출금액은 품목류에 해당하는 품목들의 처분 전년도의 1년간의 총 매출액을 기준으로 한다. 다만, 신규제조 또는 휴업 등으로 인하여 품목류에 해당하는 품목들의 1년간의 총 매출금액을 산출할 수 없는 경우에는 분기별, 월별 또는 일별 매출금액을 기준으로 산출한다.

라. 품목 제조정지에 갈음한 과징금부과의 기준이 되는 매출금액은 처분일이 속하는 달로부터 소급하여 직전 3월간의 총 매출금액에 4를 곱하여 산출한다. 다만, 신규 제조 또는 휴업 등으로 최근 3월의 총 매출금액을 산출할 수 없는 경우에는 전월(전월의 실적을 알 수 없는 경우에는 당월을 말한다)의 1일 평균 매출액에 365를 곱하여 산출한다.

## 2. 과징금 기준

| 업종<br>등급 | 연 간 매 출 액(단위 : 백만원) | | | 영업정지 또는제조정지1일에 해당하는영업 |
|---|---|---|---|---|
| | 식품 및 식품첨가물제조업가공업 외의 영업 | 식품 및 식품첨가물제조업가공업 의 영업 | 품목 또는 품목류 제조 | |
| 1 | 30 이하 | | | 8 |
| 2 | 30 초과 ~ 50 이하 | 100 이하 | 100 이하 | 12 |
| 3 | 50 초과 ~ 100 이하 | 100 초과 ~200 이하 | 100 초과 ~ 200 이하 | 20 |
| 4 | 100 초과 ~150 이하 | 200 초과 ~310 이하 | 200 초과 ~ 300 이하 | 28 |
| 5 | 150 초과 ~210 이하 | 310초과~ 430 이하 | 300 초과 ~ 400 이하 | 36 |
| 6 | 210 초과 ~270 이하 | 430 초과 ~560 이하 | 400 초과 ~ 500 이하 | 44 |
| 7 | 270 초과 ~330 이하 | 560 초과 ~700 이하 | 500 초과 ~ 650 이하 | 52 |
| 8 | 330 초과 ~400 이하 | 700 초과 ~860 이하 | 650 초과 ~ 800 이하 | 60 |
| 9 | 400 초과 ~470 이하 | 860 초과~1,040 이하 | 800 초과 ~ 950 이하 | 68 |
| 10 | 470 초과 ~550 이하 | 1,040 초과~1,240 이하 | 950 초과~ 1,100 이하 | 76 |
| 11 | 550 초과 ~650 이하 | 1,240 초과~1,460 이하 | 1,100 초과~ 1,300 이하 | 82 |
| 12 | 650 초과 ~750 이하 | 1,460 초과~1,710 이하 | 1,300 초과~ 1,500 이하 | 88 |
| 13 | 750 초과 ~850 이하 | 1,710 초과~2,000 이하 | 1,500 초과~ 1,700 이하 | 94 |
| 14 | 850초과 ~1,000 이하 | 2,000초과~2,300 이하 | 1,700 초과~ 2,000 이하 | 100 |
| 15 | 1,000초과~1,200 이하 | 2,300초과~2,600 이하 | 2,000 초과 ~2,300 이하 | 106 |
| 16 | 1,200초과~1,500 이하 | 2,600초과~3,000 이하 | 2,300 초과 ~2,700 이하 | 112 |
| 17 | 1,500초과~2,000 이하 | 3,000초과~3,400 이하 | 2,700초과~ 3,100 이하 | 118 |
| 18 | 2,000초과~2,500 이하 | 3,400초과~3,800 이하 | 3,100초과 ~3,600 이하 | 124 |
| 19 | 2,500 초과~3,000 이하 | 3,800 초과~4,300 이하 | 3,600 초과 ~4,100 이하 | 130 |
| 20 | 3,000초과~4,000 이하 | 4,300초과~4,800 이하 | 4,100 초과~ 4,700 이하 | 136 |
| 21 | 4,000초과~5,000 이하 | 4,800초과~5,400 이하 | 4,700 초과~ 5,300 이하 | 142 |
| 22 | 5,000초과~6,500 이하 | 5,400초과~6,000 이하 | 5,300 초과~ 6,000 이하 | 148 |
| 23 | 6,500 초과~8,000 이하 | 6,000초과~6,700 이하 | 6,000 초과 ~6,700 이하 | 154 |
| 24 | 8,000 초과~10,000 이하 | 6,700초과~7,500 이하 | 6,700초과 ~7,400 이하 | 160 |
| 25 | 10,000 초과 | 7,500 초과~8,600 이하 | 7,400초과~ 8,200 이하 | 165 |
| 26 | | 8,600초과~10,000 이하 | 8,200 초과 ~9,000 이하 | 172 |
| 27 | | 10,000 초과~12,000 이하 | 9,000 초과~10,000 이하 | 178 |
| 28 | | 12,000초과~15,000 이하 | 10,000 초과~11,000 이하 | 84 |
| 29 | | 15,000초과~20,000 이하 | 11,000초과~12,000 이하 | 0 |
| 30 | | 20,000초과~25,000 이하 | 12,000초과~13,000 이하 | 96 |
| 31 | | 25,000초과~30,000 이하 | 13,000 초과~15,000 이하 | 209 |
| 32 | | 30,000초과~35,000 이하 | 15,000초과~17,000 이하 | 208 |
| 33 | | 35,000초과~40,000 이하 | 17,000초과~20,000 이하 | 214 |
| 34 | | 40,000 초과 | 20,000 초과 | 220 |

[별표 2] [전면개정 2005.7.27] [시행일 2005.7.28]

과태료의 부과금액(제54조 관련)

| 위 반 사 항 | 근 거 법 령 | 과태료액 |
|---|---|---|
| 1. 법 제3조(법 제69조에서 준용하는 경우를 포함한다)의 규정에 위반하여 위생적으로 취급하지 아니한 자 | 법 제78조 제1항 제1호 | |
| 가. 식품 등을 취급하는 원료보관실·제조가공실·포장실 등의 내부에서 위생해충을 방제(防除) 및 구제(驅除)하지 아니하여 그 배설물 등이 발견되는 등 청결하게 관리하지 아니한 자 | | 30만원 |
| 나. 식품 등의 원료 및 제품중 부패·변질이되기 쉬운 것을 냉동·냉장시설에 보관·관리하지 아니한 자 | | 30만원 |
| 다. 식품 등의 보관·운반·진열시에 식품등의 기준 및 규격이 정하고 있는 보존 및 보관기준에 적합하도록 관리하지 아니하거나 냉동·냉장시설 및 운반시설을 정상적으로 작동시키지 아니한 자(이 법에 의하여 허가를 받거나 신고한 영업자를 제외한다) | | 30만원 |
| 라. 식품 등의 제조·가공·조리 또는 포장에 직접 종사하는 자에 대하여 위생모를 착용시키지 아니한 자 | | 20만원 |
| 마. 포장된 식품 또는 식품첨가물을 이 법에 위반하여 판매의 목적으로 포장을 뜯어 판매한 자 | | 20만원 |
| 바. 식품 등의 제조·가공·조리에 직접 사용되는 기계·기구 및 음식기를 사용 후에 세척 또는 살균을 하지 아니하는 등 위생적으로 보관·관리를 하지 아니한 자 | | 20만원 |
| 사. 식품접객업소의 경우 법 제7조의 규정에 의한 식품등의 기준 및 규격이 정하고 있는 식품접객조리판매 등에 대한 미생물권장규격에 적합하도록 관리하지 아니한 자 | | 30만원 |
| 아. 유통기한이 경과된 식품등을 판매하거나 판매의 목적으로 진열·보관한 자(이 법에 의하여 허가를 받거나 신고한 영업자를 제외한다) | | 30만원 |
| 2. 법 제20조의3 제5항의 규정을 위반하여 시민식품감시인을 해촉하는 경우에 해촉일자 및 사유를 보고하지 아니하거나 이를 허위로 보고한 영업자 | 법 제78조 제1항 제1호의2 | 300만 |
| 3. 법 제22조 제6항의 규정에 위반하여 식품 또는 식품첨가물의 제조·가공에 관한 보고를 하지 아니하거나 이를 허위로 보고한 영업자 또는 변경보고를 하지 아니하거나 이를 허위로 보고한 영업자 | 법 제78조 제1항 제2호 | 200만 |
| 4. 법 제26조 제1항(법 제69조에서 준용하는 경우를 포함한다)의 규정에 위반하여 건강 진단을 받지 아니한 자 | 법 제78조제1항 제1호 | |

| | | |
|---|---|---|
| 가. 건강진단을 받지 아니한 영업자 또는 집단급식소의 설치·운영자(위탁급식영업자에게 위탁한 집단급식소의 경우를 제외한다) | | 20만원 |
| 나. 건강진단을 받지 아니한 종업원 | | 10만원 |
| 5. 법 제26조 제3항(법 제69조에서 준용하는 경우를 포함한다)의 규정에 위반하여 건강진단을 받지 아니한 자나 건강진단결과 타인에게 위해를 끼칠 우려가 있는 질병이 있다고 인정된 자를 그 영업에 종사시킨 자 | 법 제78조 제1항 제1호 | |
| 가. 건강진단을 받지 아니한 자를 영업에 종사시킨 영업자 | | |
| (1) 종업원 수가 5인 이상인 경우 | | |
| (가) 건강진단 대상자의 100분의 50 이상 위반 | | 50만원 |
| (나) 건강진단 대상자의 100분의 50 미만 위반 | | 30만원 |
| (2) 종업원 수가 4인 이하인 경우 | | |
| (가) 건강진단 대상자의 100분의 50 이상 위반 | | 30만원 |
| (나) 건강진단 대상자의 100분의 50 미만 위반 | | 20만원 |
| 나. 건강진단결과 타인에게 위해를 끼칠 우려가 있는 질병이 있다고 인정된 자를 영업에 종사시킨 영업자 | | 100만원 |
| 6. 법 제27조 제1항(법 제69조에서 준용하는 경우를 포함한다)의 규정에 위반하여 위생교육을 받지 아니한 자 | 법 제78조 제1항 제1호 | |
| 가. 위생교육을 받지 아니한 영업자 또는 집단급식소의 설치·운영자(위탁급식 영업자에게 위탁한 집단급식소의 경우를 제외한다) | | 20만원 |
| 나. 위생교육을 받지 아니한 종업원 | | 10만원 |
| 7. 법 제27조 제5항(법 제69조에서 준용하는 경우를 포함한다)의 규정에 위반하여 위생교육을 받지 아니한 종업원을 영업에 종사시킨 영업자 또는 집단급식소의 설치·운영자(위탁급식영업자에게 위탁한 집단급식소의 경우를 제외한다) | 법 제78조 제1항 제1호 | 20만원 |
| 8. 법 제29조 제2항의 규정에 위반하여 식품및 식품첨가물의 생산실적등의 보고를 하지 아니하거나 허위의 보고를 한 영업자 | 법 제78조 제1항 제3호 | 30만원 |
| 9. 법 제31조의2 제1항 후단의 규정을 위반하여 위해식품 등의 회수계획을 보고하지 아니하거나 허위로 보고한 영업자 | 법 제78조 제1항 제3호의2 | 500만 |
| 10. 법 제32조의2 제7항(법 제69조에서 준용하는 경우를 포함한다)의 규정을 위반하여 위해요소중점관리기준적용업소가 아닌 업소 또는 집단급식소에 대하여 위해요소 | 법 제78조 제1항 제3호의3 | 300만 |

| | | |
|---|---|---|
| 중점관리기준 적용업소라는 명칭을 사용한 집단급식소의 설치·운영자 | | |
| 11. 법 제57조 제1항(법 제69조에서 준용하는 경우를 포함한다)의 규정에 의한 시설의 개수명령을 이행하지 아니한 영업자 또는 집단급식소의 설치·운영자 | 법 제78조 제1항 제4호 | 200만 |
| 12. 법 제67조 제1항의 규정을 위반하여 보고 하지 아니하거나 조치를 취하지 아니한 자 | 법 제78조 제1항 제1호 | |
| 가. 식중독 또는 그 의심이 있는 환자를 진단하였거나 그 사체를 검안하고 이를 보고하지 아니하였거나 혈액·배설물의 보관에 필요한 조치를 하지 아니한 의사 또는 한의사 | | 100만원 |
| 나. 집단급식소에서 제공된 식품등으로 인하여 식중독 환자 또는 그 의심이 있는 자를 발견하고도 이를 보고하지 아니한 집단급식소의 설치·운영자 | | 100만원 |
| 13. 법 제69조 제1항의 규정에 위반하여 집단급식소의 설치신고를 하지 아니하거나 허위로 신고를 한 자 | 법 제78조 제1항 제5호 | 100만 |
| 14. 법 제69조 제2항의 규정에 위반하여 준수사항을 지키지 아니한 자(위탁급식영업자에게 위탁한 집단급식소의 경우를 제외한다) | 법 제78조 제1항 제6호 | |
| 가. 식중독을 발생하게 한 집단급식소의 설치·운영자 | | 300만원 |
| 나. 조리한 식품의 매회 1인분 분량을 보관하지 아니한 집단급식소의 설치·운영자 | | 50만원 |
| 다. 영양사의 업무를 방해하는 집단급식소의 설치·운영자 | | 50만원 |
| 라. 정당한 사유없이 위생관리에 필요한 영양사의 요청에 응하지 아니한 집단급식소의 설치·운영자 | | 50만원 |
| 마. 그 밖에 보건복지부령이 정한 준수사항을 위반한 집단급식소의 설치·운영자 | | 30만원 |

### 5.4.2. 식품위생법 시행규칙

제1조 (목적) 이 규칙은 「식품위생법」 및 동법 시행령에서 위임된 사항과 그 시행에 관하여 필요한 사항을 규정함을 목적으로 한다. [개정 2005.7.28]

제2조 (식품 등의 위생적 취급 기준) [개정 1996.12.20, 2005.7.28] [본조신설 1995.8.31] [본조개정 1995.8.31 종전 제2조는 제2조의2로 이동]

제2조의2 (판매 등이 허용되는 식품 등)

제3조 (판매 등이 금지되는 병육)

제4조 (식품 등의 한시적 기준 및 규격의 인정 등)
제5조 삭제 [1995.8.31]
제6조 (허위표시·과대광고 및 과대포장의 범위)
제7조 삭제 [2000.8.8]
제8조 삭제 [2000.8.8]
제9조 삭제 [2000.8.8]
제10조 삭제 [2000.8.8]
제11조 (식품 등의 수입신고)
제11조의2 (수입식품 등 사전확인 등록 신청 등)
제11조의3 삭제 [1999.12.29]
제12조 (출입·검사 등)
제13조 (수거량·검사의뢰 등)
제14조 (검사방법 등)
제15조 (검사결과의 보고 등)
제16조 (식품위생 검사기관의 지정)
제17조 (식품위생 검사기관의 지정신청 등)
제17조의2 (식품위생 검사기관 변경신고)
제17조의3 삭제 [2003.8.18]
제17조의4 (검사업무에 관한 규정)
제17조의5 (검사업무정지 등)
제17조의6 (보고 및 지도·감독 등)
제18조 (검사대장의 비치)
제19조 (자가 품질 검사)
제19조의2 (소비자 식품위생 감시원 단독 출입 승인서 및 증표)
제19조의3 (시민식품 감사인 위촉 절차 및 직무수행 보고 등) [본조신설 2005.7.28]
제19조의4 (출입·검사 면제기간 등) [본조신설 2005.7.28]
제20조 (업종별 시설기준)
제21조 (식품소분업의 신고대상)
제22조 (영업허가의 신청) [개정 1996.12.20, 1997.12.2, 1998.10.19, 1999.12.29, 2005.7.28]
제23조 (허가사항의 변경) [개정 1999.12.29, 2003.8.18, 2005.7.28]
제24조 삭제 [1996.12.20]
제24조의2 (즉석판매제조·가공업의 대상)
제25조 (품목제조의 보고 등) [개정 1998. 10. 19, 2000. 8. 8, 2003. 8. 18, 2005.7.28]

제26조 (품목제조 보고 사항 등의 변경) [개정 2003.8.18, 2005.7.28]

제27조 (영업의 신고 등) [개정 1995.8.31, 1996.12.20, 1998.10.19, 1999.12.29, 2001.7.31, 2005.7.28]

제28조 (신고사항의 변경) [개정 1989.11.30, 1995.8.31, 2000.8.8, 2005.7.28]

제29조 (폐업신고) [개정 1989.11.30, 1995.8.31, 2000.8.8, 2005.7.28]

제30조 삭제 [2000.8.8]

제31조 삭제 [2000.8.8]

제31조의2 삭제 [1995.8.31]

제32조 (영업허가 등의 보고)

제33조 (영업자 지위승계 신고)

제34조 (건강진단 대상자) [개정 2005.7.28]

제35조 (영업에 종사하지 못하는 질병의 종류) [개정 1989.11.30, 1991.12.28, 1993.7.3, 2001.7.31, 2005.7.28]

제36조 (도서·벽지 등의 영업자 등에 대한 위생교육) [전문개정 2005.7.28]

제37조 (위생교육기관 등)

제37조의2 (교육시간) [개정 2005.7.28]

제37조의3 (교육교재 등)

제38조 삭제 [2000.8.8]

제39조 삭제 [2000.8.8]

제40조 (식품 및 식품첨가물의 제조 또는 가공업자의 준수사항) [개정 2000.8.8][전문개정 1996.12.20]

제41조 (생산실적 등의 보고) [개정 1989.11.30, 1995.8.31, 1998.10.19]

제42조 (식품접객 영업자 등의 준수사항 등) [개정 1998.10.19, 2005.7.28]

제42조의2 (회수대상 식품 등의 기준) [본조신설 2005.7.28]

제42조의3 (위해식품 등의 회수계획 및 절차 등)[본조신설 2005.7.28]

제43조 (우수업소·모범업소의 지정 등) [개정 2005.7.28]

제43조의2 (위해요소 중점관리 기준 준수대상 영업자) [본조신설 2003.8.18]

제43조의3 (위해요소 중점관리 기준 적용업소의 지정신청 등)

① [개정 2005.7.28] ② ③ [개정 2005.7.28][본조신설 2003.8.18]

제43조의4 (위해요소 중점관리 기준 적용업소의 영업자 및 종업원 교육훈련)

① ② ③ ④ [본조신설 2003.8.18]

제43조의5 (위해요소 중점관리 기준 적용업소의 조사·평가) [본조신설 2003.8.18]

제43조의6 (위해요소 중점관리 기준 적용업소 지정취소 등) [본조신설 2003.8.18]
제43조의7 (위해요소 중점관리 기준 적용업소의 출입·검사) [본조신설 2003.8.18]
제43조의8 (조리사 선임·해임신고) [본조신설 2005.7.28]
제44조 (영양사의 직무 등) ① [개정 1989.11.30, 1995.8.31] [개정 1989.11.30]
제45조 삭제 [2000.8.8]
제46조 (조리사의 면허신청 등)
① [개정 1989.11.30, 2003.8.18, 2005.7.28]
② [개정 1989.11.30, 2003.8.18]

제47조 (면허증의 재교부등)
① [개정 1988.3.4, 1989.11.30, 2003.8.18]
② [개정 1989.11.30, 2003.8.18]

제48조 (조리사의 면허증의 반납) [개정 2003.8.18]
제49조 (조리사 및 영양사의 교육)
① [개정 1999.12.29, 2000.8.8, 2003.8.18, 2005.7.28]
② [신설 2005.7.28]
③ [신설 2005.7.28] [전문개정 1995.8.31]

제50조 삭제 [2005.7.28]
제51조 삭제 [2000.8.8]
제52조 (압류 등)
① [개정 1989.11.30]
② [개정 1995.8.31]

제52조의2 (위해식품 등의 긴급 회수문)
① ② 4. 공표문 사본 또는 내용 [본조신설 2005.7.28]

제53조 (행정처분의 기준) [개정 1995.8.31, 1996.12.20][전문개정 1993.7.3]
제54조 (영업소 폐쇄 등의 게시)
제55조 (행정처분대장 등)
① [개정 1995.8.31, 1996.12.20, 2000.8.8]
② [개정 1998. 10.19]

③ [신설 1998.10.19]

제56조 (과징금 및 과태료의 징수절차 등)
① [신설 1993.7.3]
② [개정 1995.8.31, 2005.7.28]

제57조 (식중독환자 또는 그 사체에 관한보고) ① ② [개정 1989.11.30]
제58조 (집단급식소의 신고 등) ① ② ③ ④ ⑤ ⑥ [전문개정 2005.7.28]
제58조의2 (집단급식소의 설치·운영자 준수사항)
① ② [본조신설 2005.7.28][본조개정 2005.7.28 종전의 제58조의2는 제58조의4로 이동]

제58조의3 (집단급식소의 시설기준) [본조신설 2005.7.28]
제58조의4 (포상금의 지급기준)
① [개정 2005.7.28]
② [개정 2005.7.28] [본조신설 2003.8.18][본조개정 2005.7.28 제58조의2에서 이동]

제59조 (수수료)
① [개정 1989.11.30, 1999.12.29, 2000.8.8, 2003.8.18, 2005.7.28]
② [신설 2005.10.17 제333호

## 부칙

[2005.10.17 제333호(전자적 민원처리를 위한 간호조무사 및 의료유사업자에 관한 규칙 등)]이 규칙은 공포한 날부터 시행한다.

**[별표 1] <개정 2000.8.8, 2005.7.28>**

**식품 등의 위생적 취급에 관한 기준(제2조 관련)**

1. 식품 등을 취급하는 원료보관실·제조가공실·포장실 등의 내부는 항상 청결하게 관리하여야 한다.
2. 식품 등의 원료 및 제품 중 부패·변질이 되기 쉬운 것은 냉동·냉장시설에 보관·관리하여야 한다.
3. 식품 등의 보관·운반·진열시에는 식품 등의 기준 및 규격이 정하고 있는 보존 및 보관 기준에 적합하도록 관리하여야 하고, 이 경우 냉동·냉장시설 및 운반시설은 항상 정상적으로 작동시켜야 한다.

4. 식품 등의 제조·가공·조리 또는 포장에 직접 종사하는 자는 위생모를 착용하는 등 개인 위생관리를 철저히 하여야 한다.
5. 제조·가공(수입품 포함)하여 최소판매 단위로 포장된 식품 또는 식품첨가물을 영업허가 또는 신고하지 아니하고 판매의 목적으로 포장을 뜯어 분할하여 판매하여서는 아니 된다.[신설 2005.7.28]
6. 식품 등의 제조·가공·조리에 직접 사용되는 기계·기구 및 음식기는 사용 후에 세척·살균하는 등 항상 청결하게 유지·관리하여야 하며, 어류·육류·채소류를 취급하는 칼·도마는 각각 구분하여 사용하여야 한다. [개정 2005.7.28]
7. 식품 접객업소의 경우 법 제7조의 규정에 의한 식품 등의 기준 및 규격이 정하고 있는 식품 접객조리판매 등에 대한 미생물 권장규격에 적합하도록 관리하여야 한다.
8. 유통기한이 경과된 식품 등을 판매하거나 판매의 목적으로 진열·보관하여서는 아니 된다.

**[별표 2] 삭제**

**[별표 3] <개정 2000.8.8, 2004.1.31, 2005.7.28>**

**허위표시·과대광고로 보지 아니하는 표시 및 광고의 범위와 그 적용 대상식품 (제6조제2항관련)**

1. 적용 대상 식품 [개정 2005.7.28]
   특수용도식품

2. 표시 및 광고(표시는 식품의 용기·포장에 기재하는 문자, 숫자 또는 도형을 말하고 광고는 라디오, 텔레비전, 신문, 잡지, 영상, 인터넷, 제품판매와 관련한 제품설명서와 특정 회원용 제품 설명서 등 인쇄물을 통한 제품선전 및 소개를 말한다) [개정 2004.1.31]

가. 유용성

(1) 삭제 [2004.1.31]

(2) 식품 영양학적으로 공인된 사실의 표현(예시 : 임신수유기영양보급, 병후 회복시 영양보급, 노약자영양보급, 환자에 대한 영양보조 등)

(3) 제품에 함유된 영양성분의 식품 영양학적 기능 및 작용의 표현(예시 : 비타민, 칼슘, 철, 아미노산, 지방산 등의 기능 및 작용)

나. 용도

(1) 제품의 제조목적이나 주요용도에 따라 용도의 표현(예시 : 유아식, 환자식등)

(2) 특정질병을 지칭하지 아니하는 단순한 권장 내용의 표현 (예시 : 발육기, 성장기, 임신수유기, 갱년기, 노화기에 좋다)

다. 섭취방법·섭취량

제품의 성질상 섭취방법과 섭취량을 표현하여야 할 경우 해당 제품의 식품영양학적 기준으로 가장 적합하다고 생각되는 섭취방법 및 섭취량

라. 기타 허위표시·과대광고로 보지 아니하는 표시 및 광고의 범위 등과 관련 세부사항은 보건복지부장관이 정하여 고시한다.

<1996.12.20>

**[별표 4] 삭제 <2000.8.8>**

**[별표 5] 삭제 <2000.8.8>**

**[별표 5의2] 삭제 <1999.12.29>**

**[별표 6] <개정 2000.8.8, 2003.8.18, 2005.7.28>**

**식품 등의 수입신고 및 검사(제11조 관련)**

1. 신고를 요하지 아니하는 식품 등 [개정 2005.7.28]

가. 우리나라에 있는 외국의 대사관·공사관·영사관 기타 이에 준하는 기관에서 수입하는 공용의 식품 등 또는 그 기관에 소속된 공무원 및 그 가족이 수입하는 자가소비용 식품 등

나. 여행자가 휴대한 것으로 자가소비용으로 인정할 수 있는 식품 등

다. 무상으로 반입하는 상품의 견본 또는 광고물품으로서 그 표시가 명확한 식품 등

라. 외국의 경제수역에서 당해 국 선박과의 공동어업으로 포획·채취하여 국내선박에서 냉동 또는 가공된 수산물

마. 식품 등의 제조·가공·조리·저장·운반 등에 사용하는 기계류와 그 부속품

바. 식품첨가물 중 화학적 합성품을 제조하는 원료. 다만, 혼합제제의 성분이 되는 것을 제외 한다.

사. 정부 또는 지방자치단체가 직접 사용하는 식품 등

아. 「관세법」 제51조의 규정에 의하여 세관장의 허가를 받아 외국으로 왕래하는 선박 또는 항공기 안에서 사용하는 식품 등

자. 외화획득용 식품 등의 제조·가공 또는 조리에 사용하는 기구의 원재료

차. 무상으로 반입하는 선천성 대사이상 질환자용 식품

카. 기타 식품의약품안전청장이 위생상 위해발생의 우려가 없다고 인정하는 식품 등

2. 검사의 종류 및 대상 [개정 2005.7.28]

가. 서류검사 및 그 대상

서류검사라 함은 신고서류 등을 검토하여 그 적부를 판단하는 검사를 말하며, 다음의 식품 등을 대상으로 한다.

(1) 「대외무역법 시행령」 제34조의 규정에 의하여 외화획득용으로 수입하는 식품 등. 다만, 동령 제34조 제1항 제3호의 규정에 따라 관광용으로 수입하는 식품 등을 제외 한다.

(2) 식품제조·가공업, 식품첨가물제조업 또는 용기·포장류 제조업의 영업허가를 받거나 신고를 한 자가 자사의 제품을 생산하기 위하여 직접 또는 위탁하여 수입하는 식품등 또는 식품을 직접 제조·가공하지 아니하고 타인에게 의뢰하여 제조·가공된 식품을 자신의 상표로 유통·판매하는 영업을 하는 자가 자신이 제조·가공을 의뢰한 제품의 원료(이하 "자사제품 제조용 원료"라 한다)로 수입하는 식품 등

(3) 삭제

(4) 연구·조사에 사용하는 식품 등

(5) 정부·지방자치단체 또는 그 대행기관에서 수입하는 식품 등(이 경우 국내외 공인 검사기관에서 발행한 검사성적서 또는 검사증명서를 제출하는 것에 한한다)

(6) 식용향료(조합향료 및 단일성분의 착향료를 포함한다)

(7) 식품 또는 식품첨가물에 접촉되는 재질이 스테인레스·나무·돌 또는 착색되지 아니한 유리제로 된 기구 및 용기·포장

(8) 다목의 정밀검사를 받았던 것 중 다음의 조건을 충족하는 것으로서 재수입하는 식품 등(이하 "동일사 동일식품 등"이라 한다)

(가) 식품·식품첨가물의 경우에는 제조국·제조업소·제품명·제조방법 및 원재료명이 같은 것

(나) 기구 또는 용기·포장의 경우에는 제조국·제조업소·재질 및 바탕 색상이 같은 것

(9) 외화획득을 위한 박람회·전시회 등에 사용하기 위하여 수입하는 식품 등

(10) 판매를 목적으로 하는 선천성 대사 이상 질환자용 식품

(11) 「축산물가공처리법」 제21조 제1항 제3호의 규정에 의한 축산물가공업의 영업허가를 받은 자가 자사제품제조용 원료로 수입하는 식품 또는 식품첨가물

(12) 화학적 합성품이 아닌 식품첨가물을 제조하는데 사용되는 원료

(13) 정제가공을 거쳐야만 하는 식품의 원료나, 기구 또는 용기·포장의 제조에 사용되는 원료

(14) 「주세법」 제6조 제1항의 규정에 의한 주류제조 면허를 받은 자가 자사 제조용 원료로 수입하는 식품 등

(15) 외국으로부터 반송된 식품 등 중 그 반송사유가 식품 등의 변질이나 위생상 위해와 관련이 없는 것으로서 국내의 기준 및 규격 등에 적합하게 제조·가공된 식품 등
(16) 법 제16조 제3항 제1호의 규정에 따라 사전확인 등록된 식품 등
(17) 정밀검사 결과 부적합 판정을 받은 이력이 없는 식품 등 중 안전성이 확보되었고 식품의약품안전청장이 인정하는 식품 등
(18)「건강기능식품에 관한 법률」제4조의 규정에 의한 건강 기능식품 제조업의 영업허가를 받은 자가 자사제품 제조용 원료로 수입하는 식품 등

나. 관능검사 및 그 대상

관능검사라 함은 제품의 성상·맛·냄새·색깔·표시·포장상태·정밀검사 이력 등을 종합하여 식품의약품안전청장이 정하는 기준에 따라 그 적부를 판단하는 검사로서 다음의 식품 등을 대상으로 한다.

(1) 식용을 목적으로 하는 원료성의 농·임·수산물로서 식품 등의 기준 및 규격이 설정되지 아니한 것(식품첨가물이나 다른 원료를 사용하지 아니하고 원형을 알아볼 수 있는 정도로 단순히 자르거나 껍질을 벗기거나 말리거나 소금에 절이거나 숙성하거나 가열하거나 냉동하는 등 가공과정을 거쳐도 식품의 상태를 관능으로 확인할 수 있도록 처리한 것을 포함한다)
(2) 가목의 서류검사의 대상중 지방식품의 약품안전청장 또는 국립검역소장이 관능검사가 필요하다고 인정하는 식품 등
(3)「관세법」등 다른 법률에 의하여 보세구역내에서 압류·몰수하여 검사요구한 것으로서 그 물량이 별표 7에서 정한 수거량의 10배 이하인 식품 등
(4) 다목의 정밀검사를 받았던 농·임·수산물 중 생산국·품명·수출업자(또는 수출업소) 및 포장장소가 같은 것

다. 정밀검사 및 그 대상

정밀검사라 함은 물리적·화학적·미생물학적 방법에 따라 실시하는 검사로서 서류검사 및 관능검사를 포함하며, 다음의 식품 등을 대상으로 한다.

(1) 최초로 수입하는 식품 등
(2) 국내외에서 유해물질 등이 함유된 것으로 알려져 문제가 제기된 식품 등
(3) 수입신고에 따른 검사결과 부적합 처분을 받은 식품 등의 경우로서 부적합 처분을 받은 날부터 수입신고 회수를 기준으로 5회까지 재수입되는 동일한 제조업자의 동일식품 등

(4) 삭제

(5) 법 제17조의 규정에 의한 수거검사결과 부적합 판정을 받은 식품 등의 경우로서 부적합 판정을 받은 날부터 수입신고 회수를 기준으로 5회까지 재수입되는 동일한 제조업자의 동일 식품 등

(6) 관능 검사결과 식품위생상의 위해가 발생할 우려가 있다고 인정되는 식품 등

(7) 허위서류를 첨부하는 등 부정한 방법으로 적합판정을 받아 수입된 사실이 있는 식품  등과 허위로 신고하여 행정처분을 받은 영업자가 행정처분 일부터 1년 이내에 수입하는 식품 등

(8) 제11조 제5항 각호의 1에 해당하는 조치를 위반한 수입 신고인이 수입하는 식품 등

(9) 삭제 [2005.7.28]

(10) 가목(15)에 해당되는 경우를 제외한 반송된 식품 등

(11) (1)의 규정에 의하여 정밀검사를 한 식품 등 중 법 제7조 및 법 제9조에 의한 기준 및 규격이 신설 또는 강화된 식품 등

라. 무작위 표본검사 및 그 대상

무작위 표본검사라 함은 정밀검사 대상을 제외한 식품 등에 대하여 식품의약품안전청장의 표본추출 계획에 의하여 물리적·화학적 또는 미생물학적 방법에 따라 실시하는 검사로서 식용향료를 제외한 다음의 식품 등을 대상으로 한다.

(1) 정밀검사를 받았던 식품 등

(2) 삭제 [2005.7.28]

(3) 서류검사 또는 관능검사 대상 중 지방 식품 의약품안전청장이 수입식품 등의 안전성 확보를 위하여 무작위 표본검사가 필요하다고 인정하는 식품 등

마. 수입식품 등의 목적외 용도사용 승인

식품 등을 가목(2)·(11)·(14) 및 (18)의 규정에 의하여 자사제품 제조용 원료로 수입 신고한 영업자는 식품의약품안전청장이 정하는 범위 안에서 당해 수입식품 등의 신고를 수리한 지방 식품 의약품안전청장 또는 국립검역소장의 승인을 얻어 당초 수입한 목적외의 용도로 사용하거나 판매할 수 있다.

3. 식품 등의 검사방법 등 [개정 2005.7.28]

가. 검사기관 및 동기관의 유의사항

(1) 수입식품 등의 검사는 지방 식품의 약품안전청장 또는 국립검역소장이 행한다.

(2) 수입신고인이 지방 식품 의약품안전청장 또는 국립검역소장외의 식품위생 검

사 기관에 검사의뢰를 한 경우에는 당해 식품위생 검사기관이 정한 검사수수료나 지방자치단체의 조례 및 규정에서 정한 수수료를 검사를 행한 검사기관에 직접 납부하여야 한다.

(3) 보세구역 등에서 수입식품 등의 검사를 행할 때에는 그 권한을 표시하는 증표를 제시하여야 한다.

(4) 지방 식품 의약품안전청장 또는 국립검역소장은 수입식품 등에 대하여 그 검사 결과의 확인 전에 동 식품 등이 유출될 우려가 있다고 판단되는 경우에는 봉인 등 필요한 조치를 취할 수 있다.

(5) 최초로 수입하는 식품 등의 수입 신고량이 식품의약품안전청장이 고시하는 수입 최소량에 미달되는 식품 등은 제16조 제2항의 규정에 의하여 지정받은 식품위생 검사기관에서 정밀검사를 받아야 한다.

(6) 지방 식품 의약품안전청장 또는 국립검역소장은 수입신고한 식품 등이 (5)의 규정에 의하여 정밀 검사한 동일사 동일식품 등이라 하더라도 그 수입 신고량이 식품의약품 안전청장이 고시하는 수입 최소량 이상인 경우에는 최초로 수입 최소량 이상이 되는 경우에 한하여 새로이 정밀검사를 실시하거나 수입자로 하여금 제16조 제2항의 규정에 의하여 지정받은 식품위생 검사기관에서 정밀검사를 받게 하여야 한다.

(7) 삭제 [2005.7.28]

나. 검체의 채취 및 취급방법 등

(1) 검체의 채취 및 취급은 식품 등의 기준 및 규격 중 검체의 채취급 방법에 의한다.

(2) 검체의 채취 및 취급은 법 제18조의 규정에 의하여 지정한 식품위생검사 기관의 식품위생 감시원의 자격을 갖춘 자가 수입신고인 또는 수입물품의 관리자의 참여하에 실시함을 원칙으로 하나, 필요한 경우 법 제20조의2의 규정에 의한 소비자 식품위생 감시원을 참여시킬 수 있다. 이 경우 검사용 검체를 채취하는 때에는 제13조 제2항의 규정에 의하여 수거증을 발급하여야 한다.

(3) 검체 채취량은 별표 7의 수거량에 의한다. 다만, 검체의 최소 포장단위가 수거량을 초과 하더라도 검체채취로 인한 오염 등으로 검사결과에 영향을 줄 우려가 있다고 판단될 때에는 최소의 포장단위 그대로 채취할 수 있다.

(4) 수입된 식품 등 중 다른 수입제품과 혼재(混在)되어 제품확인 및 수입량 파악 등의 검사를 할 수 없거나 대표성 있는 검체를 수거할 수 없는 경우에는 수입자로 하여금 당해 수입된 식품 등을 검사 가능한 보세구역으로 이송하게 한 후 검체를 채취할 수 있다.

다. 검체의 정밀검사 방법 및 그 결과의 통보

(1) 지방 식품 의약품안전청장 또는 국립검역소장이 수입식품 등의 검체에 대한 정밀 검사를 하는 경우에는 식품 등의 기준 및 규격의 적합여부에 대하여 행하여야 한다. 이 경우 식품의약품안전청장이 정한 중점검사 항목 및 위해성에 대한 정보가 있는 항목 등에 대하여 중점적으로 검사할 수 있으며, 제2호 다목 (11)의 규정에 따라 정밀검사를 받아야 하는 식품 등은 신설 및 강화된 항목을 중점적으로 검사할 수 있다.

(2) 수입되는 식품 등에 대한 식품 등의 기준 및 규격검사는 이전의 정밀검사 결과 등을 고려하여 그 검출빈도가 높거나 인체의 위해도가 높은 잔류농약·중금속·병원미생물 등을 중점적으로 검사할 수 있다.

(3) 수입 신고인의 검사요청을 받았거나 지방 식품 의약품안전청장 또는 국립검역소장으로부터 검사의뢰를 받은 식품위생검사기관은 정밀검사를 실시하여 그 결과를 지체 없이 당해 지방 식품 의약품안전청장 또는 국립검역소장에게 전자문서로 통보하여야 한다. 이 경우 수입 신고인의 검사요청에 의한 경우에는 그 결과를 수입 신고인에게도 문서로 통보하여야 한다.

(4) 지방 식품 의약품안전청장 또는 국립검역소장은 정밀검사 결과의 확인 전에 필요한 조건을 붙여 식품 등의 수입 신고필증을 교부한 때에는 정밀검사 결과를 수입 신고인에게 알려주어야 한다.

라. 국내외 공인검사기관의 검사증명서 또는 검사성적서 인정 등 수입 신고인이 식품의약품안전청장이 인정하는 국내외 공인검사기관의 검사증명서 또는 검사 성적서를 제출하는 경우에는 당해 식품 등에 대한 정밀검사에 갈음하거나 그 검사항목을 조정하여 검사할 수 있다.

마. 표시기준·허위표시등의 확인

지방 식품 의약품안전청장 또는 국립검역소장은 수입식품 등이 법 제10조의 규정에 의하여 정하여진 표시기준에 적합한지 여부와 제6조의 규정에 의한 허위표시·과대광고 및 과대포장의 범위에 해당하는지 여부를 확인하여야 한다.

4. 수입식품 등의 전산관리

가. 지방 식품 의약품안전청장 또는 국립검역소장은 수입식품 등의 신고사항 등을 전산망에 입력하여 관리하여야 한다.

나. 식품 등의 수입 신고필증은 전산기기로 출력하여 교부하여야 한다. 다만, 전

산기기 또는 통신망의 장애로 전산기기에 의한 발급이 불가능한 경우에는 수기 등의 방법으로 식품 등의 수입 신고필증을 발급할 수 있다.

5. 신고 및 검사업무의 세부기준 제정 등

가. 수입식품 등의 신고 및 검사업무와 관련한 세부 처리요령은 식품의약품안전청장이 정하는 바에 의한다.

나. 유통기한 표시대상 식품 등의 수입 신고필증을 교부할 때에는 그 유통기한 만료일을 명시하여 교부하여야 한다.

6. 수입식품 등의 통관업무 관련부서의 협조사항

가. 세관장은 제3호 나목(2)의 규정에 따라 식품위생 검사기관에서 수입식품 등에 대한 정밀검사를 행하기 위하여 당해 검체를 직접 채취하는 자에 대하여 보세구역에의 출입에 협조하여야 한다.

나. 가목에 의한 식품위생 검사기관의 검체 채취자는 이를 증명하는 문서를 당해 보세구역의장에게 제출하여야 한다.

**[별표 6의2] <신설 2003.8.18>**

**수입식품 등 사전확인등록 기준 및 절차 등(제11조의2관련)**

1. 사전확인등록 신청대상 식품 등

우리나라에 수출하고자 하는 식품 등. 다만, 농·임산물 등의 1차 생산품 및 그 단순가공품(식품첨가물이나 다른 원료를 사용하지 아니하고 원형을 알아볼 수 있는 정도로 단순히 자르거나 껍질을 벗기거나 말리거나 소금에 절이거나 숙성하거나 가열하거나 냉동하는 등 가공 과정을 거쳐도 식품의 상태를 관능으로 확인할 수 있도록 처리한 것)을 제외한다.

2. 사전 확인등록 신청인 및 사전 확인내용

가. 신청인 : 우리나라에 수출 하고자 하는 식품 등을 제조·가공하는 자(이하 "제조자"라 한다)

나. 사전 확인내용

식품의약품안전청장은 다음 사항이 적합한지를 제출된 서류와 현지실사를 통하여 확인 하여야 한다.

(1) 법 제4조 내지 제6조 및 제8조의 규정에 의한 판매 등 금지 식품 등에 해당하는 지의 여부

(2) 법 제7조 및 제9조의 규정에 의한 기준과 규격에 적합한지의 여부
(3) 법 제11조의 규정에 의한 허위표시 등에 해당하는지의 여부
(4) 법 제21조의 규정에 의한 시설기준에 적합한지의 여부
(5) 법 제32조의2의 규정에 의한 위해요소 중점관리기준에 적합한지의 여부

### 3. 사전 확인 등록의 취소

가. 식품의약품안전청장은 사전 확인 등록된 식품 등이 다음 각 호의 1에 해당될 경우에는 그 등록을 취소할 수 있다. 다만, (3)에 해당하는 경우에는 등록을 취소하여야 한다.
(1) 제2호 나목의 사전 확인 내용에 적합하지 아니한 사실이 발견된 때
(2) 제11조의2 제1항 제1호 내지 제3호의 내용을 변경하고 이에 대한 변경사항을 제출하지 아니한 때
(3) 거짓 또는 부정한 수단으로 사전 확인 등록을 한 때
나. 식품의약품안전청장은 사전 확인 등록을 취소한 때에는 취소사유와 일자 등을 수출국 정부를 통하여 제조자에게 통지한다.

### 4. 사전 확인 등록 식품 등의 수입신고 처리 등

가. 수입신고 및 신고필증 교부
(1) 등록된 식품 등을 수입하고자 하는 자(이하 "수입자"라 한다)는 법 제16조에 따른 식품 등의 수입신고서(이하 "신고서"라 한다)에 당해 식품 등의 사전 확인 등록 번호를 함께 기재하여 지방 식품 의약품안전청장 또는 국립검역소장에게 제출하여야 한다.
(2) 지방 식품 의약품안전청장 또는 국립검역소장은 등록번호를 기재한 신고서에 대하여는 별표 6 제2호 가목의 규정에 의한 서류검사를 실시한 후 지체없이 식품 등 수입신고필증을 수입자에게 교부하여야 한다.
나. 사전 확인 등록 식품 등의 정밀검사
(1) 식품의약품안전청장은 등록된 식품 등의 안전성에 문제가 있다고 인정되는 경우에는 별표 6 제2호 다목의 규정에 의한 정밀검사를 실시할 수 있다.
(2) 식품의약품안전청장은 (1)의 규정에 따라 정밀검사를 실시한 경우에는 이 사실을 수출국 정부를 통하여 제조자에게 통지한다.

[별표 7] <개정 2000.8.8, 2001.7.31, 2005.7.28>

**식품 등의 수거대상 및 수거량(제13조 관련)**

1. 무상 수거 대상 식품 등

가. 제12조 제1항의 규정에 의하여 검사에 필요한 식품 등을 수거할 때

나. 유통 중인 부정·불량식품 등을 수거할 때

다. 부정·불량식품 등을 압류 또는 수거·폐기하여야 할 때

라. 수입식품 등을 검사할 목적으로 수거할 때

2. 유상 수거대상 식품 등

가. 도·소매업소에서 판매하는 식품 등을 시험 검사용으로 수거할 때

나. 식품 등의 기준 및 규격 제정·개정을 위한 참고용으로 수거할 때

다. 기타 무상 수거대상이 아닌 식품 등을 수거할 때. 다만, 긴급을 요하는 등 필요한 경우에는 무상으로 수거할 수 있다.

3. 수거량 [개정 2005.7.28]

가. 식품

| 식 품 의 종 류 | 수거량 | 비 고 |
|---|---|---|
| (1) 물엿·벌꿀·간장·식초·케찹·식육제품·어육제품·음료류·얼음·청주·인삼 또는 홍삼음료·인삼과자류 | 600g(mℓ) | 1. 수거량은 검체의 개수별 무게 또는 용량을 모두 합한 것을 말하며, 검사에 필요한 시험재료(검체)는 수거량의 범위안에서 수거하여야 한다. 다만, 검체의 최소포장단위가 수거 오염등으로 검사결과에 영향을 줄우려가 있다고 판단될 때에는 최소 포장단위 그대로 채취할 수 있다.<br>2. 세균검사항목이 있는 경우 및 통조림식품은 6개를 수거하여야 하며, 이 경우 수거량을 초과하여 수거할 수 있다.<br>3. 2개이상을 수거하는 경우에는 그 용기 또는 포장과 제조연월일이 같은<br>4. 용량검사를 하여야 하는 경우에는 준 및 규격에서 정한 용량검사에 필요한 양을 추가하여 수거할 수 있다. |
| (2) 국수·건빵·두부·전분·마요네즈·고추가루·카레·치즈·쇼트닝유·두유제품·아이스크림(분말) 및 빙과류·유산균음료·다류식품·크림·연유·분유·발효유·유음료·기타 인삼제품류 | 200g(mℓ) | |
| (3) 유탕처리식품 | 1kg | |
| (4) (1) 내지 (3)외 기타 식품 | 400g (mℓ) | |
| (5) 자연산물 | | |
| ○ 곡류·두류 및 기타자연산물 | 1~2kg | |
| ○ 채소류 및 과실류 | 3~5kg | |

나. 식품첨가물

| 시 험 항 목 별 | 수 거 량 |
|---|---|
| 식품등의 기준 및 규격의 적부에 관한 시험 | 고체 : 200g<br>액체 : 500g(mℓ)<br>기체 : 1kg |
| 비소·중금속 함유량 시험 | 50g(mℓ) |

다. 기구 또는 용기·포장

| 시 험 항 목 별 | 수 거 량 |
|---|---|
| 재질·용출시험 | 기구 또는 용기·포장에 대한 식품등의 기준 및 규격검사에 필요한 양 |

**[별표 7의2] <신설 2003.8.18, 2005.7.28>**

**식품위생 검사기관의 검사업무에 관한 규정(제17조의4관련)**

1. 식품위생 검사기관은 지정받은 검사업무의 범위 내에서 검사하여야 한다.
2. 식품위생 검사기관은 제16조 제2항의 규정에 따라 식품의약품안전청장이 정하는 기준에 적합한 검사기계·기구류와 검사원을 갖추고 검사하여야 한다.
3. 식품위생 검사기관은 시험결과를 확인할 수 있도록 시험과 관련된 검사의 절차방법 및 판정 등의 내용이 기록된 검사일지 또는 기록서(시험일시, 검체사용량, 시험방법 및 표준시료·시약의 사용내역을 기재한 것과 분석기기 출력물 자료를 포함한다)를 작성하여 이를 최종 기재일 부터 3년간 보관하여야 한다.
4. 식품위생 검사기관은 제17조의2의 규정에 의한 변경신고를 해당 사항을 변경한 날부터 1월 이내에 하여야 한다. [개정 2005.7.28]
5. 식품위생 검사기관은 식품·식품첨가물공전에서 정한 규정 또는 식품의약품안전청장이 정한 검사방법 등에 따라 검사를 하되, 검사결과의 신뢰성·정확성을 확보할 수 있는 범위 내에서 식품의약품안전청장이 인정하는 경우에는 다른 시험방법으로 검사할 수 있다. [개정 2005.7.28]
6. 식품위생 검사기관이 발행하는 시험 성적서는 다음 사항을 기재하여야 한다.
  가. 업소명 및 소재지
  나. 의뢰자 및 의뢰기관명
  다. 의뢰 또는 접수번호
  라. 제품명 및 식품(식품첨가물)유형
  마. 제조일자 또는 유통기한

바. 검사기준·규격 및 결과(검사수치 등), 적·부여부의 판정
사. 검사기관명

7. 식품위생 검사기관은 법 제19조의 규정에 따라 자가 품질 검사를 실시하여야 하는 자가 당해 식품의 성분에 관한 규격 항목 중 일부 항목에 대하여 검사의뢰를 한 경우에도 그 항목에 대한 검사결과를 통보하여야 한다.
8. 식품위생 검사기관은 제17조 제2항의 규정에 의한 검사업무의 처리 등에 관한 규정에서 정한 검사기한을 준수하여야 한다.
9. 식품위생 검사기관은 식품 등의 재검사를 함에 있어 법 제17조의2의 규정에 따라 재검사를 실시하여야 한다. [신설 2005.7.28]
10. 식품위생 검사기관은 식품 등의 시험·검사와 관련하여 다음과 같은 행위 등을 하여서는 아니 된다. [개정 2005.7.28]
가. 표준용액을 사용하지 아니하고 검사하는 행위
나. 의뢰받은 검사물체별로 검사하지 아니하고 검사물체를 혼합·조제하여 검사하는 행위
다. 다른 검사물체의 시험결과를 인용
라. 미생물 시험시 배양시간을 단축하여 실험하고 그 결과를 근거로 판정하는 경우
마. 실험결과 검출된 성분에 대한 확인시험이 필요함에도 불구하고 이를 실시하지 아니한 경우
바. 공시험(Blank test)이 필요함에도 불구하고 이를 실시하지 아니한 경우
사. 유효기간이 경과된 표준물질 및 시약을 사용한 경우
아. 판정이 모호한 측정치(Peak)에 대하여 확인을 위한 재실험을 실시하지 아니한 경우
자. 검사의뢰자가 의뢰한 검사항목이나 식품 등의 기준·규격을 검사함에 있어 그 검사항목을 빠뜨리거나 다른 검사 항목을 적용하여 판정하는 행위
차. 검사과정에서 검사물체를 바꾸어 검사하여 검사 성적서를 발급하는 행위
카. 그 밖에 제17조 제1항제4호의 규정에 의한 검사업무의 처리 등에 관한 규정을 위반하는 행위

**[별표 7의3] <개정 2005.7.28>**

**식품위생 검사기관 검사업무 정지 등 처분기준(제17조의5관련)**

Ⅰ. 일반기준

1. 위반행위가 2 이상인 경우에는 그중 가장 무거운 처분기준에 의하며, 처분기준이 모두 검사 업무정지인 경우에는 6월의 범위 내에서 무거운 처분기준에 나머지 처분 기준의 2분의 1을 더하여 처분하되, 각 위반 행위별 처분기준을 모두

합산한 기간을 초과할 수 없다.

2. 검사와 관련한 위반사항이 검사결과에 중대한 영향을 미치지 아니 하거나 단순 착오로 판단되는 경우로서 그 처분기준이 검사 업무정지에 해당하는 때에는 정지처분기간의 2분의 1 이하의 범위 내에서, 지정취소에 해당하는 때에는 검사업무정지 3월 이상의 범위 내에서 각각 경감할 수 있다.
3. 위반행위의 차수에 따른 처분기준은 최근 3년간 같은 위반행위로 처분을 받은 경우에 적용한다.
4. 4차 위반의 경우에는 제3차 위반의 처분기준이 검사 업무정지 15일이면 검사업무 정지 45일에, 검사 업무정지 1월이면 검사 업무정지 3월의 처분, 검사 업무정지 3월 이면 지정 취소처분을 하고, 5차 위반의 경우에는 지정취소 처분을 한다.

## II. 위반사항별 세부처분기준

| 위 반 사 항 | 근거법령 | 처 분 기 준 | | |
|---|---|---|---|---|
| | | 1차 위반 | 2차 위반 | 3차 위반 |
| 1. 검사성적서를 허위로 발급한 때 | 법 제18조 제3항 | 지정취소 | | |
| 2. 검사업무에 관한 규정을 위반하여 검사를 한 경우로서 | 법 제18조 제3항 | | | |
| 가. 별표 7의2 제1호의 규정에 위반한 때, 동표 제10호마목·바목·사목 또는 아목의 규정에 해당한 때 | | 검사업무 정지15일 | 검사업무 정지 1월 | 검사업무 정지 3월 |
| 나. 별표 7의2 제2호·제3호 또는 제9호의 규정을 위반한 때 | | 검사업무 정지 1월 | 검사업무 정지 3월 | 지정취소 |
| 다. 제7의2 제4호 또는 제8호의 규정을 위반한 때, 동표 제10호 카목에 해당한 때 | | 시정명령 | 검사업무 정지 7일 | 검사업무 정지15일 |
| 라. 별표 7의2 제5호 또는 제7호의 규정을 위반한 때 | | 검사업무 정지 7일 | 검사업무 정지15일 | 검사업무 정지 1월 |
| 마. 별표 7의2 제6호의 규정을 위반한 경우로서 위반사항이 | | | | |
| (1) 3개 이상인 때 | | 검사업무 정지 7일 | 검사업무 정지15일 | 검사업무 정지 1월 |
| (2) 3개 미만인 때 | | 시정명령 | 검사업무 정지 7일 | |
| 바. 별표 7의2 제10호가목·나목·다목·라목·자목 및 차목의 규정에 해당 한 때 | | 검사업무 1월 | 검사업무 2월 | 검사업무 정지15일 |
| 3. 검사업무정지 처분기간중에 검사업무를 한 때 | | 지정취소 | | 지정취소 |

**[별표 8] <개정 2000.8.8, 2001.7.31, 2003.8.18, 2004.1.31, 2005.7.28>**
**자가품질검사기준(제19조관련)**

1. 식품 등의 검사 [개정 2005.7.28]

가. 식품 등에 대한 자가 품질 검사는 판매를 목적으로 제조·가공하는 품목별로 실시하여야 한다. 다만, 즉석판매제조·가공 대상 식품의 경우에는 동일한 성분·규격을 적용받는 식품 유형별로 이를 실시할 수 있다.

나. 기구 및 용기·포장의 경우 동일한 재질의 제품으로 크기나 형태가 다를 때에는 재질별로 자가 품질 검사를 실시할 수 있다.

다. 자가 품질 검사주기의 적용시점은 제품 제조일을 기준으로 산정한다.

라. 검사 항목의 적용은 당해 제품의 해당 항목에 한한다. 다만, 식품제조·가공과정 중 특정 식품 첨가물을 사용하지 아니한 경우에는 그 항목을 생략할 수 있다.

마. 식품 등의 자가 품질 검사는 다음의 구분에 의하여 실시하여야 한다.

(1) 식품제조·가공업

(가) 다류, 건과류, 껌류, 맥아엿, 김치·절임식품, 건포류, 면류(건면류·생면류 및 숙면류에 한한다), 조미식품(고춧가루 또는 실고추 및 천연향신료에 한한다), 떡류 및 메주를 제조·가공하는 경우, 선박에서 통·병조림을 제조하는 경우와 단순가공품(자연산물을 그 원형을 알아볼 수 없도록 분해·절단 등의 방법으로 변형 시키거나 1차 가공 처리한 식품원료를 식품첨가물을 사용하지 아니하고 단순히 서로 혼합만 하여 가공한 제품이거나 이 제품에 식품제조·가공업의 허가를 받아 제조·포장된 조미 식품을 포장된 상태 그대로 첨부한 것을 말한다)만을 가공하는 경우 : 6월 마다 1회 이상 식품별 성분에 관한 규정 (나) (가) 외의 식품 : 1월마다 1회 이상 식품별 성분에 관한 규격

(2) 즉석 판매제조·가공업

(가) 빵류(크림빵에 한한다)·식육제품·어육제품·두부류·묵류·식용유지류·인삼 제품류·음료류·추출가공식품 및 순대류 : 6월마다 1회 이상 식품별 성분에 관한 규격

(나) 아이스크림 제품류 및 도시락류 : 1월마다 1회 이상 식품별 성분에 관한 규격

(3) 식품첨가물

(가) 기구 등 살균소독제 : 6월마다 1회 이상 살균소독력

(나) (가) 외의 식품첨가물 : 2월마다 1회 이상 식품첨가물별 성분에 관한 규격

(4) 기구 또는 용기포장 : 동일 재질별로 3월마다 1회 이상 규격

2. 삭제 [2005.7.28]

**[별표 9] <개정 2000.8.8, 2001.7.31, 2003.8.18, 2005.7.28>**
**업종별시설기준(제20조 관련)**

1. 식품제조 · 가공업의 시설기준 [개정 2005.7.28]

가. 식품의 제조시설과 원료 및 제품의 보관시설 등이 설비된 건축물(이하 "건물"이라 한다)의 위치 등

(1) 건물의 위치는 축산폐수·화학물질 기타 오염물질의 발생시설로부터 식품에 나쁜 영향을 주지 아니하는 거리를 두어야 한다.

(2) 건물의 구조는 제조하고자 하는 식품의 특성에 따라 적정한 온도가 유지될 수 있고, 환기가 잘 될 수 있어야 한다.

(3) 건물의 자재는 식품에 나쁜 영향을 주지 아니하고 식품을 오염시키지 아니하는 것 이어야 한다.

나. 작업장

(1) 작업장은 독립된 건물이거나 식품제조·가공외의 용도로 사용되는 시설과 분리(벽·층등에 의하여 별도의 방으로 구별되는 경우를 말한다. 이하 같다) 되어야 한다.

(2) 작업장은 원료 처리실·제조가공실·포장실 및 기타 식품의 제조·가공에 필요한 작업실을 말하며, 각각의 시설은 분리 또는 구획(칸막이·커튼 등에 의하여 구별되는 경우를 말한다. 이하 같다)되어야 한다. 다만, 제조공정의 자동화 또는 시설·제품의 특수성으로 인하여 분리 또는 구획할 필요가 없다고 인정되는 경우로서 각각의 시설이 서로 구분(선·줄등에 의하여 구별되는 경우를 말한다. 이하 같다)될 수 있는 때에는 그러하지 아니하다.

(3) 작업장의 바닥·내벽 및 천정은 다음과 같은 구조로 설비되어야 한다.

(가) 바닥은 콘크리트 등으로 내수처리를 하여야 하며, 배수가 잘 되도록 하여야 한다.

(나) 삭제

(다) 내벽은 바닥으로부터 1.5미터까지 밝은 색의 내수성으로 설비하거나 세균방지용 페인트로 도색하여야 한다.

(4) 삭제

(5) 작업장 안에서 발생하는 악취·유해가스·매연·증기 등을 환기 시키기에 충분한 환기 시설을 갖추어야 한다.

(6) 작업장에는 쥐·바퀴등 해충이 들어오지 못하도록 하여야 한다.

다. 식품 취급 시설 등

(1) 식품을 제조·가공하는데 필요한 기계·기구류 등 식품 취급 시설은 식품의 특성에 따라 식품 등의 기준 및 규격에서 정하고 있는 제조·가공기준에 적합한 것이어야 한다.

(2) 식품 취급 시설 중 식품과 직접 접촉하는 부분은 위생적인 내수성 재질[스테인레스·알루미늄·에프알피(FRP)·테프론 등 물을 흡수하지 아니하는 것을 말한다. 이하같다]로서 씻기 쉬우며, 열탕·증기·살균제등으로 소독·살균이 가능한 것이어야 한다.

(3) 냉동·냉장시설 및 가열처리시설에는 온도계 또는 온도를 측정할 수 있는 계기를 설치 하여야 하며, 적정온도가 유지되도록 관리하여야 한다.

라. 급수시설

(1) 수돗물이나 「먹는물 관리법」 제5조의 규정에 의한 먹는 물의 수질기준에 적합한 지하수 등을 공급할 수 있는 시설을 갖추어야 한다.

(2) 지하수 등을 사용하는 경우 취수원은 화장실·폐기물처리시설·동물사육장 기타 지하수가 오염될 우려가 있는 장소로부터 20미터 이상 떨어진 곳에 위치하여야 한다.

마. 화장실

(1) 작업장에 영향을 미치지 아니하는 곳에 정화조를 갖춘 수세식 화장실을 설치하여야 한다. 다만, 인근에 사용하기 편리한 화장실이 있는 경우에는 화장실을 따로 설치하지 아니할 수 있다.

(2) 화장실은 콘크리트 등으로 내수처리를 하여야 하고, 바닥과 내벽(바닥으로부터 1.5미터 까지)에는 타일을 붙이거나 방수페인트로 색칠하여야 한다.

바. 창고 등의 시설

원료와 제품을 위생적으로 보관·관리할 수 있는 창고를 갖추어야 하며, 그 바닥에는 양탄자를 설치하여서는 아니 된다. 다만, 창고에 갈음할 수 있는 냉동·냉장시설을 따로 갖춘 업소에서는 이를 설치하지 아니할 수 있다.

사. 검사실

(1) 식품 등의 기준 및 규격을 검사할 수 있는 검사실을 갖추어야 한다. 다만, 다음

각 호의 1에 해당하는 경우에는 이를 갖추지 아니할 수 있다.

(가) 법 제19조 제2항의 규정에 의하여 식품위생 검사기관 등에 위탁하여 자가품질 검사를 하고자 하는 경우

(나) 삭제 [2005.7.28]

(2) 검사실을 갖추어야 하는 경우에는 자가품질 검사에 필요한 기계·기구 및 시약류를 갖추어야 한다.

아. 삭제

자. 시설기준 적용의 특례

(1) 선박에서 수산물을 제조·가공하는 경우에는 다음의 시설만 설비할 수 있다.

(가) 작업장

① 작업장에서 발생하는 악취·유해가스·매연·증기 등을 환기시키는 시설을 갖추어야 한다.

② 삭제

(나) 창고 등의 시설 등 냉동·냉장시설을 갖추어야 한다. 다만, 바닥에는 양탄자를 설치하여서는 아니 된다.

(나) 화장실 : 수세식 화장실을 두어야 한다.

(2) 식품제조·가공업자가 제조·가공시설 등이 부족한 경우에는 식품제조·가공업의 영업 신고를 한 자에게 위탁하여 식품을 제조·가공할 수 있다.

(3) 하나의 업소가 2이상의 업종의 영업을 할 때 또는 2이상의 식품을 제조·가공하고자 할 때로서 각각의 제품이 전부 또는 일부의 동일한 공정을 거쳐 생산되는 경우에는 그 공정에 사용되는 시설 및 작업장을 함께 쓸 수 있다. 이 경우「축산물가공처리법」 제22조의 규정에 따라 축산물가공처리업의 허가를 받은 업소,「먹는 물 관리법」 제18조의 규정에 따라 먹는 샘물 제조업의 허가를 받은 업소,「주세법」제6조의 규정에 따라 주류제조의 면허를 받아 주류를 제조하는 업소 및 「건강기능식품에 관한 법률」 제5조의 규정에 따라 건강 기능식품제조업의 허가를 받은 업소의 시설 및 작업장도 또한 같다.

(4) 「농어촌발전 특별 조치법」 제2조의 규정에 의한 농업인·임업인 또는 어업인과 「농수산물 가공산업 육성법」 제2조의 규정에 의한 생산자 단체가 국내산 농·수산물을 주된 원료로 식품을 직접 제조·가공하는 영업에 대하여는 시장·군수 또는 구청장은 그  시설 기준을 따로 정할 수 있다.

(5) 의약품제조업과 식품제조·가공업을 함께 허가받거나 신고한 영업자는 식품의

약품안전청장이 의약품제조시설에 대하여 의약품이 식품에 전이될 우려가 없어 식품의 제조·가공시설로 적합하다고 인정하여 지정·고시하는 경우에는 당해 시설을 식품 제조·가공시설로 이용할 수 있다.

2. 즉석 판매제조 · 가공업의 시설기준 [개정 2005.7.28]

가. 건물의 위치 등

(1) 독립된 건물이거나 즉석 판매제조·가공외의 용도로 사용되는 시설과 분리 또는 구획 되어야 한다. 다만, 백화점등 식품을 전문으로 취급하는 일정장소(식당가·식품매장 등을 말한다)에서 즉석 판매제조·가공업의 영업을 하고자 하는 경우로서 식품 위생상 위해 발생의 우려가 없다고 인정되는 때에는 그러하지 아니하다.

(2) 건물의 위치·구조 및 자재에 관하여는 1. 식품제조·가공업의 시설기준 중 가. 건물의 위치 등의 관련규정을 준용한다.

나. 작업장

(1) 식품의 제조·가공시설이 설치된 제조가공실을 두어야 한다.

(2) 제조가공실의 시설 등에 관하여는 1. 식품제조·가공업의 시설기준 중 나. 작업장의 관련규정을 준용한다.

다. 식품 취급시설 등에 관하여는 1. 식품제조·가공업의 시설기준 중 다. 식품 취급시설 등의 관련규정을 준용한다.

라. 급수시설은 1. 식품제조·가공업의 시설기준 중 라. 급수시설의 관련규정을 준용한다. 다만, 인근에 수돗물이나 「먹는물 관리법」 제5조의 규정에 의한 먹는 물의 수질기준에 적합한 지하수 등을 공급할 수 있는 시설이 있는 경우에는 이를 설치하지 아니할 수 있다.

마. 판매시설

식품을 위생적으로 유지·보관할 수 있는 진열·판매시설을 갖추어야 한다.

바. 화장실

(1) 화장실은 작업장에 영향을 미치지 아니하는 곳에 설치하여야 한다.

(2) 정화조를 갖춘 수세식 화장실을 설치하여야 한다. 다만, 상·하수도가 설치되지 아니 한 지역에서는 수세식이 아닌 화장실을 설치할 수 있다.

(3) (2)단서의 규정에 의하여 수세식이 아닌 화장실을 설치하는 경우에는 변기의 뚜껑과 환기시설을 갖추어야 한다.

(4) 공동화장실이 설치된 건물안에 있는 업소 및 인근에 사용이 편리한 화장실이

있는 경우에는 따로 화장실을 설치하지 아니할 수 있다.

사. 「재래시장 육성을 위한 특별법」 제2조 제1항의 규정에 의한 재래시장 또는 「관광진흥법시행령」 제2조 제5호 가목의 규정에 의한 종합유원시설업의 시설 안에서 이동 판매 형태의 즉석판매제조·가공업을 하고자 하는 경우에는 가목 내지 바목의 시설 기준에 불구하고 시장·군수 또는 구청장이 그 시설기준을 따로 정할 수 있다.

### 3. 식품 첨가물 제조업의 시설기준

식품제조·가공업의 시설기준을 준용한다. 다만, 건물의 위치·구조 및 작업장에 대하여는  허가 관청이 위생상 위해 발생의 우려가 없다고 인정하는 경우에는 그러하지 아니하다.

### 4. 식품 운반업의 시설기준

가. 운반시설

(1) 냉동 또는 냉장시설을 갖춘 적재고가 설치된 운반차량 또는 선박이 있어야한다.  다만, 어패류에 식용얼음을 넣어 운반하는 경우에는 그러하지 아니하다.

(2) 냉동 또는 냉장시설로 된 적재고의 내부는 기준 및 규격 중 운반 식품의 보존 및 보관 기준에 적합한 온도를 유지하여야 하며, 시설외부에서 내부의 온도를 알 수 있도록 온도계를 설치하여야 한다.

(3) 적재고는 혈액 등이 누출되지 아니하고 냄새를 방지할 수 있는 구조이어야 한다.

나. 세차시설

세차장은 「수질환경보전법」에 적합하게 전용 세차장을 설치하여야 한다. 다만, 전용 세차장을 설치할 수 없을 때에는 영업허가 관청 관할구역 내에서 동일 영업자가 공동으로 세차장을 설치하거나 타인의 세차장을 사용계약에 의하여 사용할 수 있다.

다. 차고

식품운반용 차량을 주차시킬 수 있는 전용 차고를 두어야 한다. 다만, 전용차고를 설치 할 수 없을 때에는 타인의 차고를 사용계약에 의하여 사용할 수 있다.

라. 영업소

영업활동을 위한 영업소를 두어야 한다. 다만, 영업활동에 지장이 없는 경우에는 다른 영업소를 함께 사용할 수 있다.

5. 식품소분 · 판매업의 시설기준

가. 공통 시설기준

(1) 작업장 또는 판매장(식품자동판매기영업·유통전문판매업 및 식품 등 수입 판매업을 제외한다)

(가) 건물은 독립된 건물이거나 주거장소 또는 식품소분·판매업외의 용도로 사용되는 시설과 분리 또는 구획되어야 한다. 다만, 축산물가공처리법 시행령 제21조 제6호 가목의 규정에 의한 식육판매 업소에서 식육제품을 대상으로 즉석판매 제조·가공업의 영업을 하고자 할 경우에는 작업장 또는 판매장을 공동으로 이용할 수 있다.

(나) 식품 소분업의 소분실은 1. 식품제조·가공업의 시설기준 중 나. 작업장의 관련규정을 준용한다.

(2) 급수시설 (식품 소분업·식품 등 수입판매업 등 물을 사용하지 아니하는 경우를 제외한다) 수돗물이나 「먹는 물 관리법」 제5조의 규정에 의한 먹는 물의 수질기준에 적합한 지하수 등을 공급할 수 있는 시설을 갖추어야 한다.

(3) 화장실(식품자동판매기영업을 제외한다)

(가) 화장실은 작업장 및 판매장에 영향을 미치지 아니하는 곳에 설치하여야 한다.

(나) 정화조를 갖춘 수세식 화장실을 설치하여야 한다. 다만, 상·하수도가 설치되지 아니한 지역에서는 수세식이 아닌 화장실을 설치할 수 있다.

(다) (나)단서의 규정에 의하여 수세식이 아닌 화장실을 설치하는 경우에는 변기의 뚜껑과 환기시설을 갖추어야 한다.

(라) 공동화장실이 설치된 건물 안에 있는 업소 및 인근에 사용이 편리한 화장실이 있는 경우에는 따로 화장실을 설치하지 아니할 수 있다.

(4) 공통 시설 기준의 적용특례

지방자치단체 및 농림부장관 또는 해양수산부장관이 인정한 생산자단체 등에서 국내산 농·수·축산물의 판매촉진 및 소비홍보 등을 위하여 14일 이내의 기간에 한하여 특정장소에서 농·수·축산물의 판매행위를 하고자 하는 경우에는 공통시설기준에 불구하고 시장·군수 또는 구청장(시·도에서 농·수·축산물의 판매행위를 하는 경우에는 시·도지사) 이 시설기준을 따로 정할 수 있다.

나. 업종별 시설기준

(1) 식품 소분업

(가) 식품 등을 소분·포장할 수 있는 시설을 설치하여야 한다.

(나) 소분·포장하고자 하는 제품과 소분·포장한 제품을 보관할 수 있는 창고를 설치하여야 한다.

(2) 삭제

(3) 삭제

(4) 삭제

(5) 식용얼음 판매업

(가) 판매장은 얼음을 저장하는 창고와 취급실이 구획되어야 한다.

(나) 취급실의 바닥은 타일·콘크리트 또는 두꺼운 목판자등으로 설비하여야 하고, 배수가 잘 되어야 한다.

(다) 판매장의 주변은 배수가 잘 되어야 한다.

(라) 배수로에는 덮개를 설치하여야 한다.

(마) 얼음을 저장하는 창고에는 보기 쉬운 곳에 온도계를 비치하여야 한다.

(바) 소비자에게 배달판매를 하고자 하는 경우에는 위생적인 용기가 있어야 한다.

(6) 식품 자동판매기 영업

(가) 식품 자동판매기(이하 "자판기"라 한다)는 위생적인 장소에 설치하여야 하며, 옥외에 설치하는 경우에는 비·눈·직사광선으로부터 보호 되도록 차양시설을 설치하여야 한다.

(나) 더운 물을 필요로 하는 제품의 경우에는 제품의 최종 음용온도가 70℃ 이상(다만, 제품의 최초 음용온도는 68℃이상이어야 한다)이 되도록 하여야 하고, 자판기 내부에는 살균등(더운 물을 필요로 하는 경우를 제외한 다)·정수기 및 온도계가 부착 되어야 한다.

(다) 자판기 안의 물탱크는 내부청소가 쉽도록 뚜껑을 설치하고 녹이 슬지 아니하는 재질을 사용하여야 한다.

(라) 다류 식품을 취급하는 자판기는 국내산 차(커피를 제외한다. 이하 같다)의 작동 기능이 3분의 1이상이어야 하고, 이 경우 커피는 제품의 명칭에 관계없이 1종으로 본다. 다만, 초등학교 학생용으로 설치하는 자판기는 국내산 차의 작동기능이 2분의 1이상이어야 한다.

(7) 유통 전문판매업

(가) 영업활동을 위한 독립된 영업소가 있어야 한다. 다만, 영업활동에 지장이 없는 경우에는 다른 영업소를 함께 사용할 수 있다.

(나) 식품을 위생적으로 보관할 수 있는 창고를 갖추어야 한다. 이 경우 보관창고는 영업 신고를 한 영업소의 소재지와 다른 곳에 설치하거나 임차여 사용할 수 있다.

(다) 영업 신고한 영업소와 같은 장소 또는 같은 건물 안에 상시 운영하는 반품·교환품의 보관시설을 두어야 한다.

(8) 삭제

(9) 식품 등 수입 판매업

(가) 영업활동을 위한 독립된 영업소가 있어야 한다. 다만, 영업활동에 지장이 없는 경우에는 다른 영업소를 함께 사용할 수 있다.

(나) 식품 등을 위생적으로 보관할 수 있는 창고를 갖추어야 한다. 이 경우 보관창고는 영업신고를 한 소재지와 다른 곳에 설치하거나 임차하여 사용할 수 있다.

(다) (나)의 규정에 불구하고 식품등을 직접 소비자에게 판매하지 아니하는 경우에는 별도의 보관창고를 설치하지 아니할 수 있다.

(10) 기타 식품판매업

(가) 냉동시설 또는 냉장고·진열대 및 판매대를 설치하여야 한다.

(나) 식품을 검사할 수 있는 검사실과 검사에 필요한 기계·기구를 설치할 수 있다.

### 6. 식품 보존업의 시설기준

가. 식품조사 처리업

원자력 관계법령에서 정한 시설기준에 적합하여야 한다.

나. 식품냉동·냉장업

(1) 작업장은 독립된 건물이거나 다른 용도로 사용되는 시설과 분리되어야 한다.

(2) 작업장에는 적하실·냉동 예비실·냉동실 및 냉장실이 있어야 하고, 각각의 시설은 분리 또는 구획되어야 한다. 다만, 냉동을 하지 아니할 경우에는 냉동예비실과 냉동실을 두지 아니할 수 있다.

(3) 작업장의 바닥은 콘크리트 등으로 내수처리를 하여야 하고, 물이 고이거나 습기가 차지 아니하도록 하여야 한다.

(4) 냉동예비실·냉동실 및 냉장실에는 보기 쉬운 곳에  온도계를 비치하여야 한다.

(5) 작업장에는 작업장 안에서 발생하는 악취·유해가스·매연·증기 등을 배출시키기 위한 환기시설을 갖추어야 한다.
(6) 작업장에는 쥐·바퀴등 해충이 들어오지 못하도록 하여야 한다.
(7) 상호 오염원이 될 수 있는 식품을 보관하는 경우에는 서로 구별할 수 있도록 하여야 한다.
(8) 작업장 안에서 사용하는 기구 및 용기·포장 중 식품에 직접 접촉하는 부분은 씻기 쉬우며, 살균소독이 가능한 것이어야 한다.
(9) 수돗물이나 「먹는 물 관리법」 제5조의 규정에 의한 먹는 물의 수질기준에 적합한 지하수 등을 공급할 수 있는 시설을 갖추어야 한다.
(10) 화장실을 설치하여야 하며, 화장실의 시설은 2. 즉석판매제조·가공업의 시설기준중 바. 화장실의 관련규정을 준용한다.

### 7. 용기 · 포장류 제조업의 시설기준

식품제조·가공업의 시설기준을 준용한다. 다만, 신고 관청이 위생상 위해발생의 우려가 없다고 인정하는 경우에는 그러하지 아니하다.

### 8. 식품 접객업의 시설기준 [개정 2005.7.28]

가. 공통 시설기준

(1) 영업장

(가) 독립된 건물이거나 식품 접객업의 영업허가 또는 영업신고를 한 업종외의 용도로 사용되는 시설과 분리되어야 한다. 다만, 일반음식점에서 축산물 가공처리법 시행령 제21조 제6호 가목의 식육 판매업의 영업을 하고자 할 경우에는 그러하지 아니하다.
(나) 삭제
(다) 영업장은 연기·유해가스등의 환기가 잘 되도록 하여야 한다.
(라) 음향 및 반주시설을 설치하는 영업자는 영업장 내부의 노래 소리 등이 외부에 들리지 아니 하도록 방음장치를 하여야 한다.
(마) 공연을 하고자 하는 휴게음식점·일반음식점 및 단란주점의 영업자는 무대시설을 영업장안에 객석과 구분되게 설치하되, 객실 안에 설치하여서는 아니 된다.

(2) 조리장

(가) 조리장은 손님이 그 내부를 볼 수 있는 구조로 되어 있어야 한다. 다만, 영 제7조 제8호 바목의 규정에 의한 제과점 영업소로서 동일 건물 안에 조리장

을 설치하는 경우와 관광진흥법 시행령 제2조 제2호 가목 및 동조 제3호 마목의 규정에 의한 관광호텔업 및 관광공연장업의 조리장의 경우에는 그러하지 아니하다.

(나) 조리장 바닥에 배수구가 있는 경우에는 덮개를 설치하여야 한다.

(다) 조리장 안에는 취급하는 음식을 위생적으로 조리하기 위하여 필요한 조리시설·세척시설·폐기물용기 및 손 씻는 시설을 각각 설치하여야 하고 폐기물용기는 오물·악취 등이 누출되지 아니하도록 뚜껑이 있고 내수성 재질로 된 것이어야 한다.

(라) 1인의 영업자가 동일 건물 안의 같은 통로를 출입구로 사용하여 휴게음식점영업 및 일반음식점영업을 하고자 하는 경우와 일반음식점영업자가 당해 업소와 직접 접한 장소에서 도시락을 제조하는 즉석 판매제조·가공업의 영업을 하고자 하는 경우에는 하나의 조리장을 공동으로 사용할 수 있다.

(마) 조리장에는 주방용 식기류를 소독하기 위한 자외선 또는 전기 살균소독기를 설치하거나 열탕 세척 소독시설(식중독을 일으키는 병원성 미생물 등이 살균될 수 있는 시설이어야 한다. 이하 같다)을 갖추어야 한다.

(바) 충분한 환기를 시킬 수 있는 시설을 갖추어야 한다. 다만, 자연적으로 통풍이 가능한 구조의 경우에는 그러하지 아니하다.

(사) 삭제

(아) 식품 등의 기준 및 규격 중 식품별 보존 및 보관기준에 적합한 온도가 유지될 수 있는 냉장시설 또는 냉동시설을 갖추어야 한다.

(3) 급수시설

(가) 수돗물이나 「먹는 물 관리법」 제5조의 규정에 의한 먹는 물의 수질기준에 적합한 지하수 등을 공급할 수 있는 시설을 갖추어야 한다.

(나) 지하수를 사용하는 경우 취수원은 화장실·폐기물처리시설·동물사육장 기타 지하수가 오염될 우려가 있는 장소로부터 영향을 받지 아니 하는 곳에 위치하여야 한다.

(4) 삭제

(5) 화장실

(가) 화장실은 콘크리트 등으로 내수처리를 하여야 한다. 다만, 공중화장실이 설치되어 있는 역·터미널·유원지등에 위치하는 업소, 공동화장실이 설치된 건물 내에 있는 업소 및 인근에 사용하기 편리한 화장실이 있는 경우에는 따로 화장실을 설치하지 아니할 수 있다.

(나) 화장실은 조리장에 영향을 미치지 아니하는 장소에 설치하여야 한다.
(다) 정화조를 갖춘 수세식 화장실을 설치하여야 한다. 다만, 상·하수도가 설치되지 아니한 지역에서는 수세식이 아닌 화장실을 설치할 수 있다.
(라) (다)단서의 규정에 의하여 수세식이 아닌 화장실을 설치하는 경우에는 변기의 뚜껑과 환기시설을 갖추어야 한다.

(6) 공통 시설기준의 적용특례
(가) 「재래시장 육성을 위한 특별법」 제2조 제1항의 규정에 의한 재래시장에서 음식점 영업을 하는 경우, 해수욕장등에서 계절적으로 음식점영업을 하는 경우, 고속도로·자동차전용도로·공원·유원시설 등의 휴게장소에서 영업을 하는 경우, 건설사현장에서 영업을 하는 경우와 지방자치단체 및 농림부장관 또는 해양수산부장관이 인정한 생산자단체 등에서 국내산 농·수·축산물의 판매촉진 및 소비홍보 등을 위하여 14일이내의 기간에 한하여 특정장소에서 음식물의 조리·판매행위를 하고자 하는 경우에는 특정장소에서 음식물의 조리·판매행위를 하고자 하는 경우에는 공통시설 기준에 불구하고 시장·군수 또는 구청장(시·도에서 음식물의 조리·판매행위를 하는 경우에는 시·도지사)이 시설기준을 따로 정할 수 있다.
(나) 백화점, 슈퍼마켓 등에서 휴게음식점영업 또는 제과점영업을 하고자 하는 경우와 음식물을 전문으로 조리하여 판매하는 백화점등의 일정장소(식당가를 말한다)에서 휴게음식점영업·일반음식점영업 또는 제과점영업을 하고자 하는 경우로서 위생상 위해발생의 우려가 없다고 인정되는 때에는 각 영업소와 영업소 사이를 분리 또는 구획하는 별도의 차단벽이나 칸막 이등을 설치하지 아니할 수 있다.

나. 업종별 시설기준
(1) 휴게음식점영업·일반음식점영업 및 제과점영업
(가) 일반음식점의 객실에는 잠금장치를 설치할 수 없다.
(나) 휴게음식점 또는 제과점에는 객실을 둘 수 없으며, 객석에는 높이 1.5미터 미만의 칸막이(이동식 또는 고정식)를 설치할 수 있다. 이 경우 2면 이상을 완전히 차단하지 아니하여야 하고, 다른 객석에서 내부가 서로 보이도록 하여야 한다.
(다) 기차·자동차·선박 또는 수상구조물로 된 유선장·도선장을 이용하는 경우 다음시설을 갖추어야 한다.

① 1일의 영업시간에 사용할 수 있는 충분한 양의 물을 저장할 수 있는 내구성이 있는 식수탱크
② 1일의 영업시간에 발생할 수 있는 음식물 찌꺼기 등을 처리하기에 충분한 크기의 오물통 및 폐수탱크
③ 음식물의 재료(원료)를 위생적으로 보관할 수 있는 시설

(라) 소방시설 설치유지 및 안전관리에 관한 법령이 정하는 소방·방화시설을 갖추어야 한다.
(마) 휴게음식점·일반음식점 또는 제과점의 영업장에는 손님이 이용할 수 있는 자막용 영상장치 또는 자동 반주 장치를 설치하여서는 아니 된다.
(바) 일반음식점의 객실 안에는 무대장치, 음향 및 반주시설, 우주볼 등의 특수조명시설을 설치하여서는 아니 된다.

(2) 단란주점영업

(가) 삭제
(나) 영업장 안에 객실이나 칸막이를 설치하고자 하는 경우에는 다음 기준에 적합하여야 한다.

① 객실을 설치하는 경우 주된 객장의 중앙에서 객실내부가 전체적으로 훤하게 보일 수 있도록 투명한 유리로만 설비하여야 하며, 통로 형태 또는 복도 형태로 설비하여서는 아니 된다.
② 객실로 설치할 수 있는 면적은 객석 면적의 2분의 1을 초과할 수 없다.
③ 주된 객장 안에는 높이 1.5미터 미만의 칸막이(이동식 또는 고정식)를 설치할 수 있다. 이 경우 2면 이상을 완전히 차단하지 아니하여야 하고, 다른 객석에서 내부 가 서로 보이도록 하여야 한다.

(다) 객실에는 잠금장치를 설치할 수 없다.
(라) 삭제
(마) 삭제
(바) 소방시설 설치유지 및 안전관리에 관한 법령이 정하는 소방·방화시설 등을 갖추어야 한다.

(3) 유흥주점영업

(가) 삭제
(나) 객실에는 잠금장치를 설치할 수 없다.
(다) 삭제

(라) 소방시설 설치유지 및 안전관리에 관한 법령이 정하는 소방·방화시설 등을 갖추어야 한다.

9. 위탁급식영업의 시설기준

(가) 사무소

영업활동을 위한 독립된 사무소가 있어야 한다. 다만, 영업활동에 지장이 없는 경우에는 다른 사무소를 함께 사용할 수 있다.

(나) 창고 등 보관시설

① 식품 등을 위생적으로 보관할 수 있는 창고를 갖추어야 한다. 이 경우 창고는 영업 신고를 한 소재지와 다른 곳에 설치하거나 임차하여 사용할 수 있다.

② 창고에는 식품 등을 법 제7조 제1항의 규정에 의한 식품 등의 기준 및 규격에서 정하고 있는 보존 및 보관 기준에 적합한 온도에서 보관할 수 있도록 냉장·냉동 시설을 갖추어야 한다.

(다) 운반시설

식품 등을 위생적으로 운반하기 위하여 냉동 또는 냉장시설을 갖춘 적재고가 설치된 운반차량을 1대 이상 갖추어야 한다. 다만, 식재료 등의 납품을 전문으로 하는 업체와 계약을 체결하여 냉동 또는 냉장시설을 갖춘 운반차량을 이용하는 경우에는 그러하지 아니하다.

(라) 식재료 처리시설

식품 첨가물이나 다른 원료를 사용하지 아니하고 농·임·수산물을 단순히 자르거나 껍질을 벗기거나 말리거나 소금에 절이거나 숙성하거나 가열(살균의 목적 또는 성분의 현격한 변화를 유발하기 위한 목적의 경우를 제외한다)하는 등의 가공과정 중 위생상 위해 발생의 우려가 없고 식품의 상태를 관능검사로 확인할 수 있도록 가공하는 경우 그 재료처리 시설의 기준은 별표 9 제1호 나목 내지 마목의 규정을 준용한다.

**[별표 10] 삭제 <1996.12.20>**

**[별표 11] <개정 2001.7.31, 2005.7.28>**

### 즉석판매제조·가공 대상 식품(제24조의2관련)

| 식 품 군 | 식 품 의 유 형 |
|---|---|
| 1. 과자류 | (1) 빵류 (2) 건과류 (3) 떡류 (4) 한과류 |
| 2. 당류 | 엿류 |
| 3. 아이스크림제품류 | (1) 아이스크림류 (2) 빙과류 |
| 4. 식육제품 | (1) 소시지류 (2) 베이컨류 (3) 햄류 (4) 양념육(육지물)<br>(5) 알가공품 (6) 족발 (7) 분쇄가공품 (8) 갈비 가공품<br>(9) 건조저장육 (10) 기타식육가공품 |
| 5. 어육제품 | 모든 품목(어묵살·어육반제품 및 연육을 제외한다) |
| 6. 두부류 및 묵류 | 모든 품목 |
| 7. 식용유지류 | 압착식으로 착유하는 모든 품목 |
| 8. 면류 | (1) 건면류 (2) 숙면류 (3) 생면류 |
| 9. 다류 | 모든 품목(커피중 인스탄트커피를 제외한다) |
| 10. 인삼제품류 | (1) 인삼음료 (2) 홍삼음료 |
| 11. 김치·절임식품 | 모든 품목 |
| 12. 음료류 | 과채류음료(100% 과실 및 채소류즙에 한한다) |
| 13. 조미식품 | (1) 된장 (2) 고추장 (3) 춘장 (4)청국장 (5) 혼합장<br>(6) 식초 (7) 소스류 (8) 고추가루 또는 실고추<br>(9) 향신료가공식품 (10) 향미유 |
| 14. 건포도류 | 모든 품목 |
| 15. 기타식품류 | (1) 과일·채소가공품 (2) 조미김 (3) 단순가공품<br>(4) 추출가공식품 (5) 순대류 (6) 튀김식품<br>(7) 팝콘용옥수수가공식품 (8) 도시락류<br>(9) 즉석건조식품 (10)메주 |

### [별표 12] <개정 2000.8.8, 2001.7.31, 2003.8.18, 2004.1.31, 2005.7.28>
### 식품 및 식품첨가물 제조·가공 영업자의 준수 사항(제40조 관련)

1. 생산 및 작업 기록에 관한 서류와 원료의 입고·출고·사용에 대한 원료수불관계 서류를 작성하여야 하고, 최종 기재일 부터 3년간 보관하여야 한다.
2. 식품제조·가공영업자는 제품의 거래기록을 작성하여야 하고, 최종 기재일 부터 3년간 보관 하여야 한다. [개정 2005.7.28]
3. 유통기한이 경과된 제품은 판매목적으로 진열·판매(대리점 또는 직접 진열·판매하는 경우에 한한다)하거나 이를 식품 등의 제조·가공에 사용하지 아니하여야 한다.
4. 식품을 텔레비전·인쇄물 등에 의하여 광고하는 때에는 제품명 및 업소명을 포함하여야 하고, 유통기한을 확인하여 제품을 구입하도록 권장하는 내용을 포함

시켜야 한다. 다만, 유통기한과 제조연월일이 따로 표시되지 아니한 제품에 대한 광고의 경우에는 그러하지 아니하다.

5. 식품제조·가공영업자는 장난감등을 식품과 함께 포장하여 판매하는 경우 장난감등이 식품의 보관·섭취에 사용되는 경우를 제외하고는 식품과 구분하여 별도로 포장하여야 한다. 이 경우 장난감 등은 「품질경영 및 공산품 안전관리법」 제17조의 규정에 의한 안전검사의 기준에 적합한 것이어야 한다. [개정 2005.7.28]
6. 삭제 [99.12.29]
7. 삭제 [2005.7.28]
8. 식품제조·가공영업자는 「축산물가공처리법」 제12조의 규정에 의하여 검사를 받지 아니한 축산물 또는 실험 등의 용도로 사용한 동물을 식품의 제조 또는 가공에 사용하여서는 아니 된다. [개정 2005.7.28]
9. 삭제 [99.12.29]
10. 수돗물이 아닌 지하수 등을 먹는 물 또는 식품의 제조·가공 등에 사용하는 때에는「먹는물관리법」 제35조의 규정에 의한 먹는 물 수질검사기관에서 1년(음료류 등 마시는 용도의 식품인 경우에는 6월)마다 먹는 물 관리법 제5조의 규정에 의한 먹는 물의 수질기준에 따라 검사를 받아 마시기에 적합하다고 인정된 물을 사용하여야 한다. [개정 2005.7.28]
11. 특수용도 식품(체중 조절용 조제식품에 한한다)을 광고하는 때에는 보건복지부장관이 정하는 바에 따라 사전심의를 받아야 한다. [개정 2005.7.28]
12. 제12조 제3항의 규정에 의한 출입·검사 등 기록부는 최종 기재일 부터 2년간 보관하여야 한다.

12의2. 모유 대용으로 사용하는 식품, 영·유아의 이유 또는 영양보충의 목적으로 제조·가공한 식품(이하 "이유식 등"이라 한다)을 신문·잡지·라디오 또는 텔레비전을 통하여 광고하는 때에는 조제 분유와 동일한 명칭 또는 유사한 명칭을 사용하여 소비자가 혼동할 우려가 있는 광고를 하여서는 아니 된다.

13. 행정처분 기준에 의하여 시정명령·폐기처분·시설개수명령등 사후조치가 필요한 행정처분을 받은 영업자는 그 명령에 따른 사후조치를 이행한 경우 그 이행결과를 지체 없이 처분청에 보고하여야 한다.
14. 법 제13조 제2항의 규정에 의하여 위해평가가 완료되기 전까지 일시적으로 금지된 제품에 대하여는 이를 제조·가공·유통·판매하여서는 아니 된다. [신설 2005.7.28]

[별표 13] <개정 2000.8.8, 2001.7.31, 2003.8.18, 2004.1.31, 2005.7.28>

**식품접객 영업자 등의 준수사항(제42조 관련)**

1. 즉석 판매제조 · 가공영업자의 준수사항 [개정 2005.7.28]

가. 제조·가공한 식품을 영업장외의 장소에서 판매하거나 판매를 목적으로 하는 사람에게 판매하여서는 아니 된다.

나. 손님이 보기 쉬운 곳에 가격표를 붙여야 하며, 가격표대로 요금을 받아야 한다.

다. 영업 신고증을 업소 안에 보관하여야 한다.

라. 「축산물가공처리법」 제12조의 규정에 의하여 검사를 받지 아니한 축산물 또는 실험등의 용도로 사용한 동물은 이를 식품의 제조·가공에 사용하여서는 아니 된다.

마. 「야생동·식물보호법」 에 위반하여 포획한 야생동물은 이를 식품의 제조·가공에 사용 하여서는 아니 된다.

바. 유통기한이 경과된 제품을 진열·보관하거나 이를 식품의 제조·가공에 사용하여서는 아니 된다.

사. 수돗물이 아닌 지하수 등을 먹는 물 또는 식품의 조리·세척 등에 사용하는 경우에는 「먹는 물 관리법」 제35조의 규정에 의한 먹는 물 수질검사기관에서 다음의 구분에 따라 검사를 받아 마시기에 적합하다고 인정된 물을 사용하여야 한다. 다만, 동일 건물에서 동일 수원을 사용하는 경우에는 하나의 업소에 대한 시험결과로 갈음할 수 있다.

(1) 일부항목 검사 : 1년마다(전항목 검사를 하는 연도의 경우를 제외한다) 먹는 물 수질 기준 및 검사 등에 관한 규칙 제4조의 규정에 의한 간이상수의 검사기준에 따른 검사 (잔류염소검사를 제외한다). 다만, 시·도지사가 오염의 염려가 있다고 판단하여 지정한 지역에서는 먹는 물 수질기준 및 검사 등에 관한규칙 제2조의 규정에 의한 먹는 물의 수질기준에 따른 검사를 하여야 한다.

(2) 전 항목 검사 : 3년마다 먹는 물 수질기준 및 검사 등에 관한 규칙 제2조의 규정에 의한 먹는 물의 수질기준에 따른 검사

아. 제12조 제3항의 규정에 의한 출입·검사 등 기록부는 최종 기재일 부터 2년간 보관하여야 한다.

자. 행정처분기준에 의하여 시정명령·폐기처분·시설개수명령등 사후조치가 필요한 행정처분을 받은 영업자는 그 명령에 따른 사후조치를 이행한 경우 그 이행결과를 지체 없이 처분청에 보고하여야 한다.

차. 법 제13조 제2항의 규정에 의하여 위해평가가 완료되기 전까지 일시적으로 금지된 식품 등에 대하여는 이를 제조·가공·판매하여서는 아니 된다.

2. 식품소분 · 판매(식품 자동판매기 영업을 제외한다) · 운반 영업자의 준수사항[개정 2005.7.28]

가. 삭제

나. 영업 허가증 또는 신고증을 영업소 안에 보관하여야 한다.

다. 삭제

라. 삭제 [2005.7.28]

마. 삭제

바. 수돗물이 아닌 지하수 등을 먹는 물 또는 식품의 조리·세척 등에 사용하는 경우에는 「먹는 물 관리법」 제35조의 규정에 의한 먹는 물 수질검사 기관에서 다음의 구분에 따라 검사를 받아 마시기에 적합하다고 인정된 물을 사용하여야 한다. 다만, 동일건물에서 동일수원을 사용하는 경우에는 하나의 업소에 대한 시험결과로 갈음할 수 있다.

(1) 일부항목 검사 : 1년마다(전 항목 검사를 하는 연도의 경우를 제외한다) 먹는 물 수질 기준 및 검사 등에 관한 규칙 제4조의 규정에 의한 간이상수의 검사기준에 따른 검사 (잔류염소검사를 제외한다). 다만, 시·도지사가 오염의 염려가 있다고 판단하여 지정한 지역에서는 먹는 물 수질기준 및 검사 등에 관한 규칙 제2조의 규정에 의한 먹는 물의 수질기준에 따른 검사를 하여야 한다.

(2) 전 항목 검사 : 3년마다 먹는 물 수질기준 및 검사 등에 관한 규칙 제2조의 규정에 의한 먹는 물의 수질기준에 따른 검사

사. 식품판매 영업자가 식품을 텔레비전·인쇄물 등에 의하여 광고하는 때에는 제품명·제조업소명 및 판매업소명을 포함하여야 하고, 유통기한을 확인하여 제품을 구입하도록 권장하는 내용을 포함시켜야 한다.

아. 식품판매 영업자는 별표 12 제5호에 위반한 식품을 수입하거나 판매하여서는 아니 된다.

자. 식품 등 수입 판매업자는 식품 등의 선적서·내용명세서(송장) 및 판매 관련기록을 그 물품 판매일 부터 2년 이상 보관하여야 한다.

차. 삭제

카. 식품운반 업자는 운반차량을 이용하여 살아있는 동물을 운반하여서는 아니되며, 운반 목적 외에 이를 사용하여서는 아니 된다.

타. 「축산물가공처리법」 제12조의 규정에 의하여 검사를 받지 아니한 축산물 또는 실험등의 용도로 사용한 동물은 이를 운반·보관·진열 또는 판매하여서는 아니 된다.

파. 유통기한이 경과된 제품을 판매의 목적으로 소분·운반·진열 또는 보관하여서

는 아니 되며, 이를 판매하여서는 아니 된다.

하. 삭제 [2005.7.28]

거. 식품판매 영업자는 즉석 판매제조·가공영업자가 제조·가공한 식품을 진열·판매하여서는 아니 된다.

너. 특수용도 식품(체중조절용 조제식품에 한한다)을 광고하는 때에는 보건복지부장관이 정하는 바에 따라 사전심의를 받아야 한다.

더. 삭제

러. 제12조 제3항의 규정에 의한 출입·검사 등 기록부는 최종 기재일 부터 2년간 보관하여야 한다.

머. 이유식 등을 신문·잡지·라디오 또는 텔레비전을 통하여 광고하는 때에는 조제분유와 동일한 명칭 또는 유사한 명칭을 사용하여 소비자가 혼동할 우려가 있는 광고를 하여서는 아니 된다.

버. 유전자재조합 표시대상에 해당하는 식품을 수입하여 판매하는 경우로서 유전자 재조합 식품이라는 표시를 하지 아니한 때에는 구분 유통증명서 또는 이와 동등한 효력이 있음을 생산국의 정부가 인정하는 증명서를 그 제품의 수입일 부터 2년간 보관하여야 한다.

서. 행정처분기준에 의하여 시정명령·폐기처분·시설개수명령등 사후조치가 필요한 행정처분을 받은 영업자는 그 명령에 따른 사후조치를 이행한 경우 그 이행결과를 지체 없이 처분청에 보고하여야 한다.

어. 식품소분·판매영업자는 법 제13조 제2항의 규정에 의하여 위해평가가 완료되기 전까지 일시적으로 금지된 식품 등에 대하여는 이를 수입·가공·사용·운반 등을 하여서는 아니 된다.

### 3. 식품 자동판매기 영업자의 준수사항

가. 삭제

나. 식품 자동판매기(이하 "자판기"라 한다)용 제품은 적법하게 제조·가공된 것을 사용하여야 하며, 유통기한이 경과된 제품을 보관하거나 이를 사용하여서는 아니 된다.

다. 자판기 내부의 정수기 또는 살균등이 낡거나 닳아 없어진 때에는 즉시 이를 바꾸어야 하고, 그 기능이 떨어진 때에는 즉시 그 기능을 보강하여야 한다.

라. 자판기 내부(재료혼합기·급수통·급수호스 등)는 하루 1회 이상 세척 또는 소독하여 청결히 하여야 하고, 그 기능이 떨어진 때에는 즉시 교체하여야 한다.

마. 자판기 설치장소 주변은 항상 청결히 하고, 뚜껑이 있는 쓰레기통을 비치하여야 하며, 쥐·바퀴등 해충이 자판기 내부에 침입하지 아니 하도록 하여야 한다.

바. 매일 위생상태 및 고장여부를 점검하여야 하고, 그 내용을 다음과 같은 아크릴로 된 점검표에 기록하여 보기 쉬운 곳에 항상 비치하여야 한다.

검표에 기록

| 점검일시 | 점 검 자 | 점 검 결 과 | | 비 고 |
|---|---|---|---|---|
| | | 내부청결상태 | 정상가동여부 | |
| | | | | |

사. 자판기에는 영업신고번호, 자판기별 일련 관리번호(제27조 제3항의 규정에 의하여 2대 이상을 일괄 신고한 경우에 한한다), 영업자의 주소·성명, 제품의 명칭 및 고장시의 연락 전화번호를 12포인트 이상의 글씨로 판매기 앞면의 보기 쉬운 곳에 표시 하여야 한다.

4. 식품조사 처리 영업자의 준수사항

조사연월일 및 시간, 조사대상 식품 명칭 및 무게 또는 수량, 조사선량 및 선량보증, 조사 목적에 관한 서류를 작성하여야 하고, 최종 기재일 부터 3년간 보관하여야 한다.

5. 식품접객 영업자(위탁급식 영업자를 제외한다)의 준수사항 [개정 2005.7.28]

가. 물수건·숟가락·젓가락·식기·찬기·도마·칼·행주 기타 주방 용구는 기구 등의 살균·소독제 또는 열탕의 방법으로 소독한 것을 사용하여야 한다.

나. 「축산물가공처리법」 제12조의 규정에 의하여 검사를 받지 아니한 축산물 또는 실험 등의 용도로 사용한 동물은 이를 음식물의 조리에 사용하여서는 아니 된다.

다. 업소내에서는 도박 기타 사행행위나 풍기문란 행위를 방지하여야 하며, 배달판매 등의 영업행위 중 종업원의 이러한 행위를 조장하거나 묵인하여서는 아니 된다.

라. 일반음식점영업자 중 영업장 면적 150제곱미터 이상에서 쇠고기를 주로 구이용으로 조리·판매하는 영업자의 경우 「축산물가공처리법 시행규칙」 제51조 제 2항의 규정에 의하여 식육 판매업자가 발행하는 원산지 증명서를 식육 매입일 부터 1년 이상 보관하여야 한다.

마. 삭제

바. 삭제

사. 간판에는 영 제7조의 규정에 의한 해당 업종명과 허가를 받거나 신고한 상호

를 표시 하여야 한다. 이 경우 상호와 함께 외국어를 병행하여 표시할 수 있으나 업종 구분에 혼동을 줄 수 있는 사항은 표시하여서는 아니 된다.

아. 손님이 보기 쉽도록 영업소의 외부 또는 내부에 가격표를 붙이거나 비치하여야 하고, 가격표 대로 요금을 받아야 한다. 이 경우 불고기·갈비 등 식육은 중량당 가격(예 : 불고기 ○○그램당 ○○원, 갈비 ○○그램당 ○○원)으로 표시하여야 한다.

자. 영업허가증·영업 신고증·조리사면허증(조리사를 두어야 하는 영업에 한한다)을 영업소 안에 보관하고 허가 관청 또는 신고관청이 식품위생·식생활개선등을 위하여 게시할 것을 요청하는 사항을 손님이 보기 쉬운 곳에 게시하여야 한다.

차. 보건복지부장관 또는 시·도지사가 국민에게 혐오감을 준다고 인정하는 식품을 조리·판매 하여서는 아니 되며, 멸종 위기에 처한 야생동식물종의 국제거래에 관한협약에 위반하여 포획·채취한 야생동·식물을 사용하여 조리·판매하여서는 아니 된다.

카. 유통기한이 경과된 원료 또는 완제품은 조리·판매의 목적으로 보관하거나 이를 음식물의 조리에 사용하여서는 아니 된다.

타. 허가를 받거나 신고한 영업외의 다른 영업시설을 설치 하거나 다음에 해당하는 영업 행위를 하여서는 아니 된다.

(1) 휴게음식점 영업자·일반음식점영업자 또는 단란주점 영업자가 유흥 접객원을 고용하여 유흥 접객행위를 하게 하거나 종업원의 이러한 행위를 조장하거나 묵인하는 행위

(2) 휴게음식점영업자 또는 일반음식점영업자가 음향 및 반주시설을 갖추고 손님이 노래를 부르도록 허용하는 행위

(3) 일반음식점영업자가 주류만을 판매하거나 주로 다류를 조리·판매하는 다방형태의 영업을 하는 행위

(4) 휴게음식점영업자가 손님에게 음주를 허용하는 행위

(5) 식품 접객업소의 종업원이 영업장을 벗어나 시간적 소요의 대가로 금품을 수수하거나, 종업원의 이러한 행위를 조장하거나 묵인하는 행위

(6) 휴게 음식점 영업 중 주로 다류 등을 조리·판매하는 영업소에서 청소년보호법 제2조의 규정에 의한 청소년인 종업원에게 영업소를 벗어나 다류 등을 배달하게 하여 판매하는 행위

(7) 삭제

(8) 삭제

(9) 삭제

파. 유흥주점영업자는 성명·주민등록번호·취업일·이직일·종사분야를 기록한 종업원(유흥접객원에 한한다)명부를 비치하여 기록·관리하여야 한다.

하. 삭제

거. 삭제

너. 손님을 꾀어서 끌어들이는 행위를 하여서는 아니 된다.

더. 업소내에서 선량한 미풍양속을 해치는 공연·영화·비디오 또는 음반을 상영하거나 사용하여서는 아니 된다.

러. 수돗물이 아닌 지하수 등을 먹는 물 또는 식품의 조리·세척 등에 사용하는 경우에는 「먹는 물 관리법」 제35조의 규정에 의한 먹는 물 수질검사 기관에서 다음의 구분에 따라 검사를 받아 마시기에 적합하다고 인정된 물을 사용하여야 한다. 다만, 동일 건물에서 동일 수원을 사용하는 경우에는 하나의 업소에 대한 시험결과로 갈음할 수 있다.

(1) 일부항목 검사 : 1년마다(전 항목 검사를 하는 연도의 경우를 제외한다) 먹는 물 수질 기준 및 검사 등에 관한 규칙 제4조의 규정에 의한 간이상수의 검사기준에 따른 검사(잔류염소검사를 제외한다). 다만, 시·도지사가 오염의 염려가 있다고 판단하여 지정한 지역에서는 먹는 물 수질기준 및 검사 등에 관한 규칙 제2조의 규정에 의한 먹는 물의 수질기준에 따른 검사를 하여야 한다.

(2) 전 항목 검사 : 3년마다 먹는 물 수질기준 및 검사 등에 관한 규칙 제2조의 규정에 의한 먹는 물의 수질기준에 따른 검사

머. 동물의 내장을 조리한 경우에는 이에 사용한 기계·기구류 등을 세척하여 살균하여야 한다.

버. 제12조 제3항의 규정에 의한 출입·검사 등 기록부는 최종 기재일 부터 2년간 보관하여야 한다.

서. 행정처분기준에 의하여 시정명령·폐기처분·시설개수명령등 사후조치가 필요한 행정처분을 받은 영업자는 그 명령에 따른 사후조치를 이행한 경우 그 이행 결과를 지체 없이 처분청에 보고하여야 한다.

어. 식품접객 영업자는 낭비 없는 식생활등 음식문화 개선을 위하여 노력하여야 하고, 공통 찬통과 소형 또는 복합찬기를 사용하도록 하여야 하며, 손님이 남은 음식물을 싸서 가지고 갈 수 있도록 포장용기를 비치하고 이를 손님에게 알리도록 하여야 한다.

저. 휴게음식점영업자·일반음식점영업자 또는 단란주점영업자는 영업장 안에 설치된 무대시설외의 장소에서 공연을 하거나 공연을 하는 행위를 조장·묵인하여서는 아니 된다.

처. 조수보호 및 수렵에 관한 법률에 위반하여 포획한 야생동물을 사용한 식품을 조리 판매 하여서는 아니 된다.

카. 법 제13조 제2항의 규정에 의하여 위해평가가 완료되기 전까지 일시적으로 금지된 식품 등에 대하여는 이를 사용·조리하여서는 아니 된다.

6. 위탁급식 영업자의 준수사항 [개정 2005.7.28]

가. 집단 급식소를 설치·운영하는 자와 위탁 계약한 사항외의 영업행위를 하여서는 아니 된다.

나. 물수건·숟가락·젓가락·식기·찬기·도마·칼 및 행주 기타 주방 용구는 기구 등의 살균·소독제 또는 열탕의 방법으로 소독한 것을 사용하여야 한다.

다. 「축산물가공처리법」 제12조의 규정에 의하여 검사를 받지 아니한 축산물 또는 실험 등의 용도로 사용한 동물을 음식물의 조리에 사용하여서는 아니 되며, 「야생동·식물보호법」에 위반하여 포획한 야생동물을 사용하여 조리하여서는 아니 된다.

라. 유통기한이 경과된 원료 또는 완제품을 조리할 목적으로 보관하거나 이를 음식물의 조리에 사용하여서는 아니 된다.

마. 수돗물이 아닌 지하수 등을 먹는 물 또는 식품의 조리·세척 등에 사용하는 경우에는 「먹는 물 관리법」 제35조의 규정에 의한 먹는 물 수질검사기관에서 다음의 구분에 따라 검사를 받아 마시기에 적합하다고 인정된 물을 사용하여야 한다. 다만, 동일 건물에서 동일수원을 사용하는 경우에는 하나의 업소에 대한 시험결과로 갈음할 수 있다.

(1) 일부항목 검사 : 1년마다(전 항목 검사를 하는 연도의 경우를 제외한다) 먹는 물 수질기준 및 검사 등에 관한 규칙 제4조의 규정에 의한 간이상수의 검사기준에 따른 검사(잔류염소 검사를 제외한다). 다만, 시·도지사가 오염의 염려가 있다고 판단하여 지정한 지역에서는 먹는 물 수질기준 및 검사 등에 관한규칙 제2조의 규정에 의한 먹는 물의 수질기준에 따른 검사를 하여야 한다.

(2) 전 항목 검사 : 3년마다 먹는 물 수질기준 및 검사 등에 관한 규칙 제2조의 규정에 의한 먹는 물의 수질기준에 따른 검사

바. 동물의 내장을 조리한 경우에는 이에 사용한 기계·기구류 등을 세척하고 살균하여야 한다.

사. 조리한 식품은 매회 1인분 분량을 5℃ 이하에서 72시간 이상 보관하여야 한다. 다만, 보관기간 중 휴무일이 있을 경우에는 그 기간을 제외한다.

아. 제12조 제3항의 규정에 의한 출입·검사 등 기록부는 최종 기재일 부터 2년간 보관하여야 한다.

자. 행정처분기준에 따라 시정명령·폐기처분·시설개선명령 등 사후조치가 필요한 행정처분을 받은 영업자는 그 명령에 따른 사후조치를 이행한 경우 그 이행

결과를 지체 없이 처분청에 보고하여야 한다.

차. 법 제13조 제2항의 규정에 의하여 위해평가가 완료되기 전까지 일시적으로 금지된 식품 등에 대하여는 이를 사용·조리하여서는 아니 된다.

**[별표 13의2] <신설 2005.7.28>**

**회수대상이 되는 식품 등의 기준(제42조의2 제1항 관련)**

1. 법 제7조의 규정에 의하여 식품의약품안전청장이 정한 식품·식품첨가물의 기준 및 규격의 위반사항 중 다음 각 목의 어느 하나에 해당한 때
   가. 비소·카드뮴·납·수은·중금속·메탄올 및 시안화물의 기준을 위반한 때
   나. 바륨, 포름알데히드, 톨루엔설폰아미드, 다핵방향족탄화수소 또는 폴리옥시에틸렌의 기준을 위반한 때
   다. 방사능 잠정허용 기준을 위반한 때
   라. 농산물의 농약잔류 허용 기준을 초과한 때
   마. 아플라톡신 잠정허용 기준을 초과한 때
   바. 마비성 패독 허용 기준을 위반한 때
   사. 항생물질 등의 잔류허용 기준(항생물질·합성항균제, 합성호르몬제)을 초과한 것을 원료로 사용한 때
   아. 식중독균(살모넬라, 대장균 O157:H7, 리스테리아 모노사이토제네스, 캠필로박터 제주니, 클로스트리디움 보툴리눔) 검출기준을 위반한 때
   자. 허용한 식품첨가물 외의 인체에 위해한 공업용 첨가물을 사용한 때
   차. 주석·포스파타제·암모니아성질소·아질산이온 또는 형광증백제시험에서 부적합하다고 판정된 때
   카. 식품조사 처리기준을 위반한 때

2. 법 제9조의 규정에 의하여 식품의약품안전청장이 정한 기구 또는 용기·포장의 기준 및 규격에 위반한 것으로서 유독·유해물질이 검출된 때
3. 국제기구 및 외국의 정부 등에서 위생상 위해 우려를 제기하여 식품의약품안전청장이 사용금지한 원료·성분이 검출된 때
4. 그 밖에 영업자가 스스로 제품의 안전한 공급을 위하여 필요하다고 판단된 때

[별표 14] <개정 1999.12.29, 2001.7.31, 2005.7.28>

**우수업소·모범업소의 지정기준(제43조 관련)**

1. 우수업소

가. 건물의 주변 환경은 식품위생환경에 나쁜 영향을 주지 아니하여야 하며, 항상 청결하게 관리되어야 한다.

나. 건물은 작업에 필요한 공간을 확보하여야 하며, 환기가 잘 되어야 한다.

다. 원료 처리실·제조가공실·포장실 등 작업장은 분리·구획되어야 한다.

라. 작업장의 바닥·내벽 및 천장은 내수처리를 하여야 하며, 항상 청결하게 관리되어야 한다.

마. 작업장의 바닥은 적절한 경사를 유지하도록 하여 배수가 잘 되도록 하여야 한다.

바. 작업장의 출입구와 창은 완전히 꼭 닫힐 수 있어야 하며, 방충시설과 쥐막이 시설이 설치 되어야 한다.

사. 제조 하고자 하는 식품 등의 특성에 맞는 기계·기구류를 갖추어야 하며, 기계 기구류는 세척이 용이하고 부식되지 아니하는 재질이어야 한다.

아. 원료 및 제품은 항상 위생적으로 보관·관리되어야 한다.

자. 작업장·냉장시설·냉동시설 등에는 온도를 측정할 수 있는 계기가 알아보기 쉬운 곳에 설치 되어야 한다.

차. 오염되기 쉬운 작업장의 출입구에는 탈의실·작업화 또는 손 등을 세척·살균할 수 있는 시설을 갖추어야 한다.

카. 급수시설은 식품의 특성별로 설치하여야 하며, 지하수 등을 사용하는 경우 취수원은 오염지역으로 부터 20미터이상 떨어진 곳에 위치하여야 한다.

타. 하수나 폐수를 적절하게 처리할 수 있는 하수·폐수이동 및 처리시설을 갖추어야 한다.

파. 화장실은 정화조를 갖춘 수세식 화장실로서 내수처리 되어야 한다.

하. 식품 등을 직접 취급하는 종사자는 위생적인 작업복·신발 등을 착용하여야 하며, 손은 항상 청결히 유지하여야 한다.

거. 삭제

너. 삭제

더. 기타 우수업소의 지정기준 등과 관련한 세부사항은 식품의약품안전청장이 정하는 바에 의한다.

## 2. 모범업소

가. 집단급식소

(1) 법 제32조의2 제3항의 규정에 의한 위해요소 중점관리기준(HACCP) 적용업소로 지정 받아야 한다.

(2) 최근 3년간 식중독 발생하지 아니하여야 한다.

(3) 조리사 및 영양사를 두어야 한다.

(4) 그 밖에 나목의 일반음식점이 갖추어야 하는 기준을 모두 갖추어야 한다.

나. 일반음식점

(1) 건물의 구조 및 환경

(가) 청결을 유지할 수 있는 환경을 갖추고 내구력이 있는 건물이어야 한다.

(나) 마시기에 적합한 물이 공급되며, 배수가 잘 되어야 한다.

(다) 업소 내에는 방충시설, 쥐막이시설 및 환기시설을 갖추고 있어야 한다.

(2) 주방

(가) 주방은 공개되어야 한다.

(나) 입식조리대가 설치되어 있어야 한다.

(다) 냉장시설, 냉동시설이 정상적으로 가동되어야 한다.

(라) 항상 청결을 유지하여야 하며, 식품의 원료 등을 보관할 수 있는 창고가 있어야 한다.

(마) 식기 등을 소독할 수 있는 설비가 있어야 한다.

(3) 객실 및 객석

(가) 손님이 이용하기에 불편하지 아니한 구조 및 넓이 이어야 한다.

(나) 항상 청결을 유지하여야 한다.

(4) 화장실

(가) 정화조를 갖춘 수세식이어야 한다.

(나) 손 씻는 시설이 설치되어야 한다.

(다) 벽 및 바닥은 타일 등으로 내수 처리되어 있어야 한다.

(라) 1회용 위생종이 또는 에어타월이 비치되어 있어야 한다.

(5) 종업원

(가) 청결한 위생복을 입고 있어야 한다.

(나) 개인위생을 지키고 있어야 한다.
(다) 친절하고 예의바른 태도를 가져야 한다.

(6) 기 타
(가) 1회용 물 컵, 1회용 숟가락, 1회용 젓가락 등을 사용하지 아니하여야 한다.
(나) 그 밖에 모범업소의 지정기준 등과 관련한 세부사항은 보건복지부장관이 정하는 바에 의한다.

**[별표 14의2] <신설 2003.8.18>**

**위해요소 중점관리 기준 적용업소 지정취소 등 기준(제43조의6관련)**

| 위 반 사 항 | 근거법령 | 처분기준 |
|---|---|---|
| 1. 위해요소중점관리기준(HACCP)을 준수하지 아니한 때 | 법 제32조의2 | 시 정 |
| 2. 법 제58조의 규정에 따라 영업정지 2월 이상의 행정처분을 받은 때 또는 그에 갈음하여 과징금을 부과받은 때 | 법 제32조의2 | 지정취소 |
| 3. 영업자 및 종업원이 교육훈련을 받지 아니한 때 | 법 제32조의2 | 시 정 |
| 4. 위의 제1호 및 제3호 위반으로 시정조치를 받고 이를 계속하여 2회 이상 이행하지 아니한 때 | 법 제32조의2 | 지정취소 |

**[별표 14의3] <신설 2005.7.28>**

**위해식품 등의 긴급 회수문(제52조의2 제1항 관련)**

1. 긴급 회수문의 크기
 가. 일반 일간신문 게재용 : 5단 10센티미터 이상
 나. 홈페이지 게재용 : 긴급 회수문의 내용이 잘 보이도록 크기 조정 가능
2. 긴급 회수문의 내용

<table>
<tr><td>

위해식품 등 긴급회수

「식품위생법」 제31조의2의 규정에 의하여 아래의 식품등을 긴급회수 합니다.

가. 회수제품명 :

나. 제조일자 또는 유통기한 :
※ 제조번호 또는 롯트번호로 제품을 관리하는 업소는 그 관리번호를 함께 기재

다. 회수사유 :

라. 회수방법 :

마. 회수영업자 :

바. 영업자주소 :

사. 연락처 :

아. 기 타 : 위해식품 등 긴급회수관련 협조 요청
○ 당해 회수식품 등을 보관하고 있는 판매자는 판매를 중지하고 회수업자에게 반품하여 주시기 바랍니다.
○ 동제품을 구입한 소비자께서는 그 구입한 업소에 되돌려 주시는 등 위해식품 회수에 적극 협조하여 주시기 바랍니다.

</td></tr>
</table>

**[별표 15] <개정 1998.10.19, 2000.8.8, 2001.7.31, 2003.8.18, 2005.7.28>**
**행정처분기준(제53조관련)**

Ⅰ. 일반기준 [개정 2005.7.28]

1. 2이상의 위반행위가 적발된 경우로서

가. 그 위반행위가 영업정지에만 해당하거나, 한 품목 또는 품목류(식품 등의 기준 및 규격 중 동일한 기준 및 규격을 적용받아 제조·가공되는 모든 품목을 말한다. 이하 같다)에 대하여 품목 또는 품목류 제조정지에만 해당하는 때에는 가장 중한 정지처분기간에 나머지 각각의 정지처분 기간의 2분의 1을 더하여 처분한다.

나. 그 위반행위가 1이상의 영업정지와 1이상의 품목 또는 품목류 제조정지에 해당하는 나에는 각각의 영업정지·품목 또는 품목류 제조 정지처분 기간을 가목에 따라 산정한 후, 그 영업 정지기간이 품목 또는 품목류 제조 정지기간 보다 길거나 같으면 그 영업정지 처분만을 하고, 그 영업정지 기간이 품목 또는 품목류 제조정지 기간 보다 짧으면 그 영업정지 처분과 그 초과기간에 대한 품목 또는 품목류 제조정지 처분을 병과하며, 그 위반행위가 1이상의 품목류 제조정지와 1이상의 품목 제조정지에 해당하는 때에는 이를 준용하여 처분한다.

2. 식품 접객영업자의 위반행위에 대하여 그 행정처분을 하기 위한 절차가 진행되는 기간 중에 반복하여 동일 사항을 위반하는 때에는 그 위반 회수마다 행정처분기준의 2분의 1씩 더하여 처분한다.
3. 위반행위의 차수에 따른 행정처분의 기준은 최근 1년간(법 제4조 내지 제6조 및 법 제8조 위반은 3년간으로 한다) 같은 위반행위(품목류의 경우에는 같은 품목에 대한 같은 위반행위를 말한다. 이하 같다)로 행정처분을 받을 경우에 적용한다. 다만, 제2호에서 규정하고 있는 경우를 제외한 기타의 경우의 기준 적용일은 위반 사항에 대한 행정처분일과 그 처분후의 재 적발일(수거검사에 의한 경우에는 검사결과를 허가 또는 신고관청이 접수한 날)을 기준으로 한다.
4. 같은 날 제조한 같은 품목에 대하여 같은 위반사항이 적발되는 경우에는 같은 위반행위로 본다.
5. 4차 위반의 경우에 있어서 3차 위반의 처분기준이 품목 또는 품목류 제조정지인 경우에는 품목 또는 품목류 제조정지 6월의 처분을 하고, 영업정지인 경우에는 영업허가 취소 또는 영업소 폐쇄를 하여야 한다.
6. 제1호 각목의 규정에 의하여 행정처분이 있은 뒤에 다시 행정처분을 하게 되는 경우 그 위반행위의 차수에 따른 행정처분의 기준을 적용함에 있어서는 종전의 행정처분의 사유가 된 각각의 위반행위에 대하여 각각 행정처분을 하였던 것으로 본다.
7. 제품의 수거·검사결과에 따른 위반행위에 대한 행정처분의 경우에는 그 위반행위가 당해 제품의 제조·가공·운반·진열·보관 또는 판매과정 중의 어느 과정에서 기인하는지 여부를 판단하여 그 원인 제공자에 대하여 처분하여야 한다. 다만, 유통전문판매 영업자가 판매하는 제품이 법 제4조 내지 법 제11조의 규정에 위반하여 식품위생상의 위해가 발생하였거나 발생할 우려가 있다고 인정되는 경우로서 그 위반행위의 원인 제공자가 당해 제품을 제조·가공한 영업자인 때에는 당해 제품을 제조·가공한 영업자와 당해 유통전문 판매영업자에 대하여 함께 처분하여야 한다.
8. 제7호 단서의 규정에 의하여 유통전문 판매영업자에 대하여 행정처분을 하는

경우 그 처분의 양형이 품목 또는 품목류 제조정지에 해당하는 때에는 이를 각각 그 위반행위의 원인 제공자인 제조·가공업소에서 제조·가공한 당해 품목 또는 품목류의 판매정지에 해당하는 것으로 본다.

9. 즉석 판매제조·가공업, 식품 소분업, 식품 등 수입 판매업 및 용기·포장류 제조업에 대한 행정처분의 경우 그 처분의 양형이 품목 제조정지에 해당하는 때에는 품목 제조 정지 기간의 3분의 1에 해당하는 기간으로 영업정지 처분을 하고, 그 처분의 양형이 품목류 제조정지에 해당하는 때에는 품목류 제조정지 기간의 2분의 1에 해당하는 기간으로 영업정지 처분을 하여야 한다.
10. 조리사 또는 영양사에 대한 행정처분에 있어서 4차 위반의 경우에는 면허취소 처분을 하여야 한다.
11. 다음 각목의 1에 해당하는 때에는 행정처분의 기준이 영업정지 또는 품목·품목류 제조정지인 경우에는 정지처분 기간의 2분의 1 이하의 범위 내에서, 영업허가 취소 또는 영업장 폐쇄인 경우에는 영업정지 3월 이상의 범위 내에서 각각 그 처분을 경감할 수 있다.
 가. 식품 등의 기준 및 규격의 위반 사항 중 그 위반의 정도가 경미한 사항으로서 국민보건상 인체의 건강을 해할 우려가 없다고 인정되는 때
 나. 표시기준의 위반 사항 중 일부 제품에 대한 제조일자 등의 표시누락 등 그 위반사유가 영업자의 고의나 과실이 아닌 단순한 기계 작동상의 오류에 기인한다고 인정되는 때
 다. 식품 등을 제조·가공하거나 수입만 하고 시중에 유통시키지 아니한 때
 라. 삭제 [2005.7.28]
 마. 식품 접객업소의 위반 사항 중 그 위반의 정도가 경미하거나 고의성이 없는 사소한 부주의로 인한 것인 때
 바. 해당 위반 사항에 관하여 검사로부터 기소유예의 처분을 받거나 법원으로부터 선고유예의 판결을 받은 때
 사. 기타 식품 등의 수급 정책상 필요하다고 인정되는 때

## Ⅱ. 개별기준 [개정 2005.7.28]

1. 식품제조·가공업 등

(영 제7조 제1호의 식품제조·가공업, 동조 제2호의 즉석판매제조·가공업, 동조 제3호의 식품첨가물제조업, 동조 제5호 가목의 식품 소분업·동호나목의 (6) 유통전문판매업·동호나목의 (8) 식품 등 수입판매업, 동조 제6호 가목의 식품조사 처리업 및 동조 제7호의 용기·포장류 제조업을 말한다.)

| 위 반 사 항 | 근거법령 | 행 정 처 분 기 준 | | |
|---|---|---|---|---|
| | | 1차위반 | 2차위반 | 3차위반 |
| 1. 삭제 [1999.12.29] | | | | |
| 2. 법 제4조(판매등금지)위반 | 법 제56조 및 법 제58조 | | | |
| 가. 썩었거나 상한 것으로 인체의 건강을 해할 우려가 있는 것 | | 영업정지 15일과 당해 제품폐기 | 영업정지 1월과 당해 제품폐기 | 영업정지 3월과 당해 제품폐기 |
| 나. 설익은 것으로서 인체의 건강을 해할 우려 가 있는 것 | | 영업정지 7일과 당해 제품폐기 | 영업정지 15일과 당해 제품폐기 | 영업정지 1월과 당해 제품폐기 |
| 다. 유독·유해물질이 들어 있거나 묻어있는 것 또는 병원미생물에 의하여 오염되었거나 그 염려가 있어 인체의 건강을 해할 우려 가 있는 것(제5호에 해당하는 경우를 제외 한다) | | 영업허가취소 또는 영업소폐쇄와 당해 제품폐기 | | |
| 라. 불결한 것 또는 다른 물질이 들어 있거나 묻어 있는 것으로서 인체의 건강을 해할 우려가 있는 것(제5호에 해당하는 경우를 제외한다) | | 영업정지 15일과 당해 제품폐기 | 영업정지 1월과 당해 제품폐기 | 영업정지 3월과 당해제품폐기 |
| 마. 영업허가를 받아야 하는 경우에 허가를 받지 아니하거나 신고를 하여야 하는 경우에 신고를 하지 아니한 자가 제조·가공·소분한 것 | | 영업정지 1월과 당해 제품폐기 | 영업정지 3월과 당해 제품폐기 | 영업허가 취소 또는 영업소폐쇄와 당해 제품폐기 |
| 바. 수입이 금지되거나 수입신고하여야 하는 경우에 신고하지 아니하고 수입한 것(식품 외의 용도로 수입된 것을 식용으로 사용한 것을 포함한다) | | 영업정지 1월과 당해 제품폐기 | 영업정지 3월과 당해 제품폐기 | 영업허가 취소 또는 영업소폐쇄와 당해 제품폐기 |
| 사. 안전성 평가를 받지 아니하거나 안전성 평가 결과 식용으로 부적합하다고 인정된 것 | | 영업정지 1월과 당해 제품폐기 | 영업정지 3월과 당해 제품폐기 | 영업허가 취소 또는 영업소폐쇄와 당해 제품폐기 |
| 3. 법 제5조(병육등의 판매등금지) 위반(축산물가공처리 | 법 제56조 및 법 제58조 | 영업허가 취소 또는 | | |

| | | | | |
|---|---|---|---|---|
| 법등 타법령의 규정에 의한 검사를 받아 합격한 경우를 제외한다) | | 영업소폐쇄와 당해 제품폐기 | | |
| 4. 법 제6조(기준·규격이 고시되지 아니한 화학적 합성품등의 판매등 금지) 위반 | 법 제56조 및 법 제58조 | 영업허가 취소 또는 영업소폐쇄와 당해 제품폐기 | | |
| 5. 법 제7조(기준과 규격)위반 | 제55조, 법 제56조, 법 제58조 및 법 제59조 | | | |
| 가. 식품등의 한시적 기준 및 규격을 정하지 아니한 천연첨가물, 기구등의 살균·소독제 | | 영업정지 15일과 당해 제품폐기 | 영업정지 1월과 당해 제품폐기 | 영업정지 3월과 당해 제품폐기 |
| 나. 비소·카드뮴·납·수은·중금·메탄올 및 시안화물의 기준을 위반한 것 | | 품목류제조정지 1월과 당해 제품폐기 | 영업정지 1월과 당해 제품폐기 | 영업정지 2월과 당해 제품폐기 |
| 다. 바륨·포름알데히드·올소톨루엔·설폰아미드·방향족탄화수소·폴리옥시에틸렌 또는 세레늄의 기준을 위반한 것 | | 품목류제조정지 15일과 당해 제품폐기 | 품목류제조정지 1월과 당해 제품폐기 | 영업정지 1월과 당해 제품폐기 |
| 라. 방사능 잠정허용 기준을 위반한 것 | | 품목류제조정지 1월과 당해 제품 및 원료폐기 | 영업정지 1월과 당해 제품 및 원료폐기 | 영업정지 3월과 당해 제품 및 원료폐기 |
| 마. 농산물 또는 식육의 농약잔류 허용기준을 초과한 것 또는 이를 원료로 사용한 것 | | 품목류제조정지 1월과 당해 제품 및 원료폐기 | 영업정지 1월과 당해 제품 및 원료폐기 | 영업정지 3월과 당해제품 및 원료폐기 |
| 바. 아플라톡신 잠정허용 기준을 초과한 것 또는 이를 원료로 사용한 것 | | 품목류제조정지 1월과 당해 제품 및 원료폐기 | 영업정지 1월과 당해 제품 및 원료폐기 | 영업정지 3월과 당해 제품 및 원료폐기 |
| 사. 마비성 패독 허용기준 위반한 것 | | 품목류제조정지 1월과 당해 제품 및 원료폐기 | 영업정지 1월과 당해 제품 및 원료폐기 | 영업정지 3월과 당해 제품 및 원료폐기 |
| 아. 동물용 의약품의 잔류 허용기준을 초과한 것 또는 이를 원료로 사용한 것 | | 품목류제조정지 1월과 당해 제품 및 원료폐기 | 영업정지 1월과 당해 제품 및 원료폐기 | 영업정지 3월과 당해 제품 및 원료폐기 |

| | | | | |
|---|---|---|---|---|
| 자. 식중독균 검출기준을 위반한 것 | | 품목류제조정지 1월과 당해 제품폐기 | 영업정지 1월과 당해 제품폐기 | 영업정지 3월과 당해 제품폐기 |
| 차. 산가·과산화물가·대장균·대장균군 또는 일반세균 시험에서 부적합하다고 판정된 것 | | 품목제조정지 15일과 당해 제품폐기 | 품목제조정지 1월과 당해 제품폐기 | 품목제조정지 3월과 당해 제품폐기 |
| 카. 첨가물의 사용 및 허용 기준을 위반한 것으 로서 | | | | |
| (1) 허용한 식품첨가물외의 식품첨가물 | | 영업정지 1월과 당해 제품폐기 | 영업정지 2월과 당해 제품폐기 | 영업허가 취소 또는 영업소폐쇄 |
| (2) 사용 또는 허용량기 준에 초과한 것으로서 | | | | |
| (가) 30퍼센트 이상 초과한 것 | | 품목류제조정지 1월과 당해 제품폐기 | 영업정지 1월과 당해 제품폐기 | 영업정지 2월과 당해 제품폐기 |
| (나) 10퍼센트이상 30퍼센트 미만 초과 한 것 | | 품목제조정지 1월과 당해 제품폐기 | 품목제조정지 2월과 당해 제품폐기 | 품목류제조정지 2월과 당해 제품폐기 |
| (다) 10퍼센트 미만 초과한 것 | | 시정명령 | 품목제조정지 1월 | 품목제조정지 2월 |
| 타. 주석·포스파타제·암모니아성질소·아질산이온 또는 형광증백제시험에서 부적합하다고 판정된 때 | | 품목제조정지 1월과 당해 제품폐기 | 품목제조정지 2월과 당해 제품폐기 | 품목류제조정지 2월과 당해 제품폐기 |
| 파. 나목 내지 타목외의 기타 성분에 관한 규격 또는 성분배합비율을 위반한 것으로서 | | | | |
| (1) 30퍼센트 이상 부족하거나 초과한 것 | | 품목제조정지 2월과 당해 제품폐기 | 품목제조정지 2월과 당해 제품폐기 | 품목류제조정지 3월과 당해 제품폐기 |
| (2) 20퍼센트 이상 30퍼센트 미만 부족하거나 초과한 것 | | 품목제조정지 1월과 당해 제품폐기 | 품목제조정지 2월과 당해 제품폐기 | 품목류제조정지 2월과 당해 제품폐기 |
| (3) 10퍼센트 이상 20퍼센트 미만 부족하거나 초과한 것 | | 품목제조정지 15일 | 품목제조정지 1월 | 품목제조 정지 2월 |
| (4) 10퍼센트 미만 부족하거나 초과한 것 | | 시정명령 | 품목제조정지 7일 | 품목제조정지 15일 |
| 하. 이물등이 혼입된 것 | | 시정명령 | 품목제조정지 7일 | 품목제조정지 15일 |

| | | | | |
|---|---|---|---|---|
| 거. 식품조사처리기준을 위반한 경우로서 | | | | |
| (1) 허용한 것외의 선원 및 선종을 사용한 때 | | 영업정지 2월과 당해 제품폐기 | 영업허가취소와 당해 제품폐기 | |
| (2) 허용대상 식품별 흡수선량을 초과하여 조사처리한 때 조사한 식품을 다시 조사처리한 때 | | 영업정지 1월과 당해 제품폐기 | 영업정지 2월과 당해 제품폐기 | 영업허가 취소와 당해 제품폐기 |
| (3) 허용대상외의 식품을 조사처리한 때 | | 영업정지15일과 당해 제품폐기 | 영업정지 1월과 당해 제품폐기 | 영업정지 2월과 당해 제품폐기 |
| 너. 식품조사 처리기준을 위반한 것 | | 당해 식품을 원료로 하여 제조·가공한 품목류제조정지 1월과 당해 제품폐기 | 당해 식품을 원료로 하여 제조·가공한 품목류제조정지 3월과 당해 제품폐기 | 당해 식품을 원료로 하여 제조 · 가공한 영업소의 영업허가취소 및 당해 제품폐기 |
| 더. 식품 등의 기준 및 규격중 원료의 구비요건 이나 제조·가공기준을 위반한 경우로서(제2호 내지 제4호의 1에 해당하는 경우를 제외한다) | | | | |
| (1) 식품제조·가공등의 원료로 사용하여서는 아니되는 동식물을원료로 사용한 것 | | 품목제조정지 15일과 당해 제품폐기 | 품목제조정지 1월과 당해 제품폐기 | 품목제조정지 2월과 당해 제품폐기 |
| (2) 식용으로 부적합한 비가식부분을 원료로 사용한 것 | | 품목제조정지 1월과 당해 제품폐기 | 품목제조정지 2월과 당해 제품폐기 | 품목제조정지 3월과 당해 제품폐기 |
| (3) 기타 사항을 위반한 것 | | 시정명령 | 품목제조정지 7일 | 품목제조정지 15일 |
| 러. 보존 및 보관기준을 위반한 것 | | 영업정지 7일 | 영업정지 15일 | 영업정지 1월 |
| 머. 기타 가목 내지 러목 이외의 사항을 위반한 것 | | 시정명령 | 품목제조정지 5일 | 품목제조정지 10일 |
| 6. 법 제8조(유독기구 등의 판매·사용금지)위반 | 법 제56조 및 법 제58조 | | | |
| 가. 유독기구 등을 제조·수입 또는 판매한 때 | | 영업허가취소 또는 영업소폐쇄와 당해 제품폐기 | | |

| | | | | |
|---|---|---|---|---|
| 나. 유독기구 등을 사용·저장·운반 또는 진열한 때 | | 영업정지 7일 | 영업정지 15일 | 영업정지 1월 |
| 7. 법 제9조(기준과 규격)위반 | 법 제55조, 법 제56조, 법 제58조 및 법 제59조 | | | |
| 가. 식품 등의 기준 및 규격을 위반한 것을 제조·수입·운반·진열·저장 또는 판매한 때 | | 품목제조정지 15일 | 품목제조정지 1월 | 품목제조정지 2월 |
| 나. 식품 등의 기준 및 규격에 위반된 것을 사용한 때 | | 시정명령 | 품목제조정지 5일 | 품목제조정지 10일 |
| 다. 한시적 기준 및 규격을 정하지 아니한 기구 또는 용기·포장 | | 영업정지 15일과 당해 제품폐기 | 영업정지 1월과 당해 제품 폐기 | 영업정지 3월과 당해 제품 폐기 |
| 8. 법 제10조 및 법 제11조 위반 | 법 제55조, 법 제56조, 법 제58조 및 법 제59조 | | | |
| 가. 식품·식품첨가물(수입품 포함)에 대한 표시사항의 위반으로서 | | | | |
| (1) 표시대상 식품에 표시사항 전부를 표시하지 아니하거나 표시하지 아니한 식품을 영업에 사용한 때 | | 영업정지 1월과 당해 제품폐기 | 영업정지 2월과 당해 제품폐기 | 영업정지 3월과 당해 제품폐기 |
| (2) 한글표시를 하여야 하는 수입식품·식품첨가물에 한글표시를 하지 아니하거나 한글표시를 하지 아니한 수입식품·식품첨가물을 영업에 사용한 때 | | 영업정지 1월 | 영업정지 2월 | 영업정지 3월 |
| 나. 주 표시면에 표시하여야 할 사항중 표시하지 아니하거나 기준에 부적합한 경우로서 | | | | |
| (1) 주 표시면에 표시하여야 하는 제품명 및 내용량을 전부 표시하지 아니한 때 | | 품목제조정지 1월 | 품목제조정지 2월 | 품목제조정지 3월 |
| (2) 제품명을 표시하지 아니하거나 표시기준에 위반 | | 품목제조정지 15일 | 품목제조정지 1월 | 품목제조정지 2월 |

| | | | | |
|---|---|---|---|---|
| 한 제품명을 사용한 때 | | | | |
| (3) 삭제 [2005.7.28] | | | | |
| (4) 내용량을 표시하지 아니하거나 기준에 위반한 때 | | 시정명령 | 품목제조정지 15일 | 품목제조정지 1월 |
| 다. 영양성분의 표시를 하여야 하는 식품(식품 제조·가공업, 유통전문판매업 및 식품 등 수입판매업에 한함)에 대한 표시사항의 위반으로서 | | | | |
| (1) 표시를 하지 아니한 때 | | 품목제조정지 1월 | 품목제조정지 2월 | 품목제조정지 3월 |
| (2) 허용 오차범위를 위반 한 때 | | 시정명령 | 품목제조정지 15월 | 품목제조정지 1월 |
| 라. 식품에 직접 사용하는 화학적합성품인 식품첨가물 중 명칭과 용도를 표시하여야 하는 경우에 표시하지 아니하거나 기준에 맞지 아니한 때(식품제조·가공업, 유통전문판매업 및 식품등 수입판매업에 한함) | | 시정명령 | 품목제조정지 15월 | 품목제조정지 1월 |
| 마. 제조 연월일 또는 유통기한의 표시기준을 위반한 경우로서 | | | | |
| (1) 제조 연월일 또는 유통기한을 표시하지 아니 하거나 표시하지 아니한 식품 등을 영업에 사용한 때(제조연월일 유통기한 표시 대상 식품 등에 한 함 | | 품목류제조정지 15일과 당해 제품폐기 | 품목류제조정지 1월과 당해 제품폐기 | 품목류제조정지 2월과 당해 제품폐기 |
| (2) 유통기한을 품목제조 보고한 내용보다 초과하여 표시한 때 | | 품목류제조정지 10일과 당해 제품폐기 | 품목류제조정지 20일과 당해 제품폐기 | 품목류제조정지 1월과 당해 제품폐기 |
| 바. 제조 연월일 또는 유통기한을 변조하는 등의 행위를 한 때 | | 영업정지 1월과 당해 제품폐기 | 영업정지 2월과 당해 제품폐기 | 영업정지 3월과 당해 제품폐기 |
| 사. 식품 또는 식품첨가물을 소분함에 있어 원제품에 표시된 제조연월일 또는 유통기 | | 영업정지 1월과 당해 제품폐기 | 영업정지 2월과 당해 제품폐기 | 영업정지 3월과 당해 제품폐기 |

| | | | | |
|---|---|---|---|---|
| 한을초과하여 표시한 때<br>아. 내용량을 표시함에 있어 부족량이 허용오차를 위반한 때로서 | | | | |
| (1) 20퍼센트 이상 부족한 것 | | 품목제조정지 2월 | 품목제조정지 3월 | 품목류제조정지 3월 |
| (2) 10퍼센트 이상 20퍼센트 미만 부족한 것 | | 품목제조정지 1월 | 품목제조정지 2월 | 품목제조정지 3월 |
| (3) 10퍼센트 미만 부족한 것 | | 시정명령 | 품목제조정지 15일 | 품목제조정지 1월 |
| 자. 조사처리 식품의 표시기준을 위반한 사항으로 | | | | |
| (1) 조사처리된 식품임을 표시하지 아니한 때 | | 품목제조정지 15일 | 품목제조정지 1월 | 품목제조정지 2월 |
| (2) 조사처리 식품을 표시함에 있어 기준을 위반하여 표시한 때 | | 시정명령 | 품목제조정지 15일 | 품목제조정지 1월 |
| 차. 이온수·생명수 또는 약수 등 사용하지 못하도록 한 용어를 사용한 때 | | 영업정지 15일 | 영업정지 1월 | 영업정지 2월 |
| 카. 유기가공식품의 표시기준을 위반한 경우로서 | | | | |
| (1) "유기농 100퍼센트"를 표시함에 있어 그 기준을 위반하여 표시한 때 | | 품목제조정지 15일 | 품목제조정지 1월 | 품목제조정지 2월 |
| (2) 유기 또는 이와 유사한 용어를 제품명 등에 사용함에 있어 그 기준에 위반하여 표시한 때 | | 시정명령 | 품목제조정지 15일 | 품목제조정지 1월 |
| 타. 허위표시·과대광고와 관련한 사항으로 | | | | |
| (1) 질병의 치료에 효능이 있다는 내용의 표시나 광고 | | 영업정지 15일과 당해제품(표시된 제품에 한함)폐기 | 영업정지 1월과 당해 제품(표시된 제품에 한함)폐기 | 영업정지 2월과 당해 제품(표시된 제품에 한함)폐기 |
| (2) 의약품으로 혼동할 우려가 있는 내용의 표시나 광고 | | 영업정지 15일 | 영업정지 1월 | 영업정지 2월 |
| (3) 체험기 및 체험사례등 이와 유사한 내용을 표현하는 광고 | | 품목제조정지 1월 | 품목제조정지 2월 | 품목제조정지 3월 |

| | | | | |
|---|---|---|---|---|
| (4) 사행심을 조장하는내용의 광고를 한 때 | | 시정명령 | 품목제조정지 15일 | 품목제조정지 1월 |
| 파. 식품에 직접 사용하는 화학적합성품의 경우 당해 원료의 명칭 등을 사용하여 화학적합성품이 아닌 것으로 혼동될 우려가 있는 광고를 한 때 | | 시정명령 | 품목제조정지 2월 | 품목제조정지 3월 |
| 하. 제품의 포장방법 및 포장재의 재질 등의 기준에 관한 규칙에 위반하여 포장한 때 (거목에 해당하는 경우를 제외한다) | | 시정명령 | 품목제조정지 10일 | 품목제조정지 1월 |
| 거. 포장한 2개 이상의 제품을 다시 1개로 재포장한 것으로, 그 내용물이 재포장 용량의 2분의 1에 미달되는 때 | | 시정명령 | 품목제조정지 2월 | 품목제조정지 3월 |
| 너. 유전자재조합식품의 표시위반 | | | | |
| (1) 유전자재조합식품에 유전자재조합식품임을 표시하지 아니한 때 | | 품목제조정지 15일 | 품목제조정지 1월 | 품목제조정지 2월 |
| (2) 유전자재조합식품을 유전자재조합식품이 아닌 것으로 표시·광고한 때 | | 품목제조정지 1월 | 품목제조정지 2월 | 품목제조정지 3월 |
| 더. 식품의약품안전청장이 정하여 고시하는 알레르기 유발식품을 성분·원료로 사용한 제품에 그 사용한 원재료명을 표시하지 아니한 때 | | 품목제조정지 15일 | 품목제조정지 1월 | 품목제조정지 2월 |
| 러. 원재료명을 표시하지 아니하거나 기준에 위반하여 표시한 때 | | 품목제조정지 15일 | 품목제조정지 1월 | 품목제조정지 2월 |
| 머. 가목 내지 러목을 제외한 표시기준 및 허위표시 등 위반사항이 | | | | |
| (1) 3개 사항 이상인 때 | | 품목제조정지 15일 | 품목제조정지 1월 | 품목제조정지 2월 |
| (2) 3개 사항 미만인 때 | | 시정명령 | 품목제조정지 15일 | 품목제조정지 1월 |
| 9. 삭제 [2000.8.8] | | | | |

| | | | | |
|---|---|---|---|---|
| 10. 법 제16조(수입식품 등의 신고) 위반 | 법 제58조 | | | |
| 가. 수입한 식품등을 별도의 승인없이 목적외 용도로 사용 또는 판매한 때 | | 영업정지 15일 | 영업정지 1월 | 영업정지 3월 |
| 나. 식품 등 수입신고시 사실과 다르게 신고하거나 허위서류를 제출한 때로서 | | | | |
| (1) 사용금지된 식품첨가물이 함유되었거나 검출되어 부적합한때 | | 영업정지 2월 | 영업허가취소 또는 영업소폐쇄 | |
| (2) 식품첨가물의 사용기준을 위반하거나초과사용하여 부적합때 | | 영업정지 1월 | 영업정지 2월 | 영업허가취소 또는 영업소폐쇄 |
| (3) 동일사·동일제품으로 적용받기 위하여 제조업소, 제품명 등의 서류를 허위로 제출한 때 | | 영업정지 1월 | 영업정지 2월 | 영업허가취소 또는 영업소폐쇄 |
| (4) 제조일자를 허위로표시하거나 유통기한을 임으로 연장하여 표시한 때 | | 영업정지 1월 | 영업정지 2월 | 영업허가취소 또는 영업소폐쇄 |
| (5) (1) 내지 (4)를 제외한 사실과 다르게 신고한 때 | | 시정명령 | 영업정지 7일 | 영업정지 15일 |
| 다. 수입신고 조건을 위반한 때 | | 영업정지 2월 | 영업허가취소 또는 영업소폐쇄 | |
| 라. 검사결과 부적합처분을 받아 수출국으로 반송되거나 다른 나라로 반출된 제품을 재수입한 때 | | 영업정지 2월 | 영업허가취소 또는 영업소폐쇄 | |
| 11. 법 제19조(자가품질검사의 의무)위반 | 법 제55조, 법 제58조 및 법 제59조 | | | |
| 가. 자가 품질검사를 실시하지 아니한 경우로서 | | | | |
| (1) 시험항목의 전부에 대하여 실시하지 아니한 때 | | 품목제조정지 1월 | 품목제조정지 3월 | 품목류제조정지 3월 |
| (2) 시험항목의 50퍼센트 이상에 대하여 실시하지 아니한 때 | | 품목제조정지 15일 | 품목제조정지 1월 | 품목제조정지 3월 |
| (3) 시험항목의 50퍼센트 미만 | | 시정명령 | 품목제조정지 | 품목제조정지 |

| | | | | |
|---|---|---|---|---|
| 에 대하여 실시하지 아니한 때 | | | 15일 | 1월 |
| 나. 자가품질 검사에 관한 기록서를 2년간 보관하지 아니한 때 | | 시정명령 | 영업정지 5일 | 영업정지 15일 |
| 12. 법 제21조(시설기준) 및 법 제22조(영업의 허가 등) 위반 | 제55조, 법 제57조, 법 제58조 및 법 제59조 | | | |
| 가. 허가 또는 신고없이 영업소를 이전한 때 | | 영업허가취소 또는 영업소폐쇄 | | |
| 나. 변경허가를 받지 아니하거나 변경신고를 하지 아니한 경우로서 | | | | |
| (1) 영업시설의 전부를 철거한 때(시설없이 영업신고를 한 경우를 포함한다) | | 영업허가취소 또는 영업소폐쇄 | | |
| (2) 영업시설의 일부를 철거한 때 | | 시설개수 명령 | 영업정지 1월 | 영업정지 2월 |
| 다. 영업장의 면적을 변경하고 변경신고를 하지 아니한 때 | | 영업정지 7일 | 영업정지 15일 | 영업정지 1월 |
| 라. 변경신고를 하지 아니하고 추가로 시설을 설치하여 새로운 제품을 생산한 때 | | 시정명령 | 영업정지 1월 | 영업정지 2월 |
| 마. 삭제 [2005.7.28] | | | | |
| 바. 법 제22조 제3항의 규정에 의한 영업의 허가조건을 위반한 때 | | 영업정지 1월 | 영업정지 3월 | 영업허가 취소 |
| 사. 삭제 [2005.7.28] | | | | |
| 아. 급수시설 기준에 위반한 때(수질검사결과 부적합판정을 받은 경우를 포함한다) | | 시설개수 명령 | 영업정지 1월 | 영업정지 3월 |
| 자. 허가를 받거나 신고를 한 업종의 영업행위가 아닌 다른 업종의 영업행위를 한 때 | | 영업정지 1월 | 영업정지 2월 | 영업정지 3월 |
| 차. 식품소분대상이 아닌 식품·식품첨가물을 소분·판매한 때 | | 영업정지 1월 | 영업정지 2월 | 영업정지 3월 |
| 카. 의약품 제조시설을 식품제 | | 영업정지 1월 | 영업정지 2월 | 영업정지 3월 |

| | | | | |
|---|---|---|---|---|
| 조·가공시설로 지정받지 아니하고 의약품 제조시설을 이용하여 식품 등을 제조·가공한 때 | | | | |
| 타. 기타 가목 내지 카목을 제외한 허가 또는 신고사항 중 | | | | |
| (1) 시설기준에 위반된 때 | | 시설개수 명령 | 영업정지 1월 | 영업정지 2월 |
| (2) 기타사항을 위반한 때 | | 시정명령 | 영업정지 5일 | 영업정지 15일 |
| 13. 법 제25조 제3항의 규정에 의한 영업의 승계신고를 이행하지 아니한 때 | 법 제55조 및 법 제58조 | 시정명령 | 영업정지 7일 | 영업정지 15일 |
| 14. 삭제 [2005.7.28] | | | | |
| 15. 삭제 [2005.7.28] | | | | |
| 16. 삭제 [99.12.29] | | | | |
| 17. 법 제29조(품질관리 및 보고) 제1항 및 법 제31조(영업자등의 준수사항)제1항 위반 | 법 제55조 및 법 제58조 | | | |
| 가. 식품 및 식품첨가물의제조·가공영업자의 준수사항 중 | | | | |
| (1) 별표 12 제1호 위반 | | | | |
| (가) 생산 및 작업기록에 관한 서류를 작성하지 아니하거나 거짓으로 작성한 때 또는 이를 보관하지 아니한 때 | | 영업정지 15일 | 영업정지 1월 | 영업정지 3월 |
| (나) 원료수불 관계서류를 작성하지 아니하거나 거짓으로 작성한 때 또는 이를 보관하지 아니한 때 | | 영업정지 5일 | 영업정지 10일 | 영업정지 20일 |
| (2) 별표 12 제3호, 제11호 또는 제14호 위반 | | 영업정지 15일 | 영업정지 1월 | 영업정지 3월 |
| (3) 별표 12 제8호·제12호의2 위반 | | 영업정지 7일 | 영업정지 15일 | 영업정지 1월 |
| (4) 별표 12 제10호 위반 | | | | |
| (가) 수질검사를 검사기간 내에 하지 아니한 때 | | 영업정지 15일 | 영업정지 1월 | 영업정지 3월 |
| (나) 부적합 판정한 물을 계속 사용한 때 | | 영업정지 1월 | 영업정지 3월 | 영업허가 취소 또는 영업소폐쇄 |
| (5) 위 (1) 내지 (4)를제외한 | | 시정명령 | 영업정지 5일 | 영업정지 10일 |

| | | | | |
|---|---|---|---|---|
| 준수사항 위반<br>나. 즉석 판매제조·가공업자의 준수사항 중 | | | | |
| (1) 별표 13 제1호가목 또는 차목 위반 | | 영업정지 15일 | 영업정지 1월 | 영업정지 3월 |
| (2) 별표 13 제1호 마목위반 | | 영업정지 1월 | 영업정지 2월 | 영업정지 3월 |
| (3) 별표 13 제1호 사목위반 | | | | |
| (가) 수질검사를 검사기간 내에 하지 아니한 때 | | 영업정지 15일 | 영업정지 1월 | 영업정지 3월 |
| (나) 부적합 판정한 물을 계속 사용한 때 | | 영업정지 1월 | 영업정지 3월 | 영업허가취소 또는 영업소폐쇄 |
| (4) 별표 13 제1호 나목·라목 또는 바목 위반 | | 영업정지 7일 | 영업정지 15일 | 영업정지 1월 |
| (5) 위 (1) 내지 (4)외의준수사항 위반 | | 시정명령 | 영업정지 5일 | 영업정지 10일 |
| 다. 식품소분업·식품 등 수입판매업 및 유통전문판매영업자의 준수사항 위반은 2. 판매업 제13호의 가. 식품소분·판매·운반영업자의 준수사항 위반의 처분기준에 따른다. | | | | |
| 라. 식품조사처리영업자의 준수사항 위반 | | 영업정지 15일 | 영업정지 1월 | 영업정지 3월 |
| 18. 법 제31조의제1항의 규정을 위반하여 위해식품에 대한 회수계획을 제출하지 아니하는 등 회수를 하지 아니한 때 | 법 제58조 | 영업정지 2월 | 영업정지 3월 | 영업허가 취소 또는 영업소폐쇄 |
| 19. 법 제40조의 규정에 의한 교육을 받지 아니한 영양사를 영업에 종사시킨 때 | 법 제58조 | 시정명령 | 영업정지 5일 | 영업정지 10일 |
| 20. 법 제56조 제3항의 규정에 의한 위해식품 등의 회수명령을 위반한 때 | 법 제58조 | 영업정지 1월 | 영업정지 2월 | 영업정지 3월 |
| 21. 법 제56조의2의 규정에 의한 위해발생 사실의 공표명령에 위반한 때 | 법 제58조 | 영업정지 1월 | 영업정지 2월 | 영업정지 3월 |
| 22. 영업정지 처분기간 중에 영업을 한 때 | 법 제58조 | 영업허가취소 또는 업소폐쇄 | | |

| | | | | |
|---|---|---|---|---|
| 23. 품목 및 품목류 제조정지 기간 중에 품목제조를 한 때 | 법 제58조 | 영업정지 2월 | 영업허가취소 또는 영업소폐쇄 | 영업정지 15일 |
| 24. 기타 제2호 내지 제22호를 제외한 법 위반 | 법 제55조 및 법 제58조 | 시정명령 | 영업정지 7일 | |

2. 식품판매업 등

『영 제7조 제4호의 식품운반업, 동조 제5호 나목의 식품판매업(유통전문판매업 및 식품등 수입판매업을 제외한다). 동조 제6호 나목의 식품냉동·냉장업을 말한다.』

| 위 반 사 항 | 근거법령 | 행 정 처 분 기 준 | | |
|---|---|---|---|---|
| | | 1차위반 | 2차위반 | 3차위반 |
| 1. 삭제 [1999.12.29] | | | | |
| 2. 법 제4조(판매등금지)위반 | 법 제56조 및 법 제58조 | | | |
| 가. 썩었거나 상한 것으로 인체의 건강을 해할 우려가 있는 것 | | 영업정지 15일과 당해 제품폐기 | 영업정지 1월과 당해제품폐기 | 영업정지 3월과 당해 제품폐기 |
| 나. 설익은 것으로서 인체의 건강을 해할 우려 가있는 것 | | 영업정지 7일과 당해 제품폐기 | 영업정지 15일과 당해 제품폐기 | 영업정지 1월과 당해 제품폐기 |
| 다. 유독·유해물질이 들어 있거나 묻어있는 것 또는 병원 미생물에 의하여 오염되었거나 그 염려가 있어 인체의 건강을 해할 우려가 있는 것(제5호에 해당하는 경우를 제외 한다) | | 영업허가 취소 또는 영업소폐쇄와 당해 제품폐기 | | |
| 라. 불결한 것 또는 다른 물질이 들어 있거나 묻어 있는 것으로서 인체의 건강을 해할 우려가 있는 것(제5호에 해당하는 경우를 제외한다) | | 영업정지 15일과 당해 제품폐기 | 영업정지 1월과 당해 제품폐기 | 영업정지 3월과 당해 제품폐기 |
| 마. 영업허가를 받아야 하는 경우에 허가를 받지 아니하거나 신고를 하여야 하는 경우에 신고를 하지 아니한 자가 제조·가공·소분한 것 | | 영업정지 1월과 당해 제품폐기 | 영업정지 3월과 당해 제품폐기 | 영업허가 취소 또는 영업소폐쇄와 당해 제품폐기 |
| 바. 수입이 금지되거나 수입신고하여야 하는 경우에 신고하지 아니 하고 수입한 것 | | 영업정지 1월과 당해 제품폐기 | 영업정지 3월과 당해 제품폐기 | 영업허가취소 또는 영업소폐쇄와 |

| | | | | |
|---|---|---|---|---|
| (식품외의 용도로 수입된 것을 식용으로 사용한 것을 포함한다) | | | | 당해 제품폐기 |
| 사. 안전성 평가를 받지 아니하거나 안전성 평가 결과 식용으로 부적합하다고 인정된 것 | | 영업정지 1월과 당해 제품폐기 | 영업정지 3월과 당해 제품폐기 | 영업허가 취소 또는 영업소폐쇄와 당해 제품폐기 |
| 3. 법 제5조(병육등의 판매 등 금지) 위반(축산물가공처리법등 타법령의 규 정에 의한 검사를 받아 합격한 경우를 제외한다) | 제56조 및 법 제58조 | 영업허가 취소 또는 영업소폐쇄와 당해 제품폐기 | | |
| 4. 법 제6조(기준·규격이 고시되지 아니한 화학적 합성품등의 판매등 금지) 위반 | 제56조 및 법 제58조 | 영업허가 취소 또는 영업소폐쇄와 당해제품폐기 | | |
| 5. 법 제7조(기준과 규격) 위반 | 제55조, 법 제56조, 법 및 제58조 | | | |
| 가. 식중독균 검출 기준을 위반한 것 | | 영업정지 1월과 당해 제품폐기 | 영업정지 2월과 당해 제품폐기 | 영업정지 3월과 당해 제품폐기 |
| 나. 산가·과산화물가·대장균·대장균군 또는 일반세균시험에서 부적합하다고 판정된 것 | | 영업정지 7일과 당해제품 폐기 | 영업정지 15일과 당해제품 폐기 | 영업정지 1월과 당해제품 폐기 |
| 다. 이물 등이 혼입된 것 | | 시정명령 | 영업정지 7일 | 영업정지 15일 |
| 라. 보존 및 보관기준을 위반한 것 | | 영업정지 7일 | 영업정지 15일 | 영업정지 1월 |
| 마. 기타 가목 내지 라목 이외의 사항이 위반된 것 | | 시정명령 | 영업정지 5일 | 영업정지 10일 |
| 6. 법 제8조(유독기구 등의 판매·사용금지) 위반 | 법 제56조 및 법 제58조 | 영업정지 15일과 당해제품 폐기 | 영업정지 1월과 당해제품 폐기 | 영업정지 2월과 당해제품 폐기 |
| 7. 법 제9조(기준과 규격)에 위반된 것 | 법 제56조 및 법 제58조 | 영업정지 7일과 당해제품 폐기 | 영업정지 15일과 당해제품 폐기 | 영업정지 1월과 당해제품 폐기 |
| 8. 법 제10조 및 법 제11조 위반 | 법 제55조, 법 제56조 및 법 제58조 | | | |

| | | | | |
|---|---|---|---|---|
| 가. 식품·식품 첨가물(수입품 포함)에 대한 표시사항의 위반으로서 | | | | |
| (1) 표시사항 전부를 표시하지 아니한 것을 진열·판매한 때 | | 영업정지 1월 과 당해제품 폐기 | 영업정지 2월 과 당해제품 폐기 | 영업정지 3월 과 당해제품 폐기 |
| (2) 한글표시를 하여야 하는 수입식품·식품 첨가물에 한글표시를 하지 아니한 것을 진열·판매한 때 | | 영업정지 1월 | 영업정지 2월 | 영업정지 3월 |
| 나. 주 표시면에 표시할 사항 중 제품명 및 내용량을 표시하지 아니한 것을 진열·판매한 때 | | 시정명령 | 영업정지 7일 | 영업정지 15일 |
| 다. 제조연월일 또는 유통기한을 표시하지 아니한 것을 진열·판매한 때(제조연월일 또는 유통기한 표시대상 식품 등에 한함) | | 영업정지 7일 과 당해제품 폐기 | 영업정지 15일 과 당해제품 폐기 | 영업정지 1월 과 당해제품 폐기 |
| 라.허위표시·과대광고와 관련한 사항으로 | | | | |
| (1) 질병의 치료에 효능이 있다는 내용의 표시나 광고 | | 영업정지 15일 과 당해제품 (표시된 제품에 한함)폐기 | 영업정지 1월 과 당해제품 (표시된 제품에 한함)폐기 | 영업정지 2월 과 당해제품 (표시된 제품에 한함)폐기 |
| (2) 의약품으로 혼동할 우려가 있는 내요의 표시나 광고 | | 영업정지 15일 | 영업정지 1월 | 영업정지 2월 |
| (3) 체험기 및 체험사례 등 이와 유사한 내용을 표현하는 광고 | | 영업정지 7일 | 영업정지 15일 | 영업정지 1월 |
| (4) 사행심을 조장하는 내용의 광고를 한 때 | | 영업정지 5일 | 영업정지 10일 | 영업정지 20일 |
| 9. 삭제 [2000.8.8] | | | | |
| 10. 법 제21조(시설기준) 및 법 제22조(영업의 허가 등 위반) | 법 제55조, 법 제57조 및 법 제58조 | | | |
| 가. 신고를 하지 아니하고 영업소를 이전한 때 | | 영업허가 취소 또는 영업소 폐쇄 | | |
| 나. 변경 신고를 하지 아니한 경우로서 | | | | |
| (1) 영업시설의 전부를 철거한 때(시설 없이 영업신고를 한 경우를 포함한다) | | 영업허가 취소 또는 영업소 폐쇄 | | |

| | | | | |
|---|---|---|---|---|
| (2) 영업시설의 일부를 철거한 때 | | 시설개수 명령 | 영업정지 15일 | 영업허가 취소 |
| 다. 시설기준에 의한 냉장·냉동 시설이 없거나 냉장·냉동 시설을 가동하지 아니한 때 | | 영업정지 1월 | 영업정지 3월 | 영업허가 취소 |
| (1) 식품운반업 | | 당해차량<br>영업정지 1월 | 당해차량<br>영업정지 3월 | 전체차량<br>영업정지 2월 |
| (2) 식품판매업, 식품냉동·냉장업 | | 영업정지 1월 | 영업정지 3월 | 영업허가취소<br>또는 영업소폐쇄 |
| 라. 영업장의 면적을 변경하고 변경신고를 하지 아니한 때 | | 영업정지 7일 | 영업정지 15일 | 영업정지 1월 |
| 마. 급수시설 기준을 위반한 때 (수질검사결과 부적합 판정을 받은 경우를 포함한다) | | 시설개수 명령 | 영업정지 1월 | 영업정지 2월 |
| 바. 신고한 업종의 영업행위가 아닌 다른 업종의 영업행위를 한 때 | | 영업정지 1월 | 영업정지 2월 | 영업정지 3월 |
| 사. 기타 가목 내지 바목을 제외한 허가 또는 신고사항 중 | | | | |
| (1) 시설기준에 위반한 때 | | 시설개수 명령 | 영업정지 1월 | 영업정지 2월 |
| (2) 기타 사항을 위반한 때 | | 시정명령 | 영업정지 15일 | 영업정지 1월 |
| 11. 삭제 [2005.7.28] | | | | |
| 12. 삭제 [2005.7.28] | | | | |
| 13. 법 제31조(영업자 등의 준수사항)제1항 위반 | 법 제55조 및 법 제58조 | | | |
| 가. 식품소분·판매·운반 영업자의 준수사항 중 | | | | |
| (1) 별표 13 제2호 바목 위반 | | | | |
| (가) 수질검사를 검사 기간 내에 하지 아니한 때 | | 영업정지 15일 | 영업정지 1월 | 영업정지 3월 |
| (나) 부적합 판정한 물을 계속 사용한 때 | | 영업정지 1월 | 영업정지 3월 | 영업허가 취소<br>또는 영업소폐쇄 |
| (2) 별표 13 제2호 타목·거목 또는 너목 또는 어목 위반 | | 영업정지 15일 | 영업정지 1월 | 영업정지 2월 |
| (3) 별표 13 제2호 자목·카목·파목·머목 또는 버목 위반 | | 영업정지 7일 | 영업정지 15일 | 영업정지 1월 |
| (4) 위(1) 내지 (3)외의 준수사항 위반 | | 시정명령 | 영업정지 3일 | 영업정지 7일 |

| | | | | |
|---|---|---|---|---|
| 나. 식품자동판매기 영업자의 준수사항 | 법 제55조 및 법 제58조 | | | |
| (1) 별표 13 제3호 나목 · 라목 또는 사목 | | 영업정지 7일 | 영업정지 15일 | 영업정지 1월 |
| (2) 위 (1)외의 준수사항 위반 | | 시정명령 | 영업정지 7일 | 영업정지 15일 |
| 14. 법 제25조의 규정에 의한 영업의 승계 신고를 이행하지 아니한 때 | 법 제55조 및 법 제58조 | 시정명령 | 영업정지 7일 | 영업정지 15일 |
| 15. 법 제31조의2 제1항의 규정을 위반하여 위해식품에 대해 회수계획을 제출하지 아니하는 등 회수를 하지 아니한 때 | 법 제58조 | 영업정지 2월 | 영업정지 3월 | 영업허가 취소 또는 영업소폐쇄 |
| 16. 법 제56조 제3항의 규정에 의한 위해식품 등의 회수명령에 위반한 때 | 법 제58조 | 영업정지 1월 | 영업정지 2월 | 영업정지 3월 |
| 17. 법 제56조의2의 규정에 의한 위해발생 사실의 공표 명령에 위반한 때 | 법 제58조 | 영업정지 1월 | 영업정지 2월 | 영업정지 3월 |
| 18. 영업정지처분기간 중에 영업을 한 때 | 법 제58조 | 영업허가 취소 또는 영업소폐쇄 | | |
| 19. 제2호 내지 제18호를 제외한 법 위반 | 법 제55조 및 법 제58조 | 시정명령 | 영업정지 7일 | 영업정지 15일 |

3. 식품접객업
(영 제7조제8호의 식품접객업을 말한다)

| 위 반 사 항 | 근거법령 | 행 정 처 분 기 준 | | |
|---|---|---|---|---|
| | | 1차위반 | 2차위반 | 3차위반 |
| 1. 삭제 [99.12.29] | | | | |
| 2. 법 제4조(판매 등 금지) 위반 | 법 제56조 및 법 제58조 | | | |
| 가. 썩었거나 상한 것으로 인체의 건강을 해할 우려가 있는 것 | | 영업정지 15일과 당해 음식물 폐기 | 영업정지 1월과 당해 음식물 폐기 | 영업정지 3월과 당해 음식물 폐기 |
| 나. 설익은 것으로서 인체의 건강을 해할 우려가 있는 것 | | 영업정지 7일과 당해 음식물 폐기 | 영업정지 15일과 당해 음식물 폐기 | 영업정지 1월과 당해 음식물 폐기 |
| 다. 유독·유해물질이 들어있거나 묻어있는 것 또는 병원미생물에 의하여 오염되어 | | 영업허가취소 또는 영업소폐쇄와 | | |

| | | | | |
|---|---|---|---|---|
| 있거나 그 염려가 있어 인체의 건강을 해할 우려가 있는 것(제5호에 해당하는 경우를 제외한다) | | 당해 음식물 폐기 | | |
| 라. 불결한 것 또는 다른 물질이 들어 있거나 묻어있는 것으로서 인체의 건강을 해할 우려가 있는 것(제5호에 해당하는 경우를 제외 한다) | | 영업정지 15일과 당해 음식물 폐기 | 영업정지 1월과 당해 음식물폐기 | 영업정지 3월과 당해 음식물폐기 |
| 마. 영업허가를 받아야 하는 경우에 허가를 받지 아니하거나 신고를 하여야 하는 경우에 신고를 하지 아니한 한 자가 제조·가공 또는 수입한 것 | | 영업정지 1월과 당해 음식물폐기 | 영업정지 2월과 당해 음식물폐기 | 영업정지 3월과 당해 음식물폐기 |
| 바. 수입이 금지되거나 수입신고하여야 하는 경우에 신고하지 아니하고 수입한 것 | | 영업정지 2월과 당해 음식물폐기 | 영업정지 3월과 당해 음식물폐기 | 영업허가취소 또는 영업소폐쇄와 당해음식물폐기 |
| 사. 안전성 평가를 받지 아니하거나 안전성 평가결과 식용으로 부적합하다고 인정된 것 | | 영업정지 1월과 당해 음식물폐기 | 영업정지 3월과 당해 음식물폐기 | 영업허가취소 또는 영업소폐쇄와 당해 음식물폐기 |
| 3. 법 제5조(병육등의 판매 등 금지)위반(축산물가공처리법등 타법령의 규정에 의한 검사를 받아 합격한 경우를 제외한다) | 법 제56조 및 법 제58조 | 영업허가취소 또는 영업소폐쇄와 당해제품폐기 | | |
| 4. 법 제6조(기준·규격이 고시되지 아니한 화학적 합성품등의 판매등 금지) 위반 | 법 제56조 및 법 제58조 | 영업허가취소 또는 영업소폐쇄와 당해음식물폐기 | | |
| 5. 법 제7조(기준과 규격) 위반 | 법 제55조, 법 제56조 및 법 제58조 | | | |
| 가. 식품등의 한시적 기준 및 규격을 정하지 아니한 화학적 합성품이 아닌 식품첨가물과 식품 및 식품첨가물에 사용되는 기구 또는 용기·포장 | | 영업정지 15일과 당해 음식물폐기 | 영업정지 1월과 당해 음식물폐기 | 영업정지 3월과 당해 음식물폐기 |
| 나. 비소·카드뮴·납·수은·중금속·메탄올 또는 시안화물의 기준을 위반한 것 | | 영업정지 1월과 당해 음식물폐기 | 영업정지 2월과 당해 음식물폐기 | 영업정지 3월과 당해 음식물폐기 |

| | | | | |
|---|---|---|---|---|
| 다. 바륨·포름알데히드·올소톨루엔·설폰아미드·방향족탄화수소·폴리옥시에틸렌 및 세레늄의 기준을 위반한 것 | | 영업정지 15일과 당해 음식물폐기 | 영업정지 1월과 당해 음식물폐기 | 영업정지 2월과 당해 음식물폐기 |
| 라. 방사능잠정허용기준을 위반한 것 | | 영업정지 1월과 당해 음식물폐기 | 영업정지 2월과 당해 음식물폐기 | 영업정지 3월과 당해 음식물폐기 |
| 마. 농약잔류허용기준을 초과한 농산물 또는 식육을 원료로 사용한 것(축산물가공처리법 등 타법령의 규정에 의하여 농약에 대한 검사를 받아 합격한 것을 사용한 경우를 제외한다) | | 영업정지 1월과 당해 음식물폐기 | 영업정지 3월과 당해 음식물폐기 | 영업허가취소 또는 영업소폐쇄와 당해음식물폐기 |
| 바. 아플라톡신잠정허용기준을 초과한 것을 원료로 사용한 것 | | 영업정지 1월과 당해 음식물폐기 및 원료폐기 | 영업정지 3월과 당해 음식물폐기 | 영업허가취소 또는 영업소폐쇄와 당해 음식물폐기 및 원료폐기 |
| 사. 마비성패독허용기준을 위반한 것 | | 영업정지 1월과 당해 음식물폐기 및 원료폐기 | 영업정지 3월과 당해 음식물폐기 및 원료폐기 | 영업허가취소 또는 영업소폐쇄와 당해음식물폐기 및 원료폐기 |
| 아. 항생물질등의 잔류허용기준(항생물질·합성항균제 또는 합성호르몬제)을 초과한 것을 원료로 사용한 것(축산물가공처리법등 타법령의 규정에 의한 검사를 받아 합격한 것을 원료로 사용한 경우를 제외한다) | | 영업정지 1월과 당해 음식물폐기 및 원료폐기 | 영업정지 3월과 당해 음식물폐기 및 원료폐기 | 영업허가취소 또는 영업소폐쇄와 당해 음식물폐기 및 원료폐기 |
| 자. 식중독균 검출 기준을 위반한 것 | | 영업정지 1월과 당해 음식물폐기 및 원료폐기 | 영업정지 3월과 당해 음식물폐기 및 원료폐기 | 영업허가취소 또는 영업소폐쇄와 당해음식물폐기 및 원료폐기 |
| 차. 산가·과산화물가·대장균·대장균군 또는 일반세균시험에서 부적합하다고 판정된 것 | | 영업정지 15일과 당해 음식물폐기 | 영업정지 1월과 당해 음식물폐기 | 영업정지 2월과 당해 음식물폐기 |

| | | | | |
|---|---|---|---|---|
| 카. 식품첨가물의 사용 및 허용기준을 위반한 것을 사용한 것 | | | | |
| (1) 허용외 식품첨가물을 사용한 것 또는 기준 및 규격이 정하여지지 아니한 첨가물을 사용한 것 | | 영업정지 1월과 당해 제품폐기 | 영업정지 2월과 당해 제품폐기 | 영업허가취소 또는 영업소폐쇄 |
| (2) 사용 또는 허용량 기준에 초과한 것으로서 | | | | |
| (가) 30퍼센트이상 초과한 것 | | 영업정지 15일과 당해 음식물폐기 | 영업정지 1월과 당해 음식물폐기 | 영업정지 2월과 당해 음식물폐기 |
| (나) 10퍼센트이상 30퍼센트 미만 초과한 것 | | 영업정지 7일과 당해 음식물폐기 | 영업정지 15일과 당해 음식물폐기 | 영업정지 1월과 당해 음식물폐기 |
| (다) 10퍼센트미만 초과한 것 | | 시정명령 | 영업정지 7일 | 영업정지 15일 |
| 타. 식품별 개별기준 및 규격에 의한 주원료 성분배합기준(함량기준)을 위반한 것(휴게음식점영업에 한한다) | | 영업정지 7일과 당해 음식물폐기 | 영업정지 15일과 당해 음식물폐기 | 영업정지 1월과 당해 음식물폐기 |
| 파. 이물등이 혼입된 것 | | 시정명령 | 영업정지 7일 | 영업정지 15일 |
| 하. 식품조사처리기준을 위반한 것을 사용한 것 | | 시정명령 | 영업정지 7일 | 영업정지 15일 |
| 거. 식품등의 기준 및 규격중 원료의 구비요건이나 제조·가공기준을 위반한 것(제2호 내지 제4호의 1에 해당하는 경우를 제외한다) | | 시정명령 | 영업정지 7일 | 영업정지 15일 |
| 너. 기타 가목 내지 거목 외의 사항이 위반된 것 | | 시정명령 | 영업정지 5일 | 영업정지 10일 |
| 6. 법 제8조(유독기구등의 판매·사용금지) 위반 | 법 제58조 | 시정명령 | 영업정지 15일 | 영업정지 1월 |
| 7. 법 제9조(기준과 규격) 위반 | 법 제55조 및 법 제58조 | 시정명령 | 영업정지 5일 | 영업정지 10일 |
| 8. 법 제10조 및 법 제11조 위반 | 법 제58조 | | | |
| 가. 식품·식품첨가물(수입품 포함)에 대한 표시사항의 위반으로서 | | | | |
| (1) 표시사항 전부를 표시하지 아니한 것을 사용한 때 | | 영업정지 1월과 당해제품폐기 | 영업정지 2월과 당해제품폐기 | 영업정지 3월과 당해제품폐기 |
| (2) 한글표시를 하여야 하는 수입식품·식품 첨가물에 | | 영업정지 1월 | 영업정지 2월 | 영업정지 3월 |

| | | | | |
|---|---|---|---|---|
| 한글표시를 하지 아니한 것을 사용한 때 | | | | |
| 나. 식품·식품첨가물의 제조연월일 또는 유통기한을 표시하지 아니한 것을 사용한 때(제조연월일 또는 유통기한 표시대상 식품등에 한함) | | 영업정지 7일과 당해제품폐기 | 영업정지 15일과 당해제품폐기 | 영업정지 1월과 당해제품폐기 |
| 다. 허위표시·과대광고와 관련한 사항으로서 | | | | |
| (1) 질병의 치료에 효능이 있다는 내용이나 의약품으로 혼동할 우려가 있는 내용의 표시나 광고를 한 때 | | 시정명령 | 영업정지 7일 | 영업정지 15일 |
| (2) 사행심을 조장하는 내용의 광고를 한 때 | | 시정명령 | 영업정지 5일 | 영업정지 10일 |
| 9. 법 제21조(시설기준) 및 법 제22조(영업의 허가 등) 위반 | 법 제55조, 법 제57조 및 법 제58조 | | | |
| 가. 변경허가를 받지 아니하거나 변경신고를 하지 아니하고 영업소를 이전한 때 | | 영업허가취소 또는 영업소폐쇄 | | |
| 나. 변경신고를 하지 아니한 경우로서 | | | | |
| (1) 영업시설의 전부를 철거한 때(시설없이 영업신고를 한 경우를 포함한다) | | 영업허가취소 또는 영업소폐쇄 | | |
| (2) 영업시설의 일부를 철거한 때 | | 시설개수 명령 | 영업정지 15일 | 영업정지 1월 |
| 다. 영업장의 면적을 변경하고 변경신고를 하지 아니한 때 | | 영업정지 7일 | 영업정지 15일 | 영업정지 1월 |
| 라. 삭제 | | | | |
| 마. 시설기준 위반사항으로 | | | | |
| (1) 유흥주점 외의 영업장에 무도장을 설치한 때 | | 시설개수 명령 | 영업정지 1월 | 영업정지 2월 |
| (2) 일반음식점의 객실안에 무대장치, 음향 및 반주시설, 특수조명시설을 설치한 때 | | 시설개수 명령 | 영업정지 1월 | 영업정지 2월 |
| (3) 음향 및 반주시설을 설치하는 영업자가 방음장치 | | 시설개수 명령 | 영업정지 15일 | 영업정지 1월 |

| | | | | |
|---|---|---|---|---|
| 를 하지 아니한 때 | | | | |
| 바. 법 제22조제3항의 규정에 의한 영업의 허가조건을 위반한 때 | | 영업정지 1월 | 영업정지 2월 | 영업정지 3월 |
| 사. 시설기준에 의한 냉장·냉동시설이 없는 때 또는 냉장·냉동시설을 가동하지 아니한 때 | | 영업정지 15일 | 영업정지 1월 | 영업정지 2월 |
| 아. 급수시설기준을 위반한 때(수질검사결과 부적합판정을 받은 경우를 포함한다) | | 시설개수 명령 | 영업정지 1월 | 영업정지 3월 |
| 자. 삭제 | | | | |
| 차. 기타 가목 내지 자목 외의 허가 또는 신고 사항을 위반한 경우로서 | | | | |
| (1) 시설기준에 위반된 때 | | 시설개수 명령 | 영업정지 15일 | 영업정지 1월 |
| (2) 기타 사항을 위반한 때 | | 시정명령 | 영업정지 7일 | 영업정지 15일 |
| 10. 법 제25조의 규정에 의한 영업의 승계신고를 하지 아니한 때 | 법 제55조 및 법 제58조 | 시정명령 | 영업정지 7일 | 영업정지 15일 |
| 11. 삭제 [2005.7.28] | | | | |
| 12. 삭제 [2005.7.28] | | | | |
| 13. 법 제30조(영업행위등 제한) 위반 | 법 제55조 및 법 제58조 | | | |
| 가. 영업시간제한을 위반하여 영업한 때 | | 영업정지 15일 | 영업정지 1월 | 영업정지 2월 |
| 나. 영업행위제한을 위반하여 영업한 때 | | 시정명령 | 영업정지 15일 | 영업정지 1월 |
| 14. 법 제31조제1항 위반 | 법 제55조 및 법 제58조 | | | |
| 가. 식품접객영업자의 준수사항(별표 13 제5호 자목·어목 및 별도의 개별처분기준이 있는 경우를 제외한다)의 위반으로서 | | | | |
| (1) 별표 13 제5호 타목(1) 위반 | | 영업정지 1월 | 영업정지 2월 | 영업허가취소 또는 영업소폐쇄 |
| (2) 별표 13 제5호 다목·타목(5) 또는 저목 위반 | | 영업정지 2월 | 영업정지 3월 | 영업허가취소 또는 영업소폐쇄 |
| (3) 별표 13 제5호 타목(2)·더목 또는 처목 위반 | | 영업정지 1월 | 영업정지 2월 | 영업허가취소 또는 영업소폐쇄 |
| (4) 별표 13 제5호 나목, 카목·타목(3)·(4), 너목 또는 커 | | 영업정지 15일 | 영업정지 1월 | 영업정지 3월 |

| | | | | |
|---|---|---|---|---|
| 목 위반 | | | | |
| (5) 별표 13 제5호 러목 위반 | | | | |
| (가) 수질검사를 검사기간내에 하지 아니 한 때 | | 영업정지 15일 | 영업정지 1월 | 영업정지 2월 |
| (나) 부적합판정된 물을 계속 사용한 때 | | 영업정지 1월 | 영업정지 3월 | 영업허가취소 또는 영업소폐쇄 |
| 나. 위탁급식영업자의 준수사항(별도의 개별처분기준이 있는 경우를 제외한다)의 위반으로서 | | | | 영업정지 2월 |
| (1) 별표 13 제6호 가목·다목·라목 또는 차목 위반 | | 영업정지 15일 | 영업정지 1월 | 영업정지 1월 |
| (2) 별표 13 제6호 아목 위반 | | 영업정지 7일 | 영업정지 15일 | 영업정지 3월 |
| (3) 별표 13 제6호 마목 위반 | | | | |
| (가) 수질검사를 검사기간내에 하지 아니한 때 | | 영업정지 15일 | 영업정지 1월 | 영업허가취소 또는 영업소폐쇄 |
| (나) 부적합판정된 물을 계속 사용한 때 | | 영업정지 1월 | 영업정지 3월 | 영업정지 15일 |
| (4) (1) 내지 (3)을 제외한 준수사항 위반 | | 시정명령 | 영업정지 7일 | |
| 15. 법 제31조(영업자등의 준수사항)제2항 위반사항 | 법 제58조 | | | |
| 가. 청소년을 유흥접객원으로 고용하여 유흥행위를 하게 하는 행위 | | 영업허가취소 또는 영업소폐쇄 | | |
| 나. 청소년유해업소에 청소년을 고용하는 행위 | | 영업정지 3월 | 영업허가취소 또는 영업소폐쇄 | |
| 다. 청소년유해업소에 청소년을 출입하게 하는 행위 | | 영업정지 1월 | 영업정지 2월 | 영업정지 3월 |
| 라. 청소년에게 주류를 제공하는 행위 | | 영업정지 2월 | 영업정지 3월 | 영업허가취소 또는 영업소폐쇄 |
| 16. 법 제34조(조리사) 또는 법 제35조(영양사)를 위반하여 조리사 또는 영양사를 두지 아니한 때 | 법 제55조 및 법 제58조 | 시정명령 | 영업정지 7일 | 영업정지 15일 |
| 17. 법 제40조의 규정에 의한 교육을 받지 아니한 조리사 또는 영양사를 종사시킨 때 | 법 제55조 및 법 제58조 | 시정명령 | 영업정지 5일 | 영업정지 10일 |
| 18. 영업정지처분기간중에 영업을 한 때 | 법 제58조 | 영업허가취소 또는 | | |

| 19. 기타 제2호 내지 제17호를 제외한 법 위반(별표13 제5호 자목·어목을 제외한다) | 법 제55조 및 법 제58조 | 영업소폐쇄 시정명령 | 영업정지 7일 | 영업정지 15일 |
|---|---|---|---|---|

4. 조리사 또는 영양사

| 위 반 사 항 | 근거법령 | 행 정 처 분 기 준 | | |
|---|---|---|---|---|
| | | 1차위반 | 2차위반 | 3차위반 |
| 1. 조리사 또는 영양사가 법 제38조제1호 내지 제3호의1에 해당하게 된 때 | 법 제63조 | 면허취소 | | |
| 2. 조리사 또는 영양사가 식중독 기타 위생상 중대한 사고를 발생하게 한 때 | 법 제63조 | 업무정지 1월 | 업무정지 2월 | 면허취소 |
| 3. 조리사 또는 영양사가 타인에게 면허를 대여하여 이를 사용하게 한 때 | 법 제63조 | 업무정지 2월 | 업무정지 3월 | 면허취소 |
| 4. 조리사 또는 영양사가 법 제40조의 규정에 의한 교육을 받지 아니한 때 | 법 제63조 | 업무정지 1월 | 업무정지 2월 | 업무정지 3월 |
| 5. 조리사 또는 영양사가 업무정지기간중에 조리사 또는 영양사의 업무를 한 때 | 법 제63조 | 면허취소 | | |
| 6. 조리사 또는 영양사가 기타 이법 또는 이법에 의한 명령에 위반한 때 | 법 제55조 및 제63조 | 시정명령 | 업무정지 15일 | 업무정지 1월 |

### Ⅲ. 과징금제외대상 [개정 2005.7.28]

1. 식품제조·가공업 등(유통전문판매업 및 식품 등 수입판매업을 제외한다)
  가. 제2호 각 목의 어느 하나에 해당하는 때
  나. 제5호 나목 내지 사목, 자목, 카목(1)· 카목(2)(가), 타목 또는 거목(1)·(2)에 해당하는 때
  다. 제8호 타목(1)에 해당하는 때
  라. 1차 위반행위가 영업정지 1월 이상에 해당하는 경우로서 2차 위반사항에 해당하는 때
  마. 3차 위반사항에 해당하는 때

바. 과징금을 체납 중인 때

2. 식품판매업 등
가. 제2호 가목·마목 또는 바목에 해당하는 때
나. 제5호 가목에 해당하는 때
다. 제8호 라목(1)에 해당하는 때
라. 1차 위반행위가 영업정지 1월 이상에 해당하는 경우로서 2차 위반사항에 해당하는 때
마. 3차 위반사항에 해당하는 때
바. 과징금을 체납 중인 때

3. 식품접객업
가. 제2호 가목·나목 또는 마목에 해당하는 때
나. 제9호 바목에 해당하는 때
다. 제14호 가목(1)중 별표 13 제5호 타목(1)에 해당하는 때
라. 제15호 나목·다목 및 라목에 해당하는 때
마. 3차 위반사항에 해당하는 때
바. 과징금을 체납 중인 때

**[별표 15의2] <신설 2005.7.28>**
**집단급식소의 설치 · 운영자의 준수사항(제58조의2관련)**

1. 물수건 · 숟가락 · 젓가락 · 식기 · 찬기 · 도마 · 칼 및 행주 기타 주방용구는 기구 등의 살균 · 소독제 또는 열탕의 방법으로 소독한 것을 사용하여야 한다.
2. 「축산물가공처리법」 제12조의 규정에 의하여 검사를 받지 아니한 축산물 또는 실험 등의 용도로 사용한 동물을 음식물의 조리에 사용하여서는 아니되며, 「야생동 · 식물보호법」에 위반하여 포획한 야생동물을 조리하여서는 아니 된다.
3. 유통기한이 경과된 원료 또는 완제품을 조리할 목적으로 보관하거나 이를 음식물의 조리에 사용하여서는 아니 된다.
4. 수돗물이 아닌 지하수 등을 먹는 물 또는 식품의 조리 · 세척 등에 사용하는 경우에는 「먹는 물 관리법」 제35조의 규정에 의한 먹는 물 수질검사기관에서 다음의 구분에 따라 검사를 받아 마시기에 적합하다고 인정된 물을 사용하여야 한다. 다만, 동일 건물에서 동일수원을 사용하는 경우에는 동일 건물내 하나의 업소에 대한 시험결과를 동일 건물 내 타 업소에 대한 시험결과로 갈음할 수 있다.

가. 일부항목 검사 : 1년마다(전 항목 검사를 하는 연도의 경우를 제외한다) 「먹는 물 수질 기준 및 검사 등에 관한 규칙」 제4조의 규정에 의한 간이상수도의 검사기준에 따른 검사 (잔류염소에 관한 검사를 제외한다). 다만, 시・도지사가 오염의 염려가 있다고 판단하여 지정한 지역에서는 「먹는 물 수질기준 및 검사 등에 관한 규칙」 제2조의 규정에 의한 먹는 물의 수질기준에 따른 검사를 하여야 한다.

나. 전 항목 검사 : 3년마다 「먹는 물 수질기준 및 검사 등에 관한 규칙」 제2조의 규정에 의한 먹는 물의 수질기준에 따른 검사

5. 동물의 내장을 조리한 경우에는 이에 사용한 기계・기구류 등을 세척하고 살균하여야 한다.

6. 제12조 제3항의 규정에 의한 출입・검사 등 기록부는 최종 기재일 부터 2년간 보관여야 한다.

7. 법 제13조 제2항의 규정에 의하여 위해평가가 완료되기 전까지 일시적으로 채취・제조・수입・가공・사용・조리・저장・운반 또는 진열이 금지된 식품 등에 대하여는 사용・조리를 하여서는 아니 된다.

8. 행정처분 기준에 따라 시정명령・폐기처분・시설개수명령 등 사후조치가 필요한 행정처분을 받은 집단급식소의 설치・운영자는 그 명령에 따른 사후조치를 이행하고 그 이행결과를 지체 없이 처분청에 보고하여야 한다.

**[별표 제15의3] <신설 2005.7.28>**

**집단급식소의 시설기준(제58조의3관련)**

1. 조리장

가. 조리장은 음식물을 먹는 객석에서 그 내부를 볼 수 있는 구조로 되어 있어야 한다. 다만, 병원·학교 등의 경우에는 그러하지 아니하다.

나. 조리장 바닥에 배수구가 있는 경우에는 덮개를 설치하여야 한다.

다. 조리장 안에는 취급하는 음식을 위생적으로 조리하기 위하여 필요한 조리시설・세척시설・폐기물용기 및 손 씻는 시설을 각각 설치하여야 하고, 폐기물용기는 오물・악취 등이 누출되지 아니 하도록 뚜껑이 있고 내수성 재질로 된 것이어야 한다.

라. 조리장에는 주방용 식기류를 소독하기 위한 자외선 또는 전기 살균소독기를 설치하거나 열탕 세척 소독시설(식중독을 일으키는 병원성 미생물 등이 살균될 수 있는 시설이어야 한다. 이하 같다)을 갖추어야 한다.

마. 충분한 환기를 시킬 수 있는 시설을 갖추어야 한다. 다만, 자연적으로 통풍이

가능한 구조의 경우에는 그러하지 아니하다.

바. 식품 등의 기준 및 규격 중 식품별 보존 및 보관기준에 적합한 온도가 유지될 수 있는 냉장시설 또는 냉동시설을 갖추어야 한다.

사. 식품과 직접 접촉하는 부분은 위생적인 내수성 재질 [스테인레스 · 알루미늄 · 에프알피(FRP) · 테프론 등 물을 흡수하지 아니하는 것을 말한다. 이하 같다]로서 씻기 쉬우며, 열탕 · 증기 · 살균제 등으로 소독 · 살균이 가능한 것이어야 한다.

아. 냉동 · 냉장시설 및 가열처리시설에는 온도계 또는 온도를 측정할 수 있는 계기를 설치하여야 하며, 적정온도가 유지 되도록 관리하여야 한다.

자. 조리장에는 쥐·해충 등을 막을 수 있는 시설을 갖추어야 한다.

2. 급수시설

가. 수돗물이나 「먹는 물 관리법」 제5조의 규정에 의한 먹는 물의 수질기준에 적합한 지하수 등을 공급할 수 있는 시설을 갖추어야 한다.

나. 지하수를 사용하는 경우 취수원은 화장실 · 폐기물처리시설 · 동물사육장 그 밖에 지하수가 오염될 우려가 있는 장소로부터 영향을 받지 아니 하는 곳에 위치하여야 한다.

3. 창고 등 보관시설

가. 식품 등을 위생적으로 보관할 수 있는 창고를 갖추어야 한다.

나. 창고에는 식품 등을 법 제7조 제1항의 규정에 의한 식품 등의 기준 및 규격에서 정하고 있는 보존 및 보관기준에 적합한 온도에서 보관할 수 있도록 냉장 · 냉동시설을 갖추어야 한다.

4. 화장실

가. 화장실은 조리장에 영향을 미치지 아니하는 장소에 설치하여야 한다. 다만, 집단급식소가 위치한 건축물 안에 나목 내지 라목의 기준을 갖춘 공동화장실이 설치되어 있거나 인근에 사용하기 편리한 화장실이 있는 경우에는 따로 화장실을 설치하지 아니할 수 있다.

나. 화장실은 정화조를 갖춘 수세식 화장실을 설치하여야 한다. 다만, 상 · 하수도가 설치 되지 아니한 지역에서는 수세식이 아닌 화장실을 설치할 수 있다. 이 경우 변기의 뚜껑과 환기시설을 갖추어야 한다.

다. 화장실은 콘크리트 등으로 내수처리를 하여야 하고, 바닥과 내벽(바닥으로부터 1.5미터 까지)에는 타일을 붙이거나 방수 페인트로 색칠하여야 한다.

라. 화장실에는 손을 씻는 시설을 갖추어야 한다.

5. 소방시설 설치유지 및 안전관리에 관한 법령이 정하는 소방·방화시설을 갖추어야한다.

**[별표 16] <개정 2000.8.8, 2003.8.18, 2003.12.27, 2005.7.28>**

수수료(제59조 관련)

1. 영업허가 및 신고 등 [개정 2005.7.28]
  ○ 신규 : 28,000원
  ○ 변경 : 9,300원(소재지 변경은 26,500원)
  ○ 조건부영업허가 : 28,000원
  ○ 집단급식소 설치·운영신고 : 33,800원
  ○ 허가증(신고증) 재교부 : 5,300원
  ○ 영업자지위승계신고 : 9,300원

1의2. 지정 등 신청
  ○ 유전자재조합식품안전성 평가 신청 : 3,000,000원
  ○ 수입식품 등 사전확인등록 신청 : 28,000원(국외여비는 별도)
  ※ 국외 여비는 공무원국외여비기준에 따라 별도 징구
  ○ 식품위생검사기관지정 신청 : 100,000원
  ○ 위해요소 중점관리 기준적용업소지정 :
   - 신청 : 200,000원
   - 변경(소재지, 중요관리점) : 100,000원

2. 조리사면허
  ○ 신규 : 5,500원
  ○ 면허증 재교부 : 3,000원
  ○ 조리사면허증기재사항변경신청 : 890원

3. 식품 등의 수입신고 [개정 2003.8.18]
  가. 수입물품별 수수료

| 수입신고 물품 | 수 수 료 |
|---|---|
| 식 품<br>식품 첨가물<br>기구·용기·포장 | 20,000원<br>20,000원<br>20,000원 |

나. 검사수수료 : 「식품의약품안전청 및 질병관리본부 시험의뢰규칙」에서 정하는 시험 수수료액 표에 의한다.

다. 수수료의 면제

(1) 신고수수료 면제

다음에 해당되는 수입식품 등에 대하여는 수수료를 면제한다.

(가) 「대외무역법 시행령」 제34조의 규정에 의하여 외화획득용으로 수입하는 식품등. 다만, 동령 제34조 제1항 제3호의 규정에 따라 관광용으로 수입하는 식품 등을 제외한다.

(나) 연구·조사에 사용하는 식품 등

(다) 세관장이 공매절차 진행과정 중 검사의뢰 하는 수입식품 등

(라) 삭제 [2003.8.18]

(2) 검사수수료 면제

(가) 별표 6 제2호 다목(2) 및 (6)에 해당하는 식품 등

(나) 별표 6 제2호 라목에 해당하는 식품 등

## 5.5. 체육시설의 설치 · 이용에 관한 법률

### 제1장 총칙

제1조 (목적) 이 법은 체육시설의 설치·이용을 장려하고 체육시설업을 건전하게 발전시켜 국민의 건강증진과 여가선용에 이바지함을 목적으로 한다.

제2조 (정의) 이 법에서 사용하는 용어의 정의는 다음과 같다. [개정 2006.3.24] [시행일 2006.9.25]

1. **"체육시설"**이라 함은 체육활동에 지속적으로 이용되는 시설과 그 부대시설을 말한다.
2. **"체육 시설업"**이라 함은 영리를 목적으로 체육시설을 설치·경영하는 업을 말한다.
3. **"체육시설업자"**라 함은 제21조 제1항·제2항 또는 제22조의 규정에 의하여 체육시설업을 등록 또는 신고한 자를 말한다.
4. **"회원"**이라 함은 체육시설업의 시설을 일반 이용자보다 우선적으로 이용하거나

유리한 조건으로 이용하기로 체육시설업자(제12조의 규정에 의한 사업계획승인을 얻은 자를 포함한다)와 약정한 자를 말한다.

5. **"일반이용자"**라 함은 1년 미만의 일정기간을 정하여 체육시설의 이용료를 지불하고 그 시설을 이용하기로 체육시설업자와 약정한 자를 말한다.

제3조 (체육시설의 종류)

제4조 (국가와 지방자치단체의 의무)

## 제2장 공공체육시설

제5조 (전문체육시설) ① ②

제6조 (생활체육시설) ① ② [신설 2005.7.29] [시행일 2005.10. 30]

제7조 (직장체육시설)

제8조 (체육시설의 개방 및 이용) ① [개정 99·1·18] ② [개정 99·1·18]

제9조 (체육시설의 위탁운영)

## 제3장 체육 시설업

제10조 (체육시설업의 구분·종류)

① [개정 99·1·18, 99·3·31, 2005.7.29, 2006.3.24] [시행일 2006.9.25]

1. 등록 체육시설업 : 골프장업·스키장업·자동차경주장업
2. 신고 체육시설업 : 요트장업·조정장업·카누장업·빙상장업·승마장업·종합체육시설업·수영장업·체육도장업·골프연습장업·체력단련장업·당구장업·썰매장업·무도학원업·무도장업 ②

제11조 (시설기준 등)

① [개정 99·1·18]

② [개정 99·1·18]

제12조 (사업계획의 승인) [개정 97·12·13 법5454, 99·1·18]

제13조 (사업계획 승인의 제한) ① [개정 99·1·18] ② [개정 99·1·18]

제14조 (대중 골프장의 병설)

제15조 (대중 골프장 조성비의 관리 및 사용) ① ②

제16조 (등록 체육시설업의 시설설치 기간) [개정 99·1·18]

제16조 (등록 체육시설업의 시설설치 기간)

① [개정 99·1·18, 2006.3.24] [시행일 2006. 9.25]
② [신설 2006.3.24] [시행일 2006.9.25]

제17조 및 제18조 삭제 [99·1·18]
제19조 (회원모집) ① [개정 99·1·18] ② 삭제 [99·1·18] ③

제19조 (회원모집)
① [개정 99·1·18] ② [신설 2006.3.24] [시행일 2006.9.25] ③ [개정 2006.3.24] [시행일 2006.9.25]

제20조 (회원의 보호) [개정 99·1·18]
제21조 (체육시설업의 등록)
① [개정99·1·18] ② [개정 99·1·18] ③ 삭제 [99·1·18]

제22조 (체육시설업의 신고) [개정 99·1·18]
제23조 (체육시설의 이용질서)
① 삭제 [99·1·18] ② ③ 삭제 [99·1·18]

제23조의2 (체육시설업자의 준수사항) [본조신설 2006.3.24] [시행일 2006.9.25]
제24조 및 제25조 삭제 [99·1·18]

제26조 (체육지도자의 배치)
① [개정 99·1·18]
② [개정 99·1·18]

제27조 (안전·위생기준) [개정 99·1·18]
제27조 (안전·위생기준)
① [개정 99·1·18, 2006.3.24] [시행일 2006.9.25]
② [신설 2006.3.24] [시행일 2006.9.25]
③ [신설 2006.3.24] [시행일 2006.9.25]

제28조 (농약사용 및 검사) [개정 99·1·18, 2005.7.29] [시행일 2005.10.30]
제29조 (보험가입) [개정 99·1·18]

제30조 (체육시설업 등의 승계)

① ② [개정 2003.05.29, 2005.3.31 법률 제7428호, [시행일 2006.4.1]

③ [개정 99·1·18, 2003.05.29.] [시행일 2003.08.30.]

④ 삭제 [99·1·18]

제31조 (다른 법률과의 관계)

① [개정 97·12·13 법5454, 99·2·8 법5893·법5914, 2002.12.30. 법률 제6841호, 2005.7.29] [시행일 2005.10.30]

② ③

제31조 (다른 법률과의 관계)

① [개정 97·12·13 법5454, 99·2·8 법5893·법5914, 2002.12.30. 법률 제6841호, 2005.8.4 제7678호(산림자원의 조성 및 관리에 관한 법률)] [시행일 2006.8.5]

② ③

제31조 (다른 법률과의 관계)

① [개정 97·12·13 법5454, 99·2·8 법5893·법5914, 2002.12.30. 법률 제6841호, 2005.8.4 제7678호(「산림자원의 조성 및 관리에 관한 법률」), 2006.3.24] [시행일 2006.9.25]

② ③

제31조의2 (휴업 또는 폐업의 통보 등)

① ② [본조신설 2006.3.24] [시행일 2006.9.25]

제31조의3 (시정명령) [본조신설 2006.3.24] [시행일 2006.9.25]

제32조 및 제33조 삭제 [99·1·18]

제34조 (사업계획 승인의 취소 등)

① ②및 ③ 삭제 [99·1·18]

제34조 (사업계획 승인의 취소 등)

① [개정 2006.3.24][시행일 2006.9.25] ② 및 ③삭제 [99·1·18]

제35조 (등록취소 등)

① [개정 99·1·18] ② [개정 99·1·18] ③ [개정 99·1·18]

제35조 (등록취소 등)

① [개정 99·1·18] ② [개정 99·1·18, 2006.3.24] [시행일 2006.9.25] ③ [개정 99·1·18]

제36조 (청문) [개정 99·1·18]

제37조 (체육시설업협회) ① ② ③ ④ [개정 2005.7.29] [시행일 2005.10.30]

## 제4장 보칙

제38조 (보조) ① ② [개정 99·1·18]

제39조 삭제 [99·1·18]

제40조 (시책수립에 필요한 사항 등의 보고) [개정 99·1·18]

제41조 (수수료) [개정 99·1·18]

## 제5장 벌칙

제42조 (벌칙) ① ② [개정 99·1·18] ③ 삭제 [99·1·18] ④

제42조 (벌칙)

① ② [개정 99·1·18, 2006.3.24] [시행일 2006.9.25] ③ 삭제 [99·1·18] ④

제43조 (양벌규정)

제44조 (과태료)

① [개정 99·1·18] ② [개정 99·1·18] ③ [개정 99·1·18] ④ [개정 99·1·18, 2005.7.29] [시행일 2005.10.30] ⑤

## 부칙

제1조 (시행일) 이 법은 공포 후 30일이 경과한 날부터 시행한다.

제2조 (대중골프장 병설에 관한 경과조치 및 적용시한) [개정 99·1·18]

제3조 (체육시설업의 명칭변경에 따른 경과조치) ① ②

제6조 (회원모집에 관한 경과조치)

제7조 (행정처분 등에 관한 경과조치)

제8조 (다른 법률의 개정) ① ② ③

### 부칙

1. 부칙 [97 · 12 · 13 법5453]

제1조 (시행일) 이 법은 1998년 1월 1일부터 시행한다. [단서 생략]

제2조 생략

2. 부칙 [2006.3.24 제7913호]

제1조 (시행일) 이 법은 공포 후 6개월이 경과한 날부터 시행한다.

제2조 (등록 체육시설업의 시설설치 기간에 관한 적용례)

제3조 (회원모집에 관한 경과조치)

제4조 (처분 등에 관한 경과조치)

제5조 (벌칙에 관한 경과조치)

제6조 (다른 법률과의 관계)

### 5.5.1. 체육시설의 설치 · 이용에 관한 법률 시행규칙

### 제1장 총칙

제1조 (목적) 이 규칙은 「체육시설의 설치·이용에 관한 법률」 및 동법 시행령에서 위임된 사항과 그 시행에 관하여 필요한 사항을 규정함을 목적으로 한다. [개정 2005.9.15]

### 제2장 공공체육시설

제2조 (전문 체육시설의 설치기준) [개정 2005.9.15]

제3조 (생활 체육시설의 설치기준)

제4조 (직장 체육시설의 설치기준)

① [개정 96·5·30, 2000·3·28, 2005.9.15] ② [개정 2000·3·28] ③

제5조 (체육시설의 개방 및 이용)

① [개정 2005.9.15] ② 삭제 [2000·3·28]

### 제3장 체육시설업

제6조 (체육 도장업의 운동종목) [개정 96·5·30, 2000·3·28]

제7조 (대중 골프장업의 세분)

제8조 (시설기준)

제9조 삭제 [96·5·30]

제10조 (사업계획 승인신청서 등)
① ② [개정 2000·3·28, 2005.9.15] ③

제11조 (경미한 사항의 변경)
① [개정 96·5·30, 2000·3·28] ② 및 ③ 삭제 [2000·3·28]

제12조 삭제 [2000·3·28]
제13조 (대중 골프장의 병설기한 연기)
제14조 (대중 골프장조성비의 예치방법)
① [개정 2000·3·28] ② [개정 2000·3·28] ③ ④ [개정 2000·3·28]

제15조 (대중 골프장조성비의 사용방법 등)
① [개정 2000·3·28] ② [개정 96·5·30] ③ [개정 96·5·30, 2000·3·28]

제16조 (착공계획서 등)
① 및 ② 삭제 [2000·3·28] ③ ④ [개정 96·5·30, 2000·3·28]

제17조 삭제 [2000·3·28]
제17조의2 (공개모집방법)
① [개정 2000·3·28] ② ③ [신설 2000·3·28] [본조신설 96·5· 30]

제18조 삭제 [2000·3·28]
제19조 (회원모집 계획서) [개정 96·5·30]
제20조 삭제 [2000·3·28]
제21조 (회원증의 확인·발급) [개정 96·5·30, 2000·3·28]
제22조 (경미한 등록사항) [개정 2000·3·28]
제23조 (등록신청서 등) ① ② [개정 96·5·30, 2000·3·28, 2005.9.15] ③
제24조 (조건부 등록) ① [개정 2000·3·28] ② [개정 2000·3·28]
제25조 (체육시설업의 신고 등) ① [개정 2000·3·28] ② [개정 2000·3·28] ③
제26조 및 제27조 삭제 [2000·3·28]
제28조 (체육지도자의 배치기준) ① ② [개정 96·5·30, 2005.9.15]
제29조 (안전·위생기준)
제30조 (농약사용 및 검사방법) [개정 96·5·30, 2000·3·28]

제31조 (보험가입) ① ② [개정 2000·3·28] ③ [개정 2000·3·28]

제32조 및 제33조 삭제 [2000·3·28]

제34조 (행정처분의 세부기준) ① [개정 2000·3·28] ② [개정 2000·3·28]

제35조 삭제 [2000·3·28]

## 제4장 보칙

제36조 삭제 [2000·3·28]

제37조 (보고사항) ① [개정 96·5·30, 2000·3·28] ② [신설 2000·3·28]

제38조 (수수료) [개정 96·5·30, 2000·3·28]

제39조 (소규모업종) [개정 2000·3·28]

제40조 (과태료의 징수절차) [개정 2005.9.15]

부칙 [2006.3.31 제133호] 이 규칙은 공포한 날부터 시행한다.

**[별표 1] <개정 1996.5.30>**

**전문체육시설의 설치기준(제2조관련)**

1. 특별시·광역시 및 도

| 시설종류 | 설치기준 |
|---|---|
| 종합운동장 | 대한육상경기연맹의 시설관계 공인규정에 의한 1종 공인경기장 |
| 체육관 | 바닥면적이 1,056제곱 미터(길이 44미터, 폭 24미터) 이상이고, 바닥에서 천정까지의 높이가 12.5미터 이상의 관람석을 갖춘 체육관 |
| 수영장 | 대한수영연맹의 시설관계 공인규정에 의한 1급 공인수영장 |
| 기타 전국규모의 종합경기대회 개최종목시설 | 해당 종목별 경기단체의 시설규정에 의한 시설 |

2. 시·군

| 시설종류 | 설치기준 | | | | |
|---|---|---|---|---|---|
| | 구 분 | | ① 혼합형 | ② 소도시형 | ③ 중도시형 |
| | 적용 기준 | | 군지역 또는 인구 10만 미만의 시 | 인구 10~15만의 시 | 인구 15만 이상의 시 |
| 운동장 | 경기장 규격 | | 공인 제2종 | 공인 제2종 | 공인 제2종 |
| | 관 람 석 수 | | 5,000석 | 10,000석 | 15,000석 |
| | 경기장 면적 | | 20,640㎡(6,244평) | 20,640㎡(6,244평) | 20,640㎡(6,244평) |
| | 스탠드 면 적 (㎡) | 계 | 1,822 | 3,526 | 6,178 |
| | | 일 반 | 273 | 455 | 455 |
| | | 본부석 | 4개소 | 8개소 | 14개소 |
| 체육관 | 경기장 규격 | | 폭 길이 높이 24m×46m×12.4m | 폭 길이 높이 24m×46m×12.8m | 폭 길이 높이 24m×46m×13.5m |
| | 부 지 면 적 | | 6,109㎡(1,848평) | 7,124㎡(2,155평) | 8,236㎡(2,491평) |
| | 건 축 면 적 | | 1,864㎡(564평) | 2,196㎡(664평) | 2,472㎡(748평) |
| | 연면적 (㎡) | 계 | 2,541㎡(769평) | 3,011㎡(911평) | 3,743㎡(1,132평) |
| | | 지하층 | 367 | 393 | 467 |
| | | 1 층 | 1,811 | 1,926 | 2,213 |
| | | 2 층 | 363 | 692 | 1,063 |
| | 관 람 석 수 | | 500석 | 1,000석 | 1,420석 |
| 수영장 | 경기장 규격 | | 3급공인 | 3급공인 | 2급공인 |
| | 수영조 규 격 | 길 이 | 50m 또는 25m | 50m 또는 25m | 50m |
| | | 폭 | 21 ~ 25m | 21 ~ 25m | 21 ~ 25m |
| | | 레인수 | 8 ~ 10레인 | 8 ~ 10레인 | 8 ~ 10레인 |
| | 관 중 석 수 | | - | - | 300석 |
| 기타시설 | 해당 종목별 경기단체의 시설규정에 의한 시설 | | | | |

비고 : 위 설치기준은 해당 시·군의 인구·지형·교통 등 지역여건을 참작하여 이를 조정할 수 있음

**[별표 2]**

**생활체육시설의 설치기준(제3조관련)**

1. 시 · 군 · 구

체육관, 수영장, 볼링장, 체력 단련장, 테니스장, 에어로빅장, 탁구장, 골프연습장, 게이트볼장 등의 실내·외 체육시설중 지역주민의 선호도·입지여건 등을 고려하여 설치

2. 읍 · 면 · 동

테니스장, 배드민턴장, 운동장, 골프연습장, 게이트볼장, 롤러스케이트장, 체력단련장 등의 실외체육시설중 지역주민의 선호도·입지여건 등을 고려하여 설치

[별표 3]

**직장체육시설의 설치기준(제4조제3항관련)**

| 구 분 | 설 치 기 준 |
|---|---|
| 500인 이상의 직장 | 영 별표 1의 체육시설중 2종 이상의 체육시설 |

**[별표 4] <개정 2000.3.28, 2006.2.1, 2006.4.3>**

**체육시설업의 시설기준(제8조관련)**

1. 공통기준

| 구 분 | 시 설 기 준 |
|---|---|
| (1) 필수시설<br>① 운동시설 | ○ 수용인원에 적정한 주차장(등록체육시설업에 한한다) 및 화장실을 갖추어야 한다. 다만, 당해 체육시설이 다른 시설물과 동일부지에 위치하거나 복합건물내에 위치한 경우로서 그 다른 시설물과 공동 사용하는 주차장 및 화장실이 있는 때에는 별도로 갖추지 아니할 수 있다.<br>○ 수용인원에 적정한 탈의실·샤워실 및 급수시설을 갖추어야 한다. 다만, 신고체육시설업(수영장업을 제외 한다)과 빙상장업 및 자동차 경주장업에는 탈의실·샤워실을 대신하여 세면실을 설치할 수 있다. |
| ② 안전시설 | ○ 체육시설(무도학원업 및 무도장업을 제외한다)내의 조도는 산업표준화법에 의한 조도 기준에 적합하여야 한다.<br>○ 상병자의 구호를 위한 응급실 및 구급약품을 갖추어야 한다. 다만, 신고체육시설업(수영장업을 제외한다)과 골프장업에는 응급실을 갖추지 아니할 수 있다. |
| ③ 관리시설 | ○ 적정한 환기시설을 갖추어야 한다.<br>○ 등록 체육시설업에는 매표소·사무실·휴게실 등 해당 체육시설의 유지·관리에 필요한 시설을 설치하여야 한다. 다만, 관리시설을 복합용도의 시설물내 다른 시설물과 공동으로 사용하는 경우에는 이를 별도로 갖추지 아니할 수 있다. |
| (2) 임의시설<br>① 편의시설 | ○ 관람석을 설치할 수 있다.<br>○ 체육용품의 판매·수선 또는 대여점을 설치할 수 있다.<br>○ 관계법령의 규정에 따라 식당·목욕시설·매점등 편의시설을 설치할 수 있다(무도학원업 및 무도장업을 제외한다). |
| ② 운동시설 | ○ 등록 체육시설업에는 그 체육시설의 이용에 지장이 없는 범위안에서 해당 체육시설외에 다른 종류의 체육시설을 설치할 수 있다.<br>○ 하나의 체육시설을 계절 또는 시간에 따라 체육종목을 달리하여 운영하는 경우에는 각각 해당 체육시설업의 시설 기준에 적합하여야 한다. |

2. 체육시설업의 종류별 기준

가. 골프장업

| 구　　분 | 시　　설　　기　　준 |
|---|---|
| (1) 필수시설 | |
| ① 운동시설 | ○ 회원제 골프장업은 3홀 이상, 정규 대중골프장업은 18홀 이상, 일반 대중골프장업은 9홀 이상 18홀 미만, 간이 골프장업은 3홀 이상 9홀 미만의 골프코스를 갖추어야 한다.<br>○ 삭제 [2006.2.1]<br>○ 각 골프코스의 사이중 이용자의 안전사고 위험이 있는 곳은 20미터 이상의 간격을 두어야 한다. 다만, 지형상 일부분이 20미터 이상의 간격을 두기가 극히 곤란한 경우에는 안전망을 설치할 수 있다.<br>○ 각 골프코스에는 티그라운드·훼어웨이·그린·라프·장애물·홀컵등 경기에 필요한 시설을 갖추어야 한다.<br>○ 골프용구 운반기구를 갖추고 그 운행이 가능하도록 하여야 한다. |
| ② 관리시설 | ○ 골프코스주변·라프지역·절토지 및 성토지의 법면 등에 조경을 하여야 한다. |
| ③ 삭제 <2000.3.28> | |

나. 스키장업

| 구　　분 | 시　　설　　기　　준 |
|---|---|
| (1) 필수시설 | |
| ① 운동시설 | ○ 슬로프는 길이 300미터 이상, 폭 30미터 이상이어야 한다<br>(지형적 여건으로 부득이한 경우를 제외한다).<br>○ 평균경사도가 7도 이하인 초보자용 슬로프를 1면 이상 설치하여야 한다.<br>○ 슬로프이용에 필요한 리프트를 설치하여야 한다. |
| ② 안전시설 | ○ 슬로프이용에 필요한 리프트를 설치하여야 한다.<br>○ 슬로프내 이용자의 안전사고위험이 있는 곳에는 안전시설(안전망·안전매트등)을 설치하여야 한다.<br>○ 구급차와 긴급구조에 사용할 수 있는 설상차를 각 1대 이상 갖추어야 한다.<br>○ 정전시 이용자의 안전관리에 필요한 전력 공급장치를 갖추어야 한다. |
| ③ 관리시설 | ○ 절토지 및 성토지의 법면에 조경을 하여야 한다. |

다. 요트장업

| 구　　분 | 시　　설　　기　　준 |
|---|---|
| (1) 필수시설 | |
| ① 운동시설 | ○ 5척 이상의 요트를 갖추어야 한다.<br>○ 요트를 안전하게 보관할 수 있는 계류장 또는 요트보관소를 갖추어야 한다. |
| ② 안전시설 | ○ 긴급 해난구조용 선박 1척 이상 및 요트장을 조망할 수 있는 감시탑을 갖추어야 한다.<br>○ 요트내에는 승선인원수에 적정한 구명대를 비치하여야 한다. |

라. 조정장업 및 카누장업

| 구 분 | 시 설 기 준 |
|---|---|
| (1) 필수시설 | |
| ① 운동시설 | ○ 10척 이상의 조정(카누)을 갖추어야 한다.<br>○ 수면은 폭 50미터 이상 길이 200미터 이상이어야 하고, 수심은 3미터 이상이어야 하며, 유속은 시간당 5킬로미터 이하이어야 한다. |
| ② 안전시설 | ○ 조정(카누)장의 수용능력에 적정한 구명대 및 1척 이상의 구조용선박(모터보트)과 조정(카누)장 전체를 조망할 수 있는 감시탑을 갖추어야 한다. |

마. 빙상장업

| 구 분 | 시 설 기 준 |
|---|---|
| (1) 필수시설 | |
| ① 운동시설 | ○ 빙판면적은 900제곱미터 이상이어야 한다. |
| ② 안전시설 | ○ 빙판외곽에 높이 1미터 이상의 울타리를 견고하게 설치하여야 한다.<br>○ 유해냉각매체를 사용하지 않는 제빙시설을 설치하여야 한다. |

바. 자동차경주장업

(1) 2륜자동차경주장업

| 구 분 | 시 설 기 준 |
|---|---|
| (1) 필수시설 | |
| ① 운동시설 | ○ 트랙은 길이 400미터 이상, 폭 5미터 이상이어야 한다.<br>○ 트랙의 바닥면은 포장한 곳과 포장하지 아니한 곳이 있어야 한다. |
| ② 안전시설 | ○ 트랙의 양편에는 폭 3미터 이상의 안전지대를 설치하여야 한다.<br>○ 경주장 전체를 조망할 수 있는 통제소를 설치하여야 한다. |
| ③ 관리시설 | ○ 2륜 자동차를 수리할 수 있는 시설을 갖추어야 한다. |

(2) 4륜자동차경주장업

| 구 분 | 시 설 기 준 |
|---|---|
| (1) 필수시설 | |
| ① 운동시설 | ○ 트랙은 길이 2킬로미터 이상으로서 출발지점과 도착지점이 연결되는 순환형태이어야 하고, 트랙의 폭은 11미터 이상 15미터 이하이어야 하며, 출발지점에서 첫번째 곡선부분 시작지점까지는 250미터 이상의 직선구간이어야 한다.<br>○ 트랙에는 전 구간에 걸쳐 차량의 제동거리를 감안하여 적정한 시계(경주중인 선수가 진행방향으로 장애물 없이 트랙이 보이는 거리)가 확보되어야 한다.<br>○ 트랙의 바닥면은 포장 또는 비포장이어야 한다.<br>○ 트랙의 종단구배(차량진행방향으로의 경사를 말한다)는 오르막 20% 이하, 내리막 10% 이하이어야 한다.<br>○ 트랙의 횡단구배(차량진행방향 좌우의 경사를 말한다)는 직선구간은 1.5% 이상 3% 이하, 곡선구간은 10% 이하 이어야 한다.<br>○ 트랙의 양편 가장자리는 폭 15센티미터의 백색선으로 표시하여야 한다. |
| ② 안전시설 | ○ 출발지점을 제외한 트랙의 직선부분은 트랙의 좌우백색선 바깥쪽으로 3미터 이상 5미터 이하의 안전지대를 두어야 하며, 트랙의 곡선부분은 다음의 공식에 의한 폭의 안전지대를 두어야 한다. 다만, 안전지대의 바닥에 깊이 25㎝ 이상으로 자갈을 까는 경우 안전지대의 폭은 트랙의 직선부분으로 2미터 이상, 곡선부분은 위의 공식에 의하여 산출된 폭의 2분의1 이상으로 할 수 있다.<br>안전지대의 폭(미터) = $(속도)^2 / 300$<br>※ 속도는 시간당 킬로미터임<br>○ 트랙양편의 안전지대 바깥쪽 경계선에는 경주 중인 차량이 트랙을 이탈하는 경우 안전지대 바깥쪽으로 벗어나지 아니하고 정지할 수 있는 정도의 수직보호벽(높이 69센티미터 이상이어야 한다)을 가드레일(2단 이상) 또는 콘크리트벽으로 설치하여야 한다.<br>○ 관람객 및 다른 시설물 등을 경주 중인 차량의 사고로부터 보호하고 경주장 외부로부터의 무단접근을 방지할 수 있게 수직보호벽 바깥쪽에 3미터 내외의 간격을 두고 높이 1.8미터 이상의 견고한 철망·울타리 등을 설치하여야 한다.<br>○ 경주의 안전한 진행에 필요한 종합통제소·검차장·표지판 및 신호기등을 갖추어야 한다.<br>○ 감시탑은 트랙의 전체를 조망할 수 있고 경주중인 차량이 잘 보이는 곳으로서 트랙의 여러곳에 설치하되, 각 감시탑과의 간격은 직선거리 500미터 이하이어야 하고, 감시탑간에는 육안으로 연락이 가능하여야 한다.<br>○ 견인차·구급차·소화기탑재차 및 트랙의 이상유무를 확인할 수 있는 통제차를 각 1대 이상 배치하여야 한다.<br>○ 긴급사고 발생시 견인차·구급차·소화기탑재차 등이 트랙에 쉽게 접근할 수 있도록 비상도로를 설치하여야 한다. |

사. 승마장업

| 구 분 | 시 설 기 준 |
|---|---|
| (1) 필수시설<br>① 운동시설 | ○ 실외마장의 경우에는 3,000제곱미터 이상의 면적에 높이 0.8미터 이상의 목책을 설치하여야 하고, 실내마장의 경우에는 1,500제곱미터 이상의 면적이어야 한다.<br>○ 10두 이상의 승마용 마필을 배치하고, 마필의 관리에 필요한 마사를 설치하여야 한다. |

아. 종합체육시설

| 구 분 | 시 설 기 준 |
|---|---|
| (1) 필수시설 | ○ 해당 체육시설업의 필수시설기준에 의한다. |
| (2) 임의시설<br>편의시설 | ○ 해당 체육시설업의 임의시설기준에 의한다.<br>○ 수영조 바닥면적과 체력단련장 및 에어로빅장의 운동전용 면적을 합한 면적의 15퍼센트 이하의 규모로 체온관리실(온수조·냉수조·발한실)을 설치할 수 있다. 다만, 체온관리실은 종합체육시설업의 시설이용자만 이용하게 하여야 한다. |

자. 수영장업

| 구 분 | 시 설 기 준 |
|---|---|
| (1) 필수시설<br>① 운동시설 | ○ 수영조의 바닥면적은 200제곱미터(시·군은 100제곱미터) 이상이어야 한다. 다만, 호텔 등 일정범위내의 이용자에게만 제공되는 수영장은 100제곱미터 이상으로 할 수 있다.<br>○ 물의 깊이는 0.9미터 이상 2.7미터 이하로 하고, 수영조의 벽면에 일정한 거리 및 수심표시를 하여야 한다. 다만, 어린이용·경기용 등의 수영조에 대하여는 이 기준에 의하지 아니할 수 있다.<br>○ 수영조와 수영조 주변통로 등의 바닥면은 미끄러지지 아니하는 자재를 사용하여야 한다.<br>○ 도약대를 설치한 경우에는 도약대 돌출부의 하단부분으로부터 3미터 이내의 수영조의 수심은 2.5미터 이상으로 하여야 한다.<br>○ 도약대는 사용시 미끄러지지 아니하도록 하여야 한다.<br>○ 도약대로부터 천정까지의 간격이 스프링보드 도약대와 높이 7.5미터 이상의 플랫폼도약대인 경우에는 5미터 높이 7.5미터 이하의 플랫폼 도약대인 경우에는 이상, 3.4미터 이상이어야 한다.<br>○ 물의 정화설비는 순환여과방식으로 하여야 한다.<br>○ 물이 들어오는 관과 나가는 관의 배관설비는 물이 계속하여 순환되도록 하여야 한다.<br>○ 수영조 주변통로의 폭은 1.2미터 이상(헨드레일을 설치하는 경우에는 1.2미터 미만으로 할 수 있다)으로 하고, 수영조로부터 외부로 경사지도록 하거나 기타의 방법을 강구하여 오수 등이 수영조로 침수할 수 없도록 하여야 한다. |
| ② 안전시설 | ○ 이용자의 안전을 위하여 수영조 전체를 조망할 수 있는 감시탑을 설치하여야 한다. 다만, 호텔 등 일정 범위내의 이용자에게만 제공되는 수영장은 감시탑을 설치하지 아니할 수 있다. |
| (2) 임의시설<br>편의시설 | ○ 물미끄럼대, 유아 및 어린이용 수영조를 설치할 수 있다. |

차. 체육도장업

| 구 분 | 시 설 기 준 |
|---|---|
| (1) 필수시설 | |
| ① 운동시설 | ○ 운동 전용면적은 66제곱 미터 이상으로 하되, 3.3제곱미터 당 수용인원이 1인 이하가 되도록 하여야 한다.<br>○ 바닥면은 운동중 발생하는 충격의 흡수가 가능하게 하여야 한다.<br>○ 해당 종목의 운동에 필요한 기구와 설비를 갖추어야 한다. |

카. 볼링장업

| 구 분 | 시 설 기 준 |
|---|---|
| (1) 필수시설 | |
| ① 운동시설 | ○ 레인을 4개 이상 설치하여야 한다.<br>○ 레인은 국내·외적으로 통용되는 규격을 갖추어야 한다. |
| ② 안전시설 | ○ 소음·진동의 방지에 적합한 시설을 하여야 한다. |

타. 테니스장업

| 구 분 | 시 설 기 준 |
|---|---|
| (1) 필수시설 | |
| ① 운동시설 | ○ 규 격<br><br>종 류 / 가 로 / 세 로<br>단 식 / 8.23미터 / 23.77미터<br>복 식 / 11.00미터 / 23.77미터<br><br>○ 네트는 코트의 세로선으로부터 각각 0.91미터 바깥쪽에 위치한 2개의 포스트 위를 넘어서 매도록 하여야 한다.<br>○ 네트는 공이 빠지지 않을 정도의 좁은 그물이어야 한다.<br>○ 네트와 높이는 0.91미터이어야 한다.<br>○ 코트간의 간격은 2미터 이상이어야 한다.<br>○ 양쪽 세로선과 휀스와의 거리는 3미터 이상, 양쪽 가로선과 휀스와의 거리는 5미터 이상이어야 한다. |

규격:

| 종 류 | 가 로 | 세 로 |
|---|---|---|
| 단 식 | 8.23미터 | 23.77미터 |
| 복 식 | 11.00미터 | 23.77미터 |

파. 골프연습장업

| 구 분 | 시 설 기 준 |
|---|---|
| (1) 필수시설 | |
| ① 운동시설 | ○ 실내 또는 실외에 연습에 필요한 타석을 갖추어야 한다.<br>다만, 타구의 원리를 응용한 연습 또는 교습이 아닌 별도의 오락·게임 등을 할 수 있는 타석을 설치하여서는 아니된다.<br>○ 타석간의 간격이 2.5미터 이상이어야 하며, 타석의 주변에는 이용자가 연습을 위하여 휘두르는 골프채에 벽면·천정 기타 다른 설비 등이 부딪치지 아니하도록 충분한 공간이 있어야 한다. |
| ② 안전시설 | ○ 연습중 타구에 의하여 안전사고가 발생하지 않도록 그물·보호망 등을 설치하여야 한다. 다만, 실외 연습장으로서 위치 및 지형상 안전사고의 위험이 없는 때에는 그러하지 아니하다. |
| (2) 임의시설 | |
| ① 운동시설 | ○ 연습 또는 교습에 필요한 기기를 설치할 수 있다.<br>○ 3홀 미만의 퍼칭연습용 그린을 설치할 수 있다. 다만, 퍼팅의 원리를 응용하여 골프연습이 아닌 별도의 오락·게임 등을 할 수 있는 그린을 설치하여서는 아니된다.<br>○ 실외 골프연습장에는 3홀 미만의 골프코스 또는 18홀 이하 피칭연습용코스(각 피칭연습용코스의 폭·길이는 100미터 이하이어야 한다)를 설치할 수 있다. |

하. 삭제 <2000.3.28>

거. 삭제 <2000.3.28>

너. 체력단련장업

| 구 분 | 시 설 기 준 |
|---|---|
| 필수시설 | |
| 운동시설 | ○ 운동 전용면적은 66제곱 미터 이상이어야 한다.<br>○ 바닥면은 운동중 발생하는 충격흡수가 가능한 것이어야 한다.<br>○ 기초체력 단련기구 5종 이상을 갖추어야 한다.<br>○ 연습용구 10점 이상을 갖추어야 한다.<br>○ 신장기·체중기 등 필요한 기구를 갖추어야 한다. |

더. 에어로빅장업

| 구 분 | 시 설 기 준 |
|---|---|
| 필수시설<br>운동시설 | ○ 운동 전용면적은 50제곱 미터 이상이어야 한다.<br>○ 바닥면은 운동 중 발생하는 충격흡수가 가능한 것이어야 한다.<br>○ 외부에 소음이 방지되도록 하여야 한다. |

러. 당구장업

| 구　　분 | 시　　설　　기　　준 |
|---|---|
| 필수시설<br>운동시설 | ○ 당구대 1대당 16제곱 미터 이상의 면적을 확보하여야 한다.<br>○ 3대 이상의 당구대를 설치하여야 한다. |

머. 썰매장업

| 구　　분 | 시　　설　　기　　준 |
|---|---|
| (1) 필수시설 | |
| ① 운동시설 | ○ 폭 15미터 이상, 길이 120미터 이상의 슬로프를 1면 이상 설치하여야 하되, 지형에 따라 그 폭·길이의 25퍼센트 범위내에서 감할 수 있다. |
| ② 안전시설 | ○ 슬로프 규모에 적정한 썰매와 제설기 또는 눈살포기(자연설을 이용할 수 있는 지역에 한한다)등을 갖추어야 한다.<br>○ 슬로프의 가장자리에는 안전망과 안전매트를 설치하여야 한다. |
| (2) <삭제> | |

버. 무도학원업 및 무도장업

| 구　　분 | 시　　설　　기　　준 |
|---|---|
| 필수시설<br>운동시설 | ○ 무도 학원업은 바닥면적이 66제곱 미터 이상이어야 하며, 무도장업은 특별시 및 광역시의 경우에는 330제곱 미터 이상, 그외의 지역의 경우에는 231제곱 미터 이상이어야 한다.<br>○ 소음방지에 적합한 방음시설을 하여 소리가 밖으로 새어나가지 아니하도록 하여야 한다.<br>○ 바닥은 목재마루로 하고 마루밑에 받침을 두어 탄력성이 있게 하여야 한다.<br>○ 무도 학원업 및 무도장업으로 사용되고 있는 건축물의 용도가 건축법시행령 별표 1의 건축물의 용도 분류에 적합하여야 하고, 기타 건축법 및 도시계획법의 규정에 적합한 위치이어야 한다.<br>○ 운동시설은 사무실 등 다른 용도의 시설과 완전히 구획되어야 한다.<br>○ 업소내의 조도는 무도 학원업은 100룩스 이상, 무도장업은 30룩스 이상되어야 하며, 조명의 밝기를 조절하는 장치를 설치하여서는 아니된다. |

**[별표 5] 삭제 <2000.3.28>**

**[별표 6] <개정 1996.5.30>**

### 체육지도자 배치기준(제28조관련)

| 체육시설업의 종류 | 규　　　모 | 배치인원 |
|---|---|---|
| 골 프 장 업 | ○ 골프코스 18홀 이상 36홀 이하<br>○ 골프코스 36홀 초과 | 1인 이상<br>2인 이상 |
| 스 키 장 업 | ○ 슬로프 10면 이하<br>○ 슬로프 10면 초과 | 1인 이상<br>2인 이상 |
| 요 트 장 업 | ○ 요트 20척 이하<br>○ 요트 20척 초과 | 1인 이상<br>2인 이상 |
| 조 정 장 업 | ○ 조정 20척 이하<br>○ 조정 20척 초과 | 1인 이상<br>2인 이상 |
| 카 누 장 업 | ○ 카누 20척 이하<br>○ 카누 20척 초과 | 1인 이상<br>2인 이상 |
| 빙 상 장 업 | ○ 빙판면적 1,500제곱 미터 이상 3,000제곱 미터 이하<br>○ 빙판면적 3,000제곱 미터 초과 | 1인 이상<br>2인 이상 |
| 승 마 장 업 | ○ 말 20두 이하<br>○ 말 20두 초과 | 1인 이상<br>2인 이상 |
| 수 영 장 업 | ○ 수영조 바닥면적이 400제곱 미터 이하인 실내수영장<br>○ 수영조 바닥면적이 400제곱 미터를 초과하는 실내수영장 | 1인 이상<br>2인 이상 |
| 체 육 도 장 업 | ○ 운동 전용면적 300제곱 미터 이하<br>○ 운동 전용면적 300제곱 미터 초과 | 1인 이상<br>2인 이상 |
| 볼 링 장 업 | ○ 14레인 이상 30레인 이하<br>○ 30레인 초과 | 1인 이상<br>2인 이상 |
| 테 니 스 장 업 | ○ 코트 6면 이상 16면 이하<br>○ 코트 16면 초과 | 1인 이상<br>2인 이상 |
| 골프 연습장 업 | ○ 20타석 이상 50타석 이하<br>○ 50타석 초과 | 1인 이상<br>2인 이상 |
| 체력 단련장 업 | ○ 운동 전용면적 300제곱 미터 이하<br>○ 운동 전용면적 300제곱 미터 초과 | 1인 이상<br>2인 이상 |
| 에어로빅 장 업 | ○ 운동 전용면적 300제곱 미터 이하<br>○ 운동 전용면적 300제곱 미터 초과 | 1인 이상<br>2인 이상 |

비 고 : 1. 체육 시설업자가 당해 종목의 체육 지도자격을 가지고 직접 지도하는때에는 그 체육 시설업자에 해당하는 인원수의 체육 지도자를 배치하지 아니할 수 있다.
2. 종합체육 시설업의 경우에는 이를 구성하고 있는 각각의 체육 시설업의 해당기준에 따라 체육 지도자를 배치하여야 한다.

**[별표 7] <개정 2000.3.28>**

**안전·위생기준(제29조관련)**

1. 공통기준

(1) 체육시설 내에서는 이용자가 항상 이용질서를 유지하게 하여야 한다.

(2) 이용자의 체육활동에 제공되거나 이용자의 안전을 위한 각종 시설·설비·장비·기구 등은 안전하게 정상적으로 이용될 수 있는 상태를 유지하도록 하여야 한다.

(3) 실외 체육시설의 경우 폭우·폭설·강풍 또는 파도 등으로 인하여 이용자의 안전을 해할 우려가 있다고 판단될 때에는 그 이용을 제한하여야 한다.

(4) 체육 시설업의 해당 체육종목의 특성을 참작하여 음주 등으로 정상적인 이용이 곤란하다고 판단될 때에는 음주자 등의 이용을 제한하여야 한다.

(5) 체육시설의 정원을 초과하여 이용하게 하여서는 아니 된다.

(6) 삭제 <2000.3.28>

2. 체육시설업의 종류별 기준

가. 골프장업

코스 관리요원(골프장에서 잔디 및 수목의 식재·재배·병해충방제·체육활동에 적합하게 예초, 농약의 안전한 사용·보관 및 오염방지 등에 관한 업무에 종사하는 자를 말한다)을 18홀 이하인 골프장에는 1인 이상, 18홀을 초과하는 골프장에는 2인 이상을 배치하여야 한다.

나. 스키장업

(1) 스키 지도요원(스키장에서 이용자에게 스키에 관한 지식, 스키를 타는 방법 및 기술·안전 등에 관하여 교습하는 업무에 종사하는 자를 말한다) 및 스키구조요원(스키장에서 슬로프를 순찰하여 이용자의 안전사고 예방과 사고 발생시 인명구조 및 후송 등의 업무에 종사하는 자를 말한다)을 배치하되, 스키지도요원은 슬로프면적 5만 평방미터 당 1인 이상, 스키구조요원은 운영 중인 슬로프별로 2인 이상을 각각 배치하여야 한다.

(2) 각 리프트의 승·하차장에는 1명 이상의 승·하차 보조요원을 배치하여야 한다.

(3) 의료법에 의한 간호사 또는 응급의료에 관한 법률에 의한 응급 구조사(이하 "응급구조사 "라 한다)를 1인 이상 배치하여야 한다.

(4) 스키장 시설이용에 관한 안전수칙을 이용자가 쉽게 알아볼 수 있도록 3 이상의 장소에 게시하여야 한다.

다. 요트장업·조정장업 및 카누장업

(1) 이용자가 항상 구명대를 착용하고 이용하게 하여야 한다.

(2) 구조용 선박에는 수상 안전요원을, 감시탑에는 감시요원을 각 1인 이상 배치하여야 한다. 이 경우 수상 안전요원은 대한적십자사에서 실시하는 수상 인명구조 활동에 관한 소정의 과정을 이수한 자, 해군 또는 해경에 복무한 자로서 수상인명구조에 경험이 있는 자 또는 그에 상당하는 자격이 있는 자이어야 한다.

(3) 요트장업의 경우에는 시·도지사가 요트장의 지형여건 등을 참작하여 안전수칙을 정한 때에는 이를 지켜야 한다.

라. 자동차 경주장업

(1) 경주 참가차량 또는 일반 주행차량 등 트랙을 이용하는 차량에 대하여는 사전에 점검을 실시한 후 경주 또는 일반 주행에 참가하도록 하여야 한다.

(2) 경주 참가자 또는 일반 주행자등 트랙 이용자에 대하여는 사전에 주행능력을 평가하여 부적격자는 트랙의 이용을 제한하여야 한다.

(3) 경주진행 및 안전 등에 관한 규칙을 자체적으로 제정하여 경주 참가자 또는 일반 주행자 등 트랙 이용자에게 사전에 교육을 실시하여야 한다.

(4) 경주의 안전한 진행에 필요한 통제 소요원·감시탑 요원 및 진행요원 등 각종 요원은 각각 해당 분야의 지식과 기술을 보유한 자로 시설의 규모에 따라 적정하게 배치하여야 한다.

(5) 관람자에게 사전에 안전에 관한 안내방송을 하여야 한다.

(6) 경주기간 중에는 의료법에 의한 의사 및 간호사 또는 응급 구조사 각 1인 이상을, 그외의 운영기간 중에는 간호사 또는 응급 구조사 1인 이상을 배치하여야 한다.

마. 승마장업

(1) 이용자가 항상 승마용 신발을 착용하고 승마를 하도록 하여야 한다.

(2) 장애물 통과에 관한 승마를 하는 자는 헬멧을 착용하도록 하여야 한다.

(3) 말이 놀라서 낙마사고가 발생하지 않도록 마장주변에서 고성방가를 하거나 자동차 경적을 사용하는 것 등을 금지하게 하여야 한다.

바. 종합 체육시설업

종합 체육시설업을 구성하고 있는 해당 체육 시설업의 안전·위생기준에 의한다.

사. 수영장업

(1) 수영조·주변공간 및 부대시설 등의 규모를 고려하여 안전 및 위생에 지장이 없다고 인정하는 범위 내에서 시장·군수 또는 구청장이 정하는 입장자의 정원을 초과하여 입장 시켜서는 아니 된다.

(2) 수영조에서 동시에 수영할 수 있는 인원은 도약대의 높이·수심·수영조의 면적 및 수상 안전시설의 구비정도 등을 참작하여 시장·군수 또는 구청장이 정하는 인원을 초과하지 아니 하도록 하고, 도약대의 전면 돌출부의 최단 부분에서 반지름 3미터 이내의 수면에 있어서는 5인 이상이 동시에 수영 하도록 하여서는 아니 된다.

(3) 개장중인 실외수영장에는 의료법에 의한 간호사 또는 간호조무사 및 의료 유사업자에 관한규칙에 의한 간호조무사 1인 이상을 배치하여야 한다.

(4) 수영조의 욕수는 1일 3회 이상 여과기를 통과하도록 하여야 한다.

(5) 욕수의 조절·침전물의 유무 및 사고의 유무를 확인하기 위하여 1시간마다 수영조 안의 수영자를 밖으로 나오도록 하고, 수영조를 점검하여야 한다.

(6) 수영조의 욕수는 다음의 수질기준을 유지하여야 하며, 욕수의 수질검사 방법은 먹는 물의 수질기준 등에 관한 규칙에 의한 수질검사 방법에 의한다(해수를 이용하는 수영장의 욕수 수질기준은 환경정책기본법시행령 제2조 및 별표 1 제3호 라목의 2등급 기준을 적용한다).

㉮ 유리잔류 염소는 0.4mg/ℓ 내지 1.0mg/ℓ(잔류염소일 때에는 1.0mg/ℓ이상)를 유지 하도록 하여야 한다. 다만, 오존소독 등으로 사전처리를 하는 경우의 유리잔류 염소 농도는 0.2mg/ℓ 이상(잔류염소일 때에는 0.5mg/ℓ이상)을 유지하여야 한다.

㉯ 수소 이온농도는 5.8 내지 8.6이 되도록 하여야 한다.

㉰ 탁도는 2.8NTU도 이하로 하여야 한다.

㉱ 과망간산칼륨의 소비량은 12mg/ℓ이하로 하여야 한다.

㉲ 대장균군은 10밀리리터들이 시험대상 욕수 5개중 양성이 2개 이하이어야 한다.

(7) 수영조 주위의 적당한 곳에 수영장의 정원·욕수의 순환횟수·잔류염소량 ·수소이온 농도 및 수영자의 준수사항을 게시하여야 한다.

(8) 수영조로 처음 들어가는 자에 대하여는 탈의실·화장실 및 샤워실을 거쳐 들어가도록 하고, 샤워실에서는 전신샤워를 하도록 하여야 한다.

(9) 수영조안에 미끄럼틀을 설치하는 경우 관리요원을 배치하여 그 이용 상태를 항상 점검하게 하여야 한다.

(10) 감시탑에는 수상 안전요원(대한적십자사 또는 법 제37조의 규정에 의한 수

영장협회 등에서 실시하는 수상안전에 관한 교육을 받은 자를 말한다)을 2 인 이상 배치하여야 한다.

아. 삭제 <2000.3.28>

자. 썰매장업

(1) 출발 지점과 도착지점에 각 1인 이상의 안전요원을 배치하여야 한다.

(2) 슬로프 내에 장애물이 없도록 하여야 하며, 슬로프내의 바닥 면을 평탄하게 유지·관리 하여야 한다.

(3) 눈 썰매장인 경우에는 슬로프의 가장자리(안전매트 안쪽)를 모두 폭1미터 이상, 높이 50센티미터 이상의 눈을 쌓아야 한다.

(4) 슬로프의 바닥면이 잔디·기타 인공재료인 경우에는 바닥면의 물리적·화학적 특성에 따라 이용자의 안전에 필요한 조치를 하여야 한다.

차. 무도학원업 및 무도장업

(1) 무도학원업은 3.3제곱미터 당 동시에 1인, 무도장업은 3.3제곱미터 당 동시에 2인을 초과하여 수용하여서는 아니 된다.

(2) 냉·난방시설은 보건위생상 적정한 것이어야 한다.

**[별표 8] <개정 2000.3.28>**

**행정처분기준(제34조 제1항 관련)**

1. 일반기준

가. 위반행위가 2 이상인 때에는 그중 중한 처분기준(중한 처분기준이 동일한 때에는 그 중 하나의 처분기준을 말한다. 이하 같다)에 의하며, 2 이상의 처분기준이 동일한 영업정지인 경우에는 중한 처분기준의 2분의 1까지 가중 처분할 수 있으나, 각 처분기준을 합산한 기간을 초과할 수 없다.

나. 위반행위의 횟수에 따른 행정처분의 기준은 최근 1년간 같은 위반행위로 행정처분을 받은 경우에 적용하며, 개별기준에 의한 경고 또는 영업정지를 함에 있어 처분권자가 일정기한 내에 개선 요구하였으나 그 위반상태가 개선되지 아니하였을 때에는 반복하여 위반한 것으로 본다.

다. 1년 내에 같은 내용을 5차 이상 위반하는 경우의 처분기준은 각각 4차위반시의 처분 기준에 따른다(영업정지의 경우 각각 4차위반시 처분기준의 2배로 한다).

라. 위반 사항의 내용으로 보아 그 위반의 정도가 경미하거나 기타 특별한 사유가 있다고 인정되는 경우에는 그 처분기준의 2분의 1의 범위 안에서 감경할 수 있다.

2. 개별기준

| 위반 행위 | 행정처분 기준 | | | |
|---|---|---|---|---|
| | 1차위반 | 2차위반 | 3차위반 | 4차위반 |
| (1) 법 제14조(대중 골프장의 병설) 위반 | | | | |
| (가) 병설 대중골프장 준공기한의 연기를 받고 그 연기된 기한 내에 준공하지 아니한 때 | 영업정지 10일 | 영업정지 1월 | 영업정지 2월 | 등록취소 |
| (나) 대중 골프장 조성비 예치기한의 연기를 받고 그 연기된 기한 내에 예치하지 아니한 때 | 영업정지 10일 | 영업정지 1월 | 영업정지 2월 | 등록취소 |
| (2) 법 제21조(체육시설업의 등록) 위반 | | | | |
| (가) 경미한 사항을 허위 기타 부정한 방법으로 등록한 때 | 경 고 | 영업정지 10일 | 영업정지 1월 | 영업정지 2월 |
| (나) 중대한 사항을 허위 기타 부정한 방법으로 등록한 때 | 등록취소 | | | |
| (다) 변경등록을 하지 아니하고 등록사항을 변경하여 영업을 한 때 | 경 고 | 영업정지 10일 | 영업정지 1월 | 영업정지 3월 |
| (3) 법 제22조(체육시설업의 신고) 위반 | | | | |
| (가) 경미한 사항을 허위 기타 부정한 방법으로 신고한 때 | 경 고 | 영업정지 10일 | 영업정지 1월 | 영업정지 2월 |
| (나) 중대한 사항을 허위 기타 부정한 방법으로 신고한 때 | 영업폐쇄 명 령 | | | |
| (다) 변경신고를 하지 아니하고 신 고사항을 변경하여 영업을 한 때 | 경 고 | 영업정지 3일 | 영업정지 10일 | 영업정지 20일 |
| (4) 법 제35조 제2항의 규정에 의한 영업정지 처분을 받고 그 기간 중에 영업을 한 때 | 등록취소 또는 영업폐쇄 명령 | | | |

## 5.6. 국제회의 산업육성에 관한 법률

제1조 (목적) 이 법은 국제회의의 유치를 촉진하고 그 원활한 개최를 지원하여 국제회의 산업을 육성·진흥함으로써 관광산업의 발전과 국민경제의 향상 등에 이바지함을 목적으로 한다.

제2조 (정의) 이 법에서 사용하는 용어의 정의는 다음과 같다. [개정 2003.08.06.]

1. **"국제회의"**라 함은 상당수의 외국인이 참가하는 회의(세미나·토론회·전시회 등을 포함한다)로서 대통령령이 정하는 종류와 규모에 해당하는 것을 말한다.
2. **"국제회의산업"**이라 함은 국제회의의 유치 및 개최에 필요한 국제회의시설, 서

비스 등과 관련된 산업을 말한다.

3. **"국제회의시설"**이라 함은 국제회의의 개최에 필요한 회의시설, 전시시설 및 이와 관련된 부대시설 등으로서 대통령령이 정하는 종류와 규모에 해당하는 것을 말한다.
4. **"국제회의도시"**라 함은 국제회의산업의 육성·진흥을 위하여 제14조의 규정에 의하여 지정된 특별시·광역시 또는 시를 말한다. [시행일 2004.02.07.]
5. **"국제회의 전담조직"**이라 함은 국제회의산업진흥을 위하여 각종 사업을 수행하는 조직을 말한다. [신설 2003.08.06.][시행일 2004.02.07.]
6. **"국제회의산업육성기반"**이라 함은 국제회의시설, 국제회의 전문인력, 전자국제회의체제, 국제회의정보 등 국제회의의 유치・개최를 지원・촉진하는 시설・인력・체제・정보 등을 말한다. [신설 2003.08.06.][시행일 2004.02.07.]

제3조 (국가의 책무)
제4조 (국제회의산업 육성위원회의 설치・운영)
① ② ③ [전문개정 2003.08.06.][시행일 2004.02.07.]

제5조 (국제회의 전담조직의 지정 및 설치)
① ② ③

제6조 (국제회의 산업 육성 기본계획의 수립 등)
① ② ③ ④ [전문개정 2003. 08. 06 .] [시행일 2004.02.07.]

제7조 (국제회의 유치・개최 지원)
① ② [전문개정 2003.08.06.] [시행일 2004.02.07.]

제8조 (국제회의 산업 육성 기반 조성) ① ②
제9조 (다른 법률과의 관계) (국제회의시설의 건립 및 운영촉진 등) [본조신설 2003.08.06. (종전 제9조는 제17조로 이동)] [시행일 2004.02.07.]
제10조 (국제회의 전문인력의 교육・훈련 등) [본조신설 2003.08.06. (종전의 제10조는 제18조로 이동)][시행일 2004 .02. 07.]
제11조 (국제협력의 촉진)
제12조 (전자국제회의 기반의 확충)
① ② [본조신설 2003.08.06.][시행일 2004.02.07.]

제13조 (국제회의 정보의 유통촉진)
① ② ③ [본조신설 2003.08.06.] [시행일 2004.02.07.]

제14조 (국제회의 도시의 지정 등)
① ② ③ ④ ⑤ [본조신설 2003.08.06.][시행일 2004.02.07.]

제15조 (국제회의 도시의 지원) [본조신설 2003.08.06.][시행일 2004. 02.07.]
제16조 (재정지원) ① ② ③ [본조신설 2003.08.06.][시행일 2004.02.07.]
제17조 (다른 법률과의 관계)
① [개정 2003.5.29 제6893호, 2005.3.31 제7459호(수질환경보전법)] [시행일 2006.4.1]
② [개정 2003.5.29 제6893호, 2005.3.31 제7459호(수질환경보전법)] [시행일 2006.4.1]
③ [개정 2001.3.28]
④ [본조개정 2003.08.06 종전 제9조에서 이동] [시행일 2004.02.07]

제18조 (권한의 위탁)
① [개정 2001·3·28, 2003.08.06.][시행일 2004.02.07.]
② [개정 2001·3·28. 2003.08.06.][시행일 2004.02.07.][본조개정 2003.08.06. (종전 제10조에서 이동)][시행일 2004.02.07.]

## 부칙

1. 부칙 [2001.3.28] 이 법은 공포한 날부터 시행한다.
2. 부칙 [2005.3.31 제7459호(수질환경보전법)]

제1조 (시행일) 이 법은 공포 후 1년이 경과한 날부터 시행한다.
제2조 내지 제4조 생략
제5조 (다른 법률의 개정)
① 및 ② 생략
③국제회의 산업육성에 관한 법률 일부를 다음과 같이 개정한다.
제17조 제1항 제6호중 "수질환경보전법 제10조"를 "「수질환경보전법」 제33조"로 하고, 동조 제2항 제4호 "수질환경보전법 제14조"를 "「수질환경보전법」 제37조"로 한다.
④ 내지 <36> 생략

제6조 생략

### 5.6.1. 국제회의 산업 육성에 관한 법률 시행령

제1조 (목적) 이 영은 국제회의 산업 육성에 관한 법률에서 위임된 사항과 그 시행에 관하여 필요한 사항을 규정함을 목적으로 한다.

제2조 (국제회의의 종류·규모) 국제회의 산업육성에 관한 법률(이하 "법"이라 한다) 제2조 제1호의 규정에 의한 국제회의는 다음 각 호의 1에 해당하는 회의를 말한다.

1. 국제기구 또는 국제기구에 가입한 기관 또는 법인·단체가 개최하는 회의로서 다음 각목의 요건을 갖춘 회의
   가. 당해 회의에 5개국 이상의 외국인이 참가할 것
   나. 회의 참가자가 300인 이상이고 그 중 외국인이 100인 이상일 것
   다. 3일 이상 진행되는 회의일 것
2. 국제기구에 가입하지 아니한 기관 또는 법인·단체가 개최하는 회의로서 다음 각목의 요건을 갖춘 회의
   가. 회의 참가자 중 외국인이 150인 이상일 것
   나. 2일 이상 진행되는 회의일 것

제3조 (국제회의 시설의 종류·규모) ① ② 전문회의 시설은 다음 각 호의 요건을 갖추어야 한다.

1. 2천인 이상의 인원을 수용할 수 있는 대회의실이 있을 것
2. 30인 이상의 인원을 수용할 수 있는 중·소회의실이 10실 이상 있을 것
3. 2천 제곱미터 이상의 옥내 전시면적을 확보하고 있을 것

③ ④ ⑤

제4조 (국제회의 산업 육성위원회의 구성) ① ② [개정 2006.6.12 제19513호(고위공무원단 인사규정)] [시행일 2006.7.1]

제5조 (육성위원회의 회의) ① ②

제6조 (국제회의 산업자문단) ① ② ③

제7조 (수당)

제8조 (운영세칙)

제9조 (국제회의 전담조직의 업무)

제10조 (국제회의 전담조직의 지정)

제11조 (국제회의 산업육성 기본계획)

제12조 (국제회의 산업육성기반 조성사업 및 사업 시행기관) ① ②

제13조 (국제회의 도시의 지정기준)

제14조 (재정지원 등)
제15조 (지원금의 관리 및 회수) ① ②
제16조 (권한의 위탁)

### 부칙

이 영은 공포한 날부터 시행한다.
1. 부칙 [2004.2.7.] 이 영은 공포한 날부터 시행한다.
2. 부칙 [2006.6.12 제19513호(고위공무원단 인사규정)]

제1조(시행일) 이 영은 2006년 7월 1일부터 시행한다.
제2조 내지 제3조 생략
제4조(다른 법령의 개정) ① 내지 <56> 생략
<57>국제회의 산업육성에 관한 법률 시행령 일부를 다음과 같이 개정한다.
제4조 제2항 제1호 중 "1급 공무원"을 "고위공무원단에 속하는 일반직공무원"으로 한다.
<58> 내지 <241> 생략

## 5.6.2. 국제회의 산업 육성에 관한 법률 시행규칙

제1조 (목적) 이 규칙은 국제회의 산업 육성에 관한 법률 및 동법 시행령에서 위임된 사항과 그 시행에 관하여 필요한 사항을 규정함을 목적으로 한다.

제2조 (국제회의 유치·개최 지원신청)국제회의 산업 육성에 관한 법률(이하 "법"이라 한다) 제7조 제2항의 규정에 따라 국제회의 유치·개최에 관한 지원을 받고자 하는 자는 별지서식의 국제회의 지원신청서에 다음 각 호의 서류를 첨부하여 법 제5조 제1항의 규정에 의한 국제회의 전담조직의 장에게 제출하여야 한다.

1. 국제회의 유치·개최 계획서(국제회의의 명칭·목적·기간·장소·참가자수·소요비용 등을 포함하여야 한다) 1부
2. 국제회의 유치·개최 실적에 관한 서류(국제회의를 유치·개최한 실적이 있는 경우에 한한다) 1부
3. 지원을 받고자 하는 세부내용을 기재한 서류 1부

제3조 (지원결과보고)
제4조 (국제회의 시설의 지원)
제5조 (전문인력의 교육·훈련)
제6조 (국제협력의 촉진)
제7조 (전자 국제회의 기반 구축)

제8조 (국제회의 정보의 유통촉진) ① ②
제9조 (국제회의 도시의 지정신청)
제10조 (인·허가 등의 의제를 위한 서류제출)

### 부칙

이 규칙은 공포한 날부터 시행한다.
부칙 [2004.2.21.]이 규칙은 공포한 날부터 시행한다.

**[별지 서식]**

(앞쪽)

<table>
<tr><td colspan="4" rowspan="2">국 제 회 의 지 원 신 청 서</td><td>처리기간</td></tr>
<tr><td>30 일</td></tr>
<tr><td rowspan="5">신<br>청<br>인</td><td>① 대표자 성명</td><td></td><td>②주민등록번호</td><td></td></tr>
<tr><td>③ 주소(대표자)</td><td colspan="3">(전화 : )</td></tr>
<tr><td>④ 단체명 · 상호</td><td></td><td>⑤자 본 금</td><td></td></tr>
<tr><td>⑥ 주소(단 체</td><td colspan="3">(전화 : )</td></tr>
<tr><td>⑦ 설 립 목 적</td><td></td><td>⑧설 립 연 도</td><td></td></tr>
<tr><td colspan="5">⑨ 지원요망사항 :</td></tr>
<tr><td colspan="5">국제회의 산업육성에 관한 법률 제7조 제2항의 규정에 따라 국제회의의 유치<br><br>· 개최에 관한 지원을 신청합니다.<br><br>년 월 일<br><br>신 청 인 (서명 또는 인)</td></tr>
<tr><td colspan="4" rowspan="2">구비서류 : 뒤쪽 참조</td><td>수 수 료</td></tr>
<tr><td>없 음</td></tr>
</table>

210㎜×297㎜(신문용지 54g/㎡(재활용품))

(뒤쪽)

<table>
<tr><td colspan="2">※ 구 비 서 류<br>1. 국제회의 유치 · 개최 계획서(국제회의의 명칭 · 목적 · 기간 · 장소 · 참가자수 · 소요비용 등 포함하여야 한다) 1부<br>2. 국제회의 유치 · 개최 실적에 관한 서류(국제회의를 유치 · 개최한 실적이 있는 경우에 한한다) 1부<br>3. 지원을 받고자 하는 세부내용을 기재한 서류 1부<br>이 신청서는 아래와 같이 처리됩니다.</td></tr>
<tr><td rowspan="2">신 청 인</td><td>처 리 기 관</td></tr>
<tr><td>국제회의 전담조직</td></tr>
<tr><td colspan="2"></td></tr>
</table>

Part 3

# 부 록

# 제3편 부 록

## <부록 1> 호텔업 등급결정 기관등록 및 등급결정에 관한 요령

[문화관광부고시 제2003-11호(2003. 11.5)]

제1조(목적) 이 요령은 관광 진흥법 시행령 제64조 제2항 및 관광 진흥법 시행규칙 제25조 제3항의 규정에 의거 호텔업 등급결정 기관의 등록과 등급결정기준 및 그 절차 등에 관한 세부적인 사항을 정함으로서 호텔업의 등급결정이 합리적이고 효율적으로 이루어지도록 함을 목적으로 한다.

제2조(등급결정 기관의 등록)

① 관광 진흥법 시행령(이하"영"이라 한다) 제64조의 규정에 의하여 호텔업의 등급결정업무를 수행하고자 하는 법인(이하"등급결정기관"이라 한다)은 별지 제1호 서식의 호텔업 등급결정 기관 등록신청서에 다음 각 호의 서류를 첨부하여 문화관광부장관에게 제출하여야 한다.

1. 등급결정 실시계획서
2. 법인 등기부등본
3. 법인의 대표자 또는 임원이 관광 진흥법(이하"법"이라 한다) 제7조 제1항 각 호에 해당되지 아니함을 증명하는 서류
4. 제13조의 규정에 의하여 위촉한 호텔업 등급 심사위원(이하"등급심사위원"이라 한다)의 명단, 이력서, 경력 · 실적증명서 또는 자격증사본(경력·실적 또는 자격이 있는 경우에 한한다) 및 위촉동의서

② 제1항 제1호의 등급결정 실시계획서에는 다음 각 호의 사항이 포함되어야 한다.
1. 등급결정의 실시시기 · 방법 및 주안점
2. 제12조의 규정에 의한 호텔업등급평가단(이하"평가단"이라 한다)의 구성 원칙 또는 요령
3. 등급결정에 대한 수수료의 징수방법과 등급결정에 따른 비용 조달방법
4. 등급결정 과정에서 나타날 수 있는 이견사항에 대한 조정절차 또는 방법
5. 기타 효과적인 등급결정 업무의 수행을 위하여 필요한 사항

제3조(등급결정 기관의 등록공고)
① 문화관광부장관은 제2조의 규정에 의하여 등급결정 기관 등록신청서를 접수한 경우에는 구비요건을 확인하고 등록여부를 결정한 후 별지 제2호 서식의 호텔업등급결정기관등록대장에 이를 기재하고 관리하여야 한다.
② 문화관광부장관은 제1항의 규정에 의하여 등록한 등급결정 기관에 대하여 별지 제3호 서식의 호텔업 등급결정 기관 등록증을 교부하고 이를 공고하여야 한다.

제4조(등록사항의 변경신고) 등급결정 기관은 제2조 제1항 각 호의 사항을 변경한 경우에는 그 내용을 즉시 문화관광부장관에게 신고하여야 한다.

제5조(등급결정 신청)

① 법 제4조 제2항의 규정에 의하여 특별시장 · 광역시장 · 도지사(이하"관할관청"이라 한다)에게 호텔업을 등록한 자(이하 "사업자"라 한다)는 관광 진흥법 시행규칙(이하 "규칙"이라 한다) 제25조 제1항 각 호의 규정에 의한 호텔업 등급결정 신청 사유가 발생한 때에는 별지 제4호 서식의 호텔업 등급결정 신청서(이하 "등급결정신청서"라 한다)에 다음 각 호의 사항이 기재된 서류를 첨부하여 등급결정 기관에 제출하여야 한다.
1. 호텔업시설의 현황
2. 제7조의 규정에 의한 호텔업 세부 등급평가 기준에 의한 자율평가 결과(신청자의 간인이 날인되어 있어야 한다)
3. 호텔업 시설에 대한 개 · 보수 현황(이미 등급심사를 받은 시설을 개 · 보수한 경우에 한한다)

② 사업자는 제1항 제3호의 규정에 의한 호텔업 시설의 개 · 보수 현황에는 필요한 증빙자료를 함께 제출하여야 한다. 다만, 그 증빙자료가 10면을 초과하는 경우에는 이를 요약하여 제출할 수 있다.

제6조(등급결정 거부 제한) 등급결정 기관은 제5조 제1항의 규정에 의하여 사업자가 신청한 등급결정 신청을 거부할 수 없다. 다만, 사업자가 소재한 시(특별시·광역시를 말한다. 이하 이 조에서 같다)·도내에 등급결정 기관이 있음에도 불구하고 타 시·도에 소재한 등급결정 기관에 신청한 경우에는 그러하지 아니하다.

제7조(등급평가 기준) 규칙 제25조 제3항의 규정에 의한 호텔업 세부 등급평가 기준(이하 "등급평가 기준"이라 한다)은 별표와 같다.

제8조(등급평가 실시)

① 등급 결정기관이 제5조 제1항의 규정에 의한 등급결정 신청서를 접수한 때에는 평가단을 구성하여 등급평가를 위한 조사를 실시하여야 한다.
② 제1항의 규정에 의한 조사는 사업자가 제출한 자율평가 결과와 증빙자료를 참고하여 현지조사를 실시한다.
③ 제2항의 규정에 의한 현지조사는 사업자의 신청에 의하여 수시로 실시한다. 다만, 신규등록의 경우외에는 업무의 효율성을 감안하여 분기별로 일괄하여 실시할 수 있다.
④ 평가단은 사업자에게 필요한 자료의 제출을 요구할 수 있다.

제9조(결과보고서의 제출) 평가단은 현지조사를 완료한 때에는 별지 제5호 서식의 호텔업 등급평가 조사 결과보고서(이하 "조사 결과보고서"라 한다)를 현장에서 등급결정 기관의 인솔자에게 제출하여야 한다.

제10조(등급결정 및 통보)

① 등급결정 기관은 평가단으로부터 현지조사에 대한 조사결과 보고서를 제출 받은 때에는 5일 이내에 규칙 제25조 제2항의 규정을 적용하여 당해 호텔업에 대한 등급을 결정하여야 한다.
② 등급결정 기관은 제1항의 규정에 의하여 등급을 결정한 경우에는 그 결과를 문화관광부장관과 관할 관청 및 당해 호텔사업자에게 즉시 통보하여야 한다.

제11조(등급평가 특례)

① 등급결정 기관은 제7조의 규정에 의한 등급평가 기준 중 전기 및 통신부문 또는 소방 및 안전부문시설에 대하여 사업자가 개별법령이 정하는 바에 따라 관계 공무원으로부터 시설에 대한 확인을 받은 경우에는 이를 인용하여 평가할 수 있다.

② 제1항의 규정에 의한 시설 확인서의 유효기간은 제5조의 규정에 의한 등급결정 신청일을 기준으로 6월 이내에 발급된 것이어야 한다.

제12조(평가단의 구성)

① 등급결정 기관은 제8조 제1항의 규정에 의한 평가단을 구성하고자 하는 경우에는 등급심사위원 중에서 다음 각 호의 1에 해당하는 자로 구성하되 6인 이상이 되도록 하여야 한다. 다만, 당해 호텔업의 시설이 제11조의 규정에 의한 등급평가 특례에 해당하는 경우에는 그러하지 아니할 수 있다.

1. 서비스상태 또는 소비자 만족도 평가관계자 3인 이상
2. 건축 · 설비 · 주차시설 평가관계자 1인 이상
3. 전기 · 통신시설 평가관계자 1인 이상
4. 소방 · 안전상태 평가관계자 1인 이상

② 등급결정 기관이 제1항의 규정에 의한 평가단을 구성할 경우에 거리상의 불편 및 비용 소요 등을 고려하여 등급평가 대상호텔이 소재한 시 · 도와 인접지역에 상주하는 등급 심사위원으로 당해 호텔에 대한 평가단을 구성 할 수 있다.

제13조(등급 심사위원의 위촉)

① 등급결정 기관은 제12조 제1항의 평가단을 구성하기 위하여 규칙 제65조의 규정에 의한 자격요건을 갖춘 자중 100인의 범위 안에서 등급 심사위원을 위촉하여야 한다. 다만, 등급 심사위원은 2개 이상의 등급 결정기관의 등급 심사위원으로 위촉될 수 없다.

② 등급 결정기관이 제1항의 규정에 의하여 등급 심사위원으로 위촉하는 경우에는 다음 각 호의 서류를 제출 받아 관리하여야 한다.

1. 별지 제6호 서식에 의한 호텔업 등급심사 위원위촉 동의서
2. 이력서
3. 경력 또는 실적증명서(해당자에 한한다)
4. 자격증사본(해당자에 한한다)

③ 등급결정 기관은 제1항의 규정에 의하여 위촉한 등급 심사위원에게는 별지 제7호 서식의 호텔업 등급심사위원 위촉장을 발급하여야 한다.

④ 제1항의 규정에 의하여 위촉한 등급 심사위원은 관광 진흥법 제75조 제4항의 규정에 의한 등급 결정기관의 임원으로 본다.

제14조(등급 심사위원의 임기)

① 제13조의 규정에 의하여 위촉된 등급 심사위원의 임기는 위촉 일부터 5년으로 한다. 다만, 결원을 보충하기 위하여 위촉한 등급 심사위원의 임기는 전임자의 잔여기간으로 한다.

② 등급 심사위원은 연임할 수 있다.

③ 등급결정 기관은 제1항의 규정에 의하여 임기가 만료되는 등급 심사위원 중 재위촉하는 등급 심사위원의 신분에 변동이 없는 경우에는 제13조 제2항 제1호의 호텔업 등급 심사위원 위촉 동의서만을 제출받아 재위촉할 수 있다.

제15조(등급 심사위원의 위촉제한) 등급결정 기관은 제16조의 규정에 의하여 해촉된 경력이 있는 자를 해촉된 날부터 5년이 경과하지 아니한 경우에는 등급 심사위원으로 재위촉할 수 없다.

제16조(등급 심사위원의 해촉)

① 등급결정 기관은 제13조 제1항의 규정에 의하여 위촉한 등급 심사위원이 다음 각 호의 1에 해당되는 경우에는 이를 해촉 하여야 한다.

1. 제8조 제1항의 규정에 의한 평가단의 참여요청을 특별한 사유 없이 3회 이상 거절한 때
2. 평가단의 활동과 관련하여 국가공무원법 제56조 · 제58조 · 제60조 · 제61조 및 제63조의 규정에 위반한 행위를 한 때
3. 등급평가에 중대한 과실을 범하여 등급 심사위원으로서의 명예를 실추한 때
4. 제13조 제1항 단서의 규정에 위반하여 2개 이상의 등급 결정기관으로부터 등급심사위원의 위촉요청을 받고 동의서를 발급한 때
5. 사망 · 해외이민 · 파산선고 등으로 등급 심사위원으로서의 직무를 수행할 수 없을 때
6. 기타 사회적인 물의를 야기하여 등급 심사위원으로서의 활동이 부적격하다고 인정되는 때

② 등급결정 기관은 제1항의 규정에 의하여 등급 심사위원을 해촉한 경우에는 이를 즉시 문화관광부장관에게 통보하여야 한다.

제17조(등급 심사위원의 책임) 등급 심사위원은 평가단에 참여하여 입수한 호텔업의 시설내용과 자료를 사업자의 동의 없이 외부에 누설하여서는 아니 된다.

제18조(사업자의 의무) 사업자는 제8조 제4항의 규정에 의하여 평가단으로부터 평

가와 관련한 자료의 제출을 요구받은 때에는 성실하게 이에 응하여야 한다.

제19조(수당 등의 지급) 등급결정 기관은 평가단에 참여한 등급 심사위원에게 예산의 범위 안에서 수당과 여비를 지급할 수 있다.

제20조(시설의 보완요청) 등급결정 기관은 평가단의 조사결과 나타난 노후화된 시설의 교체 또는 이용자의 서비스에 장애를 초래하는 사항에 대하여 시정하는 조치를 취할 수 있도록 관할 관청에 이를 통보할 수 있다.

제21조(재조사)

① 등급결정 기관은 동일한 사안에 대하여 등급 심사위원 2인 이상이 평가한 결과 평가점수 차이가 20% 이상 발생한 경우 또는 당해 등급평가가 현저하게 잘못되었다는 객관적인 사실이 증명되었거나 서비스의 현격한 불량 등으로 인하여 기존 등급의 유지가 부적합하다고 판단되는 경우에는 당해 등급 심사위원외의 자에게 위촉하여 당해 호텔업 등급평가를 다시 실시할 수 있다.

② 제1항의 재조사를 실시하고자 하는 등급결정 기관은 재조사에 앞서 문화관광부장관에게 그 사실을 통보하여야 한다.

제22조(등급결정 기관에 대한 지도점검)

① 문화관광부장관은 필요하다고 인정하는 경우에는 등급결정 기관에 대한 지도점검을 실시할 수 있다.

② 문화관광부장관은 제1항의 지도점검 결과 등급평가가 부당하거나 부정하게 결정된 사실이 확인된 경우에는 등급 결정기관의 장에게 당해 등급 심사위원의 해촉과 당해 호텔업에 대한 등급평가를 다시 실시하게 할 수 있다.

제23조(등록취소 등)

① 문화관광부장관은 등급결정 기관이 다음 각 호의 1에 해당하는 때에는 당해 등급 결정기관의 등록을 취소할 수 있다.

1. 제4조의 규정에 의한 등록사항의 변경신고를 하지 아니하여 3회 이상의 독촉을 받고도 이를 이행하지 아니한 때
2. 제6조의 규정을 위반하여 사업자로부터 등급 결정 신청을 정당한 사유없이 거절한 때
3. 제12조의 규정에 의한 평가단의 구성 및 제13조의 규정에 의한 등급 심사위원의 위촉이 부정한 방법에 의하여 이루어진 때

4. 제14조의 규정에 의한 등급 심사위원의 임기가 만료된 후 6개월 이내에 후임자를 위촉하지 아니한 때
5. 제22조의 규정에 의한 지도점검을 거부하거나 명령을 이행하지 아니한 때

② 문화관광부장관은 등급 결정기관이 과실로 인하여 사회적 물의를 야기할 때에는 다음 각 호의 1에 해당하는 등급결정 권한의 정지 조치를 취할 수 있다.
1. 당해 등급 결정과 관련한 경미한 과실로 사회적 물의를 야기할 때 : 6월 이내
2. 당해 등급 결정과 관련한 중대한 과실로 사회적 물의를 야기할 때 : 1년 이내

## 부 칙

제1조 (시행일) 이 요령은 2003년 11월 7일부터 시행한다.

제2조 (경과조치) 이 요령 시행 후 6월 이내에 등급심사를 받은 호텔이 이 요령에 의한 등급 심사결과 현행 등급보다 낮은 등급을 받은 경우에는 등급 심사결과를 통보 받은 날부터 6월 이내에 재심사를 신청할 수 있다.

제3조 (고시폐지) 종합관광호텔업 등급결정 기관 등록 및 등급 결정에 관한 요령(문화관광부고시 제1999-29호, 1999.11.12)은 이 요령 시행일부터 폐지한다.

## <부록 2> 종합관광 호텔업 등록정보

### 1. 정 의

국관광객의 숙박과 취사에 적합한 시설을 갖추어 이를 당해 시설의 회원·공유자 기타 관광객에게 제공하거나 숙박에 부수되는 음식·운동·오락·휴양·공연 또는 연수에 적합한 시설 등을 함께 갖추어 이를 이용하게 하는 업

### 2. 사업계획 승인

1) 승인 기준

- 사업계획의 내용이 관계법령의 규정에 적합할 것
- 사업계획의 시행에 필요한 자금을 조달할 능력 및 방안이 있을 것
- 일반주거 지역안의 관광숙박시설 및 그 시설안의 위락시설은 주거환경의 보호를 위하여 다음 각목의 기준에 적합하여야 하고, 준주거 지역안의 경우에는 다목의 기준에 적합할 것

 * 대지는 다음의 조건에 적합할 것

 특별시 및 광역시의 경우 : 대지가 폭 15미터 이상의 도로에 20미터 이상 연접할 것

 기타 지역의 경우 : 대지가 폭 12미터 이상의 도로에 연접할 것

 * 건축물의 각 부분의 높이는 그 부분으로 부터 당해 건물의 채광을 위하여 설치하는 개구부가 향하는 방향으로 인접된 대지의 경계선(대지와 대지사이가 공원·광장·도로 또는 하천 기타 건축이 허용되지 아니하는 공지인 경우에는 그 인접된 대지의 반대편 경계선을 말한다)까지의 수평거리의 2배를 초과하지 아니할 것
 * 소음공해를 유발하는 시설은 지하층에 설치하거나 기타 방법으로 주변의 주거환경을 저해하지 아니하도록 할 것
 * 대지안의 조경은 대지면적의 20퍼센트 이상으로 하되, 대지 경계선 주위에는 성목을 식수하여 인접대지와 차단하는 수림대를 조성할 것

### 3. 승인 관청 : 시, 도지사

### 4. 구비 서류

- 다음의 사항이 포함된 사업계획서 2부
 * 건설장소· 총 용지면적 및 토지이용계획
 * 공사계획·소요자금 및 그 조달방법
 * 시설별·층별 면적 및 시설내용
 * 조감도

* 종합 휴양업 및 전문휴양업의 경우 사업 예정 지역의 위치도(축척 2만5천분의 1이상이어 한다), 사업 예정 지역의 현황도(축적 3천분의 1이상으로서 등고선이 표시 되어야 한다), 시설배치 계획도(지적도 표시되어야 한다), 토지명세서와 하수처리 계획서 및 환경조성 계획서(단, 관리청의 환경 영향평가를 받은 경우 하수처리 계획서, 녹지 및 환경조성 계획서는 생략한다)

- 신청인(법인의 경우에는 대표자 및 임원)의 성명·주민등록번호·본적·호주성명 및 호주와의 관계를 기재한 서류(외국인의 경우에는 법 제7조 제1항 각호에 해당하지 아니함을 증명하는 당해국가의 정부 기타 권한 있는 기관이 발행한 서류 또는 공증인이 공증한 신청인의 진술서로서 재외공관 공증법에 의하여 당해국가에 주재하는 대한민국 공관의 영사관이 확인한 서류)
- 법인의 등기부등본(법인의 경우에 한한다) 2부
- 부동산의 소유권 또는 사용권을 증명할 수 있는 서류 1부
- 분양 또는 회원모집계획개획서(분양을 하거나 회원을 모집하는 경우에 한한다) 2부.

**5. 승인 신청서 양식 ; 사업계획 승인 신청서**

**6. 수수료** : 50,000원 (숙박시설이 있는 경우 매 실당 500원을 가산한 금액)

**7. 처리기간** : 12일

**8. 등 록**

1) 등록기준
- 욕식 또는 샤워시설을 갖춘 객실이 30실 이상 일 것
- 외국인에게 서비스 제공이 가능한 서비스 체계를 갖추고 있을 것
- 부동산의 소유권 또는 사용권이 있을 것

2) 등록 관청 : 문화관광부

3) 구비 서류 :
* 사업계획서
* 신청인(법인의 경우에는 대표자)의 성명 주민등록번호 본적 호주성명 및 호주와의 관계를 기재한 서류(외국인의 경우에는 법 제7조 제1항 각호에 해당하지 아니함을 증명하는 당해 국가의 정부 기타 권한 있는 기관 이 발행한 서류 또는 공증인이 공증한 신청인의 진술서로서 재외공관 공증법에 의하여 당해 국가에 주재하는 대한민국공관의 영사관이 확인한 서류)
* 법인등기부등본(법인의 경우에 한한다.)

* 부동산의 소유권 또는 사용권을 증명할 수 있는 서류(휴양콘도미니엄업의 경우에는 신청인 소유의 부동산 등기부등본을 제출하되, 각 부동산에 저당권이 설정되어 있는 경우에는 영제23조 제1호 가목 단서의 규정에 준하는 보험가입 증명서류를 함께 제출하여야 한다)
* 외국인투자 촉진법에 의한 외국인 투자를 증명할 수 있는 서류(외국인 투자기업의 경우에 한한다)
* 관할 세무서장 또는 공인회계사가 확인한 등록신청 당시의 대차대조표 (개인의 경우에는 영업용 자산액명세서 및 그 증빙서류)

4) 처리 기간 : 7일

5) 수수료 : 30,000원(숙박시설이 있는 경우에는 매실당 700원을 가산한 금액)

6) 신청 서류 : 관광사업 등록신청서.hwp

7) 변경등록(지정)

(1) 변경등록(지정)사항

- 사업계획 변경승인을 얻은 사항(사업계획승인을 얻은 관광사업에 한한다)
- 대표자의 변경
- 관광숙박업 시설의 건축 연면적 증가를 가져오지 아니하는 객실수의 증가(휴양콘도미니엄업을 제외한 관광숙박업에 한한다)
- 부대시설의 위치·면적 및 일반 음식점업 종류의 변경(관광숙박업에 한한다)
- 사무실 소재지의 변경 및 영업소의 신설(여행업에 한한다)

(2) 변경등록(지정)제외사항

- 경미한 사항
  * 임원의 변경
  * 관광숙박업 시설의 건축 연면적 증가를 가져오지 아니하는 객실수의 증가(휴양콘도미니엄업을 제외한 관광숙박업에 한한다)
  * 부대시설의 위치·면적 및 일반 음식점업 종류의 변경(관광숙박업에 한한다)
  * 사업계획 승인을 얻은 부지 또는 대지면적의 100분의 10이하의 변경

(3) 변경등록(지정)관청 : 등록관청과 동일

(4) 변경등록(지정)시한 : 변경사유가 발생한 날로부터 30일 이내

8) 처리기간 : 4일

9) 구비서류 : 변경사실을 증명할 수 있는 서류

10) 수수료 : 15,000원(숙박시설 중 객실변경 등록의 경우에는 매 실당 600원을 가산한 금액)

11) 신청양식 : 관광사업 변경등록신청서.hwp

(1) 휴(폐)업

구비서류 : 신청서 1부.

수수료 : 없음

처리기간 : 1일

신고양식 : 휴업통보서.hwp

(2) 양도. 양수(지위승계)

구비서류

- 지위를 승계한자(법인의 경우에는 대표자 및 임원)의 성명·주민등록번호·본적을 기재한 서류(외국인의 경우에는 법 제7조 제1항 각호에 해당 하지 아니함을 증명하는 당해 국가의 정부 기타 권한 있는 기관이 발행한 서류 또는 공증인이 공증한 신청인의 진술서로서 재외공관 공증법에 의하여 당해국가에 주재하는 대한민국공관의 영사관이 확인한 서류) 1부
- 양도·양수 등 지위승계(시설인수명세를 포함한다)를 증명할 수 있는 서류 1부
- 지위를 승계한자의 법인등기부등본(법인의 경우에 한한다) 1부

(3) 수수료 - 20,000원

(4) 처리기간 : 5일

(5) 신고양식

- 관광사업 양도. 양수(지위승계)신고서.hwp

(6) 등록증재교부

구비서류

- 분실사유서(등록증 등을 분실한 경우에 한한다) 1부
- 등록증·허가증 또는 지정증(등록증 등이 헐어 못쓰게 된 경우에 한한다)
- 수수료 : 3,000원

## 〈부록 3〉 일반 여행업 등록정보

### 1. 정 의

국내 또는 국외를 여행하는 내국인 및 외국인을 대상으로 하는 여행업 (여권 및 사증을 받는 절차를 대행하는 행위를 포함한다)

### 2. 등 록

1) 등록 기준
- 자본금(개인의 경우에는 자산평가액) : 3억5천만원 이상일 것
- 사무실 : 소유권 또는 사용권이 있을 것

2) 등록 관청 : 문화관광부

3) 구비 서류
- 사업계획서
- 신청인(법인의 경우에는 대표자)의 성명 주민등록번호 본적 호주성명 및 호주와의 관계를 기재한 서류(외국인의 경우에는 법 제7조 제1항 각호에 해당하지 아니함을 증명하는 당해 국가의 정부 기타 권한 있는 기관이 발행한 서류 또는 공증인이 공증한 신청인의 진술서로서 재외공관 공증법에 의하여 당해 국가에 주재하는 대한민국공관의 영사관이 확인한 서류)
- 법인등기부등본(법인의 경우에 한한다.)
- 부동산의 소유권 또는 사용권을 증명할 수 있는 서류(휴양콘도미니엄업의 경우에는 신청인 소유의 부동산 등기부등본을 제출하되, 각 부동산에 저당권이 설정되어 있는 경우에는 영제23조 제1호 가목 단서의 규정에 준하는 보험가입 증명서류를 함께 제출하여야 한다)
- 외국인투자 촉진법에 의한 외국인 투자를 증명할 수 있는 서류(외국인투자기업의 경우에 한한다)
- 관할 세무서장 또는 공인회계사가 확인한 등록신청 당시의 대차대조표(개인의 경우에는 영업용 자산액명세서 및 그 증빙서류)

4) 처리 기간 : 7일

5) 수 수 료 : 30000원

6) 신청 서류 : 관광사업 등록신청서

7) 변경등록(지정)

(1) 변경등록(지정)사항

- 사업계획 변경승인을 얻은 사항(사업계획 승인을 얻은 관광사업에 한한다)
- 대표자의 변경
- 사무실 소재지의 변경 및 영업소의 신설(여행업에 한한다)

(2) 변경등록(지정)제외사항

- 경미한 사항 : 임원의 변경 사업계획 승인을 얻은 부지 또는 대지면적의 100분의 10이하의 변경

(3) 변경등록(지정)관청 : 등록관청과 동일

(4) 변경등록(지정)시한 : 변경사유가 발생한 날로부터 30일 이내

(5) 처리기간

- 국내여행업 : 2일
- 일반, 국외여행업 : 5일
- 관광숙박업·관광객이용시설업·국제회의용역업 : 4일

(6) 구비서류 : 변경사실을 증명할 수 있는 서류(여행업의 경우 법제14조에서 정한 보증보험 등 증권 사본을 포함한다.)

(7) 수수료 ; 15,000원

(8) 신청양식 : 관광사업 변경등록신청서.HWP

(9) 휴(폐)업

- 구비서류 ; 신청서 1부.
- 수수료 ; 없음
- 처리기간 ; 1일
- 신고양식 ; 휴업통보서.hwp

8) 양도 · 양수(지위승계)

(1) 구비서류

- 지위를 승계한 자(법인의 경우에는 대표자 및 임원)의 성명·주민등록번호·본적을 기재한 서류(외국인의 경우에는 법 제7조 제1항 각호에 해당 하지 아니함을 증명하는 당해 국가의 정부 기타 권한 있는 기관이 발행한 서류 또는 공증인이 공증한 신청인의 진술서로서 재외공관 공증법에 의하여 당해국가에 주재하는 대한민국공관의 영사관이 확인한 서류) 1부
- 양도·양수 등 지위승계(시설인수 명세를 포함한다)를 증명할 수 있는 서류 1부

- 지위를 승계한자의 법인등기부등본(법인의 경우에 한한다) 1부

(2) 수수료 ; 20,000원
(3) 처리기간
- 국내여행업 : 2일
- 국외,일반여행업,관광숙박업,관광객이용시설업
- 국제회의 시설업 : 5일

(4) 신고양식 ; 관광사업양수 신고서.hwp

9) 등록증재교부
(1) 구비서류
- 분실사유서(등록증 등을 분실한 경우에 한한다) 1부
- 등록증·허가증 또는 지정증(등록증 등이 헐어 못쓰게 된 경우에 한한다)

(2) 수수료 ; 3,000원
(3) 보증보험가입
관광사업자는 당해 사업과 관련하여 사고가 발생하거나 여행자에게 손해가 발생한 경우에는 문화관광부령이 정하는 바에 따라 피해자에게 보험금을 지급할 것을 내용으로 하는 보험 또는 공제에 가입하거나 영업보증금을 예치하여야 한다(관광진흥법 제14조).

10) 가입처 : 한국관광협회중앙회 여행공제회 또는 보증보험
(1)구비서류 : 여행업등록번호, 도장, 명판, 보험료, 대표자주민등록번호
(2)가입보험금액 : 5천만원
(3)보험료 : 1년단위 : 250,000원
(4)신청양식 : 공제가입신청서
(5)문 의 : 공제회 : 02-556-2356

### 3. 기획여행

1) 정 의
- 여행업을 경영하는 자가 국외여행을 하고자 하는 여행자를 위하여 여행의 목적지·일정, 여행자가 제공받을 운송 또는 숙박 등의 서비스 내용과 그 요금 등에 관한

사항을 미리 정하고 이에 참가하는 여행자를 모집하여 실시하는 여행을 말한다.

2) 실시조건
- 5억원 이상의 보증보험에 가입이나 영업 보증금의 예치를 하고 이를 유지하여야 함
· 신고기관
- 업종별 관광협회(업종별 관광협회가 구성되지 아니한 경우에는 지역별 관광협회)

3) 신고요령
- 보증보험에의 가입 또는 영업 보증금의 예치 후 기획여행 실시 7일전까지 기획여행 실시 신청서에 구비서류를 첨부하여 업종별 관광협회(업종별 관광협회가 구성되지 아니한 경우에는 지역별 관광협회)에 제출

4) 구비서류
- 주요 기획여행의 내역(여행명 여행일정 여행경비 및 실시기간 등)을 기재한 서류
- 보증보험 등 가입증명서 또는 영업보증금예치증명서
- 여행상품별 여행경비 산출내역서 광고 등의 표시
- 여행업의 등록번호 상호 및 소재지
- 기획여행명 여행일정 및 주요여행지
- 여행경비
- 교통 숙박 및 식사 등 여행자가 제공받을 구체적인 서비스의 내용
- 최저여행인원

5) 국외여행 인솔자
내국인의 국외여행을 실시할 경우 여행자의 안전 및 편의제공을 위하여 당해 여행을 인솔하는 자를 둘 때에는 문화관광부령이 정하는 요건에 적합한 자를 두어야 한다.

(1) 자격요건
- 관광통역 안내원 자격증을 취득한 자
- 여행업체에서 2년 이상 근무하고 국외여행 경험이 있는 자로서 문화관광부장관이 정하는 소정의 교육을 이수한 자
- 문화관광부장관이 별도로 지정하는 교육기관에서 국외여행 인솔에 필요한 교육을 이수한 자

## <부록 4> 국내여행 표준약관

제1조 (목적)

이 약관은 00여행사와 여행자가 체결한 국내여행 계약의 세부이행 및 준수사항을 정함을 목적으로 합니다.

제2조 (여행업자와 여행자 의무)

① 여행업자는 여행자에게 안전하고 만족스러운 여행서비스를 제공하기 위하여 여행알선 및 안내·운송·숙박 등 여행계획의 수립 및 실행과정에서 맡은 바 임무를 충실히 수행하여야 합니다.

② 여행자는 안전하고 즐거운 여행을 위하여 여행자간 화합도모 및 여행업자의 여행 질서 유지에 적극 협조하여야 합니다.

제3조 (여행의 종류 및 정의)

여행의 종류와 정의는 다음과 같습니다.

1. 희망여행 : 여행자가 희망하는 여행조건에 따라 여행업자가 실시하는 여행.
2. 일반모집여행 : 여행업자가 수립한 여행조건에 따라 여행자를 모집하여 실시하는 여행.
3. 위탁모집여행 : 여행업자가 만든 모집여행상품의 여행자 모집을 타 여행업체에 위탁하여 실시하는 여행.

제4조 (계약의 구성)

① 여행계약은 여행계약서(붙임)와 여행약관·여행일정표(또는 여행 설명서)를 계약내용으로 합니다.

② 여행일정표(또는 여행설명서)에는 여행일자별 여행지와 관광내용·교통수단·쇼핑횟수·숙박장소·식사 등 여행실시일정 및 여행사 제공 서비스 내용과 여행자 유의사항이 포함되어야 합니다.

제5조 (특약)

여행업자와 여행자는 관계법규에 위반되지 않는 범위 내에서 서면으로 특약을 맺을 수 있습니다. 이 경우 표준약관과 다름을 여행업자는 여행자에게 설명하여야 합니다.

제6조 (계약서 및 약관 등 교부)

여행업자는 여행자와 여행계약을 체결한 경우 계약서와 여행약관, 여행일정표(또는 여행설명서)를 각 1부씩 여행자에게 교부하여야 합니다.

제7조 (계약서 및 약관 등 교부 간주)

다음 각 호의 경우에는 여행업자가 여행자에게 여행계약서와 여행약관 및 여행일정표(또는 여행설명서)가 교부된 것으로 간주합니다.

1. 여행자가 인터넷 등 전자정보망으로 제공된 여행계약서, 약관 및 여행일정표(또는 여행설명서)의 내용에 동의하고 여행계약의 체결을 신청한데 대해 여행업자가 전자정보망 내지 기계적 장치 등을 이용하여 여행자에게 승낙의 의사를 통지한 경우
2. 여행업자가 팩시밀리 등 기계적 장치를 이용하여 제공한 여행계약서, 약관 및 여행일정표(또는 여행설명서)의 내용에 대하여 여행자가 동의하고 여행계약의 체결을 신청하는 서면을 송부한데 대해 여행업자가 전자정보망 내지 기계적 장치 등을 이용하여 여행자에게 승낙의 의사를 통지한 경우

제8조 (여행업자의 책임)

① 여행업자는 여행 출발시 부터 도착시 까지 여행업자 본인 또는 그 고용인, 현지여행업자 또는 그 고용인 등(이하 '사용인'이라 함)이 제2조제1항에서 규정한 여행업자 임무와 관련하여 여행자에게 고의 또는 과실로 손해를 가한 경우 책임을 집니다.

② 여행업자는 항공기, 기차, 선박 등 교통기관의 연발착 또는 교통체증 등으로 인하여 여행자가 입은 손해를 배상하여야 합니다. 단 여행업자가 고의 또는 과실이 없음을 입증한 때에는 그러하지 아니합니다.

③ 여행업자는 자기나 그 사용인이 여행자의 수화물 수령·인도·보관 등에 관하여 주의를 해태하지 아니하였음을 증명하지 아니 하는 한 여행자의 수화물 멸실, 훼손 또는 연착으로 인하여 발생한 손해를 배상하여야 합니다.

제9조 (최저 행사인원 미 충족시 계약해제)

① 여행업자는 최저행사인원이 충족되지 아니하여 여행계약을 해제하는 경우 당일여행의 경우 여행출발 24시간 이전까지, 1박2일 이상인 경우에는 여행출발 48시간 이전까지 여행자에게 통지하여야 합니다.

② 여행업자가 여행참가자 수의 미달로 전항의 기일 내 통지를 하지 아니하고 계약을 해제하는 경우 이미 지급받은 계약금 환급 외에 계약금 100% 상당액을 여행자에게 배상하여야 합니다.

제10조 (계약체결 거절)

여행업자는 여행자에게 다음 각 호의 1에 해당하는 사유가 있을 경우에는 여행자

와의 계약체결을 거절할 수 있습니다.

1. 다른 여행자에게 폐를 끼치거나 여행의 원활한 실시에 지장이 있다고 인정될 때
2. 질병 기타 사유로 여행이 어렵다고 인정될 때
3. 계약서에 명시한 최대행사인원이 초과되었을 때

제11조 (여행요금)

① 기본요금에는 다음 각 호가 포함됩니다. 단, 희망여행은 당사자간 합의에 따릅니다.

1. 항공기, 선박, 철도 등 이용운송기관의 운임(보통운임기준)
2. 공항, 역, 부두와 호텔사이 등 송영버스요금
3. 숙박요금 및 식사요금
4. 안내자경비
5. 여행 중 필요한 각종 세금
6. 국내 공항·항만 이용료
7. 일정표내 관광지 입장료
8. 기타 개별계약에 따른 비용

② 여행자는 계약 체결시 계약금(여행요금 중 10%이하의 금액)을 여행업자에게 지급하여야 하며, 계약금은 여행요금 또는 손해배상액의 전부 또는 일부로 취급합니다.

③ 여행자는 제1항의 여행요금 중 계약금을 제외한 잔금을 여행출발 전일까지 여행업자에게 지급하여야 합니다.

④ 여행자는 제1항의 여행요금을 여행업자가 지정한 방법(지로구좌, 무통장 입금 등)으로 지급하여야 합니다.

⑤ 희망여행요금에 여행자 보험료가 포함되는 경우 여행업자는 보험회사명, 보상내용 등을 여행자에게 설명하여야 합니다.

제12조 (여행조건의 변경요건 및 요금 등의 정산)

① 위 제1조 내지 제11조의 여행조건은 다음 각 호의 1의 경우에 한하여 변경될 수 있습니다.

1. 여행자의 안전과 보호를 위하여 여행자의 요청 또는 현지사정에 의하여 부득이하다고 쌍방이 합의한 경우
2. 천재지변, 전란, 정부의 명령, 운송·숙박기관 등의 파업·휴업 등으로 여행의 목적을 달성할 수 없는 경우

② 제1항의 여행조건 변경으로 인하여 제11조 제1항의 여행요금에 증감이 생기는 경우에는 여행출발 전 변경 분은 여행출발 이전에, 여행 중 변경 분은 여행종

료 후 10일 이내에 각각 정산(환급)하여야 합니다.

③ 제1항의 규정에 의하지 아니하고 여행조건이 변경되거나 제13조 또는 제14조의 규정에 의한 계약의 해제·해지로 인하여 손해배상액이 발생한 경우에는 여행출발 전 발생 분은 여행출발이전에, 여행 중 발생 분은 여행 종료 후 10일 이내에 각각 정산(환급)하여야 합니다.

④ 여행자는 여행출발 후 자기의 사정으로 숙박, 식사, 관광 등 여행요금에 포함된 서비스를 제공받지 못한 경우 여행업자에게 그에 상응하는 요금의 환급을 청구할 수 없습니다. 단, 여행이 중도에 종료된 경우에는 제14조에 준하여 처리합니다.

제13조 (여행출발 전 계약해제)

① 여행업자 또는 여행자는 여행출발전 이 여행계약을 해제할 수 있습니다. 이 경우 발생하는 손해액은 '소비자피해보상규정'(재정경제부고시)에 따라 배상합니다.

② 여행업자 또는 여행자는 여행출발 전에 다음 각 호의 1에 해당하는 사유가 있는 경우 상대방에게 제1항의 손해배상액을 지급하지 아니하고 이 여행계약을 해제할 수 있습니다.

1. 여행업자가 해제할 수 있는 경우

가. 제12조 제1항 제1호 및 제2호 사유의 경우

나. 여행자가 다른 여행자에게 폐를 끼치거나 여행의 원활한 실시에 현저한 지장이 있다고 인정될 때

다. 질병 등 여행자의 신체에 이상이 발생하여 여행에의 참가가 불가능한 경우

라. 여행자가 계약서에 기재된 기일까지 여행요금을 지급하지 아니하는 경우

2. 여행자가 해제할 수 있는 경우

가. 제12조 제1항 제1호 및 제2호사유의 경우

나. 여행자의 3촌 이내 친족이 사망한 경우

다. 질병 등 여행자의 신체에 이상이 발생하여 여행에의 참가가 불가능한 경우

라. 배우자 또는 직계존비속이 신체이상으로 3일 이상 병원(의원)에 입원하여 여행 출발시 까지 퇴원이 곤란한 경우 그 배우자 또는 보호자 1인

마. 여행업자의 귀책사유로 계약서에 기재된 여행일정 대로의 여행실시가 불가능해진 경우

제14조 (여행출발 후 계약해지)

① 여행업자 또는 여행자는 여행출발 후 부득이한 사유가 있는 경우 이 계약을 해

지할 수 있습니다. 단, 이로 인하여 상대방이 입은 손해를 배상하여야 합니다.

② 제1항의 규정에 의하여 계약이 해지된 경우 여행업자는 여행자가 귀가하는데 필요한 사항을 협조하여야 하며, 이에 필요한 비용으로서 여행업자의 귀책사유에 의하지 아니한 것은 여행자가 부담합니다.

제15조 (여행의 시작과 종료)

여행의 시작은 출발하는 시점부터 시작하며 여행 일정이 종료하여 최종 목적지에 도착함과 동시에 종료합니다. 다만, 계약 및 일정을 변경할 때에는 예외로 합니다.

제16조 (설명의무)

여행업자는 이 약관에 정하여져 있는 중요한 내용 및 그 변경사항을 여행자가 이해할 수 있도록 설명하여야 합니다.

제17조 (보험가입 등)

여행업자는 여행과 관련하여 여행자에게 손해가 발생 한 경우 여행자에게 보험금을 지급하기 위한 보험 또는 공제에 가입하거나 영업 보증금을 예치하여야 합니다.

제18조 (기타사항)

① 이 계약에 명시되지 아니한 사항 또는 이 계약의 해석에 관하여 다툼이 있는 경우에는 여행업자와 여행자가 합의하여 결정하되, 합의가 이루어지지 아니한 경우에는 관계법령 및 일반관례에 따릅니다.

② 특수지역에의 여행으로서 정당한 사유가 있는 경우에는 약관의 내용과 다르게 정할 수 있습니다.

## <부록 5> 국외여행 표준약관

제1조 (목적)

이 약관은 00여행사와 여행자가 체결한 국외여행 계약의 세부 이행 및 준수사항을 정함을 목적으로 합니다.

제2조 (여행업자와 여행자 의무)

① 여행업자는 여행자에게 안전하고 만족스러운 여행서비스를 제공하기 위하여 여행알선 및 안내·운송·숙박 등 여행계획의 수립 및 실행과정에서 맡은 바 임무를 충실히 수행하여야 합니다.

② 여행자는 안전하고 즐거운 여행을 위하여 여행자간 화합 도모 및 여행업자의 여행질서 유지에 적극 협조하여야 합니다.

제3조 (용어의 정의) 여행의 종류 및 정의, 해외여행 수속 대행업의 정의는 다음과 같습니다.

1. 기획여행 : 여행업자가 미리 여행목적지 및 관광일정, 여행자에게 제공될 운송 및 숙식서비스 내용(이하 '여행서비스'라 함), 여행요금을 정하여 광고 또는 기타 방법으로 여행자를 모집하여 실시하는 여행.
2. 희망여행 : 여행자(개인 또는 단체)가 희망하는 여행조건에 따라 여행업자가 운송·숙식·관광 등 여행에 관한 전반적인 계획을 수립하여 실시하는 여행.
3. 해외여행 수속대행(이하 수속대형계약이라 함) : 여행업자가 여행자로부터 소정의 수속대행요금을 받기로 약정하고, 여행자의 위탁에 따라 다음에 열거하는 업무(이하 수속 대행업무라 함)를 대행하는 것.
   1) 여권, 사증, 재입국 허가 및 각종 증명서 취득에 관한 수속
   2) 출입국 수속서류 작성 및 기타 관련업무

제4조 (계약의 구성)

① 여행계약은 여행계약서(붙임)와 여행약관·여행일정표(또는 여행 설명서)를 계약내용으로 합니다.

② 여행일정표(또는 여행설명서)에는 여행일자별 여행지와 관광내용·교통수단·쇼핑횟수·숙박장소·식사 등 여행실시일정 및 여행사 제공 서비스 내용과 여행자 유의사항이 포함되어야 합니다.

제5조 (특약)

여행업자와 여행자는 관계법규에 위반되지 않는 범위 내에서 서면으로 특약을 맺을 수 있습니다. 이 경우 표준약관과 다름을 여행업자는 여행자에게 설명해야 합니다.

제6조 (계약서 및 약관 등 교부)

여행업자는 여행자와 여행계약을 체결한 경우 계약서와 여행약관, 여행일정표(또는 여행설명서)를 각 1부씩 여행자에게 교부하여야 합니다.

제7조 (계약서 및 약관 등 교부 간주)

여행업자와 여행자는 다음 각 호의 경우 여행계약서와 여행약관 및 여행일정표(또는 여행설명서)가 교부된 것으로 간주합니다.

1. 여행자가 인터넷 등 전자정보망으로 제공된 여행계약서, 약관 및 여행일정표(또는 여행설명서)의 내용에 동의하고 여행계약의 체결을 신청한데 대해 여행업자가 전자정보망 내지 기계적 장치 등을 이용하여 여행자에게 승낙의 의사를 통지한 경우
2. 여행업자가 팩시밀리 등 기계적 장치를 이용하여 제공한 여행계약서, 약관 및 여행일정표(또는 여행설명서)의 내용에 대하여 여행자가 동의하고 여행계약의 체결을 신청하는 서면을 송부한데 대해 여행업자가 전자정보망 내지 기계적 장치 등을 이용하여 여행자에게 승낙의 의사를 통지한 경우

제8조 (여행업자의 책임)

여행업자는 여행 출발시 부터 도착시 까지 여행업자 본인 또는 그 고용인, 현지여행업자 또는 그 고용인 등(이하 '사용인'이라 함)이 제2조 제1항에서 규정한 여행업자 임무와 관련하여 여행자에게 고의 또는 과실로 손해를 가한 경우 책임을 집니다.

제9조 (최저 행사인원 미 충족시 계약해제)

① 여행업자는 최저 행사인원이 충족되지 아니하여 여행계약을 해제하는 경우 여행출발 7일전까지 여행자에게 통지하여야 합니다.

② 여행업자가 여행참가자 수 미달로 전항의 기일내 통지를 하지 아니하고 계약을 해제하는 경우 이미 지급받은 계약금 환급 외에 다음 각 목의 1의 금액을 여행자에게 배상하여야 합니다.

가. 여행출발 1일전까지 통지시 : 여행요금의 20%

나. 여행출발 당일 통지시 : 여행요금의 50%

제10조 (계약체결 거절)

여행업자는 여행자에게 다음 각 호의 1에 해당하는 사유가 있을 경우에는 여행자와의 계약체결을 거절할 수 있습니다.

1. 다른 여행자에게 폐를 끼치거나 여행의 원활한 실시에 지장이 있다고 인정될 때
2. 질병 기타 사유로 여행이 어렵다고 인정될 때
3. 계약서에 명시한 최대행사인원이 초과되었을 때

제11조 (여행요금)

① 여행 계약서의 여행요금에는 다음 각 호가 포함됩니다. 단, 희망여행은 당사자간 합의에 따릅니다.

1. 항공기, 선박, 철도 등 이용 운송기관의 운임(보통운임기준)
2. 공항, 역, 부두와 호텔사이 등 송영 버스요금
3. 숙박요금 및 식사요금
4. 안내자경비
5. 여행 중 필요한 각종세금
6. 국내외 공항·항만세
7. 관광 진흥개발기금
8. 일정표내 관광지 입장료
9. 기타 개별계약에 따른 비용

② 여행자는 계약 체결시 계약금(여행요금 중 10%이하 금액)을 여행 업자에게 지급하여야 하며, 계약금은 여행요금 또는 손해배상액의 전부 또는 일부로 취급합니다.

③ 여행자는 제1항의 여행요금 중 계약금을 제외한 잔금을 여행출발 7일전까지 여행 업자에게 지급하여야 합니다.

④ 여행자는 제1항의 여행요금을 여행업자가 지정한 방법(지로구좌, 무통장입금 등)으로 지급하여야 합니다.

⑤ 희망 여행요금에 여행자 보험료가 포함되는 경우 여행업자는 보험회사명, 보상내용 등을 여행자에게 설명하여야 합니다.

제12조 (여행요금의 변경)

① 국외여행을 실시함에 있어서 이용운송·숙박기관에 지급하여야 할 요금이 계약체결시보다 5%이상 증감하거나 여행요금에 적용된 외화환율이 계약체결시 보다 2% 이상 증감한 경우 여행업자 또는 여행자는 그 증감된 금액 범위 내에서

여행요금의 증감을 상대방에게 청구할 수 있습니다.

② 여행업자는 제1항의 규정에 따라 여행요금을 증액하였을 때에는 여행출발일 15일전에 여행자에게 통지하여야 합니다.

제13조 (여행조건의 변경요건 및 요금 등의 정산)

① 위 제1조 내지 제12조의 여행조건은 다음 각 호의 1의 경우에 한하여 변경될 수 있습니다.

1. 여행자의 안전과 보호를 위하여 여행자의 요청 또는 현지사정에 의하여 부득이하다고 쌍방이 합의한 경우
2. 천재지변, 전란, 정부의 명령, 운송·숙박기관 등의 파업·휴업 등으로 여행의 목적을 달성할 수 없는 경우

② 제1항의 여행조건 변경 및 제12조의 여행요금 변경으로 인하여 제11조 제1항의 여행요금에 증감이 생기는 경우에는 여행출발 전 변경 분은 여행출발 이전에, 여행 중 변경 분은 여행종료 후 10일 이내에 각각 정산(환급)하여야 합니다.

③ 제1항의 규정에 의하지 아니하고 여행조건이 변경되거나 제14조 또는 제15조의 규정에 의한 계약의 해제·해지로 인하여 손해배상액이 발생한 경우에는 여행출발 전 발생 분은 여행출발이전에, 여행 중 발생 분은 여행종료 후 10일 이내에 각각 정산(환급)하여야 합니다.

④ 여행자는 여행출발 후 자기의 사정으로 숙박, 식사, 관광 등 여행요금에 포함된 서비스를 제공받지 못한 경우 여행업자에게 그에 상응하는 요금의 환급을 청구할 수 없습니다. 단, 여행이 중도에 종료된 경우에는 제16조에 준하여 처리합니다.

제14조 (손해배상)

① 여행업자는 현지여행업자 등의 고의 또는 과실로 여행자에게 손해를 가한 경우 여행업자는 여행자에게 손해를 배상하여야 합니다.

② 여행업자의 귀책사유로 여행자의 국외여행에 필요한 여권, 사증, 재입국 허가 또는 각종 증명서 등을 취득하지 못하여 여행자의 여행일정에 차질이 생긴 경우 여행업자는 여행자로부터 절차대행을 위하여 받은 금액 전부 및 그 금액의 100% 상당액을 여행자에게 배상하여야 합니다.

③ 여행업자는 항공기, 기차, 선박 등 교통기관의 연발착 또는 교통체증 등으로 인하여 여행자가 입은 손해를 배상하여야 합니다. 단, 여행업자가 고의 또는 과실이 없음을 입증한 때에는 그러하지 아니합니다.

④ 여행업자는 자기나 그 사용인이 여행자의 수하물 수령, 인도, 보관 등에 관하여

주의를 해태(懈怠)하지 아니하였음을 증명하지 아니하면 여행자의 수하물 멸실, 훼손 또는 연착으로 인한 손해를 배상할 책임을 면하지 못합니다.

제15조 (여행출발 전 계약해제)

① 여행업자 또는 여행자는 여행 출발전 이 여행계약을 해제할 수 있습니다. 이 경우 발생하는 손해액은 '소비자피해보상규정'(재정경제부고시)에 따라 배상합니다.

② 여행업자 또는 여행자는 여행출발 전에 다음 각 호의 1에 해당하는 사유가 있는 경우 상대방에게 제1항의 손해배상액을 지급하지 아니하고 이 여행계약을 해제할 수 있습니다.

1. 여행업자가 해제할 수 있는 경우

가. 제13조 제1항 제1호 및 제2호사유의 경우

나. 다른 여행자에게 폐를 끼치거나 여행의 원활한 실시에 현저한 지장이 있다고 인정될 때

다. 질병 등 여행자의 신체에 이상이 발생하여 여행에의 참가가 불가능한 경우

라. 여행자가 계약서에 기재된 기일까지 여행요금을 납입하지 아니한 경우

2. 여행자가 해제할 수 있는 경우

가. 제13조 제1항 제1호 및 제2호의 사유가 있는 경우

나. 여행자의 3촌 이내 친족이 사망한 경우

다. 질병 등 여행자의 신체에 이상이 발생하여 여행에의 참가가 불가능한 경우

라. 배우자 또는 직계존비속이 신체이상으로 3일 이상 병원(의원)에 입원하여 여행출발 전 까지 퇴원이 곤란한 경우 그 배우자 또는 보호자 1인

마. 여행업자의 귀책사유로 계약서 또는 여행 일정표(여행설명서)에 기재된 여행일정대로의 여행 실시가 불가능해진 경우

바. 제12조 제1항의 규정에 의한 여행요금의 증액으로 인하여 여행 계속이 어렵다고 인정 될 경우

제16조 (여행출발 후 계약해지)

① 여행업자 또는 여행자는 여행출발 후 부득이한 사유가 있는 경우 이 여행계약을 해지할 수 있습니다. 단, 이로 인하여 상대방이 입은 손해를 배상하여야 합니다.

② 제1항의 규정에 의하여 계약이 해지된 경우 여행업자는 여행자가 귀국하는데 필요한 사항을 협조하여야 하며, 이에 필요한 비용으로서 여행업자의 귀책사유에 의하지 아니한 것은 여행자가 부담합니다.

제17조 (여행의 시작과 종료)

여행의 시작은 탑승수속(선박인 경우 승선수속)을 마친 시점으로 하며, 여행의 종료는 여행자가 입국장 보세구역을 벗어나는 시점으로 합니다. 단, 계약내용상 국내이동이 있을 경우에는 최초 출발지에서 이용하는 운송수단의 출발시각과 도착시각으로 합니다.

제18조 (설명의무)

여행업자는 계약서에 정하여져 있는 중요한 내용 및 그 변경사항을 여행자가 이해할 수 있도록 설명하여야 합니다.

제19조 (보험가입 등)

여행업자는 이 여행과 관련하여 여행자에게 손해가 발생한 경우 여행자에게 보험금을 지급하기 위한 보험 또는 공제에 가입하거나 영업보증금을 예치하여야 합니다.

제20조 (기타사항)

① 이 계약에 명시되지 아니한 사항 또는 이 계약의 해석에 관하여 다툼이 있는 경우에는 여행업자 또는 여행자가 합의하여 결정하되, 합의가 이루어지지 아니한 경우에는 관계법령 및 일반관례에 따릅니다.

② 특수지역에의 여행으로서 정당한 사유가 있는 경우에는 이 표준약관의 내용과 달리 정할 수 있습니다.

## <부록 6> 국내여행업 소비자 피해보상 규정

### 1. 국내여행 피해유형 및 보상기준

1) 여행계약 해제로 인한 피해

① 여행사의 귀책사유로 여행사가 계약 해제하는 경우

(당일여행인 경우)

○ 여행개시 3일전까지 취소 통보시 ⇒ 계약금환급

○ 여행개시 2일전까지 취소 통보시 ⇒ 계약금환급 및 요금의 10% 배상

○ 여행개시 1일전까지 취소 통보시 ⇒ 계약금환급 및 요금의 20% 배상

○ 여행당일 통보 및 통보가 없는 경 ⇒ 계약금환급 및 요금의 30% 배상

(숙박여행인 경우)

○ 여행개시 5일전까지 통보시 ⇒ 계약금환급

○ 여행개시 2일전까지 통보시⇒ 계약금환급 및 요금의 10% 배상

○ 여행개시 1일전까지 통보시⇒ 계약금환급 및 요금의 20% 배상

○ 여행당일 통보 및 통보가 없는 경우 ⇒ 계약금환급 및 요금의 30% 배상

② 여행자의 귀책사유로 여행자가 계약해제하는 경우

(당일여행인 경우)

○ 여행개시 3일전까지 취소 통보시 ⇒ 전액환급

○ 여행개시 2일전까지 취소 통보 ⇒ 요금의 10% 배상

○ 여행개시 1일전까지 취소 통보시 ⇒ 요금의 20% 배상

○ 여행개시 당일 통보하거나 연락 없이 불참할 경우 ⇒ 요금의 30% 배상

(숙박여행인 경우)

○ 여행개시 5일전까지 취소 통보시 ⇒ 전액환급

○ 여행개시 2일전까지 취소 통보시 ⇒ 요금의 10% 배상

○ 여행개시 1일전까지 취소 통보시 ⇒ 요금의 20% 배상

○ 여행개시 당일취소하거나 연락 없이 불참한 경우 ⇒ 요금의 30% 배상

③ 여행사의 계약조건 위반으로 여행자가 여행계약을 해제하는 경우(여행전)

(당일여행인 경우)

○ 여행개시 3일전까지 계약조건 변경 통보시 ⇒ 계약금환급

○ 여행개시 2일전까지 계약조건 변경 통보시 ⇒ 계약금환급 및 요금의 10% 배상

○ 여행개시 1일전까지 계약조건 변경 통보시 ⇒ 계약금환급 및 요금의 20% 배상

○ 여행당일 계약조건 변경통보 또는 통보가 없을 시 ⇒ 계약금환급 및 요금의 30% 배상

(숙박여행인 경우)

- ㅇ 여행개시 5일전까지 계약조건 변경 통보시 ⇒ 계약금환급
- ㅇ 여행개시 2일전까지 계약조건 변경 통보시 ⇒ 계약금환급 및 요금의 10% 배상
- ㅇ 여행개시 1일전까지 계약조건 변경 통보시 ⇒ 계약금환급 및 요금의 20% 배상
- ㅇ 여행당일 계약조건 변경통보 또는 통보가 없을 시 ⇒ 계약금환급 및 요금의 30% 배상

④ 여행참가자수의 미달로 여행사가 여행계약을 해제하는 경우
(사전 통지기일 미준수) ⇒ 계약금환급 및 계약금의 100%(위약금) 배상

2) 여행사의 계약조건 위반으로 인한 피해(여행 후) ⇒ 여행자가 입은 손해배상
3) 여행사 또는 여행종사자의 고의 또는 과실로 인한 여행자의 피해 ⇒ 여행자가 입은 손해 배상
4) 여행 중 위탁수하물의 분실, 도난, 기타사고로 인한 피해 ⇒ 여행자가 입은 손해배상
5) 여행사가 고의. 과실로 인해 여행일정의 지연 또는 운송 미완수 ⇒ 여행자가 입은 손해 배상

※운송수단의 고장, 교통사고 등 운수업체의 고의·과실에 의한 경우도 포함

## 2. 국외여행 피해유형 및 보상기준

1) 여행계약 해제로 인한 피해

① 여행사의 귀책사유로 여행사가 계약 해제하는 경우

- ㅇ 여행개시 20일전까지 취소 통보시 ⇒ 계약금환급
- ㅇ 여행개시 10일전까지 취소 통보시 ⇒ 여행경비의 5% 배상
- ㅇ 여행개시 8일전까지 취소 통보시 ⇒ 여행경비의 10% 배상
- ㅇ 여행개시 1일전까지 취소 통보시 ⇒ 여행경비의 20% 배상
- ㅇ 여행출발 당일 취소 통보시 ⇒ 여행경비의 50% 배상

② 여행자의 여행계약 해제 요청이 있는 경우

- ㅇ 여행출발일 20일전까지 취소 통보시⇒ 계약금환급
- ㅇ 여행출발일 10일전까지 취소 통보시⇒ 여행경비의 5% 배상
- ㅇ 여행출발일 8일전까지 취소 통보시 ⇒ 여행경비의 10% 배상
- ㅇ 여행출발일 1일전까지 취소 통보시⇒ 여행경비의 20% 배상
- ㅇ 여행출발 당일 취소 통보시⇒ 여행경비의 50% 배상

③ 여행참가자 수의 미달로 여행개시 7일전까지 여행취소 통지시⇒ 계약금환급
④ 여행참가자 수의 미달로 인한 여행계약 해제 통지기일 미준수
ㅇ 여행개시 1일전까지 취소 통지시⇒ 여행경비의 20% 배상
ㅇ 여행 출발당일 취소 통지시 ⇒ 여행경비의 50% 배상

2) 여행사의 계약조건 위반으로 인한 피해(여행 후)⇒ 여행자가 입은 손해배상
3) 여행계약의 이행에 있어 여행종사자의 고의 또는 과실로 여행자에게 손해를 끼쳤을 경우 ⇒ 여행자가 있은 손해배상

## 저자소개


**이 종 한**

경남정보대학 호텔관광경영계열교수



# 최신 관광법규

●발행일

2007년 2월 25일 초판 인쇄

2007년 3월 2일 초판 발행

●저자

이 종 한

●발행인

한 인 환

●발행처

도서출판 **기문사**

서울시 동대문구 용두2동 730-4번지 홍신빌딩 3층

대표전화 : 02) 2265-7214/922-8662~8663

팩시밀리 : 02) 922-8772

homepage : www.kimoonsa.co.kr

e-mail : book@kimoonsa.co.kr

등 록 : 1978. 8. 9. NO. 6-0637

ISBN : 978-89-7723-302-7 13900

〈정가 : 17,000원〉